律师思维与技能实战教程

法律谈判

LEGAL NEGOTIATION

韩德云　袁飞◎主编

北京

图书在版编目（CIP）数据

法律谈判 / 韩德云，袁飞主编. -- 北京：法律出版社，2024. -- ISBN 978-7-5197-8957-2

Ⅰ. D90-055

中国国家版本馆 CIP 数据核字第 2024JG7547 号

法律谈判
FALÜ TANPAN

韩德云　袁　飞　主编

策划编辑　林　蕊
责任编辑　林　蕊
装帧设计　李　瞻

出版发行	法律出版社	开本	710 毫米×1000 毫米　1/16
编辑统筹	司法实务出版分社	印张	23　　字数　327 千
责任校对	王语童	版本	2024 年 9 月第 1 版
责任印制	胡晓雅	印次	2024 年 9 月第 1 次印刷
经　　销	新华书店	印刷	北京盛通印刷股份有限公司

地址：北京市丰台区莲花池西里 7 号（100073）
网址：www.lawpress.com.cn　　　　　　　销售电话：010-83938349
投稿邮箱：info@lawpress.com.cn　　　　　客服电话：010-83938350
举报盗版邮箱：jbwq@lawpress.com.cn　　　咨询电话：010-63939796
版权所有·侵权必究

书号：ISBN 978-7-5197-8957-2　　　　　　定价：88.00 元

凡购买本社图书，如有印装错误，我社负责退换。电话：010-83938349

第三版序言

2015年3月出版的《法律咨询策略与技巧》和《法律谈判策略与技巧》，2018年9月再版更名为《法律咨询》和《法律谈判》。一晃又5年多过去了，这两本书仍受大家欢迎，即将推出第三版，让人甚是欣慰。

回望这两本书从初版到第三版已有9年时光，其间新冠疫情波及全球3年有余，带给各行业重大变化。对索通的最大变化就是，我们参与发起创办了中联这个崭新的全国品牌，将索通以吸收合并方式转换成了上海中联（重庆）律师事务所，从此开启更大平台上的一次新旅程。

从索通到中联，28年来，我们为当事人提供高品质法律服务的初心犹在，执业活动从未止步于已有的经验。同时，作为一名曾经的法学教师，我对年青律师的培训一直亲力亲为，深感执业技能提高始终是帮助律师生存发展之重要路径。

今天，中国执业律师人数呈几何级数爆发，培训活动越来越多，培训教材日新月异，与9年前这两本书首次出版时有天壤之别。高兴之余，我们之所以有信心第二次再版这两本书，首先，跟广大年青律师对这两本书的喜爱分不开，对此我们心存感激。其次，我们注意到，在众多律师技能训练书目中，这两本书不仅以翔实案例讲解律师参与客户咨询和谈判的策略和技巧，而且处处不忘诠释律师处理与当事人关系的基本伦理，以及律师以当事人为中心的执业价值所在。这些关于执业伦理与价值的展示，对一个优秀职业律师来说是独特和永恒的。书中涉及的所有咨询与谈判策略和技巧，只有在这样一种价值观引导下，才具有实践中仿效和被正确验证的意义。我们相信，有志于以执业律师为职业的读者，尤其能在这方面从这两本书中受益。

再次感谢法律出版社林蕊编辑,感谢中联重庆办公室的小伙伴们付出的心血和时间。职业路上处处有艰辛,大家一起继续努力。

是为第三版序。

韩德云

2024 年 7 月于重庆

第三版编者说明

本次再版，我们结合这些年的执业经验和行业最新变化，对《法律咨询》《法律谈判》两本书进行了修订。主要修订包括更换案例，重编章节目，在各有关章节中增加部分能体现行业新变化特点的实战内容。

第三版《法律咨询》由韩德云、彭瑶律师主编，其中第一至五课、第十六至二十课由彭瑶律师修订，第五至十课由魏杉杉律师修订，第十一至十五课由秦宏基律师修订，最后由彭瑶律师统稿。

第三版《法律谈判》由韩德云、袁飞律师主编，其中第一至三课由赵阳君律师修订（其中第三课第九节由高攀律师修订），第四至六课由余敏律师修订，第七至九课由高攀律师修订，第十至十二课由袁飞律师修订，全书由袁飞律师统稿。

为让大家了解前两版出书过程，我们保留了第一版编者说明、第二版序言和前言。

第二版序言

我很高兴 2015 年 3 月出版的《法律咨询策略与技巧》和《法律谈判策略与技巧》两本书，一再加印仍已售罄。出版社编辑联系我，准备把书名简化为《法律咨询》和《法律谈判》后再版，并希望我利用这个机会对广大年青律师和有志成为职业律师的法学院学生们说几句话。

我 1978 年懵懵懂懂通过高考被选进西政，当时不知政法为何物，毕业后也未想过做律师，一是因为律师在那个年代并非法律人可以自由选择从事的一门职业，二是因为那时的法律也非法律人可以运用的一门武器。法律学科在中国，从来喜欢专注理论诠释而忽略技能训练，从来热心培养理论学者，而看低实践人才，所谓法律职业技能教育是如何不被重视，此点我在法学院教书期间还真深有体会。直到今天，即使很多法学院的教授们都乐于以兼职律师身份办案，法学院不以职业律师培养为己任，仍是一种普遍让人尴尬的现实。于是，法律技能培训读物，尤其是职业律师技巧训练教材，成为最稀缺、最实用的资源而受人欢迎，自然是最自然不过的事了。

在这样的背景下，我相信，再版的《法律咨询》和《法律谈判》两本书，作为迄今为止把美国职业律师教育理念与中国律师实务紧密结合的唯一课本，一定仍将得到读者们的喜爱。

再次感谢法律出版社戴伟先生及各位编辑，感谢索通小伙伴们付出的心血，感谢邓小平开启的改革开放时代让律师执业空间越来越宽广，法律职业技能有了越来越多的用武之地，感谢广大读者的厚爱！

是为再版序。

韩德云

2018 年 9 月 6 日于重庆

第二版前言

市场经济就是法治经济，法治经济的关键在于依法治国，法学已日益成为我国的治国之学、强国之学、安邦之学和正义之学，中国法学教育近几十年取得的成就令人瞩目。然而，在法律职业的教育方面，法学教育与法律职业尤其是律师职业需求脱节的矛盾不仅未缩小，反而越来越严重。目前，法学院系开设的课程主要以部门法学科的划分为标准，法律教育仍以传授系统法学理论知识为主，"重理论，轻实践""重学术，轻技能"的烙印依旧。进一步而言，现今的法学教育（包括法学院教育和法律服务职业教育）既缺乏对律师执业技能的实务培训，也缺乏对实践操作的方法研究。律师行业内有识之士对专业技能技巧训练方法虽有关注，但更多的是法律技术层面上的，如文书写作的提炼，很少有人从法律咨询（律师与当事人打交道需要何种技能）、法律谈判（律师与律师作为不同当事人的代理人打交道需要何种技能）的角度，进行较为系统的律师执业技能观察和训练。中国很多律师长期缺乏系统的法律咨询、谈判策略与技巧培训，致使年轻律师面对真实当事人和实战中的谈判往往无所适从，甚至一些从业多年的律师，也会因为没有系统学习过法律咨询与谈判，错失为当事人挽回损失或争取利益的机会，无法确立其应有的职业形象。

索通律师事务所作为西部第一家由归国留学人员为主创办的合伙制律所，虽偏安经济欠发达的西南地区，但20年苦练内功，终于成为一家在重庆具有较高执业水准，在全国独具特色的区域性一流综合大所，培养了一批在金融、房地产、公司法务、知识产权等领域的专业律师。最近10年，索通的合伙律师年人均创收超过200万元，律师年人均创收超过100万元，以较小人员规模实现了最大市场化和专业化发展，在商务法律服务领域独树一帜，在中西部地区影响甚广。究其原因，除了在战略上根据中国和本地法律服务市场的特点和索通律师的实际情况，选择了以公司化为主的经营模式外，对律师执业技能，尤其是法律咨询与法律谈判技能技巧的重视和潜心修炼也功不可没。

索通执行合伙人韩德云律师是国内政法系统享有盛名的"西政七八级"出身的学院派律师之一。他不仅是全国为数不多的律师全国人大代表，从2003年起担任第十届、第十一届和第十二届全国人大代表至今，在参政议政和参与立法方面有很大社会影响，而且独创"当事人中心说"和"法律预防说"的律师行为理论，在律所公司化管理和律师执业技能培训方面颇有建树。韩德云律师1989年在美国洛杉矶加州大学法学院获得法学硕士并任教一段时间后，曾返回西南政法大学从事律师职业教育，为将美国法学教育中先进的法律实务培训系统引入国内，与同事翻译了包括美国的法律咨询、法律谈判研究在内的大量书籍。1995年韩德云律师辞去教职投身于社会执业律师行业后，更以其自身的执业实践活动，在索通，在重庆，在国内其他地区亲身参与、见证和推动着中国律师行业的起步与变革，为中西方律师文化的交流和共享，为中国律师行业的发展作出了独特的贡献。

《法律咨询》和《法律谈判》两本书借鉴了美国律师教育的成果，结合中国律师的职业现状、执业环境、商业交易习惯和民族文化特点，从非常具有可操作性的角度，对律师在提供法律咨询与谈判服务中的技能技巧进行了全面梳理、提炼和总结。

我们期望通过这两本书所分享的律师参与咨询和谈判的技能技巧，为众多执业律师在实践中实际选择和运用的咨询和谈判技巧行为提供系统完整的指引，从而提升整个律师行业的专业服务水平。此外，我们也希望借此抛砖引玉，推动业内更多优秀律师和律所一起来分享他们的知识和经验。

借助这两本书的出版，我们总结回顾索通的过去，放眼展望中国律师业的未来，祝愿这两本书能够被更多的年轻律师阅读、思考和实践，让我们一起开创律师行业的新时代。

第一版编者说明

谈判，尤其是商务谈判，是以经济利益为目的，以价值谈判为核心，通过沟通、协商、妥协、合作等各种方式，最终实现自身的经济利益并满足对方的利益需求的一种方式。在一场谈判中，往往存在申明价值、创造价值、克服障碍三个过程。在这三个过程中，交易双方的焦点和利益往往存在冲突之处，交易双方直接谈判能发挥的作用也往往具有局限性。此时，一个能够扮演建设性角色的第三方参与谈判就显得尤为重要。法律谈判，以双方律师作为各自当事人的受托人或代理人的谈判，既是当事人利用优秀律师赢得更大成功的机会，也是优秀律师彰显专业技能的舞台。我们认为，拥有专业法律知识、专业谈判技巧和专业服务意识的律师，不仅可以发挥自身在法律知识上的天然优势，对制定谈判策略有所帮助，而且能够通过参与谈判，在谈判中充分运用谈判策略与技巧，积极引导谈判方向，全面把握谈判节奏和进度，对谈判最终取得圆满的结果发挥重要作用。可以说，一个优秀律师，尤其是优秀的商务律师，注定是企业客户在商场上的高级顾问和亲密战友。

本书通过对进攻型、协作型、解决问题型三个谈判策略的深度阐释，采取模拟对话的案例评析方式，让读者尤其是年轻律师，可以系统地学习法律谈判的理论知识和实践技巧。20年来，索通律师运用这些谈判理论和技巧在为客户争取巨大商业利益的同时，也使自身在非诉讼法律服务领域建树颇多，在业内赢得了较高声誉和口碑，这无疑也印证了这些技能技巧的价值所在。如果通过对本书的阅读，年轻律师可以提高实战中的谈判水平和谈判效果，这将是对我们最大的肯定和鼓励。

本书由韩德云、袁飞主编，其中第一至三课由袁飞编写，第四课由崔俊蓉编写，第五至八课由熊伟畯编写，第九至十二课由郭强编写，全书由袁飞统稿。

在编写本书的过程中，我们还参考借鉴了重庆出版社出版的《优势谈判》（［美］罗杰·道森著，刘祥亚译）、海天出版社出版的《谈判天下》（［美］赫布·科恩著，谷丹译）、法律出版社出版的《法律职业就是谈判》（［美］X. M. 弗拉斯科纳、H. 李·赫瑟林顿著，高如华译）、黑龙江科学技术出版社出版的《赢在谈判》（［美］乔治·罗斯著，王盛洋、蒋硕译）等书籍的部分内容，在此一并表示感谢。

由于法律谈判研究在我国尚处于起步阶段，我们在编写过程中也深知由于自身能力不足而难免出现疏漏和错误，望广大读者批评指正。

2015 年 3 月

目录

第一课 **理解法律谈判**	第一节 法律谈判是律师实务训练的重要内容	004
	第二节 谈判就是交易对价的博弈	007
	第三节 法律谈判是代理人谈判	010
	一、谈判者并不享有决定权	010
	二、听取当事人的意见	013
	三、借助谈判获取充分的信息	015
	第四节 谈判策略对谈判结果具有关键性影响	018
	第五节 法律谈判的六个组成部分	021
第二课 **法律谈判的策略**	第一节 策略具有纲领性意义	027
	第二节 谈判策略的三种类型	029
	一、对谈判局势的判断是选择策略的基础	030
	二、三种谈判策略的基本特征	032

（一）进攻型策略基本特征　　032
　　（二）协作型策略基本特征　　033
　　（三）解决问题型策略基本特征　035
第三节　个性风格对谈判策略的影响　037
　一、攻击型个性　　039
　二、温和型个性　　041
　三、个性风格是谈判策略的组成部分　042
第四节　谈判策略并无优劣之分　　044

第三课
如何正确地选择谈判策略

第一节　正确的策略选择就已经成功了一半　　052
第二节　认清你的对手　　054
　一、重视对手的开局　　057
　二、分析对手的习惯　　059
　三、了解对手的同类　　060
　四、学会换位思考　　060
第三节　寻找共赢局势　　061
第四节　谈判阶段对策略的影响　　063
第五节　谈判筹码对策略的影响　　067
第六节　交往关系对策略的影响　　070
第七节　当事人对策略的影响　　075
第八节　律师应认清自己的个性风格　　078
第九节　另一种谈判——控辩沟通　　080
　一、了解对方是基础　　080
　　（一）全面清晰的画像　　080
　　（二）了解对方关注什么　　080
　二、赢得共识是关键　　081

（一）搁置争议，赢得共识　　081
（二）换位思考，赢得共识　　083
（三）专业专注，赢得共识　　084

第四课 谈判准备

第一节　充分准备才能保证好的谈判结果　　090
一、准备工作的重要意义　　090
二、怎么做谈判准备　　091
（一）对案件的全面了解　　091
（二）准备谈判策略　　096
第二节　探寻当事人的交易目的　　099
第三节　了解当事人的处境　　101
第四节　明晰当事人的真正利益　　104
一、准确了解当事人的真正利益　　104
（一）谈判主张不等于当事人的真正利益　　104
（二）当事人的利益具有多样性　　107
二、确定交易条件的可选择方案　　108
（一）确定最低方案　　109
（二）确定最佳方案　　110
（三）找出选择性替代方案　　110
第五节　交易的互利性　　112
一、善用集思广益法　　113
（一）开启众人的智慧　　113
（二）扩大议事范围　　118
二、常用的互利方法　　119
（一）互相让步法　　119
（二）减少代价法　　120

（三）主动补偿法　　120
第六节　应对不可避免的对抗　　120
一、打消对手的幻想　　121
　　（一）谈判的范围　　121
　　（二）进攻型策略的运用　　125
二、如何增强谈判实力　　126
　　（一）谈判实力源于当事人对谈判协议的可选择方案具有主动性　　126
　　（二）谈判实力源于谈判律师的专业经验和事前充分准备　　126
　　（三）谈判实力源于当事人对谈判目的的执着与坚持　　126
　　（四）谈判实力源于谈判者能给对方造成的影响　　127
　　（五）谈判实力源于谈判者的社会声誉或双方的关系　　127
　　（六）谈判实力源于对时间的利用　　127
三、对抗不是谈判的目的　　128
四、控制律师的代理权限　　129
第七节　互联网线上谈判　　131
一、线上谈判的进程可能会受到谈判工具的影响　　131
二、线上谈判的环境选择　　132
三、线上谈判中，双方没有面对面的接触情绪　　133
第八节　谈判准备不是谈判设计　　134

第五课 开局

第一节　什么是开局	140
第二节　进攻型开局	142
一、掌控谈判日程	143
（一）技巧一：先简单，后复杂	144
（二）技巧二：先重要，后次要	144
（三）技巧三："一揽子"谈判	145
二、选择谈判场所	146
三、谈判座位的安排	148
四、谈判期限的合理利用	149
五、确定谈判参加人	150
六、当事人直接参加谈判的利弊	151
七、谈判信心的建立	153
第三节　协作型开局	154
一、影响协作关系的六大误区	155
（一）误区一：认为进攻更有效	155
（二）误区二：担心被利用	155
（三）误区三：争强好胜	156
（四）误区四：对职业特性的误解	157
（五）误区五：讨好当事人	157
（六）误区六：放任个性风格	157
二、促进协作关系形成的五大技巧	158
（一）技巧一：让对方放弃进攻	158
（二）技巧二：拿出诚意	158
（三）技巧三：明确表达合作意愿	159
（四）技巧四：聆听对方的意见	161
（五）技巧五：允许对方发泄情绪	163
第四节　解决问题型开局	164

第六课 报价

第一节　报价的时机	171
第二节　报价先后的选择	173
第三节　进攻型报价	175
一、夸大的报价	175
二、坚守报价	177
三、对报价的说明	178
四、提高报价	180
五、诱饵条件	182
六、设定先决条件	183
七、"博尔维尔技巧"	184
八、抓住超预期的机会	186
第四节　协作型报价	188
一、合理报价	188
二、客观说明	189
三、请对方做报价解释	190
第五节　解决问题型报价	192
一、报价时机的把握	192
二、报价后的沟通	193
三、各方需求的平衡	194
四、妥协的手段	196
五、承认对方的合理利益	196
六、借用对方的智慧	198

第七课 了解对方的需求

第一节　谈判是从了解需求开始的	204
第二节　不同谈判策略中的信息交换	205
一、进攻型策略下的信息交换	205

（一）有效掌控信息交换过程　　205
　　（二）正确理解掌控信息存在的制
　　　　　约因素　　206
　二、协作型策略下的信息交换　　207
　三、解决问题型策略下的信息交换　　207
第三节　如何收集信息　　208
　一、值得收集的信息　　208
　二、如何提问　　209
　　（一）开放式提问　　211
　　（二）限定式提问　　212
　　（三）引导式提问　　213
　三、积极聆听　　214
　四、沉默的意义　　215
　五、提出怀疑　　215
　六、语言之外的信息　　217
　　（一）视觉信息　　217
　　（二）身体语言和辅助语言　　218
　七、无处不在的信息收集工作　　223
第四节　信息的隐瞒　　224
　一、信息隐瞒具有相对性　　224
　二、如何隐瞒信息　　225
　　（一）转移话题　　225
　　（二）答非所问　　225
　　（三）保留性回答　　226
　　（四）反问　　226
　　（五）拖延时间　　226
　　（六）明确拒绝　　227
　　（七）善意的谎言　　227

　　　　　　　　　　　　　（八）学会沉默　　　　　　227
　　　　　　　　　　　　　（九）消减谈判者的信息　　228
　　　　　　　第五节　如何披露信息　　　　　　　　228
　　　　　　　　一、协作型策略下的信息披露　　　　228
　　　　　　　　二、解决问题型策略下的信息披露　　229

第八课
对价博弈

第一节　对价博弈的核心是减少分歧　　234
第二节　进攻型策略下的对价博弈　　　235
　一、争辩　　　　　　　　　　　　　236
　　（一）什么是争辩　　　　　　　　236
　　（二）争辩技巧的使用　　　　　　237
　二、威胁　　　　　　　　　　　　　238
　　（一）什么是威胁　　　　　　　　238
　　（二）威胁技巧的使用　　　　　　238
　三、捆绑交易方案　　　　　　　　　242
　四、谈判僵局　　　　　　　　　　　243
　　（一）如何看待僵局　　　　　　　243
　　（二）如何制造僵局　　　　　　　244
　　（三）如何打破僵局　　　　　　　245
　五、进攻型策略下对价博弈的其他技巧　246
　　（一）离场而去　　　　　　　　　246
　　（二）表达愤怒　　　　　　　　　246
　　（三）还价的规律　　　　　　　　247
　六、如何进行有限度的让步　　　　　248
　　（一）控制让步的频率　　　　　　249
　　（二）掂量让步的原因　　　　　　249
　　（三）保持耐心　　　　　　　　　250

（四）对让步的解释　　250
　　（五）坚守立场　　252
　　（六）虚假让步　　253
第三节　协作型策略下的对价博弈　　254
　一、投桃报李　　254
　二、承诺利益　　254
　三、适度争辩　　255
　四、转嫁压力　　256
　五、打消对方的过度期望　　256
　　（一）保留权利　　256
　　（二）茶歇技巧　　259
　　（三）消除恐吓　　259
第四节　解决问题型策略下的对价博弈　　260
　一、认准最佳时机　　260
　二、选择性替代方案　　261
　三、提炼方案的方法　　264
　　（一）综合双方需求　　264
　　（二）启发式检验法　　265
　四、交叉使用多种对价博弈方法　　266

第九课　终局

第一节　认识谈判终局　　270
　一、什么是谈判终局　　270
　二、走向终局的技巧　　272
　　（一）"红脸""白脸"　　272
　　（二）各让一半　　272
　　（三）收回条件　　273
　　（四）冷冻政策　　273

	（五）授权不足	273
	第二节　进攻型策略下的终局	274
	一、最后的坚持	274
	二、争取交易文本的起草权	276
	第三节　协作型策略下的终局	278
	一、最后的努力	278
	二、关注主要利益	280
	三、探寻对方的底价	281
	四、恢复谈判	282
	第四节　解决问题型策略下的终局	283
	一、各取所需	283
	二、相互让步	284
	三、减轻对方代价	285
	四、给予对方补偿	286
	第五节　做个真正的赢家	287
第十课 多边谈判	第一节　什么是多边谈判	292
	第二节　找到盟友	294
	一、盟友和对手	294
	二、团结的力量	296
	三、共同的利益	298
	第三节　驾驭复杂的局面	301
	第四节　"一揽子"解决多边问题	302
第十一课 与当事人的沟通	第一节　清楚当事人的利益所在	310
	第二节　让当事人自己作出决定	312

第三节　谈判过程中与当事人的交流　315
第四节　谈判后与当事人的交流　318
　一、为当事人的决定提供建议　318
　二、商业交易还是纠纷解决　319
　三、与当事人交谈的技巧　320

第十二课　调解

第一节　调解的作用　329
　一、解决争端的替代形式　329
　二、我国的人民调解制度　331
第二节　怎样进行调解　333
　一、最后的努力　333
　二、调解人的调解技巧　334
　　（一）调解人应是谈判高手　334
　　（二）注意积极聆听　335
　　（三）调解过程中的灵活性　335
　　（四）坚持当事人自愿原则　336
　　（五）遵守保密原则　337
　　（六）只调不审　337
　三、调解流程　337
　四、调解介入的适当时间　341

后记　343

第一课 LESSON 01

理解法律谈判

第一课
理解法律谈判

Z公司是一家新能源开发公司，拥有一个装机规模200兆瓦、市场价值约15亿元的光伏发电项目；L公司是一家新能源公司，目前筹划科创板上市，正在大范围收购光伏及风力发电项目以扩大自身装机规模。L公司打算收购Z公司的项目，出于避税的考虑，准备以股权收购方式使Z公司成为自己的子公司。于是，L公司与Z公司的股东X公司开始了股权收购谈判，双方经过多轮谈判后，就交易内容和价款等主要条件基本达成共识：股权转让价格约15亿元，签合同付5亿元；但关于剩余10亿元如何支付，双方发生分歧。双方主要分歧是：L公司要求在其支付首笔转让款后，即完成Z公司的移交和股权过户变更登记；由于移交和变更登记需要一定时间，因此剩余10亿元应该在合同签订之日起90日后再行支付。X公司却认为，只有15亿元的股权转让款全部支付完毕，才能进行公司移交和股权过户。双方无法达成一致，谈判陷入僵局。

此后，L公司向上海中联（重庆）律师事务所项目开发并购重组部合伙人P律师寻求帮助。P律师接受委托后，未立即与对方见面，而是首先详细了解L公司要求首笔转让款支付后，即过户股权的根本原因是什么。L公司表示，由于其大规模进行新能源电站收购、新建工作，实际上目前在本项目中可以动用的资金不足15亿元，希望在获得Z公司的股权后，再用Z公司的电站资产开展售后回租或以Z公司新能源国家补贴资金应收款项进行应收账款融资，通过融资款来支付剩余10亿元转让款。根据这一信息，P律师分析认为，表面上看来双方是在争论合同履行条件的顺序，但实质是L公司现金流短缺，意欲"借鸡生蛋"，而双方缺乏信任和合理的交易架构安排，导致交易无法进行；这一问题可以通过巧妙的法律安排得以解决。对此，P律师凭借自己丰富的执业经验，向X公司提出了一个新的解决问题型的谈判方案：L公司向银行申请一份附条件生效的履约保函给X公司，支付首笔5亿元股权转让款后，L公司即向银行申请总计10亿元的融资，由Z公司以其电站资产及新能源国家补贴提供动产抵押及应收账款质押担保，L公司以该融资款通过银行向X公司支付剩余10亿元转让款；之后，X公司再将Z公司及其股权移交并过户给L公司。银行履约保函的生效条件是Z公司以其电站资产及新能源国家补贴依法完成动产抵押及应收账款质押登记手续。

P律师的谈判方案提出后，立即得到X公司的积极回应，双方仅通过一轮谈判即达成协议，并照此完成了交易。

■ 第一节　法律谈判是律师实务训练的重要内容

没有人怀疑律师从事的工作与谈判行为之间存在的密切联系，即使是一个号称完全只从事案头工作而从来不打官司的律师，也必须善于与人打交道。不与人打交道的律师，在现实中是不存在的。很多时候，律师的案头工作恰恰是在为一个将要进行的谈判做准备。

多数情况下，当事人哪怕是面对纠纷，其实内心也并不希望通过诉讼来解决。律师接受当事人委托时，当事人往往关心的是，律师是不是可以提出有效促成对方让步的和解方案来避免可能发生的诉讼，并为当事人争取到更多的利益。在这种时候，当事人更期望律师有创造性地提出一个当事人之前未使用过的方法，来解决其与对方之间存在的困局，而一个优秀的律师通常应该首先愿意进行这样的尝试。在将起诉材料递交到法院之前，律师可能会首先进入一个更好的解决方案的设计和谈判程序中。如果当事人面对的不是正在发生的纠纷，而是一单商业合作性的交易，那么谈判更将是贯穿交易始终的事了。律师接受委托，参与这一过程的职业角色和法律决策，将对当事人可能获得的利益或承担的义务产生重要影响。

非常遗憾的是，在我们的执业生涯中，并不是所有律师都能够意识到熟练掌握谈判技巧对律师执业的重大意义。我们并不否认，善于争辩和勇于抗争，是人们对一个成功律师天生的形象要求；善于起草协议文本也是一个成功律师应有的基本素质。但在很多时候，这完全不等于善于谈判。善于谈判更能帮助当事人实现他的交易目的。从某种意义上说，没有谈判就没有交易，也就没有交易需要的协议文本，即使是非常擅长文字写作的律师，也不可能闭门造车式地写出可以直接使用的任何交易文件。请记住，谈判，既是解决争端，更是促成交易、建立和维持商业秩序的最重要途径。人类从发明语言开始，就已经开始了最原始的谈判，谈判也是促进人类语言发展、进步的重要因素之一。

那么，作为站在纠纷解决和商业交易最前沿的律师，应当怎样去应对各种各

第一课
理解法律谈判

样的谈判呢？我们都知道，中国法学院几十年如一日、很少改变的教育模式，可以说导致绝大多数过去和今天的法学毕业生，并未接受过专门的谈判训练。他们的成长经历总是：学习理论知识—完成毕业论文—通过法律职业资格考试—拿到律师执业证—以自己的方式开始执业生涯。在这个过程中，他们除了在争论今天该由谁轮值打扫寝室卫生时可能会与室友进行谈判外，几乎没有进行过更正式的谈判，东方文化温文尔雅的传统让他们即使在求职找工作时，也难以开口为自己争取点什么利益。在从事律师工作并开始与当事人或者为当事人进行谈判时，他们更多的是凭直觉，凭个性风格或者自己暗自观察模仿的优秀同伴的风格与对方交涉，然后在无数次的交涉、冲突中去积累经验和教训。那么，是不是经历很多次这样的谈判后，律师就会成为一个成功的谈判专家呢？我们的答案是，有这个可能，但不必然。

我们曾经向很多有丰富执业经验的律师询问，谈判中最重要的是什么？

口才？嗯，这很重要，但还不是最重要的。

经验？这当然也很重要，但也还不是最重要的。

知识？差不多了，但还是抽象了一点儿。

准备！对了，这就是我们想要说的谈判中最重要的东西。谈判前的准备包括对有关事实、法律和当事人利益的分析与掌握，对谈判策略的选择，等等。你可能口才不佳、经验缺乏，这的确可能会在一定程度上妨碍你成为一名优秀的谈判者，不过，如果你在一次谈判前做了细致而充分的准备，即使是面对世界级的谈判大师，你也有可能说服他来满足你的利益需要。比如，我们都会相信，在现实生活中顶级的谈判大师也会在商场中买到比别人贵的商品。这是为什么？他谈判的口才、经验都无可挑剔了，他似乎可以通过他的讲价策略在任何地方都买到最便宜的商品；但事实却不是这样。现实生活中的谈判大师往往会输给一个还处于实习期的营业员；相同的一双翻毛皮鞋，他甚至比隔壁张大婶家的保姆买得还贵。造成这种结果的最根本原因，就是营业员掌握了比谈判大师更多的商品知识，他在上岗之前受到了专门培训，他非常清楚这双皮鞋的进价、利润空间、与同类商品相比销售价格的优势、多数顾客愿意接受的价格、该类商品平均每天的销售量、公司的库存、周围两公里之内是不是还有其他商场销售相同品牌的皮鞋、实体店与网店之间价格的差异以及产品用料方面的不同，等等。而谈判大师呢，他可能什么都不知道，他甚至不知道明天就是商场的周年庆，商场会有大型促销活动，这款商品将会来个五折返利的优惠。这样的谈判，胜负分明，不在于营业员有多么高超的技巧，而在于交易双方准备不一样，知识储备不一样，当然为准备需要付出的工夫也不一样，结果自然可想而知了。

有了这个以弱胜强的例子，我们应该知道，谈判能力实际上是可以通过训练而得到的，或者说谈判技能是可以通过提炼、总结并传输、复制加以运用的。很多人认为，律师是天生的谈判专家，律师在谈判中往往比他的对手占有优势。常常会听到这样的对话："你是律师，我不和你说，我说不过你。"不能说这样的观点是错误的，但也不尽全对，在很多场合律师的谈判能力让人感觉超过其他人，不是因为他是律师，而是因为他经历了太多次谈判，或者对方以前经历了和律师谈判不利的情形，主观上已建立起律师善于谈判的印象。因而，律师的这些职业经历正是他的价值所在，就如同一个为100名患者实施过胆囊切除术的医生，他做手术的娴熟程度会远远超过刚毕业的执业医生。因此，说到这里，我们应该可以下一个结论了，那就是其实所有谈判高手都不是天生的，好的谈判能力总是通过不断训练而得到提高的。训练方式可能是系统的理论学习和模拟实战性质的培训，但也包括实践中参与实战的积累。在中国法学院普遍没有开设谈判课程的情况下，刚开始执业的律师只能通过观察、模仿老律师的谈判来学习经验技能。运气好的年轻律师呢，可能有机会与真正的谈判高手在一起工作，进而学到正确的知识；而运气不好的年轻律师呢，可能会在一个并不成功的老律师那里学到错误的谈判知识，而且这种在初入行时学到的谈判方法和谈判习惯，可能在今后数年都难以改变。客观地说，我们在现实生活中看到的是，运气不好的年轻律师仿佛更为普遍。这正是我们深深担忧的，也是促使我们编写本书的动力所在。

当然，即使是一些有经验的谈判老手，在你问他们什么才是谈判最重要的东西时，他们同样可能会给出错误的回答。这是因为他们的谈判技能都来自实战经验，并没有有意识地去刻意总结、提炼、抽象出那些谈判要素，所有的谈判知识都装在他们的大脑里，谈判技能已与他们自身融为一体，这些知识和技能难以完整地复制、传输并被重复利用。正因如此，我们编写本书的目的就在于，在提供必要的法律谈判理论知识的同时，更强调对具体法律谈判策略和技巧的阐释，从而有助于读者尽快成为更优秀的法律谈判者，让无缘与谈判高手一道工作的律师也能够迅速提高自己的谈判技能，或至少找到提高谈判技能的训练方法和前进方向。

在阅读本书前，让我们共同记住一个观点："世界太丰富，人生太精彩，谈判有定式，个案无规律。"所有的谈判都具有独立性，不可完全复制。正如希腊哲学家赫拉克利特所说，人不能两次踏进同一条河流。确实，回首我们在多年的执业生涯中自身经历的形形色色、大大小小的谈判，从来没有哪两次谈判是完全一样的，哪怕是对手相同的谈判，也是如此，概莫能外。因此，仅仅通过阅读本书，你并不会知道，未来某一次具体的谈判应该运用什么样的技巧。本书只是告诉你有哪些技巧可用，各种技巧的使用方法是怎样的，具体到什么时候用何种技巧，或不用何种技巧，还需要你运用社会学、心理学等知识去综合判断和把握，需要你运用不断累积和总结的实战经验去判断和把握。但不管怎样，不断训练并提高自己的谈判技能是让你成为成功律师的关键一步。

> **小贴士**
>
> 谈判技巧是可以提炼、总结而学到的。以谈判为职业的律师，不是天生的谈判专家。高超的谈判技巧总是通过训练获得的。
>
> 你也可以成为谈判高手！

■ 第二节 谈判就是交易对价的博弈

谈判是什么？解释起来太复杂；好像又不用解释，每个人从小就在经历谈判。在你读小学的时候，你老爸对你说，如果这次数学期终考了100分，就可以奖赏你一台平板电脑；而你告诉你老爸说，你更想要一辆无人机。可是你老爸说，那你得语文和数学考"双百"才行。于是你再提出，语文的作文哪容易得满分啊，能不能数学考100分、语文考95分就奖无人机呢？经过一番口舌往来，你和你老爸最后商量好，如果你数学考100分、语文考98分就可以得到一辆无人机。好了，还有什么可说的呢？这就是一个典型的谈判过程。

那么，究竟能不能给谈判下个定义呢？当然可以。我们认为，谈判是两个或两个以上的主体对共同关心的事务进行洽谈、磋商并共同形成决定的过程，其核心是一方希望以自己的力量去影响其他方的行为和反应。上面那段父子之间关于考试奖励的磋商过程就是一次谈判，如果我们换一种方式来讨论，父亲以不容争辩的口吻要求儿子数学必须考 100 分，语文必须考 98 分，否则他就不会让儿子得到心仪已久的无人机；那么这一过程是谈判吗？就结果而言，这个例子和上面的例子是完全相同的，都是数学考 100 分、语文考 98 分儿子就可以得到一辆无人机，但过程却完全不同。根据前面我们对谈判下的定义，后面这种情形已经不是谈判，而是父亲的决定，因为在这个过程中，儿子没有任何影响父亲的力量，没有洽谈、磋商的行为，父亲只是告诉儿子他的决定而已，作为儿子只能服从父亲这样的决定。有了这样的理解，我们可以比较容易地区分谈判与单纯的决定或裁决的区别，那就是，如果双方都可以而且也在争取用自己的力量去影响对方的行为，这个过程就属于谈判；而如果一方必须无条件执行另一方的决定，那就不是谈判，而是裁决。所以多数情况下，当事人或他们的律师在诉讼中与法官的交涉应该不属于谈判，因为享有决定权的只是法官，而不是律师或当事人，除非你采取某种被法律禁止的，或者至少是不道德的方式影响法官，否则诉讼过程中的律师或当事人与法官之间是无法谈判，也不能谈判的。在本书中，我们不打算对这种裁决形式下的交涉进行讨论。

谈判双方都可以而且希望以自己的力量去影响对方。也就是说，希望对方尽可能来满足自己的要求，但与此相反的是，对方也希望你去满足他的要求。这样，双方就出现了需求上的冲突，你希望对方按你的要求来做，而对方又希望你按他的要求来做；如果双方都不让步，谈判就会破裂。事实上，在现实生活中，很多时候谈判并不是那么容易破裂的，双方即使都摔杯子、拍桌子了，又会重新坐下来继续谈。我们在职业生涯中，经历了无数次谈判，有些是我们真为对方出尔反尔而气愤，认为应该毅然终止和对方谈判的时候，谈判达成了；有些是我们真为自己的当事人出尔反尔而尴尬，认为对方断然不会接受我们的要求，谈判就要破裂的时候，谈判也达成了。之所以出现这样的情况，是因为双方选择进行谈判，总是因为希望从对方那里获取自己需要的东西，这种需求的存在，决定了双方在利益取舍上具有重大的一致性，都不会轻易就让谈判走向破裂，更不愿意仅仅因为言语不当甚至看起来不礼貌或者愤怒的一些表态（比如摔杯子之类的，其实很多时候这种不礼貌或者愤怒的表态本身可能就是假装的，只是假装得太像了，让人容易产生错觉罢了），就让谈判真正破裂。就商业谈判而言，有句话说得真实在：谁会跟钱过意不去呢？就更大利益的交涉而言，谈判的最终破裂就更难见了，这也许就是为什么国家与国家之间，在很多国际冲突争端上的谈判，从来都是在一轮又一轮的破裂，间或还穿插一番"流血冲突"之后，最终才达成一致的。那种在商店询问某种商品的价格后，不假思索就掉头而去的行为，并不属于谈判破裂，而属于根本未开始谈判。顾客可能根本没有购买的需求仅是顺便问问而已，或者可能是在询价后认为这样的价格根本就不具有在需求范围内谈价的基础，因此选择不谈判而直接离开。

真正的谈判开始后，如果不想谈判破裂，不想真正终止谈判（完全不谈了），总需要至少有一方作出让步，或者双方都作出一定的让步，才能使双方的需求走向一致。就像我们前面所举的例子那样，父子之间关于期终考试奖励的谈判将奖品从平板电脑成了无人机，而得到奖品的条件也从数学考 100 分，变成了语文也必须考 98 分。这个过程，其实就是交易对价博弈，也就是通常人们所说的"讨价还价"，双方相互抛出自己的条件要求对方接受，然后又在对方提出的条件面前不断地妥协、让步。这里的"讨价还价"不仅仅指交易价款，更包括双方关注的其他一切权利义务，包括行为方式、责任划分等。因此，谈判的实质就是对价博弈，只要存在交易的基础，交易各方总是会通过谈判这种讨价还价的方式达成共识、促成交易；这也许是人类的又一种本能。

> **小贴士**
>
> 谈判因利益而起，为利益而搏，以利益而终了。即使当事人给律师再多谈判的机会，如果当事人对利益的最终结果不享有决定权或选择权，那也不能叫谈判。
>
> 任何时候，你作为律师需要做的，就是先努力搞清楚当事人对你的行为结果有没有决定权！

■ 第三节　法律谈判是代理人谈判

尽管谈判是律师最重要的工作之一，但律师也是普通人，在脱下西装取下领带走出办公室后，律师自己也会在生活中遇到各种各样的谈判，律师可能会因为买车和汽车经销商磋商新款汽车的交货时间，也可能因为买房和房地产开发商协商一下分期付款的可行性，还可能因为自己的小孩与同学的纠纷和他们的家长争论几个孩子打架造成的医疗费损失应该如何分担。那么这些脱下西装在自己生活中进行的谈判，与律师的职业谈判有什么不同呢？从形式上看，都是由律师与对方进行洽谈、磋商，难道区别仅仅是穿西装与不穿西装吗？显然不是，这样简单的区别不能说明任何问题，何况律师为自己生活进行谈判可能同样也穿着西装呢。律师的职业谈判是律师受当事人委托参加的谈判，进行这种谈判时，律师是当事人的代理人，从表面上看可能是由律师与对方（或对方律师）在进行谈判，但实质却是当事人之间的谈判，不管当事人到场或不到场，律师提出的所有的交易条件其实都是代表当事人提出的。至于律师如何判断自己的当事人的需求，或自己的当事人可以接受什么样的交易条件，以及律师如何在谈判过程中处理与当事人的关系，将成为法律谈判的重点，并将在本书后文中予以详细的阐述。

就如同我们把本节的标题叫作"法律谈判是代理人谈判"一样，法律谈判不是律师为自己买车、买房以及处理自己的小孩与同学的纠纷进行的谈判，这不仅不同于由当事人自己进行的一般谈判所形成的"谁点菜，谁买单"的关系，还在以下几个方面表现出重大区别，认识和把握这些区别就是认识和把握法律谈判的精髓。

一、谈判者并不享有决定权

律师在为自己的购房合同进行谈判时，一旦与开发商就交易条件达成一致，律师就可以当即拍板，立即签订房屋买卖合同，但当律师作为当事人的代理人参加谈判时，除非事先得到当事人的特别授权，否则律师并不能帮助当事人作出签订还是拒绝签订这份合同的决定。《律师法》第30条规定："律师担任诉讼法律事务代理人或者非诉讼法律事务代理人的，应当在受委托的权限内，维护委托人的合法权益。"因此，对于当事人未授权的事项，律师无权替代当事人作出决定。事实上，越是复杂的谈判可被预见的情形会越少，变数就越多，得到这种特别授权就越困难。很多情况下，即使有当事人的特别授权，从审慎行事的角度出发，如果不是存在通信或其他障碍，多数律师仍会在一些重大决定上征求当事人的意见，而不会轻易处分当事人的实体权利。因此，在法律谈判中，享有决定权的是当事人，而不是谈判的律师，这是法律谈判有别于一般谈判的最根本区别。

随之而来的问题是，律师并不享有决定权，律师的工作目标又是达成一份令当事人满意的协议，这是否矛盾呢？当然不会，什么样的协议是当事人满意的，什么样的协议是当事人不满意的，是由当事人决定的事，而律师要做的是准确判断当事人的利益所在。很多时候，律师还要指导当事人在他所面临的各种选择中作出决定，这些决定可能会让当事人放弃某些权利或失去某种东西。这个时候，律师和当事人的沟通显得十分重要。这是律师判断当事人利益、当事人了解他所面临的局势的重要途径，律师应当尽可能让当事人在清楚各种选择所导致的不同后果的情况下作出决定。如果当事人在信息缺失的情况下作出决定，那可能并不是他真正满意的结果，有些时候，当事人甚至会因为虚假信息而作出完全错误的决定。

现实中，我们总遇到一些律师喜欢代替当事人作出决定，不管这些决定是在授权范围内还是授权范围外，也不管这些决定是重大决定还是一些技术上的或者细节上的决定，他们认为自己掌握着充分的信息，有着丰富的经验，对另一方的谈判筹码和策略了如指掌，他们甚至以为律师比当事人还要清楚什么样的结果是当事人最满意的，是当事人最想得到的。事实果真如此吗？

在我们事务所经历的无数次商业谈判中，有一起由我们指派的律师代理的股权收购交易谈判给我们留下了极其深刻的印象。在谈判中，我们指派的律师代表收购方，他觉得有充分理由相信，如果继续使用他所制定的谈判策略，被收购方还会在付款时间上作出较大让步。每一个律师都当然希望继续努力，去为当事人争取到更好的交易条件，何况这可不是一个小数额的付款呢。但是当事人却拒绝了我们这个律师继续努力的要求，相反还主动同意提前2个月支付全部交易价款。

为什么呢？这是因为作为收购方的当事人很清楚，其实他对一次性提前支付交易价款不存在任何压力，他更关心的是被收购的公司尽快了结原来签订的一些不需要继续履行的合同。按照约定，了结这些合同需要支出的费用由被收购方承担，于是收购方希望通过早一些支付交易价款，让被收购方有充裕的资金去尽快解决那些历史遗留问题。有这种考虑的背景是，收购方非常清楚地意识到，这次收购并不是一次100%的股权收购，被收购方会保留很少一部分股权以小股东身份继续留在公司。尽管被收购方可能会因为急于完成交易而同意收购方设定的任何苛刻付款条件，但从维持长远合作的角度看，这种苛刻的付款条件无疑会损害双方的信任关系，因而不排除在今后的合作中，一旦有机会，被收购方以其他方式对收购方实施报复或者至少不予配合的可能。相较而言，收购方本来就不太在乎付款压力，其他问题显然会更重要一些，收购方于是要求我们指派的律师停止进攻，并且还作出同意提前付款的决定也就显得再正常而合理不过了。同样的道理，在大多数损害赔偿案件中，对于一个躺在病床上等待手术费用的伤者，立即获得40万元的赔偿款与经过1年的诉讼后可能获得80万元甚至100万元赔偿款相比，哪一个是他更愿意接受的？事实上，答案只有他自己才最清楚。即使律师完全有把握让当事人在1年后获得80万元赔偿款，律师也不应当仅仅以算经济账的方式来代当事人作出提起诉讼的决定。因为也许能够挽救当事人性命的，或者最少也是减轻他的巨大生活压力和痛苦的，就是当前这40万元的医疗费，而不是1年后可能将会作为他的遗产的那100万元赔偿款。

更为重要的是，当事人总有自己的性格特征和行为风格。对自然人来说，稳健的人可能会选择能够立即兑现但并非最大价值的交易条件，而激进的人却可能会选择有一定风险但可以实现最大价值的交易条件。不同个性的人产生的各种各样的想法，可能深藏在当事人的心中，这往往是律师一时无法知道的。而对企业或者事业单位来说，出于一个组织的运行规则和外部形象考虑，其做任何决定时的考量因素大大超出简单的经济层面。

所以我们必须要牢记这一点：关于什么是当事人的最大利益，只有当事人自己最有发言权。

既然当事人的最大利益只有他自己才知道，那么是不是意味着律师在当事人作出决定之前就可以无所事事地静候当事人的决定呢？不，如果你这样认为，那也大错特错了。如果律师只会把当事人的决定告诉给对方，那还不如让当事人自己来完成，律师参加谈判的意义就不存在了。在参加谈判的过程中，律师应当随时与当事人保持密切的联系，告知当事人所有与他将要作出的决定相关的信息，即使当事人在现场亲自参加谈判，他可能也会因为对法律的陌生或经验的缺失而忽略重要信息，因此，律师不能因为当事人也在谈判现场就以为他不需要从你那里获取信息，律师有义务让当事人在完全明白他的选择可能导致的各种后果的情况下，进行有目的的选择，而不是让当事人认为他正参加一场开大还是开小的赌博。

除了让当事人清楚已经存在的事实外，律师还应当学会扮演预言家的角色，帮助当事人预测如果谈判破裂或按现有交易条件签订协议未来可能会发生的结果是什么。比如，律师会告诉他从事房地产开发业务的当事人，如果与施工方的谈判不能在本月内结束而导致工程延期的话，购房者可能会提出支付违约金、解除房屋买卖合同等要求，根据法律的规定和司法实践中掌握的标准，购房者的这些要求通常是会得到法院主张的。除了法律性的结果预测外，律师还应该根据丰富的执业经验和社会阅历帮助当事人分析经济的、社会的甚至政治的后果，比如在上面的例子中，律师除了告诉开发商相关法律的规定外，还应该分析在全球经济衰退和疫情反复等原因而打击消费信心的背景下，房地产市场持续低迷、房价下滑的现状较难在短时间内获得改观，特别是全国多家大型开发企业频频发生债务违约、在建工程停工等负面新闻报道的情况下，选择解除房屋买卖合同的购房者人数可能会比以往多得多。当然，律师还可以预测开发商所遭受的这些损失是不是有可能转嫁给有违约行为的施工方，以及要求施工方承担这些损失在操作上可能存在的困难或可能花费的代价；然后，当事人知道这所有的预测性的结果后，再去选择与施工方的谈判是妥协还是坚持，并对自己的选择承担责任。

二、听取当事人的意见

律师应当忠于他的当事人，以当事人为中心，这一点丝毫没错。在《法律咨询》一书中，我们专门阐述了"当事人中心说"从理论到实践的正当性和合理性。但与此相冲突的是，如果当事人的利益诉求显得荒唐而不近情理时，律师是否可能会为达成一份自己认为是公平合理的协议而去说服自己的当事人改变他的预期呢？这样做，律师似乎已经违反了他的职业准则，不仅没有去帮助当事人说服对方，反而感觉是在帮助对方说服自己的当事人。这是一种非常有意思的现象，并且这种现象在一个中国律师的职业生涯中不是偶尔发生，而是常常遇到的，这也是法律谈判与一般谈判的重大区别之一。换言之，我们常常感到，一个重大而复杂的法律谈判中似乎还包括了一个律师与自己当事人之间进行的"内部谈判"，律师和当事人需要在这个"内部谈判"中首先达成共识，然后才能步调一致地对外行动。

那么，从律师职业道德的要求看，律师是不是应该与当事人进行这样的"内部谈判"呢？如果律师可以有这样的行为，这与我们前面说到的由当事人自己去作出选择的观点是不是相冲突呢？显然，这需要区分情况看待。在我们看来，如果当事人的利益需求的确是荒唐的，在律师判断对方已不可能接受，或法律不可能支持这种荒唐的开价后，律师应当与当事人就调整需求进行磋商。如果律师明知当事人需求不可能实现，仍然不告诉当事人，甚至一味鼓励当事人继续坚持那不可能实现的目标，这反倒应该被认为是有违律师职业道德的。例如，当事人在面临对方的违约追索时，认为自己没有按时履约是第三方的原材料供应商逾期供货造成的，当事人因此认为自己没有过错，不应向对方承担违约责任。当事人有这样的想法很正常，因为他不熟悉法律，他觉得他也很冤枉，但重要的是这样的想法是否符合法律的规定。如果对方不同意第三方过错的理由进而免除当事人的责任，反而诉诸法院，法院会不会判令当事人承担违约责任？这个时候，律师就需要帮助当事人正确认识目前的局势，告诉当事人如果把这个案子交到法院处理，他可能会承担怎样的违约责任并引导当事人与对方和解，从而减轻违约金的支付金额。设想如果律师完全无条件地"忠于"当事人，不仅不纠正当事人的错误认识，还鼓励当事人相信他的观点完全正确，符合法律的规定，那最终受到损害的将是当事人的利益和律师的职业声誉。

当然，我们也不排除，律师与当事人进行"内部谈判"可能是另一种情形：律师的确在"出卖"当事人提供的信息，律师要求当事人降低目标的根本原因不是当事人的需求过于荒唐，而是律师希望尽快结案，或者为了与对方律师或对方当事人保持某种合作关系。尽管律师之间应该具备公平竞争和互相尊重的职业默契,但这种默契不应以损害任何一方当事人的利益为代价,否则由此损害的不仅是律师本人,也包括律师所在的事务所和整个律师行业的声誉。非常遗憾的是,根据我们的观察,由于当前法律职业道德的脆弱性,在法律谈判中出现这种"出卖"情形的例子确实存在。这还导致在一些情况下当事人很大程度上总是不完全信任自己的律师。这不能不说是我们必须面对的现实处境。

三、借助谈判获取充分的信息

一次法律谈判需要持续多长时间?需要经历多少个回合?没有人可以回答这个问题,因为谈判时间会因为不同的交易类型或不同的交易对象产生巨大的区别。在标的额很小的诉讼案件的调解中,双方关于诉讼费分担进行谈判时,因为诉讼费金额非常小,可能仅仅需要两分钟的时间就可以达成一致;而一个复杂的股东纠纷案件的谈判,却可能因为涉及双方根本利益耗时数月,甚至数年也难以看到前景。例如,很多年前国内著名企业娃哈哈与合作方全球著名跨国企业达能的合资纠纷,经过数年谈判仍然未能解决而最终走向了一系列的诉讼和仲裁。在相关诉讼和仲裁过程中,双方继续演绎出更多复杂的对立局势,达能方面非常强硬地宣称将让宗庆后"在诉讼中度过余生",而宗庆后则始终谈笑风生,毫不手软,见招拆招并不断出招。据媒体报道,双方在国际、国内层面共发起了近 30 个诉讼。宗庆后面对达能方面的高额要价,甚至威胁如果达能不妥协,他将解散所有 39 家合资公司;为强化他的坚定态度,宗庆后还真提起了对其中一家合资公司的解散诉讼。最终,达能方面迫于诉讼失利,而合资公司一旦解散达能方可能终将血本无归的风险判断,将最初 500 亿元的要价调整为 30 亿元而完成和解,退出在娃哈哈持有的所有股权。由于"达娃之争"充满了复杂性和趣味性,并且持续时间极长,这场本应平平凡凡的商业斗争不仅演化成了一场媒体的盛宴,甚至被上升到拯救民族经济的高度。对我们来说,它也是可以大书特书、大写特写的一场罕见的异常精彩的巨型法律谈判演出。当然,大多数谈判是不会持续几年都无法完成的,不过就需要律师参与的法律谈判而言,也很少有一天或者一次就可以结束的,因为当事人寻求律师帮助的时候,往往都是他已经感到应对有困难的时候。这也反映了律师不是一个轻松的职业;律师做的总是比较复杂的事。可以轻松搞定的谈判,难道当事人还会花钱聘请你去参加吗?

律师参与的复杂谈判中交织着律师与当事人之间进行的内部意见交换和法律咨询，以及律师与对方律师或对方当事人之间的交锋和争斗，律师在外部交锋和争斗中获取的信息和取得的成绩，总是会在与当事人的内部意义的交换中进行沟通、商讨，然后又再用沟通、商讨的结果去进行外部交锋，直至达到当事人满意的结果。如同我们在前面阐述的那样，律师这样做是因为律师有义务让当事人充分了解案件信息，要让当事人在清楚他所做的各种选择可能导致的不同后果的前提下去作出选择。

　　基于律师的职业职责要求，法律谈判总是呈现为一种曲折反复的循环过程，特别是在当事人没有亲自参加谈判时，律师会在外部谈判与内部沟通中往复循环，不断交换信息、调整预期，而这种对预期的调整既包括对当事人预期的调整，也包括律师对自己预期的调整。

　　在较为复杂的交易中，律师一开始总是难以获得完全的信息，有些时候，律师自己的当事人甚至也会故意向律师隐瞒一些重要信息，或传递一些虚假信息。因此，律师在最初对谈判结果作出的判断很难做到精确无误，有时甚至可能会完全错误。虽然发生当事人故意提供虚假信息而让律师出现重大判断失误，并难以继续开展工作的情形时，律师可以选择终止代理，但更多的情况是，当事人提供的信息因为这样或那样的原因只是不够准确而已，即使这些信息导致律师判断错误，也还不至于达到要终止代理的地步。这个时候，律师会通过谈判中不断收集到的信息来修正最初的判断，并调整自己对谈判结果的预期。实际上，即使当事人提供了完全准确的信息，律师有时也会作出不够准确的初步判断，特别是对细节方面的判断更是如此。这可能有专业能力方面的原因，也有可能是因为律师对谈判对手的了解不够。因此，基于上述种种原因，律师修正自己判断的行为在谈判中是以一种常态出现的，这些修正中的判断会在谈判的往复循环中不断得到完善。

　　从当事人的角度看，当事人找律师时，往往是希望通过律师的代理工作使自己得到自己认为应当得到的东西，或者保住其认为其不该失去的东西。当事人在与律师进行初步交谈时，总希望得到一切对他有利的结果，而不喜欢在一开始就谈论次选方案；这是诉讼律师不能一上来就谈论应对败诉可能性的原因。对当事人来说，他们认为自己众多的需求应该可以全部得到满足，他们甚至会回避有关自己的风险承受度的问题。对于倾向于直接向当事人客观分析不利局面和潜在风险的律师，当事人常常即使嘴上不说心里也会想："我请律师就是帮我来达到这个目标的，你却给我说了这么多风险和不可能，那我请你还有什么用呢？"作为律师，如果起初不能巧妙而合乎情理地说服当事人合理降低他的预期，可能会给后续工作造成一定影响、增加工作难度，但这并不是末日。如同前面说的那样，法律谈判本身是一个循环的进程，你和当事人之间会有很多次商讨的机会，在当事人从谈判过程中获得了足够多的信息后，他可能就会改变最初那些不切实际的要求；但是你必须至少学会一开始留有余地。

律师获取信息的方法有很多，他可以通过各种各样的调查手段去取证，但律师在谈判中的取证和在一个诉讼案件中的取证是有重大区别的。在谈判中的取证是为了获得尽可能全面的信息，这些信息不一定能够推断出准确的结论，但能帮助律师和当事人综合分析当前的局势，如律师调查了解到对方在另一个项目投资中正面临资金短缺、银行贷款未能按期偿还的经营困境，那么律师就会判断，对方在与自己的当事人的这次交易中可能会急于达成协议，尽快出售他的资产，并在付款时间的要求上会较为急迫。显然，这样的结论仅仅是推测，只能帮助律师分析判断目前的谈判局势和自己可能拥有的谈判优势，也许这样的分析是错误的，对方可能还有其他渠道获取资金而并不急于达成本次交易。而民事诉讼中的取证要求则完全是另外一码事，从民事诉讼法关于证据的规定看，它不仅要求证明某件事实的真实性，或某一方对该事实的发生所应承担的责任的关联性，还包括对取证程序本身的合法性等要求，这样的证据如果不能在严格意义上获得采信，则难以被作为定案依据。

基于谈判取证的或然性特征，并考虑到调查的费用和时间成本，以及调查本身存在的种种困难等因素，律师往往将与对方谈判的过程本身作为获取信息、了解对方交易目的、交易条件以及可能的交易方案的重要手段，有时甚至是唯一手段。因此，谈判本身就是获取信息的主要渠道。

当你将调查到的信息一一转达给当事人时，你会发现，当事人的预期可能会慢慢发生改变，当事人会意识到他的确是在经历一次谈判，而不是在作出一个对方只能服从的裁决。某些时候，当事人会提出"一揽子"要求，并向律师表示这是他的唯一交易条件，没有次选方案，不做任何让步。这种强硬的交易在现实中的确存在，主要会发生在整个市场的供求现状对自己极为有利的情况下。如果你是卖方，而买方排队拉货的车已经在你的厂区外排了5公里长的队，那么，交易规则由你制定，你不用做任何让步。当然，这个时候你可能也不会邀请律师来参加谈判，你会认为一切皆在你的控制之中。还有一类情况会让双方坚守自己的谈判目标，就是当双方会面临一个非此即彼的谈判结果时，例如在一对离婚夫妻争夺小孩抚养权的谈判中，双方都知道结果只有两个，要么得到，要么失去，他们希望得到抚养权的预期将很难发生改变。如果你还没有厉害到让买家排队拉货，或者双方面临的不是一个非此即彼的谈判结果，改变谈判前的预期，似乎是每个谈判中都会出现的。有些时候，当事人甚至会突破他自己在谈判前确定的最低方案。在制定最低方案时，当事人可能会一再强调说，"这是我可以接受的最低的方案了，低于这个数，我宁愿放弃这次交易"，但最后他却没有放弃交易，根本原因就是在谈判进程的循环中当事人不断获得新信息，这些新信息会不断地让他调整预期，并让律师再以新的预期去与对方谈判。如此往复，谈判就经常体现为一个周而复始的过程，曾经谈过而没有达成共识的问题，会在持续进行的谈判中被再次提出，并在新的交易条件中得以解决。当然，也有在掌握了详细信息后提高预期的情况，这一点儿也不奇怪，因为提高预期与降低预期的道理是完全相通的。

> **小贴士**
> 法律谈判是律师代表当事人进行的谈判，在这一过程中，律师应以当事人中心说作为行为基本准则，只有当事人才享有决定或选择谈判结果的权利。
> 请记住，是谈判结果陪伴当事人，而不是律师。

■ 第四节 谈判策略对谈判结果具有关键性影响

我们知道，既然谈判是以自己的力量去影响对方的行为，那么律师在法律谈判中的目标，就是用自己的力量去帮助当事人达成一份他满意的协议。这些力量除了当事人在交易中本身具有的优势地位外，显然还包括律师本人的知识、技能和技巧等。律师为了实现他的谈判目标，会根据现有信息及交易情况预先制定若干行动方案，综合运用他所掌握的各种力量。这些预先制定的行动方案就是我们所说的谈判策略。

那么，律师应当用什么样的策略才能实现他的谈判目标呢？代表当事人与一个国内著名的大型国有企业进行谈判和对付一个主动上门的推销员，在谈判策略的运用上显然会差别巨大，可以说大不一样。在即将与这个大型国有企业的一个销售主管见面之前，你可能已经提前一个礼拜就开始准备谈判策略了。你会绞尽脑汁地思考这家大型国有企业以及他的销售主管如果选择和你做生意，可以使他们的哪些需求得到满足。你非常清楚，如果你采取的策略不能打动销售主管，那就不用去讨论交易条件有利还是不利了，因为你连继续往下谈交易的机会都不会有。站在你后面等着和这家大型国有企业做生意的人可能已经排到了大门外，销售主管只需要冲你轻轻摇摇头，你的演出就结束了。而对于主动上门的推销员，你知道交易机会掌握在你手里，因此与大型国有企业的例子恰恰相反，你所关心的不是你可以满足推销员的哪些需求，而是这个推销员可以满足你的哪些需求。你会故意表现出对他的产品完全不感兴趣，甚至连一杯茶水都没有给他倒，在装作很不耐烦地听完他的产品介绍后，你可能只需要轻轻说一句："你的报价太高了"，推销员就会马上迎上笑脸告诉你，他会给你一个非常优惠的折扣，而且一旦生意做成了，你还可以获得赠品若干或者一趟"海南三日游"的免费旅游奖励什么的。

上述例子充分说明，针对不同的交易对手或不同的谈判局势，应当采用不同的谈判策略，并且不同策略的运用可能会让交易结果完全不同。如果你对于上门的推销员恭敬有加，表现出你对他的产品抱有极大的兴趣，他上门推销对你来说简直犹如雪中送炭，那么，你觉得推销员还会为他的商品打折吗？他没有把他的报价再抬高一倍就已经算是仁至义尽了。再极端一点的比喻，如同一个等待救生圈的落水者那样，他可能愿意花10万元，甚至100万元，购买你手里的那个只值10元的救生圈。因此，经济学家常常告诫我们，价格和价值常常是背离的，在某些时候交易是没有合理价格的，决定交易价格是否合理的因素，往往取决于你对于此次交易所表现出来的急迫程度。

回到法律谈判上来，律师有什么方法可以让对方作出妥协，让自己的当事人最大化实现利益呢？当了解谈判策略的重要性后，答案只有一个，那就是你在不同的谈判局势中成功选择并实施了正确的谈判策略。

关于谈判策略的类别，很多关于谈判的书籍呈现多种理论研究结果。有的理论着眼于细节的技巧性研究，将每一种谈判技巧都理解为一种策略，按这样的划分，谈判策略可能会有数十种乃至上百种之多。我们倾向于认为，谈判技巧与谈判策略并不相同。谈判策略应是宏观层面、起主导作用的纲领性思路或者定位；谈判技巧则是服务并服从于谈判策略的技术性动作。因此，基于策略应该是一种战略而技巧应该是一种战术的理解，我们将谈判策略大致划分为三大类型，即进攻型策略、协作型策略和解决问题型策略。进攻型策略，是指采取提高报价、要挟或者故意争论等谈判行为，以削减对手对其谈判力量的信心为目的，诱使其达成谈判协议，力争让最终达成的协议满足自己当事人事先确定的全部需求，或迫使对方达成一份比他最初确定的最低方案更糟糕的协议。协作型策略，是指采取合理开价，在公平合理的基础上确定交易对价，主动作出一些让步以鼓励对手作同样的回应，或向对手承诺对他的让步将给予回报等方式，最后努力达成一份令双方都感到较为满意的协议。而解决问题型策略，则是指通过寻求可以使双方相互获利的机会而使双方达成协议。协作型策略与解决问题型策略都涉及与对手在某种程度上的合作问题，因此通常也被归纳为合作性的策略，而进攻型策略则相对更像对抗性的策略。

事实上，在任何一次谈判中，以及谈判中的任何一个环节，都可能会运用到上述三种策略中的一种或数种。由于在正确的谈判局势中使用正确的谈判策略，往往是判断一个律师是不是足够优秀的标准之一。因而我们必须再次强调制定何种谈判策略的正确性是何等重要，正如俗话说的那样，战略的成功是最大的成功，战略的失败是最大的失败，是不可挽回的失败。但是需要注意的是，千万不要以为在一次谈判中只能持续地使用一种谈判策略，所有的谈判过程和结果恰好都证明了一个恰恰相反的事实，那就是在大多数谈判中，几乎所有谈判者都会交叉使用三种谈判策略，并在谈判策略的替换使用过程中不断取得成果，推动谈判向前发展。

第一课
理解法律谈判

> **小贴士**
>
> 进攻型、协作型和解决问题型策略是本书详细讲解的三种基本谈判策略，记住每一种策略的特性和使用技巧是使你成为谈判高手的第一步。
>
> 当然最关键的不是会不会运用某一种策略，而是决定何时运用某种策略。

■ 第五节　法律谈判的六个组成部分

一般的谈判书籍通常将谈判分为准备、开局、对局和结局四个阶段，这样划分可以让谈判学习者较为清晰地整体了解谈判的基本构成。我们编写本书也基本按照这样一个约定俗成的规律来划分，但由于本书重点是在阐述法律谈判的策略和技能，因此在具体章节安排上更强调作为律师的谈判者需要进行的具体工作，并按其工作内容对法律谈判的组成部分进行划分。从本书第四课到第九课，我们将法律谈判分为六个组成部分，也是六个阶段来阐述，包括：（1）谈判准备（第四课）；（2）开局（第五课）；（3）报价（第六课）；（4）了解对方的需求（第七课）；（5）对价博弈（第八课）；（6）终局（第九课）。

需要特别说明的是，上述六个组成部分看上去似乎是按一次谈判的工作顺序进行的排列，但实质并不一定是这样，在一个谈判中各项工作可能会交叉，甚至前后颠倒。比如，今天你到任何一家大型电器商场，不管是国美还是苏宁，你会发现它们张贴的电视机价格标签，是商场在没有了解你的具体需求时提出的报价，当然这个报价可能也归纳了针对一般消费者的需求情形，但绝对没有针对你作为一个具体消费者的需求。因而当你提出你准备购买这台电视机时，营业人员可能会根据你的具体要求考虑给予你一个什么样的折扣报价。当你提出就要这台电视机的样机时，营业人员可能还会重新提出一个更优惠的报价；如果这时你又提出即使是样机，你也需要和全新电视一样享受15天的退货请求权以及5年的质保要求时，营业员可能会重新报价。因为他会算计着把保修的费用计入销售款中，这样，你们就会在报价和了解需求之间反复循环，而分不清哪项工作在先、哪项工作在后。现实生活中有的时候，一场谈判看来已经接近终局，但又可能因为事先的信息准备不够充分或者一个新的信息出现，谈判双方突然又回到了谈判的开局阶段。在多个议题或者问题同时进行的较为复杂的谈判中，我们常常会发现一些议题或者问题已经处于终局阶段，而另一些议题或者问题却还处于报价阶段的交叉现象。

　　了解法律谈判六个组成部分的目的，不是要研究应按一个什么样的流程去完成谈判，而是要知道在法律谈判的每一个部分中，我们需要做些什么样的工作，以及这些工作应该怎么去做，至于各项工作的流程或顺序，那应该是在具体的谈判个案中去认识和把握的。我们在前面已经归纳了有三种基本的谈判策略，分别是进攻型策略、协作型策略以及解决问题型策略，现在我们又提出谈判的六个组成部分，事实上，从现在起本书后文，都将围绕这三种谈判策略在谈判的每一个组成部分中各自的运用技巧而展开讲解，如在谈判开局阶段，进攻型策略与协作型策略会有天壤之别的举动，选择使用进攻型策略的律师会通过各种技巧让对手感到难受、恐惧，并以征服对手为目标；而协作型策略则会努力使对方感受到和谐、轻松的气氛，从而使双方在友好、和睦的氛围中达成共识。通过本书展示的一些案例分析，我们还会发现，相同的谈判局势，如果采用不同的谈判策略会导致不同的结果发生，这充分说明谈判策略可以对谈判结果产生重大影响，也证明了对谈判策略进行研究、学习一定具有现实意义。平心而论，一种策略本身并无好坏之分，也无道德与不道德之说，唯有在具体个案中才能判别合适还是不合适，因此，每一种策略我们都需要熟练掌握。通过对三大谈判策略的研究以及实例分析，那些在以往只能通过现实中的失败教训才能学到的经验和技巧，在书本中就能学到。我们相信，经过这样的学习，哪怕是第一次代表当事人参加谈判的年轻律师，他所展现出来的职业化谈判水平，也会像一个经验丰富的老律师那样容易很快令当事人信任，他也有能力在每一种谈判局势中尝试运用各种谈判策略，并通过逐渐熟练地自由交替使用这些谈判策略，在为当事人的谈判中一出手便初露锋芒。

小贴士	"运筹帷幄"是决胜千里的前提，要有"筹"可运。把法律谈判构成的六个组成部分与三种谈判策略进行排列组合，你犹如获得了一本"棋谱"，你会发现，你对谈判的理解马上就从纯靠直觉的判断，转变成胸有成竹的推演。

第二课 LESSON 02

法律谈判的策略

第二课
法律谈判的策略

案例摘引

张总是某大型国有企业集团的总经理,位高权重,个人风格强硬,加上企业背景给予的先天优势,在过去的谈判中从来很少向对方作出让步或妥协。一次,该企业集团因上级突然决定拆迁其现正在使用的办公大楼为一国家级重点项目使用,需要购买一栋可在半年内即能入住的大楼作为集团总部的办公基地,集团办公室花了差不多一个月时间进行市场调查后,发现只有一家中央企业下属企业的开发楼盘基本符合要求。因交易金额巨大,时间紧急,于是购楼谈判由张总亲自出面进行。哪知张总认为近期房地产行业不景气,加之其个人强硬的风格,在对方提出的标准售房合同文本之外竟然提出了20项附加要求,且在谈判中全然不顾忌自己在这次谈判中并不具备绝对强势地位的现实,对这20项附加要求不做任何让步,要求开发商必须全部满足。由于张总态度强硬,提出的交易条件又极为苛刻,开发商的谈判代表很快就被激怒了,于是采取针锋相对的策略,导致谈判气氛既不融洽更不愉快,很快,双方就陷入谈判僵局而中止谈判。

事实上,出现谈判僵局的结果,并不是该集团愿意看到的,因为按照上级要求的搬迁时间表和市场上现有可供立即入住的楼盘来看,该集团几乎可以说根本没有多少可选择的余地。在中止谈判期间,张总与长期担任其法律顾问的上海中联(重庆)律师事务所合伙人Z律师再次仔细研究讨论了整个情形后,共同确认那20项附加要求中其实只有8项是必须满足的,剩余各项即使全部放弃,也不影响双方达成交易合同。于是在第二次谈判时,张总以参加其他重要会议为由未参加,由Z律师和集团另一副总作为企业集团的全权代表与开发商进行谈判,并由Z律师主谈。在谈判过程中,Z律师以温和的个性风格采取协作型谈判策略与对方重新一一交涉,每当双方对一个相对重要的问题僵持不下时,Z律师总是显得漫不经心的样子说:"好吧,这个问题先放一放,等下次张总参加谈判时再由他来处理。"由于有了第一次可以说有点令人难堪的谈判经历,开发商代表总是稍稍坚持,一看效果不佳便主动表示同意Z律师所代表的企业集团的要求,不用再等张总来谈了。经过一天的磋商,最终开发商满足了该企业集团的张总最早提出的20项要求中的17项,远远超过了原定的谈判目标。

> 显然，这是一个典型的运用多种谈判策略和多种谈判风格进行组合后获得成功效果的谈判案例，这说明，不同谈判策略组合比单纯使用某一种谈判策略在任何谈判中的效果都要好得多。
>
> ——摘自《上海中联律师事务所案例汇编》

前面我们曾经提到，对付一个大型中央企业与对付一个主动上门的推销员应采用不同的谈判策略，如果你错误地将对付推销员的策略用在了大企业身上，那么你除了被人认为神经不太正常外，可能不会再得到其他比这更好的评价了，因为不同的谈判策略意味着完全不同的谈判结果。在法律谈判中，作为以维护当事人利益为根本目标的律师，他所选择的谈判策略是否正确，在很大程度上决定了他的当事人的利益能否得到足够保护。

需要说明的是，我们在本书中多以涉及交易价款的谈判作为案例阐述谈判策略，并不意味谈判就仅仅限于价格或价钱上的讨价还价。我们选择以价格谈判的例子作为主要讲解内容，是因为价格谈判比较容易让人感知到谈判的成果，可以较为方便地理解双方的强硬或妥协的谈判态势。然而在现实生活中，大量谈判是消耗在除了交易价款之外的其他交易条件的磋商上，为了不引起不必要的误会，请大家记住，价格谈判中使用的各种策略同样适用于其他所有交易条件的谈判。事实上，在我们的执业实践中，律师参与最多的恰恰还不是价格谈判，往往是其他交易条件的谈判。为了取得某种更好的律师代理谈判的效果，一方面我们在策略或者技巧上总是把价格谈判作为纯商业条款的谈判，向对方表示应由当事人直接谈判或决定，而把其他交易条件，比如交易框架的合法性等作为律师的谈判任务；另一方面当真正进行交易框架等谈判时，如果对方的价格承诺落入了预期范围，也会以当事人名义立即锁定或替当事人做主敲定（当然是在事前与当事人充分协商确定的前提下）。不过，总的来看，交易价格的谈判对多数中国律师来说，通常只扮演一个协助者的角色，完全由律师独立进行的纯价格谈判至少在我们的执业生涯中还是比较少见的，特别是在商业交易中更是如此。当然，究其原因，

第二课 法律谈判的策略

这可能是由于律师与当事人之间难以真正建立起职业化的代理关系以及其他诸多不确定因素，比如当事人往往不知道如何用好律师；而职业道德修养和职业技能训练的不足会导致律师难以扮演更为重要的角色。我们将在另一本书中展开对这一话题的讨论。

■ 第一节　策略具有纲领性意义

什么是策略？假定你是一个业余象棋爱好者，有幸和一个曾经获得过全国象棋冠军的人对弈一局，你不想输得太难看的话，想来你应该会首先选择以防守为主，那么"防守为主"的指导思想就是你所采用的策略。至于在局中你为吃掉对手的某一个棋子，或为躲避对手吃掉你的某一个棋子而实施的具体行动，不是策略，而是具体技巧的运用。

在法律谈判中，技巧是指律师与对方进行谈判时故意采取的一种具体谈判行为。无意而为之的行为不能被视为技巧，即使这样的行为带来了有利的结果。例如，在一场连续谈判中突然意外遭遇车祸而受伤的律师拄着拐杖去参加谈判，对方被其敬业精神所感动而迅速与律师的当事人达成了和解协议。虽然这个律师的行为推动了谈判的进程，但其本意并非以其受伤去打动对方，因此拄拐杖的行为不能被视为谈判技巧。当然，如果律师发现拄拐杖有利于推动谈判，并在下次谈判时故意采取这种行动，则他的这种有意识的伪装行为就是一种谈判技巧的运用。

而谈判策略呢？策略是指律师在谈判过程中确定的有利于自己当事人的基本指导思想，它应该由一系列技巧或者一系列具体的谈判行为组成或体现。换句话说，谈判技巧是相对具体的行为，而谈判策略则是指导选择不同谈判技巧组合的总纲，谈判技巧应为事先制定的谈判策略服务。正如在前面那个棋局中，你不会为了吃掉对方的一个"卒"而把你的"车、马、炮"都派到对方的地盘上去，因为这不符合你已经确定的"防守为主"的整体策略；同时，你也无论如何不会倾尽全力为吃掉一个"车"而立即丢掉了自己的"帅"，因为这会致使整个战役迅速结束。当然，如果你在棋局中发挥得异常出色，曾经的全国冠军可能面对你的防守一筹莫展，那么你也可以将策略转变为进攻型，因为策略并不是一成不变的。同样地，法律谈判中律师的谈判策略也可能而且应该常常随着谈判的进展而变化，律师可能选择采取先向对方提出一个较高要求的交易方案，然后再逐渐让步的谈判策略，也可能会采取一步到位而不做任何让步的谈判策略。

需要特别注意的是，对一个有经验的老律师来说，大多数情况下他可以透过对手的行为判断对手正采取什么样的谈判策略，即使对手满脸笑容、和蔼可亲，他也可以看出对手实际上是不是在"笑里藏刀"地采取强硬的进攻型谈判策略。与此相反，一个新律师就可能总是容易被对手的表面行为或者其他表面现象所蒙蔽。当他的对手是一个满头银发、笑容可掬的长者，特别是在谈判开始前，这个长者又在闲谈中透露曾经和这个年轻律师的大学老师共事，这时，年轻律师可能很容易就会放松警惕，他说不定会暗暗庆幸自己运气真好，碰到了一个和自己有些渊源的老律师，他以为在这个有渊源的老律师的支持下，谈判会比较顺利或者很快以有利于自己的方式结束。但结果却可能完全不是这样，在年轻律师将自己的交易条件老老实实陈述完后，换来的却是老律师笑容满面地告诉年轻律师，他的当事人不接受这些交易条件，老律师甚至还会以充满感情的语调说："跟你说老实话吧，如果你信任我，就接受我提出的交易方案，这已经是我为你努力争取到的最好的结果了。"此时此刻，年轻律师是应该感谢呢？还是应该诅咒呢？

年轻律师为什么容易犯下这样的错误？他为什么会在对方没有做任何让步的情况下，就把自己真实的交易条件和盘托出？说一千道一万，最根本的原因可能是，年轻律师被对手的谈判风格迷惑了，对手是一个有着温和个性、喜欢套近乎的老律师，但这样的个性一点也不表示他在谈判中必然会使用比较温和的谈判策略，他仍然而且惯常使用强硬的谈判策略去逼迫对手就范。可能从一开始，这个看起来和善的老律师就没有打算作出任何让步，以他在法学院曾经做过几年老师的经历，他几乎可以和任何一个年轻律师套近乎使年轻律师放弃内心的防线。而这一点，却是年轻律师完全没有想到的，年轻律师还以为有他的老师在中间作纽带，老律师会暗暗助自己一把呢。因此，如果不分清个性风格和谈判策略的区别，那你很容易陷入对手的微笑带给你的"糖衣炮弹"之中；反之，如果对手一上来就采取强硬的个性风格，你则可能完全被他吓倒。

因此，个性风格也不是谈判策略，一个谈判者的个性风格的确有可能通过训练而发生改变，甚至有些人本身就具有很强的双面性的特质，我们在这本书中并不打算改变你的个性，只是希望你随时需要认识自己的个性风格，知道个性风格如谈判技巧一样，也是与谈判策略属于完全不同的概念，后面我们还会通过案例对个性风格和谈判策略做进一步的说明。

> **小贴士**　策略是什么？策略是下一盘棋的总体思路，决定了你对一系列技巧的主动谋划和运用，"意外"收获点什么可不说明你有谈判策略。
>
> 请将你自己的行为习惯先好好总结、归纳一下，因为了解自己是何种风格非常重要。

第二节　谈判策略的三种类型

现实生活中的谈判者所可能采用的谈判策略繁杂多样且千变万化，为了较为系统地研究这些谈判策略，根据谈判者在谈判中的行为方式和基本指导思想，我们将谈判策略归纳为进攻型、协作型和解决问题型三种主要类型。俗话说，习武之人"一招鲜吃遍天"，律师如果学会并可以熟练运用上面这"三招"基本就可以应对所有法律谈判了。因此，我们在全书的几乎所有章节中都将从不同角度对这三种类型的策略加以详细阐述。

需要注意的是，这种分类方式的主要目的，仅仅是对各种谈判策略的分析总结和对比归类，然而在实际生活或者实践操作中，常常出现多种策略被交替使用的情形，或以某种策略为主又以其他策略为辅的情形。因此，千万不能把这三种分类完全独立开来，误认为谈判策略的采用一定是非此即彼，或者是说一次谈判只能使用一种策略。事实上，我们经常看到的是，三种策略都出现在同一个谈判中，有时三种策略会分别出现在不同的谈判阶段，而有时，三种策略又分别出现在同一个谈判阶段的不同议题中。例如，在一个人身损害赔偿案件的庭外和解谈判中，受害方对应当获得多少赔款可能采取一分不让的强硬的攻击型策略，而在付款方式及时间上的磋商上，却又完全可能采取较温和的协作型策略。

如前面提到的谈判风格与谈判策略的区别那样，有时一个谈判策略到底是属于进攻型、协作型还是解决问题型并不是那么好区分，特别是对手刻意做了一些隐瞒和伪装时，就会更让人难以辨别。由于谈判准备很重要的一项工作是根据对手采取的策略而选择不同的应对手段，因此，我们首先必须要知道，如何区分这三种类型的策略，以避免因判断错误而成为对一只"饿狼"表达诚意的"绵羊"。

那么区分方法是什么呢？我们认为，至少可以依据两个标准来分析判断。一个标准是律师表现的行为或者说采取的动作反映他希望谋求到什么样的利益，另一个标准是律师表现的行为或者说采取的动作会与对手建立什么样的工作关系。

如果一个律师的行为表现为他将为当事人争取到最大的利益，而不作出妥协，并且在这个过程中，他所使用的技巧将导致谈判双方形成对抗性的关系，即人们所谓的"寸土必争""寸步不让"的样子，那么他用的就应当是进攻型的策略；如果一个律师的行为表现为他希望达成一个令他的当事人可以获得一个满意但合理的利益结果，也可以使对方在一定程度上感到满意，同时他所使用的技巧有助于让双方建立一种相互协助的工作关系，总是你让一小步，他也让一小步甚至更大一步，那么他用的就应当是协作型或解决问题型的策略。

通过运用这两个标准，我们可以最大限度地减少对方的个性风格给我们的影响，或者说带给我们的困惑，从而帮助我们一开始就避免误判，并选择正确的应对策略。

一、对谈判局势的判断是选择策略的基础

合作还是竞争，是所有谈判中一个永恒的话题。几乎每一次谈判开始之前，双方都会对这个问题有一个预先的大致判断。这个判断有时取决于谈判者自己的认识或自己的行为习惯，但更多的时候，取决于对谈判局势的分析，双方是不是有可以合作的内容，也就是通常所说的"找共同点"。如果没有太多或者基本没有任何一点值得合作，那么双方除了竞争之外，似乎别无选择。

对那种双方可以通过合作而取得各自利益的谈判情形，我们将其称为共赢性谈判局势（共赢局势）。实践表明，在绝大多数谈判中都存在共赢局势，一方获得利益的同时，另一方也会获得利益，双方是在利益交换过程中完成的谈判，从而实现了"双赢"。举一个日常生活中较常见的例子，假如你是一家律师事务所的行

第二课
法律谈判的策略

政管理人员,行政主管安排你到印刷厂去联系印刷 500 本律师事务所的宣传册,准备在近期即将举办的一次大型研讨会中使用,但行政主管要求你把总预算控制在 1 万元以内,也就是每本的印刷成本必须控制在 20 元以内。你带着这 1 万元的预算,找到了一家报价最便宜的印刷厂,经过一番激烈的讨价还价后,印刷厂给你的最低报价是每本 25 元,还表示价格如果再低他们宁可选择不接这单业务。此时此刻,你怎么办?当然,最简单的选择是告诉行政主管,你需要突破 1 万元的预算到 12500 元才能完成任务,行政主管也许会同意你的要求,直接增加给你的预算。不过这样的话,显然你的任务完成得并不算漂亮;你希望得到比这更好的评价。于是,你继续向印刷厂的业务经理了解价格不能再降的最根本原因。业务经理说,一本宣传册需要的纸张、油墨以及装订等成本的确低于 20 元,但新开一个模板的成本比较高,需要将新模板的费用摊到每一本宣传册中,由于这次宣传册需要新开一个模板而你的印数太少,每一本宣传册分摊的成本就会很高,印刷厂确已经无法再降价了。当知悉印刷数量才是决定成本下降空间的关键因素时,你立即打电话给行政主管,问他有没有可能增加一些印数以降低每本单价,同时你还建议如果把本次活动需要的内容改成活页不装订进去的话,这些宣传册的主要内容其实还可以用在其他宣传活动中。因此增加印数不仅不会成为浪费,还可以降低每本单价。在得到行政主管的肯定回答后,你再次与印刷厂协商,最终达成以每本 20 元的单价印刷 700 本宣传册的合同。的确,这个结果把事务所实际支付的总价款增加到了 14 000 元,但多获得了 200 本宣传册。你知道增加的这 200 本宣传册每本的印刷单价是多少吗?20 元?不,应该是 7.5 元!你只比印 500 本宣传册多花了 1500 元,却多得到了 200 本宣传册,这就是你的谈判成果。这个成果让双方均获得了利益;印刷厂仍然享有合理利润并增加了营业额,而事务所呢,在那个大型研讨会结束后,还将会用上 7.5 元一本的宣传册。这就是我们所说的共赢局势,在这样的谈判局势中,双方并无直接利益冲突,共赢的结果令双方均感到满意。非常核心的一点是,在共赢局势中,双方不是在进行分饼游戏,不会出现我分多一点、你就会少一点的情形,因而现实中只要有一方发现共赢的方法,通常就可以获得另一方的积极响应,双方可以迅速建立起合作关系。

与共赢性谈判局势相对应的,就是双方之间只有利益冲突而无利益共赢的局势,这种局势称为对立性谈判局势(对立局势)。对立局势与共赢局势恰恰相反,双方只能进行分饼游戏,由于饼的大小已经决定,非谈判双方所能改变的,因此一方获得利益就必然会让对方损失。比如,还是在上面那个例子中,如果你没有找出令双方共赢的方法,反而不断地强调和要求印刷厂把单价降到20元,否则你就无法和他签约。这种单纯的就价格进行的讨价还价其实就是对立性谈判局势,因为你每节约1元钱,就会令印刷厂损失1元钱。在我们经历的一些标的具有唯一性的谈判中,常常会出现这种对立局势,最典型的就是一对离婚夫妻对子女抚养权的争夺。如果双方都强烈要求获得子女抚养权,并绝不相让,双方几乎找不到共赢的机会,特别是一方马上还要移民国外时;一方获得子女抚养权,就意味着另一方从今以后将很难再见到子女一面,这样的冲突和对立局面将会是十分尖锐、难以调和的。

共赢性谈判与对立性谈判对制定谈判策略的影响,我们在后面还将继续进行分析,这里,请首先记住这两种典型的谈判局势就可以了。

二、三种谈判策略的基本特征

在进攻型策略、协作型策略和解决问题型策略中作出不同的选择,会直接导致谈判者之间形成完全不同的工作关系,使用进攻型策略导致谈判者形成对抗关系;而使用协作型策略和解决问题型策略,则相对会导致谈判者形成相互协助的工作关系。这种不同工作关系的形成不仅仅会令双方有完全不同的感觉:愉悦或难受,更重要的是,它会导致完全不同的谈判结果。因此,这是我们一再强调谈判策略在法律谈判中重要地位的根本原因。

下面我们分别对三种谈判策略的基本特征做一个简单阐述。

(一) 进攻型策略基本特征

进攻型策略的基本特征是,通过采取提高报价、要挟或者争论等谈判行为,削减对手对其谈判力量的信心,诱使其作出让步并达成谈判协议,力争让最终达成的协议满足自己当事人事先确定的全部需求,或迫使对方达成一份比他最初确定的底线方案更糟糕的协议。选择使用进攻型策略的谈判者,注定了他只在乎谈判各方对立的一面,而忽略共赢的一面,进攻型谈判者最喜欢干的就是"损人利己"的行为。当然,这里我们说"损人利己",并无任何贬义,只是这样表达可能更有利于理解进攻型谈判者的特点。简单来说,他们总是喜欢通过让对手付出代价的方式来使自己的当事人获得利益。在纯粹进攻型谈判者的眼中,所有的谈判对手都是敌人,没有朋友,他们总是小心翼翼地保护着自己的信息和利益,不愿做任何信息披露和利益妥协。在报价时,他们喜欢报一个非常极端的价格,且不做任何让步,与此同时,他们还总是要求对手让步、让步、再让步,直到对手让步到他事先定好的那个范围内。我们在执业生涯中,发现很多以诉讼业务为主的律师一般来说都比较喜欢采用进攻型策略,也许是由于习惯于在诉讼程序中扮演对抗性角色。在他们看来,反正如果不能和对方达成协议,那么就上法庭好了,在法庭上更能施展他们的雄辩才华和诉讼技能,他们不仅会把对手辩得哑口无言,而且还将自信满满地说服法官,从而很有把握地让法院作出一个满足他全部诉讼请求的判决。

一般来说,进攻型策略可以让谈判者保持非常良好的信心,特别是当进攻型谈判者在交易中占据主导地位或者拥有较大的谈判筹码时,进攻型策略往往能够让当事人取得最大化的谈判利益。但这个策略的缺点在于,由于谈判者事先未打算做任何实质性的妥协和让步;因此通常他会看不见或者视而不见那些能让谈判各方共赢的机会,即使他注意到了共赢的机会存在,他也不会有意识地或者主动去利用这个机会。因为他的目标和行动都是制造压力让对手让步,甚至有的进攻型谈判者还会认为,只有不断保持压力让对手让步,他的当事人才会获得利益。在前面我们举例的那个印刷宣传册的例子中,进攻性谈判者显然是不会去考虑增加印刷数量的,他可能更会采取各种手段去讲价或者压价,甚至会去求证印刷厂制作一个新模板费用是不是像那个业务经理说的那样昂贵。而他的谈判结果是,要么他的确成功地只用 20 元的单价就印到了 500 本宣传册,要么他最终没和任何一家印刷厂签约,行政主管交给他的任务可能很难完成。

(二)协作型策略基本特征

协作型策略的基本特征是,采取合理开价,在公平合理的基础上确定交易对价,主动作出一些让步,鼓励和换取对手作同样的回应,或向对手承诺对他的让步给予回报,以努力达成一份令双方都感到较为满意的协议。

协作型策略要求谈判者与对手建立一种友好的相互协作关系,在这一点上,协作型策略与解决问题型策略比较类似，但解决问题型策略通常运用于共赢性谈判局势中，而协作型策略除了运用于共赢局势外，还可以运用于对立性谈判局势中。这是因为协作型谈判者相信，即使在对立局势中，通过谈判各方的友好协商和真诚谅解，也可以让各方获得满意的结果。同样以前面提到的印刷宣传册的故事为例，如果代表律师事务所的行政管理人员没有找到共赢的方法，只能就印刷单价下调进行直接的讨价还价，但他又不想用进攻型策略去强硬地坚守报价，那么他可能就会采取妥协的方式，先将报价提高到21元，甚至是22元，以此期望对方作出降价的回应。这种妥协、让步的方式，就是典型的协作型策略。在对立局势中，协作型策略与进攻型策略谈判者有共同相似的一点，就是他们都认为与谈判对手是在做一个分饼游戏，一方多收获一些，必然导致另一方损失一些。

需要注意的是，使用协作型策略的谈判者常常采用合理开价和礼节性争论的技巧。何为合理开价？合理开价，是指谈判者提出可满足自己利益的报价，但这个报价在对方看来又具有充分的合理性。换句话说，不仅不漫天要价，报价似乎还很替对方着想。提出合理报价的谈判者希望以他的这种主动让步行为影响对方，使对方也作出有助于双方达成协议的积极回应。例如，当你心里预期的宣传册印刷单价是每本20元，对于好几家印刷厂都给出30元以上的报价，你可能连讨价还价的兴趣都快没有了。这时，有一家印刷厂向你报出了每本25元的单价，尽管仍然没达到你期望的价格，但你会觉得这个报价很具有合理性，因此你不由自主会考虑去好好谈一谈，甚至极有可能你在心里已经准备，如果不行就争取事务所将预算单价提高到22元，也许双方就可以成交。如果你这样想了，那么这家印刷厂使用的合理开价就达到了效果。其实，那些报价达30元的印刷厂，也许同样能接受每本22元的价格，只是由于它们使用了进攻型策略中的极端性开价技巧，所以导致你难以作出协作型的回应。

那么，什么又是礼节性争论呢？礼节性争论，是指谈判者在与对手进行讨价还价时，不采取要挟、威逼的手段，而是以正当、合理的理由与对手就交易条件进行反复说明或解释，在否决对方报价或提出自己的报价时，谈判者会向对方详细阐述他这样做的原因，并竭力争取得到对方认可。例如，在一起解除劳动合同的纠纷案中，律师代表用工单位向劳动者提出了给付5万元补偿金的报价，当劳动者表示不接受这个报价时，代理律师并不立即强硬地对劳动者说，"要么接受这个价钱，要么就到仲裁委员会见"。实际操作中，代理律师应该向劳动者一一说明这5万元是怎么计算出来的，他找到的理由可能包括法律规定、企业制度、过去惯例以及劳动者在工作期间的贡献等。总之他应该尽力让劳动者感到，这5万元的补偿金无论如何计算，不仅非常合理而且符合法律规定。这样的争论就是协作型策略中的礼节性争论。在进行礼节性争论时，谈判各方常常需要找一个共同的客观标准来判断各自的报价是不是合理，在前面这个劳动争议案例中，法律规定的解除劳动合同的经济补偿金计算标准，就是双方判断报价是否合理的一个非常重要的客观标准。对这样的标准，任何一方都很难找出理由去推翻它的客观性。

合理开价和礼节性争论是协作型策略中的两大技巧，同时也是区分协作型策略和进攻型策略的"分水岭"。有些时候，协作型策略和进攻型策略因为都离不开辩解，所以给人两种策略难以区分的印象。特别是在对立性谈判局势中，两种谈判策略都是在有限的利益空间内进行"你多我少"的分配，那么一方使用的何种技巧就会成为判断他们的谈判策略的重要标准。例如，同样在上面那个劳动争议案件中，同样是5万元补偿金的开价，协作型谈判者会采取礼节性争论技巧去阐述支撑这个报价所适用的法律规定和合理性；而进攻型谈判者则可能就会以要挟、威逼的方式告诉劳动者，要么接受，要么不谈了。在有些情形下，代理律师可能还会威胁劳动者说，如果案件交给仲裁委员会，劳动者得到的可能会更少。即使仲裁结果出来了，还有诉讼在等着呢，而诉讼之漫长可不是三两天就有结果的。

当然，我们还要注意到，进攻型谈判者有时会佯装成协作型谈判者的模样，他们说话也是彬彬有礼，让你始终感觉他的确是在给你讲道理，但无论他说的话有多么动听，他却总围绕一个中心在谈，无论你做任何表态，他的决定都只有一个，那就是绝不降价，或只做象征性的降价，不做任何实质性的让步。这个时候，你需要尽快判断他的开价是不是合理，如何判断呢？很简单，就像我们前面说的那样，判断他是不是提供了一个让你信服的客观标准来说明或者支撑他报价的合理性；如果没有，那请你无论如何也不要相信他是在真正地与你进行协作型谈判了。

（三）解决问题型策略基本特征

解决问题型策略的基本特征是，通过不断寻求可以使双方相互获利的机会，尽力利用这些机会使双方达成协议。解决问题型策略如果运用于共赢性谈判局势中，能使双方可以为实现各自的利益，而共同去努力寻求解决办法，在这一过程中，一方获得利益，并不会必然导致另一方受损。

考虑到共赢局势其实在大多数谈判中都存在，因此，我们认为解决问题型策略是非常重要，也是我们特别推荐大家熟练掌握和使用的一种策略。这一方面是因为商业交易的复杂性导致各方需求的多样化，交易各方总是可以用不同的利益去做交换，就如同互通有无一般。另一方面，解决问题型策略作为一种独立的策略被实际运用时，它会促使谈判者穷尽各种可能去发现，甚至创造交易中一些潜在的共赢机会，从而通过扩大谈判各方的利益范围得到共赢的结果。

我们必须承认，有些共赢机会是一直都在的，只是没有被发现或者不会轻易被发现而已。例如，在谈判研究专家中常常提到的分橘案例就是最典型的例子。两个小孩都想买商场里剩下的最后一斤橘子，双方经过一番争论，最后决定各买一半。橘子买回去后，一个小孩将橘皮扔掉吃了橘肉，另一个小孩将橘肉扔掉用橘皮做了橘皮蛋糕。确实，这是一个再典型不过的说明潜在共赢机会的案例了。这两个小孩在争论时，忽略了本来存在的共赢机会，误以为双方面对的是一个对立性谈判局势：你多买一个橘子，我就少得一个橘子。双方根本就没有去探究对方为什么买橘子，买回去干什么；换句话说，他们甚至就根本没想过自己的根本需求是什么。

还有一些共赢机会本来是不直接存在于交易中的，但一旦律师稍稍发挥自己经验，调整自己的视角，就可以为当事人创造出这样的机会来。仍以前面提到的印刷宣传册为例，通过增加宣传册印数而降低单价的谈判，就是一个创造共赢机会的例子，在交易中，双方已超出原划定的交易范围去寻找解决办法。还有一个典型例子是，在我们的代理工作涉及的征用农地的案例。征用农地通常很复杂也很棘手，我们经常碰到这样的情形，企业为扩大生产能力需要扩建厂房而请求政府征用农地时，如果政府与被征地农民就征地补偿问题达不成一致，征地工作往往无法开展。我们代理的这种生产型企业往往会在最后采取为被征地部分农民解决就业的方式，解决与农民之间的征地补偿冲突。这种处理方式一方面让企业可以以原预算的征地成本完成征地，减少短期现金流压力；另一方面企业本身扩大产能也需要新招聘员工，这样既解决企业的用工需求，又解决被征地农民的生活来源问题，还使他们以积极的态度配合企业进行征地搬迁工作的解决方式，怎么看都不啻为一种好的共赢机会。

解决问题型策略会在很多谈判中得到运用，也许一开始双方都不会采取这样的策略，但随着谈判时间的增加，双方掌握的信息量越来越多，一旦谈判出现僵局，双方往往会发现或创造潜在的共赢机会。因此，在法律谈判中，不管你在谈判初期准备了什么样的谈判策略，我们建议你最好随时保持解决问题的意识，以避免一味追求从对方索取利益，而错过发现或创造潜在共赢的机会。

> **小贴士**
>
> 选择什么样的谈判策略，在一定程度上决定了谈判对手之间的关系是对立性的还是协作性的。
>
> 与对手第一次谈判时选择的策略非常重要，有时这不仅决定了双方的谈判地位，甚至会决定谈判结果。

■ 第三节　个性风格对谈判策略的影响

我们必须承认，每一个人都有自己的个性化特征，有些人天生具有攻击性，有些人更喜欢以温和的方式待人处世，这就是个性风格。律师也不例外，即使受过严格的训练，律师仍然会不自觉地将自己的个性风格用到工作中去，因此，我们有必要就个性风格对谈判可能产生的影响做更多了解。在谈判中，个性化特征一般而言与谈判技巧无关，有可能一个律师的个性风格在某些场合受欢迎或让人敬畏且容易获得好处，但同样的风格却可能在另一个谈判场合遭遇挫折。当然，有经验的或经过训练的律师的自控能力较强，可能会故意淡化或强化某种风格，并在这中间有意运用一些技巧来完成风格的转变，这时，这种故意表现出来的风格已经不再是他的个性化特征了，而已成为一种技巧。

一个人是攻击型个性还是温和型个性，取决于他的一系列行为特征带给人的直观感觉，这种直观感觉源于行为人的语言、语气、动作、表情等。例如，一个不善言谈的人，当你和他的观点发生分歧时，他的情绪表达可能是发怒、拍桌子、摔杯子，然后再对你怒吼一声：休想让我让步。此时此刻，他带给你的直观感觉肯定会是一个具有攻击型个性的人。而另一个同样不善言谈的人在同样情形下，他可能只是轻轻地把玩着手里的茶杯盖子，然后平静地告诉你：他没法同意你的观点，也不会对你做任何让步。对这样的人，你就会认为他是一个个性温和的人。就谈判技巧而言，这两种风格的人都没有做任何让步，但他们带给人的感受却是截然不同的，并且最后所产生的谈判效果可能也会不同。

下面，我们通过一个假设的案例来让大家感受一下在同一个交易中不同个性风格的谈判情形。

> 好莱文化传播公司的主营业务是通过获取影视作品、文学作品的授权开设线下体验店，包括年轻人喜爱的密室逃脱游戏、角色扮演、桌游、场景餐饮体验以及影视形象的玩偶销售等。因其拿到了较多的品牌授权，迅速获得青年消费者的青睐，成为一家颇具名气的网红公司；在线下消费受到互联网经营严重冲击的情况下，经营业绩逆市增长。于是，该企业准备借这个好势头实施大规模的市场扩张行动，拟在1年内新开20家连锁店。这一计划对好莱文化传播公司的资金利用要求很高，其不时出现现金流极为紧张的情形，因此公司非常在意新开店的房租多少和租金支付方式。为了处理新开店租赁中的法律问题，好莱文化传播公司聘请了年轻的余律师代表公司参加房屋租赁合同谈判，余律师是一位刚拿到律师执照不过1年的年轻女律师，但是由于她此前就代表好莱文化传播公司参加过多起租赁合同谈判，因此在这方面她可以说已积累了较为丰富的经验。
>
> 经过市场调研，好莱文化传播公司看上了联城购物中心一个空置的店铺，联城购物中心是联城开发公司开发建设的众多大型商业物业中的一个，该公司的法律顾问一直由在本地颇有名气的赵律师担任，他也专门被聘请处理联城购物中心所有租赁经营的法律事务。

为强化我们对谈判风格的认识，下面我们将分别用上面这个案例，看看同样使用进攻型策略，但不同谈判风格如何产生的不同情景。此外，为了突出讲解律师的谈判行为效果,我们暂且忽略很多情况下,当事人都会与律师一起参加谈判的情形,而假定双方都由律师独自一人作为全权代表来谈判。在本书的相当多的其他例子中,我们都作了这种假设,请记住,这仅仅是为了讲解需要,因而不等于现实中的实际情况。

一、攻击型个性

以下是余律师和赵律师第一次见面的对话,假定他们都是具有攻击型个性的人,注意看一下他们的这种个性风格对谈判的影响。

双方律师第一次见面情形(假设一)

余:赵律师,您好!真的很高兴认识您,您在业界的声誉我早有耳闻,都知道您是处理人身损害赔偿案方面的专家,一直很想有机会向您学习学习这类案件的办理技巧呢。

赵:哦,向我学习?哈哈,不敢不敢。不过作为刚入行的律师,你们的确有很多需要学习的东西,听说最近这几年的法考好像好过多了,每年过很多人哩。

余:也不是这样,仍然很难过的。

赵:通过法考和成为一个合格的律师可是两码事。你知道,律师这碗饭还是要靠经验的,经验有时比书本和你考试考过的条条款款更重要。至于你说的人身损害赔偿专家吧,媒体的确倒是这样评价我,不过那是因为他们喜欢报道人身损害赔偿案而已,所以给人感觉我全都在处理这方面的案子。其实你要知道,就拿给联城公司做事来说吧,我都已经为他们做了10年的商铺租赁法律服务了。10年前你可能还在读初中吧?哈哈!好啦,言归正传,我待会儿还有别的会要开,可没太多时间聊天,我们就直奔主题吧。先说说你们的需求,好莱文化传播公司准备在联城购物中心租一块场地经营文化娱乐业务,是这样吗?

余:一开始好莱文化传播公司是有这样的打算,因为看到你们这里好像空的待租店铺还比较多,以为我们还有些选择余地。但是昨天收到你们的报价后,可能会另做考虑了,想不到你们竟然报到了每平方米200元,哈哈,这好像太夸张了一点吧。我们原来准备租的那块场地都已经空了好几个月了,那个地方我看除了做文化娱乐外,似乎也很

> 难做其他项目。您知道，密室逃脱这类文化娱乐项目可不比卖奢侈品，我们那个当事人哪里受得了那么高的租金。这个地区做娱乐业的租赁行情大概最高也不会超出每平方米120元，你们这种近乎荒唐的报价，只有让我们另做选择了。本来我的当事人都准备直接说不谈了，我想今天这个时间既然是已经事先约好的，当面向你们阐述一下观点也好。对了，上个月一百多名消费者要求联城公司为进口和牛食物中毒事件赔款的纠纷解决了吗？听说有很多西餐、日料门店都已经准备撤场了，这事处理起来应该很棘手吧？
>
> 赵：哦，你们当然可以另做打算了，这没什么关系。不过，看来你还不清楚你的当事人想进来也不是这么容易啊。这个商业区内，可以说好莱文化传播公司已经找不到比这个更适合做文化娱乐的商铺了。我们空着的那些商铺不是租不出去，而是我们正在调整业态规划，暂时不对外出租。说实话，你们想租的那个商铺，真要给你们做密室逃脱，对我们的业态规划其实有很大影响。另外，我们也很担心像好莱文化传播公司这样的新公司是不是可以长期持续地经营下去，特别是密室逃脱这类以年轻人消费为主的业态，火得快、凉得也快。我都没想明白，我的当事人同意按现在这个报价把商铺租给你们，是不是太冒险了点。

在上述例子中，双方都采用不作任何让步的进攻型策略进行谈判，同时，双方又都具有攻击型的个性风格，好莱文化传播公司的余律师以赵律师是人身损害赔偿案的专家为开场，实际上暗指赵律师并不擅长商业房屋租赁交易，希望以此来减轻新律师因与资深律师的经验差距而带来的负面心理影响，随后还故意提起让联城公司尴尬的进口和牛食物中毒事件，更是咄咄逼人了；而赵律师呢，显然经验更为老到，他以"你们的确有很多需要学习的东西""通过法考和成为一个合格的律师可是两码事""律师这碗饭还是要靠经验的""我都已经为他们做了10年的商铺租赁法律服务了。10年前你可能还在读初中吧"等话题为切入点，不断强化双方在经验上的差距。而对具体的租赁交易，在余律师非常强硬地提出联城公司的报价近乎荒唐，好莱文化传播公司将另做打算的意见后，赵律师也毫不客气地警告余律师，要她认清她的当事人所处的地位，并暗示在这个交易中真正享有决定权的一方是他的当事人联城公司，而非你余律师的当事人好莱文化传播公司。

显然，攻击型个性的谈判者同时使用进攻型策略时，会让整个谈判过程显得极其强硬，如果双方都坚持这样的态度和策略，那么谈判通常会很快陷入僵局而无法取得进展,甚至直接导致谈判提前终结。另外,如果其中一方的确掌握着交易的决定权,那么这种强硬的谈判的确又会让强势的一方始终强势并获得最大的合同利益,但请注意,最大的合同利益未必就是当事人的最大利益,除了合同利益外,当事人总是还会考虑交易的社会影响、政治影响以及与对方今后维持长期交道关系处理等多方面的因素。

二、温和型个性

同样的例子,如果作为谈判双方的余律师和赵律师都是温和型个性,我们再来看一看会是什么样的谈判场景。

双方律师第一次见面情形(假设二)

余:赵律师您好!很高兴认识您,我在法学院读书时就听说过您了,您可是我们很敬仰的前辈啊!

赵:呵呵,小余,看来你的业务做得很不错啊,这么年轻就得到当事人信任,出来独立代表当事人谈判了。我相信我们可以合作愉快。对了,联城公司的租赁合同及报价已给你们了,你们没什么反对意见吧?

余:哦,是的,合同文本和报价都收到了,不过合同文本我想稍后再请教您,现在想先谈一谈租金价格的问题,您看可以吗?

赵:好啊,请讲。

余:你们报的每平方米200元的租金大大超出了好莱文化传播公司的预算,我们的当事人感到难以承受。其实,您知道,在等你们报价之前,我们已经对整个地段的租金行情作了摸底调查,我们估计类似商铺的租价应该在每平方米120元以内。对联城购物中心我们也做了一些跟踪了解,包括我们想租的这块商铺在内,你们的很多店面都一直空着,还在招租,有些商铺好像都已经空了几个月不止的时间了。

赵:哈哈,你们搞的市调可能是准确的,但购物中心开业前我们也曾经做过一个详细的市调,周边商铺的确在每平方米120元左右就可以租到,不过那些商铺无论从人流量、市场管理水准、品牌形象以及硬件设施等,都完全没法和我们这个购物中心

> 相提并论。我们给好莱文化传播公司的报价是公司年初就制定的标准租价，这个价格实际上已经考虑到了周边商铺的租金行情了。因此，现在要说这个报价高了，我们的确没有谈的空间。至于你说的那些空置商铺，我可以给你透露一点信息，那些都是公司故意保留的，一方面我们正在考虑调整完善业态规划，留一些商铺可以方便我们完成调整后好做新的布局安排；另一方面，我们也不想一下子就投放出来。你知道，联城公司不是那么差钱的公司，更不喜欢以杀价的方式冲击市场。其实我倒认为，如果好莱文化传播公司真的能进这样一个人流量大品牌好管理又成熟的购物中心，肯定可以保证你们短期内就迅速赢利。新开店铺一般都需要那么一段蓄人气的时间，哪个新开的店不亏啊？你看有些进渝都商场和大都商场的，蓄客的时间太长了，根本亏不起，不得不关门走人。这样一想，我觉得你的当事人真的不必太过于计较租金的高低了。

在这个例子中，两位律师仍然是采取进攻型策略，没有做任何妥协，但由于他们具有温和的个性风格，即使双方都没有作出让步，这一点也不影响他们可以将谈判一直继续下去。这段对话可以让我们体会到，进攻型策略的争论也能以一种温和、婉转的方式进行，比如余律师认为租金价格太高时，是说她的当事人"难以承受"，她并没有表达立即结束谈判另寻商铺的意思。同样地，赵律师也表达了价格问题没有可谈空间，但通过强调联城购物中心的管理水平、品牌形象、硬件设施、稳定的人流量等优势，来加强好莱文化传播公司接受高租金的信心。

这个假设性的案例表明，在选择使用进攻型策略时，如果你的谈判筹码还不足以强大到彻底操控对方，而你又不希望谈判过早破裂的话，那就让温和型的个性风格谈判者去实施进攻型谈判。相比之下，这可能是一个更不错的选择。

三、个性风格是谈判策略的组成部分

我们认为，个性风格与谈判策略是完全不同的概念，二者不仅存在区别，而且可以进行不同的组合运用，特别是在谈判者选择进攻型策略时，这种不同的组合运用会产生完全不同的效果。

初入行的律师往往把谈判者的个性风格和谈判策略等同，不能认清个性风格与谈判策略的区别。当对手是一个温和型个性的人而使用了进攻型策略时，年轻点的律师常常被对手那种友善的交谈、恰当的恭维以及优雅的风度等外在表现迷

惑，误以为对手是采用协作型策略向自己表达善意。于是年轻律师可能就容易主动提出一些折中方案，想回应对手的"协作型策略"。这样的举动在现实的谈判中通常是非常危险的，因为这会让年轻律师不仅不能获得对方的任何回报，反而在继续照这样谈下去的过程中，发现对方会继续友善地坚守他的报价不做让步，最终年轻律师只能遗憾地导致他的当事人的利益或者获得利益的重要信息一点点丢失。因此，充分认识个性风格与谈判策略的区别，是有效防止谈判者被对手的外在表现迷惑的关键。

此外，学会区分个性风格和谈判策略还有一个好处在于，由于进攻型策略是以采取极端性的高开价并不做让步，争取一个对自己当事人最有利的结果为标志的，这就导致了使用进攻型策略时，极易使谈判走入僵局或"死胡同"，特别是在对方也采用进攻型策略的时候，双方可能更会感觉"话不投机半句多"，于是谈判往往只能在尴尬中草草结束。这种时候，如果以温和的个性风格去维持双方的友好关系，无疑是有益的。要知道，很多谈判都是先强硬后合作，如果一碰到强硬的谈判对手就将谈判早早结束，那无疑会错过无数可以通过谈判去解决的纠纷或达成的交易，显然有违法律谈判的核心原则。

个性风格不是谈判策略，但是一个人的个性风格的确又会影响他对策略的选择。通常具有攻击型个性风格的人更喜欢或者说更善于运用进攻型策略，而较多的温和型个性风格的人则总是天生喜欢使用协作型或解决问题型策略。这就是人们的行为习惯，我们必须承认习惯存在的强大惯性，但是因为如此就把这种个性与策略进行一对一的配对却未必总是正确的。更多的时候，我们建议，具有攻击型个性风格的人最好使用协作型策略，而让温和型个性风格人去学会使用进攻型策略，因为这样更容易迷惑对手。尽管人的个性并不是那么容易改变的，但在理解了个性风格不是谈判策略这一基本观点后，我们就应该知道策略可以独立于谈判者的个性而存在，在制定谈判策略时需尽可能同时兼顾谈判者的个性及策略的需要。兼顾谈判者的个性特征，可以使本色演员出演本色角色以达到最好的效果，因此在搭建一个大型项目谈判的团队时，需更加注重考虑哪一种个性的人更适合这次项目谈判的需要。另外基于策略的需要，谈判者的个性是需要在一定程度上被控制或得到改变的，我们要根据"剧本"或者"剧情"的需要考虑团队哪个成员可以出演与本色性格可能反差很大的角色。

> **小贴士**
>
> 不要被对手的个人风格迷惑，有些时候，越是彬彬有礼的对手，可能对你的伤害越深。
>
> "笑面虎""刀子嘴，豆腐心"是民间区别谈判者的个性风格与他采用的谈判策略的最质朴注解。

第四节 谈判策略并无优劣之分

我们培训刚开始执业的律师时，经常有律师会问，到底什么样的谈判策略是最管用的，或者说是最厉害的招式，对这样的问题一般有点经验的老律师往往都不屑作答，因为他们知道，世界上不存在一种在任何时候都绝对管用的谈判策略。尽管如此，由于很多即使执业多年的老律师并没有系统地去分析、提炼谈判策略和技巧，对他们来说，高超的谈判技巧往往源于他们感性的经验、细致的观察和机智的应变。因此，在不屑于回答年轻律师问题时，老律师在自己的内心中，可能也并不能周全地回答究竟什么样的场合该用哪一种谈判策略会更"厉害"或更能"奏效"。当然，本书也同样无法简单回答哪一种谈判策略最有效，但是我们会在本书中不断强调，谈判策略的选择只能取决于具体的个案情况。很多情况下，在同一个谈判中可能还会用到多种不同的策略和技巧。无论如何，什么是具体个案情形下最适合的谈判策略和技巧是有一定规律可循的，通过对这个规律的理论培训、实战检验以及经验总结，可以赋予优秀谈判者更优秀的掌控能力。

比如，很少有谈判会是双方在所有涉及的问题中都绝对对立的，事实上多数谈判中总是存在共赢局势和对立局势交织在一起的情形。例如，在你们公司为采购办公电脑向某品牌电脑代理商批量采购笔记本电脑的买卖合同谈判中，既存在大量诸如合同价款、付款方式、保修责任等对具有对立性谈判局势的议题，同时也存在如货物的包装、运输等具有非常突出的共赢性谈判局势的议题，在这些共赢局势的议题上达成共识既能够减少卖方的货运风险，也能够保障买方按时取得需要的货物。对于这种对立局势与共赢局势同时存在的谈判，显然需要谈判者运用不同的谈判策略去分别处理不同的谈判局势。

再如，很多谈判都是一开始双方使用进攻型策略，以后随着谈判的深入，双方又可能转而使用协作型或解决问题型策略。这里我们举一个大家经常会碰到的例子来说明。当你去一家商场买衣服时，你看到每一件衣服都标有售价，如果一件衣服的标价为 1000 元，专柜上插着一个"九折"牌子，营业员微笑着告诉你，今天是新品到店促销，这件衣服只需 900 元。你可能心里会想真是划算，刚上市的新装也可以买到打折的价，那么对这个报价，你会认为是一个协作型的报价，对吗？如果你这样认为，那真是错了！在我们看来，营业员的报价是一个典型的进攻型策略下的报价！尽管她在对着你微笑，看上去也是那样的诚恳而友好，但衣服标牌上印上去的价格和旁边那个巨大而醒目的打折标记，却无时不暗示着这是经过商场仔细审核确定的价格，是不能改变的，这不正是进攻型报价的典型特征吗？如果你按这个价格买了衣服，对营业员或者这家商场来说，就当然实现了他们在这笔交易中的最大利益。不过你今天运气非常好，我们继续假设下去，正好你母亲和你一起逛商场。老年人对价格的敏感度是远远超过年轻人的，并且他们总是直接提出尖锐的价格疑问，而不会顾及自己或其他人的所谓"面子"问题。因此，对进攻型报价，他们总是以进攻型策略应对，这样就有了下面这段耐人寻味的、发生在你母亲和营业员之间的对话。

母亲：小姑娘，你说这件衣服卖 900 元？还是促销价？哦，这个价格太离谱了吧，刚才我在那个商场看到有一款完全一样的，他们标价才标 300 元呢，你们这样标价不是欺骗消费者吗？

营业员：哦，阿姨，您看到的那个商场的衣服肯定和我们的不一样的，无论是牌子、做工还是用料，都没我们这个好。不过，您要是觉得 900 元太贵了，我给你们推荐旁边这件 500 元的，这两件衣服的牌子和质地都一样，就是款式是去年的，所以价格便宜一些。

请注意，营业员此时已经在尝试引入解决问题型策略了，她希望既满足消费者的价格预期，但又让消费者买到同等品质的衣服，这是营业员在这次谈判中使用的第二个谈判策略。

> 母亲：不，我不喜欢这件。你 900 元那件卖 500 元我还觉得差不多。
>
> 营业员：对不起啊，阿姨，您这个价我们没法卖的，那件衣服的正价 1000 元，还是新品，怎么可能打到五折这么低的折扣嘛？您知道，那件衣服的进价都不止 500 元，我们总不可能亏起本钱开店吧。
>
> 母亲：那你们的进价是多少？
>
> 营业员：哦，这个，我记不太清楚了，得查进货记录才知道，但肯定不止 500 元。如果您真的喜欢那件，我可以再给您一些优惠，但 500 元肯定不行的。
>
> 母亲：好吧，我估计你们的进价最多也就四五百元，再让你赚点钱，600 元。600 元吧，这是我们能出的最高价了。
>
> 营业员：您这个价真的太低了，我做不了主啊。这样吧，您请稍等一下，我给经理打个电话请示一下。

你看，上面这段对话清楚地展现出，其实双方的谈判策略都开始向协作型转变了。营业员同意给消费者更多优惠，而消费者也适当提高了自己最初的还价，我们注意到，双方通过从进攻型策略到协作型策略的转换，留住了彼此的交易机会，如果他们这样继续谈下去，一般而言，是很有可能成交的。

因此，一个优秀谈判者在谈判中的策略不是一成不变的。这也再次说明，谈判者何时选择何种策略只取决于谈判的具体情况，没有哪种策略是最厉害的；最厉害的策略一定是在具体个案中或者具体个案的具体阶段中最适合的策略。谈判者应该在一开始先确定自己采用什么样的策略，当这种策略实施后，立即关注对手对这个策略的反应如何，再根据对手的反应，去判断是转变策略还是继续使用先前的策略。

例如，在上面的假设案例中，当营业员报出九折的新品折扣价后，如果你的反应非常惊讶，觉得新品折扣是一件很意外的事，那么营业员一定会坚持她的进攻型策略，而你可能就只好按九折价买回这件衣服了。但是，当营业员碰到你母亲那样的反应时，她就会立即调整策略，将进攻型转为协作型，因为她知道进攻型策略已经失效了。

第二课
法律谈判的策略

但并不是每次谈判都可以在多种策略之间顺利完成转换的，如果一开始使用进攻型策略时又采取了过于强硬的风格，接下来要再转换为协作型策略时就会很困难。例如，在你母亲埋怨衣服太贵时，如果营业员非常正式而严肃地告诉你母亲，这家商场是从来不讲价的，并且这个价格是商场确定的价格，折扣也是统一规定的，她只能按标签上的价格执行而无权更改，那么当她发现你母亲不吃这一套而仍然要求降价时，她就很难从进攻型策略改为向协作型策略转变了，因为她要做这种转变时，也必须要对她之前说过的那些强硬的话有一个合理的解释；换句话说，转弯也要有转弯的余地。因此，即使使用进攻型策略，如果你事前预见到了你的报价不是一口价，采取温和一些的风格可能更有利于以后的策略转换。另外，适当拖延谈判时间，以及在谈判期间进行恰当的中止与间断，诸如休息一会儿、安排一些茶点时间等，都可能使之前过于强硬的风格得到淡化；必要时，甚至可以采取更换谈判者的方式来为自己改变策略找一个合理的台阶。

小贴士	没有最好的谈判策略，只有在个案中最适合的谈判策略。 千万不要在一次谈判中使用某种策略成功后，就想在每一次谈判中都如法炮制。

第三课 LESSON 03

如何正确地选择谈判策略

第三课
如何正确地选择谈判策略

案例摘引

有一个犯人被单独监禁,为了避免他发生自残行为,监狱暂时没收了他的鞋带和腰带。充满自卑的犯人在牢房里无助地走来走去,由于没有腰带,再加上体重减轻了很多,他只有用左手拉着裤腰。突然间,他闻到了一股再熟悉不过的香烟味——万宝路,他最喜爱的牌子。

通过门上的小孔,犯人看到守卫正在走廊里惬意地抽着香烟。这一幕强烈地刺激着他的每一根神经。为了要根香烟,他急迫地敲打着房门。守卫慢慢地踱步过来,问:"你想干什么?"

犯人答:"求求你,我想要支烟,就是你抽的这种——万宝路。"

守卫心想,岂有此理。你都已经身陷牢狱了,有什么资格求我。守卫错误地认为不满足这个犯人的要求不会导致任何不利后果,于是没理会犯人的哀求,立刻转身离去。

但是犯人可不这么想。他知道他的选择所在,他愿意冒险去达到这个目的。于是他开始用右手重重地敲打着牢门,当然这确实有些冒险。

守卫一边吞云吐雾,一边转头问:"你又想干什么?"

犯人答:"谢谢你,请你在30秒内给我一支烟。超过这时间不给,我立刻以头撞墙,不撞个头破血流决不罢休。等监狱警官到了,把我从血泊中救醒后,我发誓要咬定是你逼我干的。"

"也许他们不相信我,但是你也得想想你的遭遇如何呢。多的不说,你至少会一次又一次地被喊去问话,还得写一篇又一篇的报告,反复澄清你与此无关。或许你不在意这些,但是如果你给我一支烟——不过就一支万宝路香烟,这些麻烦都会在我点燃香烟后烟消云散,并且,我答应你,绝不再给你添任何麻烦。"

守卫会从房门的小孔塞支烟给犯人吗?当然会了!会替他点火吗?会!为什么?因为守卫只需要两秒钟就能很快地想明白,犯人在这期间给他的得失自然会替他作出决定。

——摘自〔美〕赫布·科恩《谈判天下》

■ 第一节　正确的策略选择就已经成功了一半

好的开端是成功的一半，既然没有放之任何场景都能适用的最厉害的谈判策略，那么在不同谈判场景选择使用不同谈判策略，就显得极为重要了。这要求谈判者要学会运用多种谈判策略，而不仅仅掌握自己喜欢或偏好的其中某一种。同时，更为重要的是，谈判者在熟练掌握各种谈判策略的使用技巧后，还应当知道选择不同谈判策略应考虑的多种要素。能否在某一谈判场景中选择正确的策略，首先取决于谈判者对这些要素的综合判断。请注意，我们这里强调的是综合判断各种要素，而不是以某一个单一的要素来决定选择谈判策略。

例如，在很多谈判中，面对使用进攻型策略的对手，我们可能会本能地考虑同样使用进攻型策略应对，希望以此告诉对方，他的进攻无效，最好还是乖乖回到相互协作的谈判氛围中来。但是假若我们设想一下，你的谈判对手如果不是别人，正是要你考个好成绩的父亲，回到前面我们提到的那个父子俩关于考试奖励的例子中，你父亲即使使用了进攻型策略，你多半也不可能以进攻型策略去应对吧。当他对你说"如果这期末数学考不到 100 分，你休想得到那个平板电脑"的时候，你会要挟你父亲这样说："我才不感兴趣你买个平板电脑给我呢，你不答应给我买无人机的话，我就把数学考成零分。"显然你永远不会这样说，你很清楚，这个时候使用要挟手段除了遭受更严厉的批评外，你父亲甚至会收回他之前已开出的条件，即使你把数学考到了 100 分，你可能连那个平板电脑也得不到。因此，你肯定会采取协作型策略去和你父亲磋商，你可能会说："哦，那当然，放心吧老爸，我一定努力将数学考个满分的，但你是不是可以将奖品换成一架无人机呢，我更喜欢无人机，无人机对我也更有用一些，你觉得呢？"显然，在这个例子中，后一种策略毫无疑问是更适当的策略。这样的谈判方式不会让你失去什么，即使你父亲最后不同意奖励你一架无人机，也不至于因为你提出这个要求而收回先前已承诺给你的平板电脑。

为什么同样面对进攻型对手，我们却可能选择不一样的应对策略呢？究竟是

第三课
如何正确地选择谈判策略

什么因素在发挥作用，引导我们作出正确的策略选择？有很多经验丰富的老律师，面对各种复杂的谈判场景总能够应对自如，他们会时而采取进攻型策略，时而采取协作型或解决问题型策略。从各方面看，他们都显得那样的老到和沉稳自如，但当你尝试着去求教他是考虑到哪些因素而作出这样的谈判策略选择时，他却未必能够很系统地告诉你，究竟哪些因素对他的决定发生了影响，他往往会强调他的经验和敏锐的职业直觉。他可能会微笑着告诉你："兄弟，我的这些谈判技能都是经过多年实战积累，可不是三言两语能给你说清楚的，你以后在现实生活中慢慢体会吧。"

的确，老律师的话不无道理，律师职业的确是一个实践性极强的行业，刚离开法学院的学生不经过一段时间的实践训练，就直接走上法庭侃侃而谈的情形极为罕见。尽管如此，我们仍然认为有很多实践性的技能，是可以通过理论提炼而成为一种可通过有效形式加以复制的知识，这样可以大大减少年轻律师的训练周期，让他们在作出某一项决定时首先具备理论概念分析，而不仅仅寻找职业性的直觉。当然，职业直觉的确非常重要，我们得承认，很多创造性的解决方法往往都来自职业直觉，但那些灵感一样的东西又总是让人感到可遇而不可求。每个人的人生经历不一样，生活环境不一样，他在某种场景下可能产生的直觉或灵感也会不一样，这使我们很难甚至常常无法去总结和提炼。因此，我们在本课列出的诸多影响谈判策略选择的要素中，只强调通常情况一个人应当如何认识他所面临的现状。至于对你自己来说，你过去的经历会给你带来何种灵感，那只会在个案中偶尔为你加分。总体来说，我们认为，一个律师的综合知识面越广，在个案中产生某种灵感的可能性就越大。

本课第二节到第八节主要从七个方面阐述影响谈判策略选择的要素，我们希望读完本书后大家可以牢记这七个要素。当你在谈判中面对困境的时候，也许静下心来想想和分析这七个要素，你会找到摆脱困境的方法，甚至不排除你还可能会灵感顿现、才思涌动、豁然开朗。总之，不管怎么说，只要找到了正确的谈判策略，你就在成功之路上走出了第一步，也是至关重要的一步。

> **小贴士**
>
> 选择合适的谈判策略，不是靠感觉，而是靠对诸多要素的判断。
> 记住我们在本书中提出的七个策略选择要素，它们才是帮助你作出正确选择的关键。

■ 第二节 认清你的对手

我们知道，谈判是一方希望以自己的力量去影响其他方的行为和反应。相应地，当你希望影响对方的行为时，对方也同样希望用他的力量来影响你的行为，因而谈判者其实总是在相互影响的，这种相互影响形成了一种博弈。

按照博弈理论，博弈分为合作博弈与非合作博弈，合作博弈指那些参与方的行为会受到协议约束的博弈行为，而非合作博弈则指参与者可以不受约束地完全按有利于自己的行为方式采取行动，努力使自己的利益最大化。在非合作博弈中，最后所有参与者采取的利己策略会构成一个策略组合，各参与者实施自己策略的结果会相互影响，由于所有人都按自己的利益最大化制定策略，因此，没有人有理由去打破这种均衡状态，这一结果在博弈研究中被称为"纳什均衡"现象（Nash equilibrium，以著名博弈研究学者约翰·纳什的名字命名）。

在法律谈判中，合作博弈和非合作博弈这两种情形我们都会碰到，如果你没有首先真正认识清楚你的对手，在你的对手使用非合作态度时，你错误地以合作态度去与对手博弈，那你将注定处于非常危险的境地。在非合作博弈理论研究中，有一个叫作"囚徒困境"的经典案例非常值得我们反复品味和学习。

"囚徒困境"案例

这个案例假设两个犯罪嫌疑人作案后被警察抓住，警察将两个人分开关押在两个房间审讯，两人非常清楚他们的犯罪行为按法律规定会被判处的刑罚，也知道相互之间如果坦白认罪的后果是什么，即如两人都坦白认罪，则证据确凿，各判刑 8 年有期徒刑；如一人坦白，另一人抵赖，坦白的可以直接释放，抵赖的则判刑 10 年有期徒刑；如两人都抵赖，则证据不足，两人都只能以较轻罪名各判刑 1 年有期徒刑。

这时候，疑犯甲和疑犯乙都有两个策略可以选择，即坦白和抵赖（不坦白），在这个非合作博弈中，双方显然都将以自己的最大利益为出发点。即使他们在作案之前达成了攻守同盟，但通常在真正被抓获前，几乎谁也不会认真考虑如何执行那个攻守同盟的约定。被抓之后甲可能会想，如果乙坦白，自己抵赖就会被判 10 年有期徒刑，而自己坦白则和乙一起都被判 8 年有期徒刑。那么，在乙坦白的情况下，甲选择坦白会是最保险的结果；但是如果乙抵赖的话，自己也抵赖会被判 1 年有期徒刑，而如果自己仍然坦白的话，则可以立即获释。因此，在乙抵赖的情况下，甲选择坦白同样会是最佳结果。这样，不论乙是坦白还是抵赖，甲选择坦白对自己来说都是最佳结果。

当然，同样的盘算和决定无疑也会发生在乙身上，因为在甲这样盘算的时候，乙显然也作相同的考虑，因此，乙最后也会认为选择坦白是一个对自己有利的结果。结果，甲、乙两名疑犯均选择了坦白，各被判处 8 年有期徒刑。

在这个案例中，甲、乙两人都无法通过自己的单方行动去获得更大好处，在他们自己可控的最佳结果范围中，他们只能选择坦白，这就形成了一个"纳什均衡"情形。尽管双方都知道同时抵赖的结果会更好，但谁也不愿意冒着自己被判 10 年有期徒刑而另一人无罪释放的风险去选择抵赖，因为你无法判断对方是不是愿意和你合作。

从这个博弈经典案例可以看出，你在选择策略之前是不是可以判断出对方的策略，将直接影响博弈的结果，如果你打算使用协作型策略，那一定得在对方也愿意使用协作型策略时，你才有可能取得成功。正如同"囚徒困境"案例中揭示的那样，当你选择抵赖而希望对方与你合作也同样选择抵赖时，其实你已把命运交给了对方，你会不会受到最重处罚，完全取决于对方是不是也愿意使用协作型策略。因此，如果你不能正确认识你的对手，或者如果你不能通过有效的手段约束你的对手，你就不应将命运交到你的对手手中，你的任何协作行为都可能被对手视为一次可利用的机会。

在商业社会中，这个道理更是无处不在。20 世纪 90 年代，国内某饮料领域两大头部生产企业 A 公司与 B 公司占了全国 60%～70% 的市场份额。1995 年，在长沙举行的一次全国糖酒订货会上，两家企业的负责人相约一起提高该饮料的终端售价，双方认为每瓶可以提价 5 分钱，这样，两家企业都可以增加上亿元的销售额（当然现在这样的约定或行为可能是涉嫌违反《反垄断法》的）。显然，由于这种企业负责人之间关于一致行动的口头约定对双方并没有强有力的约束力，极可能出现非合作博弈的情形。按我们此前的观点，非合作博弈中各方都会努力实现自己的利益最大化，如果一方在这时采取合作的态度，将会是非常危险的。1996 年 2 月，B 公司方面采取合作态度将零售价格提高了 5 分钱。与此同时，A 公司方面却出人意料地推出加量 50 毫升的产品，并打着"加量不加价"的口号进入市场，给 B 公司造成极为被动的市场局面。

　　因此，实践中很多律师的风险意识非常强，他们总是害怕被对手利用，便产生了一个有趣现象，那就是律师一旦判断不清谈判局势，总会选择采取进攻型策略，而不会采取协作型或解决问题型策略。有趣的是，就经验欠缺的年轻一点的律师而言，由于他们会在很多时候都感到谈判局势难以判断，于是，他们也总是使用进攻型策略。我们知道，进攻型策略的副作用之一，就是很容易使谈判陷入僵局。相比之下，年轻律师常常更容易面对一个无法突破的谈判僵局而一筹莫展。与此同时，一些缺少谈判经验的当事人，也往往更喜欢自己聘请的律师使用进攻型策略而不管该选择是否恰当。这些当事人都会认为，似乎只有当律师在谈判桌上据理力争时，才能显示出这个律师在帮他，如果律师做任何让步，都好像是在背叛当事人。所以，我们不难设想，当一个没有经验的当事人聘请一个同样缺乏经验的年轻律师时，面对无法向前推进的谈判僵局，他们往往很难发现是自己在谈判策略上出了问题。有时，当事人甚至会安慰律师说："你做得棒，坚守了我们的所有条件，即使这次生意没谈下来也不怪你，完全是因为对方太不近人情，竟然不做任何让步！"在经历了很多次失败的谈判，让当事人错失一次又一次的交易机会后，年轻律师通常才会意识到，仅仅使用进攻型策略是不会取得好结果的，究竟应当采取进攻型策略、协作型策略还是解决问题型策略，取决于个案中的诸多要素，而了解对方、认识对方采取何种策略无疑应是判断的第一要素。

　　那么，如何判断对方可能采取什么样的策略呢？我们认为可以从以下四个方面着手分析。

一、重视对手的开局

与对手第一次见面、握手、坐上谈判桌后，对手会以怎样的态度提出一个什么样的谈判方案，以及他们对这个方案如何解释、说明、让步等各方面传递的信息，都会是我们判断对手在采用何种谈判策略的重要依据。

真实的谈判和在学校做一道案例题的确不太一样，在做案例分析时，案例的已知条件会明确告诉你对方采取了何种策略，你只需要知道如何应付这种策略就可以了。而在真实的谈判中，你可能根本就不知道对方在采取何种策略，对方的个性风格、使用隐瞒技巧的表现都会影响到你的判断。让我们来看这样一段对话。

> 老张：老王，你终于来了，我可等你很久了，你要的货几天前就到了。
>
> 老王：哦，好啊，有多少？
>
> 老张：本来进了不少货，但要的人太多，我好不容易才帮你留了点下来。你看吧，现在就剩下这点了，还有好几个人想加20%的价要买呢，但我答应了给你留着的，把他们全都回绝了。
>
> 老王：行啊，老张，你真够意思，我正急着要这批货呢，快给我算算多少钱吧。
>
> 老张：这次货源紧，进货价贵了不少，就在上次的价格上上浮10%吧。

这是在两个长期合作的生意伙伴之间进行的对话，两人都很客气，感觉老张很为他的买家老王着想，不仅帮他留着货，而且给老王的价甚至还比其他买家优惠了10%呢。那么老张使用了什么策略呢？如果你认为老张使用了协作型策略，那可能就错了。事实上，老张不仅没有给老王优惠价，相反，还在原价基础上涨了10%，并且这种上调是由老张以一种决定的方式单独作出的，根本就没打算和老王磋商价格。面对老张这样提出的涨价要求，老王将很难应对，不管老王如何讨价还价，涨价基本已是必然，剩下的只是涨价幅度的大小而已了。

为什么会这样呢？老王在这个交易中存在什么样的问题？

老王最大的问题，就是没认识到交易对手使用的策略。当老张说买家很多的时候，其实已经在为他后面提出涨价埋伏笔了，但老王还以为老张是在帮自己，匆忙以协作的姿态披露了他正着急地等货的核心秘密，因而当老张这时提出涨价时，老王很可能就只能缴械投降，同意涨价。

如果老王是一个非常精明的人，他不轻易相信老张的话，那么我们可以再来模拟一下，双方的对话可能就变成这样了。

> 老张：老王，你终于来了，我可等你很久了，你要的货几天前就到了。
>
> 老王：哦，好啊，有多少？
>
> 老张：本来进了不少货，但要的人太多，我好不容易才帮你留了点下来。你看吧，现在就剩下这点了，还有好几个人想要加20%的价买呢，但我答应了给你留着的，把他们全都回绝了。
>
> 老王：那几个买家可能不懂行情吧，加价20%？疯了！街对面老刘开的店都已经开始降价了，还弄了个免费送货上门服务，他们居然还在你这里加价20%买，真不可思议。当然，老张，我们可是合作了多年的伙伴了，我不会因为老刘免费送货上门就去他那里进货的，这点你尽管放心。对了，你帮我算算这些货需要多少钱吧，我今天没打算来进货的，我得看看账上的现金还够不够。

在这段对话中，老王显然占了点优势，他很敏锐地发现老张说的关于有人愿意加价20%购货的信息对自己很不利，不管这个信息是真还是假，很显然，老张都准备利用这个信息进行谈判。于是老王立即决定采取进攻型策略回应。这时，即使老张仍然希望涨价，但他涨价的理由可能已没有那么理直气壮了，也许他提出的涨价幅度就不会是10%，而是5%或更低了。我们还要注意到，老王之所以可以占优势，除了他的敏锐判断外，还有一个非常重要的原因，那就是他事前的准备，老王通过一个简单的市场调查，甚至简单的询问就可了解老刘开的店是不是真的在提供免费送货上门服务，目前市场上公平的价格是多少；而作为竞争对手的老张对此肯定也是清楚的。两者相结合老王很容易在一开局就明白老张的谈判策略。这一点非常重要，在你无法判断对手使用什么样的策略时，你通过事前准备而掌握的那个公平的市场价格就是一个判断标准。有了这个标准，你不会轻易被对手伪装的合作姿态欺骗。

判断对手正在采取何种策略还有一个有效方法，就是看对手使用的谈判技巧是不是会令他陷入危险之中，特别是他所披露的信息是对他自己不利还是有利。多数情况下，如果对手坦诚地披露对他自己不利的信息，那么他可能的确在使用协作型策略或解决问题型策略。例如，谈判对手明确告诉你，你的当事人是他们公司通过大量市场调查后确定的最佳合作伙伴，他们公司非常急于和你的当事人建立合作关系，如果你的当事人同意适当延长付款周期，他们就可以立即签订合作合同。很明显，谈判对手披露的这些信息对他们是不利的，会降低他们的谈判筹码，但你却可以从中感受到他们愿意使用协作型策略的强烈信号，这时，只要你也以协作型策略相回应，双方会容易达成一致。相反，在之前那段老张和老王的对话中，老张披露购货的人很多、货物紧缺、有人愿加价20%购货的信息都只是对他极为有利，老王也就有理由相信老张没有表现出合作的姿态，并能够判断出老张在使用进攻型策略了。

二、分析对手的习惯

有经验的律师在接一个新的诉讼案件时，听完当事人的情况介绍后，通常会问当事人是否知道对方聘请的是哪一位律师。这不是因为好奇，而是希望对方聘请的律师正好是他所熟悉的，这样他就可以根据对方律师以往的行为习惯，在双方还没有交手之前就推测出对方大致会采用什么样的诉讼策略。

同样，在一个谈判中应该用什么样的谈判策略，的确应以这个谈判涉及的具体情况来确定，对手在其他谈判中使用过的策略或技巧，虽然不表示他会在以后的谈判中继续使用，但我们仍然不能忽略习惯是具有强大惯性的基本事实；也就是说，一个人的习惯对他可能实施的行为具有强大的影响力，某些习惯甚至是行为人自己都难以控制的潜意识，当然也就不可能去有意识地改变了。

我们在职业生涯中，见过这样一个真实的案例。某律师擅长代理工伤事故索赔案件，他接受当事人委托后最喜欢干的一件事，就是向对方发索赔律师函，并且一定会在律师函中告诉对方，如果对方接到律师函后10日内没与他磋商的话，他就直接提起诉讼，要求对方承担极为夸张的巨额赔款。大约有70%的工厂接到这样的律师函后，会主动与这名律师联系，磋商赔款的事。对主动联系的人，这名律师总是得理不饶人，喜欢采取进攻型策略去谈判，因为他知道他威胁准备提起诉讼的律师函发挥了作用，因此在这类谈判中，他常常可以得到比当事人预期的赔偿底限更高的赔款。对没有主动联系的那些属于30%的人，其实10天期限届满时，这名律师并不真的会一律去提起那个金额夸张的诉讼，他也会主动上门去找对方，希望能与对方和解，免去双方的诉讼之累。这种情况下，他往往能拿到手的，也就是一份与当事人预期赔偿底线大致相当甚至更糟糕一些的赔偿协议。不幸的是，曾经和他共事多年的一名律师在转所后代理了对方当事人。当这名曾经的同事接到他的律师函时，只轻描淡写地告诉自己的当事人，不用理会这份律师函，对方律师会主动带上最低赔款协议来找你的。结果呢？果然如此，他的同事凭借对他行为习惯的长期了解，轻松赢得了这场谈判。

如果你没有与对手打过交道，你就应该多向那些曾经与对手打过交道的人打听一些信息，这些信息包括对手的个性风格、习惯使用的谈判策略、擅长代理的案件类型、从业时间的长短等，无所不包，这种信息范围越广、信息越细致，对于你的后续工作开展、策略制定越有利。

三、了解对手的同类

了解与对手相同类型律师的行为习惯或工作方法，也有助于我们判断对手可能采取的策略。

例如，在一起知识产权侵权纠纷案件中，如果你作为侵权方的代理律师与索赔方的律师见面，即使你从未与对方律师打过交道，但你非常清楚知识产权律师大都喜欢采取风险代理的方式代表当事人索赔，如果没有获得索赔，他们就没有代理费收入。因此，尽管对方的代理律师与你是第一次见面，你也从来不知道他的行为习惯是什么，但你仍然会相信他说的达不成协议就将提起诉讼绝不仅仅是威胁，他多半会真的提起诉讼。这种判断，就是基于你对他的同类型律师的了解；在无法直接获取对手的信息时，这种对同类律师的判断和了解无疑非常重要。

我们这里说的"同类"是一个极为宽泛的概念，它也包括类似地域、类似律师事务所、类似专业特长、相同性别、相似执业经历等，凡是某个标准可以影响其行为模式或思维方法的，都可以按此标准进行类别划分，并通过归类作为同类进行类比参考。

四、学会换位思考

如果在谈判前你已经掌握了对方的一些重要信息，那么你不妨采取换位思考的方式来想一想对手会怎样做，将自己放在对手的位置上，设想假如你是对方的代理律师，你会采取哪些策略，你在采取这些策略时最担心的问题有哪些，有哪些难以克服的困难，最害怕对方采取什么样的应对策略，等等。如果你有一个紧密合作的律师团队，那进行换位思考的效果会更好，你可以安排一部分人完全站在对方的角度去思考问题，本方的核心秘密对这一部分人保密，这样他们就可以更真实地站在对方角度作出策略选择，这之所以会比你自己去扮演对方的效果要好，是因为你掌握了本方太多的信息，在换位思考时，你会不自觉地运用这些对方本来并不知道的信息，这样思考的结果当然不够准确。

在换位思考中获得的所有信息都将有助于你制定自己的谈判策略，在换位思考中发现的对方最害怕的应对策略，正是你应该重点采用的策略。需要注意的是，换位思考获得的信息只是一些假设性的信息，对方内心真正会怎么想，其实是很难准确判断出来的。因此，换位思考获得的信息可以作为重要参考，但万万不能作为决定性的信息。

> **小贴士**
>
> "知己知彼，百战不殆"，认识对手，找出对手的谈判策略是第一要素。
>
> 谈判前，花一些时间，多做一点功课了解和研究你的对手，你会得到超值回报。

第三节　寻找共赢局势

实践证明，绝大多数谈判都存在潜在的共赢局势。在制定谈判策略时，律师应当保持高度的职业敏感性去发现那些可能连当事人都没有注意到的共赢议题。有时，甚至需要去创造一些共赢议题，只有在你发现或创造了共赢议题后，解决问题型策略才可能作为你考虑的备选策略之一。如果没有共赢的可能，双方只能在一个已划好的利益范围内进行有限利益的分配，也就只有进攻型或协作型策略可供选择了。要么坚持，要么让步；如果没人愿意让步，那就只能让谈判走入一个"死胡同"。

为了正确选择谈判策略，律师在接到一个新的谈判任务时，首先应判断这个任务中的谈判局势究竟是属于共赢局势还是对立局势，或者二者兼而有之。在当事人告诉你双方已不可能达成共识，立即启动诉讼将是唯一手段的时候，你应当尊重当事人的这个意见，但并不需要完全听命于当事人，你仍然应当尽量让当事人向你披露更多交易细节，以便判断双方是否真的不再有共赢的可能性。当然某些极端情况的确只涉及纯粹的对立性议题除外，例如，一对即将移民的夫妻要离婚，此时争夺子女的抚养权可能真的意味着从此各在天涯，难以有共赢之处。在其他很多案件中，我们认为，只要律师认真细致地工作，是完全可能找到或多或少的共赢机会的。

下面是我们曾经代理的一起装饰石材运输纠纷案件，这个真实案例可以说明在对立性谈判中确实存在共赢议题。

案例摘引

石材商委托一家汽车运输公司从广州将石材运到重庆。由于路途颠簸，石材运到重庆时已严重破损。于是，石材商要求该运输公司赔偿 10 万元的货物损失。而运输公司认为，货物的外包装是石材商自己提供的，石材装车以及装车后的固定捆绑也是由石材商在广州当地雇人完成的，而货物受损是包装和装车不当造成的，因此，应由石材商自己承担责任。经过几轮谈判无法取得进展后，石材商决定委托上海中联（重庆）律师事务所指派律师提起诉讼。接受委托后，我们的律师没有立即按指令启动诉讼程序，而是首先到汽车运输公司的库房查验了破损的货物，之后，律师帮助石材商重新进行了案情分析：

1. 库房内堆放的 10 万元石材并没有全部遭受损失，有些大型石材只是断为两截，仍然有条件加工利用，如果石材商能够另外使用这些破损的货物，实际损失可能只有 5 万元，而不是 10 万元；

2. 法院究竟会判决谁为石材的破损承担主要责任，存在不确定性；

3. 石材商与汽车运输公司过去曾经多次合作，双方存在互利共赢的基础。

基于上述分析，律师说服石材商暂缓起诉，又与汽车运输公司进行了一轮谈判；汽车运输公司知道索赔额已降为 5 万元时，也立即给予积极回应，表现出了明显的谈判诚意。在律师的引导下，双方在未来的运输合作这一潜在共赢机会中找到了解决方案。最后谈判的和解结果是：货物残值归石材商所有，汽车运输公司赔偿石材商 5 万元损失。双方同时签订为期 3 年的运输合作合同。在这 3 年中，石材供应商应为汽车运输公司提供价值至少 20 万元的运输业务。

——摘自《上海中联律师事务所案例汇编》

还需要指出的是，一场谈判中有多少个有争议的问题也是选择谈判策略时应考虑的一个因素。谈判议题越多，采用解决问题型技巧的机会也就越多，制造问题未必总是坏事。在实践中，有经验的律师往往会故意将没有争议的问题保留下来，并不去及时解决它，而在将来用这些实质上没有争议的问题去和对方交换利益。

> **小贴士**
>
> 解决问题的前提，总是找到问题后面的问题。走到"死胡同"时，抬起头来，把眼光放远一点，或多或少都会找到共赢机会。
>
> 为对方考虑问题，也是在帮助自己。

■ 第四节 谈判阶段对策略的影响

前面已经讲到了，一次谈判通常会运用到多种谈判策略，不同的议题和不同的谈判阶段，都会导致律师对策略的不同选择。

很多情况下，谈判双方往往喜欢以进攻型策略作为开局。在谈判初期，通常是一方努力提高自己的报价，而另一方则不管对方提出的报价是否合理，先立即予以回绝，因为谁也不认为谈判者提出的最初方案就是最后的底线方案，更不相信谈判者已作出了最大努力或最大让步。即使谈判者以"一口价"的方式提出初步方案，通常也不会被对方认为是真正的"一口价"，特别是在重大商事交易中更是如此。谈判者普遍认为，在谈判的一开始就表现得软弱可欺，会被认为是缺乏谈判实力的表现，这种谈判是不会取得好结果的，表现软弱的一方取得的任何谈判成果,可能都是有实力的另一方因良心发现而作出的施舍。在进攻型策略已无法推动谈判进程时,再使用协作型策略往往比在谈判一开始就直接使用协作型策略更为有效,并且,会让谈判双方都感到谈判结果来之不易,是经过自己努力争取才得来的,这会增加谈判者的成功感,让谈判者觉得是自己的努力才令对方作出了让步,谈判者会感到自己赢得了这次谈判。

下面是我们在实践中接触到的一起业主委员会与物业管理公司关于小区车位租赁收入分成的谈判案例,充分说明过早使用协作型策略会带来多么不利的后果。

> 某小区的业主委员会代表业主与物业管理公司交涉,要求将小区内的室外公共停车位的租赁收入从物业管理公司的收入中提取出来,分配给业主共有。考虑到物业管理公司对公共停车位有一定管理成本,业主委员会同时提出,物业管理公司可以按收入的10%提取管理费。
>
> 由于室外公共停车位的收入并不多,物业管理公司考虑到与业主之间又一直都有一些冲突矛盾,于是抱着希望缓和紧张关系的愿望,当天就回复业主委员会,同意将室外公共停车位的收入全部归业主,并主动放弃收取10%管理费。业主委员会得到回复后,在接受物管公司意见的同时,又进一步要求物业管理公司将部分室内停车收入也归业主所有,理由是即使是租赁室内停车位的业主,多数时间他们也是将车停在方便出入的室外公共车位而非室内停车位上,但这些业主缴纳的室内停车费却全部被物业管理公司收取了。
>
> 由此,物业管理公司与业主之间的矛盾进一步激化。

从谈判策略的角度来分析,在上面案例中出现这个结果的一个重要原因,应当是物业管理公司在不恰当的谈判阶段过早使用了协作型策略,这种策略不仅让业主委员会认为他们的最初开价过低,而且让业主委员会感觉到使用进攻型策略能获得更大的利益。事实上,在其他类似的物业管理公司与业主之间的纠纷中,物业管理公司往往会与业主进行长时间的谈判,对那些经过艰难努力而取得的谈判成果,哪怕物业管理公司要求提取20%的管理费,业主委员会也会为争取到80%的停车费收入而感到很满意,并会立即向他所代表的业主们宣布与物业管理公司谈判所取得的辉煌成果。相反,轻易获得的谈判结果,反而让业主委员会担心他们是否真的为业主争取到了最大利益；如果不进一步提出新的要求，好像不足以让他们真正胜任业主代表身份。

需要注意的是，如果双方在开局使用的是进攻型策略，当谈判进入中场阶段时，进攻的力量开始衰减，相对较为容易达成共识的问题已解决得差不多了，双方都不愿再向对方的进攻作妥协，这时谈判僵局就会出现。只要还没有一方离开谈判桌，就说明双方都还没有放弃达成协议的努力，重新考虑谈判策略就成了双方或某一方的必然选择；并且策略改变后重新提出的谈判方案一定会比之前的方案更现实、更无可能为对方所接受。同样，如果一个律师在谈判开局时使用协作型策略，当他发现自己的协作行为正在被对手利用，自己当事人的利益已被对手一点点蚕食的时候，他也应该重新考虑是不是谈判的下一阶段应该转变为进攻型策略了。

在一场谈判中，将协作型策略转变为进攻型策略比较容易，并且这样的转变也不会让人觉得尴尬。然而，将进攻型策略转变为协作型策略则会困难一些，特别是如果在最初使用进攻型策略时根本没有为以后的策略转换留好退路的话，你就会很难找到走下来的台阶。通过策略转换去打破谈判僵局，有时需要使用一些小技巧帮助自己完成策略转化，暂时搁置争议较大的问题、更换谈判者、缓解紧张气氛等，都是常用的策略转换技巧。

为加深进攻型策略转换为协作型策略在技巧运用方面的印象，我们不妨在先前老张、老王的例子中，继续设想这样一段对话。

> 老张：老王，你要的货进价贵了不少，运输成本也涨了很多，这次给你的价至少得上浮10%我才不会亏本，你可千万别跟我讲价啊！这货要的人很多，还有好几个人愿加价20%收呢，但我们是老交情了，这是专门给你留着的。
>
> 老王：哦，是吗？那你赶快卖给那几个加价的傻瓜吧，千万别为我影响了你的生意。我到街对面老刘的店铺去买，反正他那里还可以免费送货上门呢。就这样吧，我先走了。
>
> 老张：嘿，老王，你等一等，你前几次进货好像我们还没对账吧，让我老婆先和你对一下账，我还有点其他事要处理，有什么问题你直接跟我老婆说就可以了。

大家可以看到，在这段对话中，老张一开始提出的涨价要求非常强硬，不容老王做任何讨价还价，但是当他发现老王同样使用进攻型策略而可能导致谈判破裂时，他非常聪明地让他的妻子参与到交易中来。在老张去忙别的事的时候，他的妻子完全可以把老张刚才要涨价的话收回来，甚至还可以在老王面前埋怨老张做得不对，不该这样对老主顾。这样的技巧不仅可以使老张很有面子地顺利完成策略转换，还会让老王颇受感动，认为自己真享受到了老主顾的待遇。

解决问题型策略通常会在谈判中场或终局时使用，在开局阶段由于双方交换的信息量不够，尚不具备使用解决问题型策略的条件，只有当双方都比较深入地了解了各自及对方的需求，并探查到了共赢机会，扩展了谈判空间，甚至在谈判已陷入僵局之后，才有可能将之前使用的进攻型策略或协作型策略转换为解决问题型策略。

事实上，上面说的各个谈判阶段在实践中并不那么好划分，当谈判正在进行的时候，你很难知道自身究竟是处于哪一个阶段。也许在你认为谈判才刚刚开始，还在坚持进攻型策略时，对方已经匆匆终止了谈判，你甚至没有机会去转换策略。也有可能当你认为谈判已进入终局阶段，你在做"最后"的让步时，对方却认为谈判才刚刚开始，你刚做完"最后"的让步，对方就开出了一串长长的清单，要求你去一一满足。另外，在多个议题同时进行谈判中，还会出现某些议题已处于终局阶段，而某些议题却正处于中场争论最激烈的阶段的情况。关于谈判阶段的区分，我们在后文中还会一一详述。在这里我们需要大家记住，弄清谈判阶段，不同谈判阶段会有不同策略，是你在选择谈判策略时需要考虑的一个重要因素就可以了。

> **小贴士**
>
> 有效的策略须在正确的阶段体现。在策略选择上，"朝秦暮楚"比"从一而终"好。
>
> 学会判断谈判处于何种阶段很重要，错误判断总会打击你运用谈判策略的信心。

第三课
如何正确地选择谈判策略

■ 第五节 谈判筹码对策略的影响

在谈判中,谈判筹码就是帮助你控制谈判对方行为的一种实力,是使你驾驭谈判进展和谈判形势的能力。

我们作为职业律师的生涯中,经常会碰到这样的情形,当一份协议作为历史文件被提出来审视的时候,未参与协议谈判的人总是对协议中一些对本方不利的条款质疑,认为这样的条款是根本不应被接受的,或者会指责当初参加谈判的人犯了多么低级的错误。这种现象的出现并非偶然,而是常常都会这样,甚至包括格式文本在内,几乎所有的协议都可以找出这样遭受指责的条款。但请记住,这并不表示后来审视协议的人比当初参加协议谈判的人能力更强,而只是审视这份历史文件的人,并不清楚谈判时发生了什么事,他不知道谈判者当初作出这样的妥协是不是因为协议之外还存在什么样的压力或需求,他更难对谈判发生当时双方的实力对比进行模拟还原。例如,在一天之内达成一份协议可能对某一方律师来说是极为重要的,哪怕晚一天,当事人都会遭受巨大的损失,律师这种对时间的关心必然会在很大程度上削弱他的谈判实力。在力量对比上,他处于绝对弱势地位,他会当然选择运用协作型策略并大量使用妥协、让步的技巧,以期望尽快达成协议。现实生活中几乎人人都知道,在商铺即将关门的时候去买商品的顾客,经常会得到一个好价格,这是因为对经营者来说,这个时候的时间条件相比刚开门营业的时候更重要,经营者希望在最短时间内达成交易,额外赚取一笔合理而非最佳的利润总是件好事。当他这样想的时候,他的谈判实力就被削弱了,而顾客的谈判实力自然就增加了。

有的时候,谈判实力的对比在一开始就显而易见,比如我们前面提到的与垄断企业的谈判,厂房外排队拉货的车已经显示出了垄断企业的谈判筹码,但有时候,谈判实力的强弱对比似乎并不那么明显,甚至实际力量对比会和事件的表面现象完全相反。

最典型的莫过于房屋拆迁中的谈判力量对比的变化。多年前,按照饱受各界批评的《城市房屋拆迁管理条例》（于 2011 年被《国有土地上房屋征收与补偿条例》废止），拆迁人只要按规定的程序一步步走下去，即使与被拆迁人达不成协议，也可以按规定实施强拆。仅从这一点来说，拆迁人的谈判筹码仿佛无比强大，拆迁人只需预先确定好拆迁方案报给政府部门备案，做好被拆迁房屋的价值评估，就可以直接要求被拆迁人在协议上签字了。但当时的实际情况呢？似乎又不完全是这样。拆迁人与被拆迁人之间的谈判经常会艰巨而耗时，我们甚至看到拆迁人已经拿到法院的强制拆迁裁定时，仍需要坐下来与被拆迁人谈判，并向被拆迁人支付远高于房屋评估价值的补偿款。这是为什么呢？这往往因为各地不断出现被拆迁人使用某种非正常行为，甚至包括不惜牺牲生命为代价的行为抗拒拆迁，在赢得社会广泛同情的同时也不断增强了被拆迁人的谈判筹码，客观上使拆迁案例中看起来有利于拆迁人的谈判策略发生了巨大变化。尽管某些被拆迁人的行为显得很过激，我们并不赞同，但如果仅从谈判技巧上讨论，他们无疑是成功的，因此，我们可以看出，通过技巧的运用，谈判实力是完全可以发生改变的。

每一个人都拥有谈判筹码，就看你能不能发现并运用它，就如同本课篇首案例中那个索要香烟的囚犯一样。通过这个例子，我们可以清楚地看到筹码在谈判中的重要性，只要找到了筹码，甚至一个阶下囚也可以用进攻型策略成功地向看守他的警察强索香烟。

通常情况下，在谈判者不能达成谈判协议时，如果他还拥有更多的替代选择，那么他的谈判对手的筹码就会相对较少。相反，如果谈判者达不成协议时将没有替代方案可以选择，谈判破裂的损害将无法得到弥补，那么他的谈判对手就因为拥有更多的谈判筹码而具有强大的谈判实力。当然，没有替代选择的这一方肯定会对他的不利状况守口如瓶，他会表现出并不太在意谈判是不是真的会破裂，让对方对自己所拥有的谈判筹码作出错误判断。另外，如果谈判破裂会导致双方都进入诉讼程序，那么将来可能得到的判决结果以及类似案件的先例判决，也会对双方拥有的谈判筹码产生新的重要影响。

对于拥有强大实力，也就是拥有更多谈判筹码的谈判者，他可以在进攻型、协作型和解决问题型策略中任意选择，即使策略选择错误，他也有能力将对他不利的谈判结果扭转过来。例如，一方本来有着很强的谈判实力，在某次谈判中他

第三课
如何正确地选择谈判策略

聘请的律师错误地使用了协作型策略,并被对方利用,在对方继续步步紧逼希望争取到更大利益时,他的律师突然醒悟,将之前的让步都应该收回。如果没有强大的谈判实力,在谈判实践中一方很难收回已作出的让步,这通常会被认为不诚信并因为反悔而可能直接导致谈判破裂。相反,如果你拥有强大的谈判实力,你只需要稍稍使用一些小技巧,假定不考虑礼节问题的话,甚至可以根本不使用任何技巧就可以直接改变策略,收回你曾经答应过的条件。比如,你可以说:"真抱歉,你昨天提的那个交易方案我的当事人没答应,我原以为他们会答应的,但他们就是不答应。你看,现在想方设法要和我的当事人合作的公司真的太多了,我的当事人跟我说,目前他们没法降低合作条件。"同样,由于拥有较强谈判实力的谈判者并不惧怕谈判破裂,因此在他们使用要挟等手段时,对方通常也会相信他们并不只是吓唬自己,真的会说到做到。例如,处于垄断经营地位的企业在进行谈判时,他们最惯常使用的说法就是"那今后就不再合作了",这些近乎无理的赤裸裸的要挟手段,的确会让交易对方被他们的要挟所吓倒,最后只好被迫签署那些一个字也不能更改的格式合同条款。

对于处于弱势地位的谈判者来说,他可选择的谈判策略无疑受到更多的制约。正常情况下他无法选择进攻型策略,而只能在协作型策略或解决问题型策略中作出选择。这是因为弱势一方使用要挟、恐吓等手段,会被对方认为是一种可笑而无聊的举动,极有可能一不小心就导致谈判陷入僵局或破裂。因此越是面对谈判力量悬殊的对手,弱势一方越是需要谨慎使用甚至不使用进攻型策略。也许你会说,那个囚犯不是处于弱势地位吗?为什么他可以使用进攻型谈判策略呢?是的,囚犯看起来因为被囚禁是处于弱势地位,但在索取一支万宝路香烟这个问题上,他已经通过技巧赢得了谈判筹码。在这个小小的要求上,他处于优势地位,因为守卫如果不满足他的这个小小要求,可能给自己导致更多麻烦。因此,经过思考和判断,囚犯当然就可以使用进攻型策略了。但是假如囚犯威胁守卫把他放出去,否则就会以头撞墙,那又怎么样呢?显然,那无论如何也不会起作用,因为他的谈判筹码不能支撑他希望获得的收益。需要注意的是,弱势地位的谈判者即使无法使自己真正地转为强势,但如果可以通过某种技巧的运用,让对方在认识本方谈判筹码上发生错误判断,对本方也是极有帮助的。实践中,谈判双方对自己和对方的实力估计，的确会随着谈判的进行不断改变。例如，我们的一个外贸企业客户在一次国际贸易谈判中发生的一件事，给我们留下很深的印象。在这场谈判中，中方强烈希望引入外方技术的意愿使外方认为其拥有比中方更强大的谈判实力，外方不断提出苛刻条件导致谈判处于长时间的僵持状态。为解决这个问题，中方在一次会谈结束后，故意将国际上一家拥有类似技术企业的资料遗忘在会议室，这一巧妙的安排使外方误以为，它并非中方唯一的意向合作伙伴，由此改变了双方的实力分布，接下来使谈判僵局迅速朝有利于中方的方向被打破。

通过对大量谈判实例的研究，我们发现一个很有趣的现象是，如果谈判实力较弱的一方主动采取协作型策略，那么他往往能获得谈判实力较强一方的积极回应；谈判实力较强一方一般不会因为较弱一方采取协作型策略而变得更加强硬，恰恰相反，实力较强的一方反而会摆出一副公正的模样让较弱一方得到一些利益，这可能是人都具有自我道德约束和权力抑制而反映的心理现象。因此，谈判实力较弱的一方主动使用协作型或解决问题型谈判策略，通常会比使用进攻型策略获得更多的利益，当然，如果实力较弱一方能够找到并增加一些谈判筹码，哪怕只有一点点，也不应吝啬使用，一定要让对手知道，自己并不是完全在接受施舍，而是在进行一场公平的谈判。

> **小贴士**
>
> 谈判实力并非人天然具备，一成不变，完全可能通过谈判者的努力而改变。有时，创造谈判筹码需要一些"小机灵"般的技巧。
>
> 如果你的确无法为改变自己当事人的弱势地位找到谈判筹码，那就千万不要试图去扮演一个"纸老虎"角色，这样只会让人将你视为"跳梁小丑"，输得更惨。

■ 第六节　交往关系对策略的影响

中国有句古话，叫"三十年河东，三十年河西"，用来比喻世事多变、盛衰无常。这个古训至今仍发挥着作用，指导人们认识世界，理性面对人间沧桑。在谈判中也会出现这样的情形，掌握着强大谈判力量的一方可能会在某些时候转化为弱势一方，而强势一方当初所实施的那些曾经激怒对方的行为可能会在这个时候

第三课
如何正确地选择谈判策略

遭受报复,每当这个时候,人们总会发出感叹,三十年河东,三十年河西啊!例如,在改革开放初期,几乎所有企业都不太习惯负债经营,那时的银行信贷员总是一家一家的企业去挨个拜访,请求这些企业多贷点款,好让银行可以有点业绩,而企业的财务人员却总是一副不差钱的模样,高高在上,拒银行信贷员于千里之外。不过短短几年过后,这种情形就被完全颠倒了,企业负责人差不多每天追着银行想借钱,这时,轮到银行信贷人员高高在上了。当然,在全球经济下行的今天,相对宽松的货币政策似乎又让银行和企业的关系发生了一些新的微妙变化。

具体到我们需要处理的谈判个案中,当事人或律师会提前思考谈判结束后如何与对方继续打交道,这种对未来的思考会直接对当前谈判策略的选择产生重大影响。正如我们前面说到的那样,谈判协议的内容仅仅是谈判结果的一部分,谈判结束后双方今后如何相处,更会是谈判导致的另一个结果。双方今后的相处,既包括当事人之间的相处,也包括双方律师之间的相处。

首先,我们来看看当事人今后如何相处的问题。如果谈判结束后,当事人之间仍需要保持交往,那么当初他的律师为了一点点微利而采用让对方恼羞成怒的进攻型策略,就可能会让双方当事人在今后的合作中难以友好交往。这样的谈判结果显然不是当事人想要的。很多时候,律师需要判断自己代理进行的谈判究竟是属于一次性的谈判,还是属于需要在谈判结束后保持后续合作行为的谈判。通常情况下,争端解决性的谈判有很多是属于一次性的谈判,双方在结束谈判后,可能不会再有后续的交往。例如,很多交通事故赔偿纠纷、人身伤害赔偿纠纷的谈判,显然都是属于一次性争端解决性质的谈判。在交通事故赔偿案件中,索赔方在向肇事方提出索赔主张时,会穷尽各种赔偿项目。有时在一个数十万元的赔款请求中,你会发现还包括有几元钱的交通费用支出。之所以索赔方在赔款数额上会分厘必争,除了因身体受到伤害而产生的那种情感愤怒外,今后不会再与肇事方打交道也是导致索赔方不留任何情面的重要因素。此外,争端解决性的谈判还有一个特征,就是即使双方都使用进攻型策略而互不让步,在谈判走入死胡同时,双方还可以通过法院或仲裁机构的裁判使问题得以解决。除谈判之外的其他解决途径的存在与否,将会对双方谈判策略的选择形成影响。

但是,在商务谈判中我们却有迥异的感触。双方可能会是多年的合作伙伴,这种伙伴关系促使双方在选择谈判策略时会留有余地，讲究分寸。即使双方初次合作，也不排除今后还有继续合作的可能，因而双方刻意保持一种相互尊重、体谅的交易关系，总保留一些进退自如的空间。退一万步说，哪怕是双方只进行唯一的一次交易，但由于商务交易时间跨度较长，为了交易的顺利进行，双方也需要在选择谈判策略时考虑如何维系双方的友好关系，以便交易谈判结束后交易的顺利履行。例如，在施工合同、租赁合同谈判中，双方完成谈判并签订合同其实只是交易的开始，双方将在今后数月甚至数年中不断打交道。因此，商务谈判中重要的不仅仅谈判中所达成的协议的实质内容如何，根据交易性质可能还需要重视通过谈判过程双方如何建立后续履行所必需的信任。不愉快的谈判过程无论如何，都可能对今后合同的履行带来不利影响或后果。因此在商务交易中，如果对方也同样顾及今后友好相处的问题，那么此时用协作型策略一般也不至于轻易被对手利用。此外，商务交易谈判在破裂后，很难有替代性的方法弥补，这不像争端解决性谈判那样，还可以去寻求法院或者仲裁机构的帮助。替代解决途径的缺失促使双方在商务交易谈判中总是谨慎使用进攻型策略，避免谈判过早破裂；替代解决途径的缺失也是商务谈判即使破裂后双方往往也会重新回头的重要原因。不过，我们也要注意到，在一些特殊情况下的商业交易行为中也存在一次性谈判的情形。以码头、车站开设的店铺为例，这些商铺是商业欺诈事件的高发地点，根本原因之一就在于这类区域因为人流量极大，商铺客户资源极为丰富，绝大多数旅客都不会是回头客，而只在某一个商铺进行唯一一次交易。这时，商铺经营者很有可能就不会考虑今后彼此之间继续合作的问题。因而，经营者总是花言巧语，分厘必争，为了赚更多利润，甚至不惜用欺诈手段去得到眼前这个永远不会再来的消费者口袋里的钞票。

其次，在当事人今后关系的处理上，我们还需要关注的一点是，即使当事人与对方进行的是一次即时结清的交易，今后也不会再与对方有交易往来，但当事人仍然希望与对方保持合作关系，并不想在这一次交易中占尽便宜，特别是对那些企业当事人来说，更是如此。这往往因为当事人会从品牌形象、行业信誉等更长期的因素出发，认为应当以诚信合作的方式与对方建立交易关系。如果当事人在一次性交易中表现得太强硬，太不留余地，可能会对他的商业品牌造成损害，

第三课
如何正确地选择谈判策略

甚至会使他在行业圈子中难以立足。例如，对一家只专业从事婚纱照相的影楼来说，虽然它的消费群体限于新婚夫妻，这类消费者进行重复消费的可能性较小，但影楼的销售经理们并不因此在与消费者的谈判中过多使用进攻型策略，而更有可能使用解决问题型策略，即根据消费者的价格预算制订不同的产品类别搭配，尽量去满足消费者的消费心理。因此，我们不难发现，服务态度好、摄影质量高的影楼，会比其他同行的生意做得更好，其根本原因就是影楼在面对大量一次性交易行为时，仍努力保持双方未来可能的友好合作关系，从而赢得了口碑，口碑形成品牌，品牌又通过口碑得以保持和传播。

最后，律师在代表当事人进行谈判时，还要考虑他处理案件所在地区的行为习惯。例如，一个长期在城市执业的律师需要代表他的当事人到农村去处理与村民之间的纠纷，他应该意识到农村的定居习惯让村民之间往往有着千丝万缕的亲戚关系，村民们可能更习惯于和善处理纠纷，或者请求长者居间协调。如果律师动辄使用进攻型策略，并以起诉等手段要挟，无疑会招来对方的厌恶甚至是报复。这个时候，无论律师需要处理的是一个一次性的争端解决谈判，还是可能会形成多年合作的商务谈判，他都需要不仅考虑当事人与对方的未来关系，而且考虑如何尊重对方的地域习惯问题。

因此，当事人今后将与对方如何相处，以及如何遵守行业或地域习惯，如何建立和维护品牌、口碑等，都应成为律师选择谈判策略的重要考虑因素。

另外，作为谈判者的律师，还会涉及今后如何与对方律师相处的问题。从维护当事人利益的角度出发，律师今后与对方律师相处的问题，本来似乎不应作为影响谈判策略选择的因素之一，因为律师是当事人的谈判代表，应当始终忠于当事人的利益，无须考虑个人所在行业的习惯问题。但现实生活往往并不完全是这样。由于律师并非生活在真空中，他除了当事人的代理人这一身份外，还需要在社会中扮演其他角色，而且在其他案件中也很难避免与对方当事人或律师再次打交道。因而律师在选择谈判策略中关注自己今后与对方的关系，或自己在对方心目中的评价时，自然会引发对律师职业道德的评价问题。我们前面说谈判有一次性谈判，往往是针对当事人的利益来界定的，但对代理律师却并非如此。在当事人的一次性谈判结束后，律师无疑还会在其他案件或者社会生活中与对方律师继续打交道，甚至对方律师可能碰巧就是他的同学、校友或另一个社会圈子里的朋友，因此，代理律师基于与对方律师保持良好人际关系的愿望，在选择策略时对是否使用进攻型策略抱更为谨慎的态度，就一点也不奇怪了。当然，我们必须指出，律师和当事人的关系确实是非常复杂的，我们在另一本书《法律咨询》中，专门花了较大篇幅来阐述维持这种关系的基本原理，也就是"当事人中心说"的原则，这里就不再赘述。但涉及律师对当事人合理引导的问题，却不能不给予足够重视。如果律师认为不采用进攻型策略仍能实现当事人的利益，或者说更有利于当事人的利益，那么律师并非一定要按当事人的要求使用进攻型策略，律师可以采取沟通、协商等方式与当事人就谈判策略的选择达成一致意见。如果一个律师不顾现实地为当事人的利益考虑，拒绝向对方律师提出的任何合理谈判方案作出妥协，那么这个律师完全可能会因为不能很好地控制和引导当事人需求而被当事人认为不称职。

需要注意的是，通过引导当事人需求而确定谈判策略，应当始终以确保当事人追求的合理利益作为出发点。如果律师因为其他方面的利益考虑而不能为当事人采取适当的行动，则律师就显然违反了他应该遵从的基本职业道德要求。假如一个律师清楚地知道，以进攻型策略进行谈判才能最大限度地满足当事人的利益，但由于不愿损害与对方律师过去多年建立的良好人际关系，而拒绝使用进攻型策略，那么他的这一行为应被视为严重损害当事人利益的行为。有经验的律师在遇到这样的问题时，通常都会按对当事人最有利的方式选择谈判策略；但当他选用进攻型策略时，他可能通过将进攻型策略与温和的谈判风格恰当地组合在一起，以尽可能减少矛盾的产生，同时又有助于在这种情况下保持与其他谈判者的友好关系。

现实生活中常常遇到这样的情形，双方当事人寸步不让地进行了长时间谈判后，谈判已陷入一个僵局中，这个时候，如果双方又都委托律师介入谈判，往往会让陷入僵局的谈判被重新激活。这一方面有律师运用恰当谈判技巧的原因，另一方面也有律师之间保持礼节和相互尊重的职业传统的原因。律师毕竟和当事人不同，有些作为当事人才有的情绪无论如何也不会发生在一个以此为职业的律师身上。加上律师提出的交易方案通常会考虑到对方的合理利益和方案的可操作性，那会使谈判更容易走出僵局并向前推进。因此，律师之间这种友好相处的职业习惯，在很多时候的确可以为当事人带来利益，因而，我们不能片面认为律师一旦考虑自己与对方律师的关系和未来相处问题，就一定会损害当事人的利益。

> **小贴士** 不要总像初入行的新律师那样，要么一声不吭，要么处处表现出咄咄逼人的架势。正确判断谈判是交易性谈判还是争端解决性谈判。如果在一场交易性谈判中被人称赞为一个优秀的诉讼律师，那么你应该反省自己得到的是不是表扬。

■ 第七节 当事人对策略的影响

法律谈判的特性决定了律师始终是在为当事人的利益进行谈判，无论谈判的结果是好还是坏，都只能由当事人去承受。因此，不管是处分实体权利，还是谈判过程中选择谈判策略，律师都应当充分听取当事人的意见。尽管律师时常会帮助当事人对谈判中的某些行为作出决定，但律师的这种决定应当始终建立在与当事人充分沟通的基础上，并有义务在沟通中向当事人详细解释，让当事人更好地理解各种法律名词或策略技巧背后的含义。

我们认为，即使是有着丰富经验的律师，也不应完全以自己的执业经验去替代当事人选择谈判策略。有的律师认为，当事人只要确定自己的谈判底线就可以了，至于使用何种策略那是律师的事，不需要听取当事人的意见。但现实生活发生的事实却是，在我们阐述的影响谈判策略选择的各项要素中，当事人最关心的是哪一项，律师可能并不知道，也许律师只注意到了当事人在谈判局势中拥有的强大实力，却忽略了当事人其实更关心今后与对方如何继续友好相处。在这种情况下，律师作出的策略选择显然不能令当事人满意。当然，这并非意味着律师就一定要完全被动地听命于当事人，完全只扮演一个执行者的角色。恰恰相反，一个优秀律师应当永远会运用自己丰富的执业经验和法律知识，去帮助当事人作出正确选择。某种意义上，律师在当事人作出决定的过程中所发挥的作用，并不亚于其与对方针锋相对的谈判过程中所发挥的作用。对于一个有极强责任心的律师，在面对当事人不顾律师一再强调的风险而作出明显错误决定的情况时，我们认为，这个律师可以甚至应该以终止代理关系的方式来表达自己对当事人所做决定的强烈反对,即使这种方式可能存在过激的成分,但事实上却可能是将当事人挽救于悬崖边的唯一办法。

关于当事人的意见对选择谈判策略的影响,下面这个案例可以充分说明。

案例摘引

某大型轮胎厂向某机械制造厂订购了一套橡胶轮胎生产线,但设备投入使用后不久,该生产线即发生了严重质量事故,不仅导致生产线上的产品全部报废,还使轮胎厂无法按期向用户交货,进而面临承担巨额赔偿责任的风险。为此,轮胎厂向机械制造厂提出了100万元的产品质量索赔要求,机械制造厂接到索赔函后即委托上海中联(重庆)律师事务所指派律师进行法律分析论证。

律师经过详细核算后认为,轮胎厂提出的索赔金额有一定合理性,其损失计算方法基本合理,法律依据也较为充分。因此,律师初步认为机械制造厂在这次交易中的确应对产品质量承担责任,遂建议机械制造厂以协作型谈判策略应对,争取在70万元左右达成赔款协议。律师进一步帮助机械制造厂分析,如果该案交由法院审理的话,判决机械制造厂承担的赔偿金额可能会为80万~100万元,如以70万元达成协议,属于比较理想的结果,并且还可以省去诉讼费若干。律师提出这样的建议本来并无不妥,如果真的就此达成协议,对机械制造厂也应是一个不错的结局。但机械制造厂听完律师的分析意见后却认为,应该采用进攻型谈判策略,一分钱的赔款都不同意给付,且在这个问题上不做任何让步,如果轮胎厂决定通过诉讼方式索赔,机械制造厂就积极应诉到底,即使最后法院确实判赔100万元,机械制造厂也愿意全额支付。律师觉得很奇怪,机械制造厂为什么不去争取一个只付70万元赔款的机会,却选择等待一个很有可能会是100万元赔款的判决呢?

对这个问题,经过多层面的反复沟通,律师才了解到,作为当事人的机械制造厂的考虑是:

1. 产品出现质量问题是由于轮胎生产线中的电器元件发生故障,而该元件是机械制造厂向某电器厂采购的,机械制造厂依据与电器厂的合同约定和法律规定,可以向电器厂索赔,完全转移自己遭受的损失;

第三课
如何正确地选择谈判策略

2. 根据机械制造厂和电器厂签订的合同，电器厂因其产品质量问题而承担机械制造厂对第三方的赔偿义务，须以机械制造厂向第三方承担赔偿责任的生效法律文书为限，换句话说，未经法院生效判决，电器厂不对机械制造厂与第三方之间的协议赔付承担任何责任；

3. 对机械制造厂来说，即使产品质量事故是电器厂提供的电器元件质量不合格造成的，但其仍需要在企业内部进行质量事故责任追究，依靠法院在审理中形成的质量鉴定和责任认定等意见，有助于机械制造厂完成企业内部责任追究。

——摘自《上海中联律师事务所案例汇编》

由于当事人掌握远多于律师的交易信息，即使是与当事人有着多年合作关系的老律师也不一定全面了解当事人的需求和意图，因此，认真听取当事人的意见，通过不同层面的意见收集和交换，了解当事人的真实意图就成了一个非常重要的环节。在上面这个案件中，如果律师认为机械制造厂的意见是正确的，且没有其他方法可以达到同样的效果，那么，就应当将准备实施的协作型策略立即调整为进攻型策略。对那种不管在何种时候，总喜欢自己的律师以咄咄逼人的态度与对手谈判的当事人，他们可能只是错误理解了律师的作用，这类当事人总认为只有当律师在对方面前始终唱"红脸"，表现得强硬而富有进攻性时，律师才是真正在维护他的利益。当然，我们也得承认，正因为有大量这样简单思维的当事人存在于我们的现实生活中，不少律师为了从当事人那里获得好感总是非常强硬，并惯于使用进攻型策略，却丝毫不管进攻型策略的使用是否正确，以及对当事人所处的情形是否有利。作为一个追求职业形象和有责任感的律师，我们希望律师在这种时候不要为了迎合当事人而轻易采取进攻型策略。相反，以严谨务实的态度与当事人讨论具体个案的策略使用，帮助当事人分析不采取进攻型策略的原因是什么，可能更为重要。因此，一个优秀的执业律师在说服对手之前，首先需要学会如何说服自己的当事人，并纠正他们容易表达错误的观点。

> **小贴士** 听取当事人对谈判策略的意见是律师执业的要求,但这并不意味着当事人的意见就一定是对的。一个优秀律师永远要学会如何帮助并引导自己的当事人作出正确选择。

■ 第八节 律师应认清自己的个性风格

前面我们曾经指出个性风格不是谈判策略的观点,一个人可以尽力去掩饰他的个性,但很难对个性进行真正的改变。而谈判策略的选择却可能是每一个具体案件都不一样,一个合格的执业律师应当是对进攻型、协作型和解决问题型策略都可以熟练运用的律师,而不仅局限于运用其中的某一种或两种。

尽管如此,我们也要注意到,律师的个性风格事实上会对他所选用策略的运用效果带来较大影响。一个天生具有攻击型个性风格的人,无疑会比一个温和型个性风格的人使用进攻型策略产生的效果更具威慑力,攻击型个性风格的人在使用进攻型策略时,不仅表现得更适应,而且更出神入化。下面,我们对比一下这两段话。

具有攻击型个性风格的张律师:你们必须在 5 日内对我提出的方案给予正式的书面确认,否则我就起诉,到时你们肯定会赔给我当事人更多的钱。这类官司我就没打输过,好多大律师都败在我手下。你们好好想想吧,可别怪我没有提醒你们。就这样吧,我还有很多事要处理,再见。

具有温和型个性风格的刘律师:这是我和当事人讨论后形成的最后方案,希望你们在 5 天内确认。如果你们仍不同意这个方案,那我们就只好起诉解决了。从过去已经有的判决看,这类官司你们的胜算不大。你看你们还有什么意见吗?

显然,上面两段话给对手施加的压力是不一样的,尽管第一段话可能会招致对方反感,但其威慑力显然远远超过第二段话,如果对手正濒临意志崩溃的边缘,第一段话足以令对手作出妥协和让步。在第一段对话中,张律师连珠炮式地表达

第三课
如何正确地选择谈判策略

完自己的观点后，根本没给对手喘息回应的机会，就扬长而去，这样强硬的个人风格的确更让人相信他是在发出一个最后通牒。而性格温和的刘律师，在表达同样内容时，却显得彬彬有礼，尽管内容上那也是一个最后通牒，但对手总感到似乎还有可以讨价还价的空间。

另外，选择采取协作型策略时，温和型个性风格的人较之攻击型个性风格的人，同样更能令对方感到协作的诚意，也更容易让对方作出协作的回应。

因此，选择谈判策略时，律师应考虑到自己的个性风格是否适应将要采取的谈判策略，在进攻型策略和协作型策略都可尝试使用的情况下，选择一个与自己的个性风格相匹配的策略当然有助于取得更好效果。反过来，如果必须要使用与自己的个性风格不相适应的谈判策略，那就最好在谈判开始之前多练练自己的说话方式，尽力掩饰个性中与策略要求相冲突的那些东西。如果一个律师与工作搭档之间存在性格差异和互补，那么不同的策略安排不同的律师主谈是再好不过的事了，肯定会取得不错的效果。

当然，我们千万不要认为，攻击型个性风格的人就应当只学习和使用进攻型策略，温和型个性风格的人就应当只学习和使用协作型或解决问题型策略。事实上，通过系统训练，个性风格是可以在很大程度上被矫正的，即使因为个性风格和策略选择不太相符，使得谈判者在运用某一种策略时会感到心理不适，只要平时训练扎实，也会帮助他顺利渡过难关，让他选择各种谈判策略后都可以基本运用自如。在对谈判策略的系统学习过程中，谈判者喜爱的谈判策略也在一定程度上反映他的个性特征和谈判风格，所以帮助谈判者更准确地认识自己的个性特征在本质上究竟是适合唇枪舌剑的激辩，还是彬彬有礼地向对方给出"温柔一刀"，无疑非常重要。

> **小贴士**
>
> 即使进行系统专业训练，个性化的东西仍会隐藏在谈判者的心里。有经验的谈判者虽可以适应各种局势下的谈判，但如果选择的谈判策略正好符合他的个性，那就会让他演得更出色。
>
> 正因为一个人难免"江山易改，本性难移"，律师得有好的团队合作模式，才能帮当事人上演一台大戏，再复杂的谈判都能应付自如。

第九节 另一种谈判——控辩沟通

除了前面说到的商业谈判，我们也可以借此机会抽身出来看看刑事辩护中的控辩沟通，那是一种更为特别的谈判。传统观点认为，在刑事辩护领域，律师与检察官之间或因为身份地位不对等，或因为控辩双方总体呈对抗态势，很少存在沟通协商的空间。但是，随着刑事诉讼制度的不断改革发展，尤其是捕诉合一、认罪认罚从宽、办案终身负责、合规不起诉等机制制度的建立，审前辩护的重要性日益突出。同时，刑事司法理念出现的较大变化，使控辩沟通逐渐成为刑事辩护工作中的一个重要组成部分，谈判思维也相应变得越来越重要。

一、了解对方是基础

（一）全面清晰的画像

"故曰：知彼知己者，百战不殆；不知彼而知己，一胜一负；不知彼，不知己，每战必殆。"——《孙子兵法·谋攻篇》

如果把辩护工作比作一场战役的话，对于对手的了解，必然是一个非常重要的前提。从谈判的角度，如果不了解谈判的对手，那对己方和当事人而言，更无异于一场灾难。在以前，了解对手检察官的风格是一件非常困难的事情，但随着近年来司法文书、庭审直播日趋公开化，了解一名检察官的司法逻辑、辩论风格已经不是难事。更进一步，根据互联网公开信息，我们可以建立对检察官在学历、工作履历、专业著述、思维方式等维度的完整画像，这无疑会让辩护工作事半功倍。

（二）了解对方关注什么

2015年9月，最高人民检察院发布《关于完善人民检察院司法责任制的若干意见》，全面深化司法责任制改革。2022年4月，在中共中央宣传部举行"中国这十年"系列主题新闻发布活动首场发布会上，时任最高人民检察院副检察长杨春雷介绍，司法责任制是我国司法体制改革的核心，最高人民检察院完善了司法责任制综合配套体系，让办案终身负责落到实处，并介绍了检察系统近年来对相关错案的追责情况。

可以说，司法责任终身制的日益完善，办错案件成了每一位办案人员的"痛点"，而最有动力指出案件本身存在问题的，无疑是辩护律师。因此，我们应当有一个基本的判断，绝大部分检察官在办案过程中，并不排斥辩护律师提出专业意见。在此情形下，辩护律师应当把这个需求作为突破的重点，从而依法为当事人争取到更多的权益。以一起侦查阶段的诈骗案件为例，辩护人彭律师与检察官有这样一段对话。

> 彭律师：检察官您好，我是张××涉嫌诈骗一案的辩护人，我刚接受委托，想与您预约见面，谈一谈我对案件的几点认识。
>
> 检察官：这个案子刚批捕没多久，还在公安机关侦查。等到了审查起诉阶段，你阅卷了再说吧。
>
> 彭律师：我知道现在还不能了解案件的全貌，所了解的信息没有您全面。但我建议当面沟通的主要原因是，嫌疑人家属发现了保存在电脑里的几份电子证据。根据我的经验，这些证据可能与公安机关收集的证据存在矛盾，对于认定嫌疑人不构成犯罪有重要的价值，而其中有些证据当面阐述更清楚明了一点……
>
> 检察官：好吧。要不这样，你先口头介绍一下，然后我们再约见面时间。

在这段对话中，辩护人很好地把握住了检察官的关注点。首先，他认同检察官的观点——在侦查阶段，辩护人掌握信息不全面，与检察官很难形成信息对等的沟通是客观事实。但同时，他又强调了自己有重要的新证据，而非无的放矢，并且坚持这些证据可能对准确查明案件事实有重要价值，这个理由显然让检察官无法拒绝。从对话内容来看，检察官对彭律师提出的证据明显比较感兴趣，这无疑为接下来的控辩沟通打下了较好的基础。

二、赢得共识是关键

（一）搁置争议，赢得共识

在少部分控辩双方观点泾渭分明的案件中，很难有沟通谈判的空间。但在绝大部分案件中，控辩双方并非完全对立。此时，搁置争议，在分歧中寻找共识，无疑对促进问题解决有重要的帮助作用。仍以张某某涉嫌诈骗一案为例，审查起诉阶段，检察院以事实不清、证据不足退回公安机关补充侦查，现第一次补充侦查期限届满，公安机关重新移送审查起诉。

> 彭律师：检察官您好，这个案子现在又回到检察院来了，我查阅了补充侦查期间收集的证据材料，现在想与您沟通一下我对本案的几点认识。
>
> 检察官：您请讲。
>
> 彭律师：为了不耽误您时间，我首先讲观点，再讲几点理由，具体意见后面再书面呈交给您。我的核心观点是，本来这个案子第一次移送的事实证据就不能证明我的当事人构成犯罪，现在补充侦查的证据不仅没能起到证明犯罪的作用，反倒有利于我的当事人。比如，被害人在侦查阶段一直声称我的当事人冒充国家机关领导，但这次补充侦查又说没有直接听到我的当事人本人这样表述，只是听中间人这样说。但是，在案证据能够清楚地显示，中间人从来没有说过我的当事人冒充国家机关领导。再如……（略）
>
> 检察官：我会仔细审查的。
>
> 彭律师：我相信您的专业能力和责任心，根据我这些年的司法经验判断，从公安机关这次调查取证的内容看得出来，您的补充侦查提纲肯定很全面，也包括了督促公安机关收集对我当事人有利的证据。
>
> 检察官：我看您律师证取得不久，这么说您有司法机关的工作经历？
>
> 彭律师：是啊，现在换个岗位，但还是法律人。
>
> 检察官：挺好的。说实话，这个案子，公安机关没有完全按照我的提纲来补充侦查，我可能还会再退一次。
>
> 彭律师：这里面固然有侦查不到位的原因，但我个人认为，这不是侦查人员没有发挥主观能动性，而是不具备客观条件。这也恰恰说明，即便再侦查下去，也难以找到对于定罪更有说服力的证据。所以是否有必要第二次退侦，恳请您充分考虑。详细的分析论证意见，我这两天尽快提交书面材料给您吧。
>
> 检察官：好的。

在上述对话中，彭律师没有把重心放在弥合双方存在的分歧上，而是试图从其他方面引起检察官的共鸣：第一，辩护人主动表达检察官对本案并非纯粹的定罪思维，而是兼顾了收集对嫌疑人有利的证据，这在一定程度上有助于缓和对立矛盾，而且对检察官接下来作出有利于辩方的决定也是一种心理暗示。第二，彭律师巧妙地通过检察官的主动询问，展示了自己的前职业经历。这蕴含了两层意思，一是彭律师同样具备娴熟的法律技能，与检察官的沟通是基于对等的专业判断；二是或多或少会拉近双方的心理距离。在此基础上，彭律师较为肯定地提出，侦查机关无法进一步收集到对嫌疑人不利的证据，无疑会更容易动摇检察官定罪的决心。

（二）换位思考，赢得共识

在少部分案件中，办案人员并非没有发现证据存在的问题，但可能因为客观原因无法获得有效的解决路径，这时候就需要辩护律师善于捕捉信息、换位思考，敢于替办案人员"发声"。以一起审查起诉阶段的职务犯罪案件为例。

> 彭律师：检察官您好，这个案子我已经阅卷了，对于是否认定我的当事人自首，我有不同看法。在案证据不能证明调查机关在采取留置措施前，已经掌握了我的当事人涉嫌挪用公款的证据。如果是这样的话，我的当事人是主动供述挪用公款的犯罪事实，应该认定为自首。
>
> 检察官：卷内有监察机关的初核情况报告，你看了没有？
>
> 彭律师：我注意到这个初核报告了，但这个报告存在以下问题。第一，报告内容不全，有接近3/4的篇幅没有提供。第二，从报告结论看，当初对我的当事人立案调查是因为可能与案外人存在利益输送，涉嫌受贿犯罪，而与本案挪用公款没有任何关系。这也从另一个角度佐证了调查机关当时并没有掌握挪用公款的犯罪事实和证据。
>
> 检察官：调查机关还有一份情况说明，说的是初核报告中已有关于本案犯罪证据。
>
> 彭律师：您也知道，这份情况说明没有任何证据基础，只是调查机关的说法而已，很有可能是不可靠的。如果真不可靠的话，对您准确审查判断本案也是一种误导。所

> 以我想提交一份调取证据申请书，调取报告的完整版，以及支撑这份报告结论的客观证据材料，查明真相。这对我来说是尽职尽责，对您来说是尽职免责。
>
> 检察官：那你先提交过来，把申请的事项写准确一点，理由写详细一点。我们会审查的。
>
> 彭律师：好的。我会详细阐述，并且多提交几份，方便你们在讨论时查看。

在上述沟通谈判中，彭律师准确地指出了现有证据存在的硬伤，并从检察官的回答中敏锐地捕捉到一个信息——检察官同样没有看到完整的证据。不排除检察官发现了问题，却难以找到有效解决路径的可能性。从经验判断，调查机关不提供完整的报告，检察官发现问题却没有解决，都可能是基于特殊的考虑。在此情形下，如果辩护律师能够准确地提出事实证据存在的问题，并且坚定地要求调取全部证据，无疑会缓解检察官的压力，甚至一定程度上可能取得检察官的认同，从而更有助于实现辩护工作目标。

（三）专业专注，赢得共识

不可否认，当前政法队伍的专业水平已经达到了很高的程度，作为"职业共同体"，辩护律师要想赢得办案人员发自内心的认可甚至尊重，一定需要至少对等甚至更专业的办案水平，以及更加细致、认真、负责的办案态度。在某起利用未公开信息交易案审查起诉阶段，彭律师就当事人行为是否超过追诉时效与检察官进行沟通。

> 彭律师：检察官您好，经过对在案证据的认真分析，我认为本案已过法定追诉期限，依法应作不起诉处理。核心理由是：立案后未逃避侦查的，应当受到追诉期限的限制。除此之外，还有以下几点理由：……
>
> 检察官：关于您提出的核心理由，目前实务界和理论界都还存在一定的争议。
>
> 彭律师：我们注意到了这个问题，所以除了提交书面的法律意见书，阐述我们的上述理由外，另外还向您提交一份以"立案后未逃避侦查"为检索关键词的法律检索报告。这份检索报告，包含了立法机关对追诉期限制度立法目的的解读，来自检察机关、审判机关权威的实务专家，以及著名学者对于这个问题的专业著述和观点。

> 检察官：（仔细查看检索报告）
>
> 彭律师：除此之外，我们还在"12309"中国检察网进行了全面的类案检索，以关键词查找的方式，获取了大量公开发布的检察文书，最后从中筛选出与本案案情类似的不起诉决定书二百余份。对于这些不起诉决定书，我们逐一提取了案件中的关键要素，形成类案检索表格向您提交。同时，还附上电子文档数据光盘，您可以通过点击电子文档内的链接来查验这些检察文书的真实性。
>
> 检察官：很好，这些材料我们先收下。后续认真研究后再沟通。

在上述对话中，彭律师不局限于提交法律意见书，还利用更具有说服力的法律检索报告和翔实的类案检索报告，向检察官展示了辩护人对案件关键争点的深入思考，为解决问题而开展的全面工作，体现了辩护人专业、专注的工作态度。对检察官来说，辩护人这种工作方式会使他的工作量大幅减轻。同时，就沟通方式而言，这样无形中更容易使检察官形成对辩护人的职业认同和尊重。

小贴士 无论是挖掘沟通对象的痛点、关注点，还是凝聚双方可以深入沟通的共识，都离不开一个基础，那就是扎实深厚的专业功底和细致尽责的专注态度。

第四课 LESSON 04

谈判准备

案例摘引

作为战国时期著名的纵横家，苏秦通过一张嘴游说六国，最终达成了天下诸侯齐聚攻秦的成就。在此过程中，苏秦针对各国形势的准确掌控和把握，为其与各国的谈判奠定了良好的基础。

苏秦最先游说的是燕国，苏秦向燕王详细阐述了燕国当时的情况，并对燕王说：燕国之所以现在还没有卷入战争，是因为赵国替燕国挡住了秦国，成了燕国的屏障，秦、赵两个国家互相征伐，导致它们现在没有余力对付燕国，但是百里之内的赵国攻打燕国容易，而千里之外的秦国攻打燕国困难，所以如果和赵国结盟，那么燕国就解决了最重要的祸患，也就安全了。燕王听从了苏秦的建议，资助他去游说其他五国。

得到资助后，苏秦又前往赵国，赵国奉阳君刚好去世，苏秦就对赵王说："奉阳君已经死了，接下来是您施展抱负的机会了，大王可以施展邦交来收拢民心。现在的情势下，太行山以东，以赵国为最强。但是秦国为什么现在不敢攻打赵国呢？是怕韩国、魏国抄他的后路。但如果秦国直接攻打韩国和魏国，两国没有天险可守，完全不能抵挡，势必就会被秦国占据，一旦秦国没有韩、魏的牵制，就一定会来攻打赵国。从天下地图来看，各诸侯国的土地和兵马都远超秦国。如果六国合纵为一去攻打秦国，秦国必破。如果赵国与其他国家联盟，秦国进攻赵国，那么韩、魏可以偷袭牵制秦国，燕国也可以援助赵国，赵国就可以立于不败之地了。"赵王因此决定加入联盟。

然后苏秦又开始游说韩国，苏秦说韩国可以利用武器先进的优势来对抗秦国，而不是亲附秦国。如果亲附秦国，秦国又必然会索取土地，一旦满足秦国的要求，秦国还会继续索取土地，但是对于韩国来说，继续给土地吧，没有土地了；不给吧，之前的土地又都白给了。一旦继续割地，本就狭小的韩国就会越来越弱小，最终就会被秦国吞并。

然后苏秦又去了邻近的魏国，苏秦对魏王说：魏国国力也不比秦国差多少，为什么还要依附秦国割让土地呢？不如和其他国家联手抗秦，如此一来，对于魏国来说，既不需要割让土地，又能获得好处。魏王欣然应允。

苏秦之后去了齐国，对齐王说："齐国富庶，完全不担心秦国打过来，却也不能不忧虑远在的危险。如果秦国灭亡了其他国家，那么危险的就是齐国了。"齐王考虑后对苏秦说，"如果你可以联合其他国家，我就同意合纵的策略"。

> 最后，苏秦跑到了楚国，开始了最后的游说。苏秦对楚王说，"秦国和楚国都是强大的国家，但是两个国家却不能同时强大。秦强则楚弱，楚强则秦弱，势不两立。所以，不如与其他国家联盟来孤立秦国。如果您现在结盟，还可能享受其他国家的供奉"。于是楚王也同意加入联盟！
>
> 就这样，苏秦凭借他对天下大势的分析说服六国，最终佩戴六国相印合纵攻秦，在历史上留下了浓墨重彩的一笔。苏秦能成功的原因无它，只是因为他对天下形势掌握得太透彻了！
>
> ——内容源自《资治通鉴》

■ 第一节　充分准备才能保证好的谈判结果

一、准备工作的重要意义

法律谈判是实力的角逐，心理的较量，技巧的运用，是斗智比谋的高智能竞技活动。律师要在复杂的局势中左右谈判的发展，必须做好充分的准备。古人云："凡事预则立，不预则废。"只有做好了充分准备，才能在谈判中随机应变，从而避免谈判中利益冲突的激化。大部分重要的谈判工作都是在准备阶段完成的，成功的谈判准备是谈判成功的前提。好运总是垂青有备而来的人。

通过谈判准备能够使得律师更加清楚己方当事人的根本利益所在，为实现和满足当事人的委托目的奠定良好的基础，使律师的谈判工作与结果能够真正获得当事人的肯定与认可。

同时，通过谈判准备不仅使当事人和律师了解自己，同时也了解对方。"知己知彼，百战不殆"，古人诚不欺我。只有客观、准确地判断谈判各方的关系，才能为设计谈判方案奠定好基础。

通过谈判准备还可以使谈判律师获得心理优势。谈判过程通常是一个非常困难的过程，充满了困难和曲折。有时谈判会变成一场马拉松式的较量，这不仅对谈判律师的专业知识、执业技能、体力等各方面是一个考验，而且要求律师具有良好的心理素质。谈判律师对事实、法律、相关信息了然于胸的准备，会使自己时刻拥有自信、果断的积极心理状态，能灵活巧妙地提出处理思路以摆脱谈判桌上的僵局，促成谈判成功，并达成符合当事人利益的协议。

我们认为，通过充分的谈判准备使律师准确、透彻地了解案件情况和谈判涉及的交易以及相关专业法律知识，这一点非常重要。一位对案情尚不明了的律所合伙人律师在谈判桌前，面对一位成竹在胸的年轻律师，绝对不会处于最有利的谈判位置。同样，一位缺乏相应专业法律和行业知识的律师面对一名精通地产业务的律师，想就一个地产项目转让的谈判获得好的谈判效果，无疑也是很困难的。再如，专利侵权案件中，原告律师如果是擅长专利维权法律方面业务的律师，拥有处理专利侵权索赔案件的丰富经验，而被告律师却是一位主要从事房地产业务的专业律师，拥有房地产法律服务的丰富经验和多项房地产项目成功谈判的案例，但对理论和司法实践中专利侵权的赔偿标准知之甚少，且在双方进行谈判前，被告律师也没有去补充准备这方面的法律知识，那么，尽管被告律师是房地产专业领域方面的专家，但其要想在专利侵权案件的谈判中获得成功也将会极为困难。特别是当对手采用诱使谈判者失去谈判信心的进攻型策略时，如果谈判者意识到自己不了解案情，准备又不充分，这就更难有方法和技巧能保证谈判者取得成功。律师就法律和事实的准备，将为其在谈判中的争辩和周旋提供实质内容，并有助于他评估结果，有针对性地制定谈判策略和使用谈判技巧，有效地控制谈判进程和节奏，使谈判按照事先预料并且希望发生的方式进行。

二、怎么做谈判准备

法律谈判的准备包括两项主要内容，即了解基本情况和准备（或选择）谈判策略。谈判律师在准备阶段收集、掌握、占有的资料和有效信息越多，谈判策划的考虑越全面和具体，谈判技巧的单独或综合运用论证越充分，对实现谈判利益发挥的作用和效果就会越显著。

概括起来，法律谈判准备的内容从前述两项主要内容可以展开为以下若干方面：

（一）对案件的全面了解

1. 了解案件事实

对大多数当事人来说，事实就是客观发生的实际情况，是唯一的。但对谈判律师来说，向当事人询问、了解的事实应包括客观事实和法律事实两种事实。客观事实是原本发生的，在意识之外，不依赖人们的主观意识而存在的现存事实。用句抽象的哲学术语来说，客观事实是"存在于法外空间，是彼岸的自在之物"；而法律事实是在法律的框架内，在程序的规制下有证据证明发生的事实，即有证据支撑的可依照法律规定的程序证明的现存事实。

客观事实与法律事实之间，大致可能存在以下三种情形：

（1）客观事实与法律事实两者重合，即法律事实完整地反映了事件的客观事实；

（2）客观事实与法律事实两者交叉（部分重合），即法律事实只是部分（在程度上最多是大部分，多数情形下是小部分重合）反映了事件的客观事实；

（3）客观事实与法律事实不重合，即法律事实与事件的客观事实完全不一致。

为理解客观事实与法律事实的关系，我们再以前面的石材运输案来说明。

> 我们的当事人即一家石材商委托一家汽车运输公司将一批天然石材从广州运往重庆，汽车运输公司在广州接收货物后，雇人完成了石材的装车工作。在即将启运时，由于石材商的工作人员担心货物装卸不稳，再次爬上汽车货箱进行检查，并用榔头敲打了一种特殊锁扣上的锁止销，以防路途中脱落。他的这个行为汽车运输公司的工作人员并没有注意到。然而非常不幸的是，我们的律师了解到，这个工作人员其实并不熟悉这个货物装卸夹具上的锁扣，他恰好是从相反方向敲打了锁止销，这使在起运之初，包装就已处于松动状态。
>
> 此后，长途运输的颠簸使装卸夹具上的锁扣越抖越松，并最终导致固定支架垮塌，石材在车厢内发生严重碰撞并破损。货物运到目的地后，石材商自然向汽车运输公司提出货损索赔，由于从装车、运输到卸货全部由汽车运输公司负责，所有证据都显示货物损坏必然是因为汽车运输公司的装车、运输行为不当造成的，这就是依证据能够认定的法律事实，法院显然会据此判定汽车运输公司应当对货物损失承担赔偿责任。
>
> 然而，客观事实呢？客观事实却是因为石材商自己工作人员的错误操作才导致锁扣松动，并最终造成货损。但由于没有任何证据能证明这个错误操作，甚至连石材商自己都不知道他的工作人员当初的行为与货物损失之间存在因果关系，这个客观事实无疑就永远被掩盖了下来，无法昭示天下。

客观事实不能被发现通常是多方面原因造成的，有的因为缺少证据，有的因为无法还原案发原状，有的可能是一方无意中疏忽某个信息而导致客观事实不能被发现，有的也可能是一方故意隐瞒信息而导致客观事实不能被发现。但归根结底，不管是谈判还是将纠纷交给法院或仲裁机构解决，各方都只能围绕法律事实展开活动，在这种情况下，代理律师收集到的信息越全面、越准确，就越有可能让法律事实更加接近客观事实，就更有利于有选择性地使用事实信息、有针对性地制定谈判策略以维护当事人的合法利益。

2. 充分收集信息

（1）己方信息

谈判律师无论是采取进攻型、协作型还是解决问题型策略，都应正确了解和评估自己当事人的状况。没有对自身状况的客观评估，没有自知之明，很难做到准确判断双方实力差距和需求差异，从而作出正确的决策。对自己当事人的评估既要看到自身所具备的实力和优势，也要客观地分析自身的不足和对谈判结果的需求度。己方信息包括己方的企业性质、经营状况、财务状况和支付能力、产品的质量和技术指标、售后服务能力、己方在行业中或比其他同类性质企业的特殊优势、己方的决策程序等。

（2）对方信息

对方信息包括对方当事人和谈判律师的信息，对谈判对方信息的收集和分析是信息准备工作中最为关键的一环，也是谈判信息中最有价值和最难收集到的。设想一下，如果不能设法最大限度地获取谈判对方的信息，我们能够深入分析了解谈判对手，恰当地选择谈判策略和制定谈判方案吗？一旦基本判断发生错误或失之偏颇，无疑会使谈判陷入极大的风险之中。根据我们的经验，谈判对方的信息是多种多样的，当然确定对方是自然人还是企业法人或其他组织是最首要的判断。在假定对方是企业法人的情况下，应侧重收集和分析以下这些方面的信息：

①对方的基本情况。其主要包括了解和查询对方企业的性质，是国有、民营还是外资；注册资本的金额和缴纳的情况；主营业务范围、股东（主要指的是控股股东或实际控制人）情况、关联公司等基本信息。

②对方的运营状况。对方是处于正常经营期还是即将面临倒闭，对方的产品

是供不应求还是严重滞销等，这些因素将对谈判双方的实力对比和交易方案的制订产生重大影响。

③对方的信誉。信誉主要是了解对方主体的资本、信用、履约能力和意愿、以往业绩和市场评价等。

④对方的真正利益。谈判对方的谈判目标是什么，追求的核心利益是什么。

⑤对谈判人员的权限。应尽可能避免或减少与没有决策权的人进行谈判。不了解谈判对手的授权范围，将没有足够决策权的人作为谈判对象，不仅浪费时间，甚至也让自己出现基本判断的错误，更可能错过好的交易机会。因此，必须了解对方谈判人员的授权范围，能否独立作出决定，能否有让步的权力以及有多大范围让步的权力，等等。

⑥对方谈判的时限。任何谈判都有一定的时间限制，谈判时限与谈判目标、谈判策略有密切联系。谈判者需要在一定的时间内完成特定的谈判任务，谈判时限的长短通常就成了决定谈判者制定谈判策略和谈判目标的重要影响因素。谈判时限较长的一方，往往拥有较大的主动权和选择权。掌握了对方谈判时限，就容易了解对方在谈判中可能采取的态度和策略，代理律师据此制定相应谈判策略的空间就更大。

⑦对方谈判代表的个性风格和其他个人情况。了解对方谈判班子的组成及其个人情况、谈判风格等，以便更好地采取相应对策。

（3）交易标的的信息

其主要包括交易标的的现状、特性、法律或权属瑕疵，与交易标的相关的税收政策、质量标准、计量标准，与其他同类产品在品质、性能、用途上表现出来的差异等。

（4）市场信息

其主要包括需求情况、销售情况、竞争情况、行业景气度、市场成熟度等信息。

（5）相关环境信息

其既包括地域位置、地理环境等硬环境信息，也包括政策环境、经济环境等软环境信息。

3. 法律检索和分析

谈判准备的法律依据比诉讼准备的法律依据范围更宽泛，诉讼总是围绕几个关键点争辩，且因为法院作为中立的第三方会进行居间裁决，甚至会在诉讼程序当中主动引导双方律师进行对法律适用的阐析，因此，诉讼双方律师通常准备的法律依据，更有针对性和目标性。一般情况下，诉讼律师总是在双方交会的几个法律关键点上进行深入的法律依据准备。而谈判准备的法律依据则更强调广度，特别是在商务交易谈判中，可能会涉及金融、税收、房产、涉外监管、国有资产转让程序、公司设立及运作等非常广泛的法律规定，熟悉所有和交易相关的规定，都可能为谈判律师带来机会。

下面我们以一家房地产开发企业向另一家房地产开发企业收购在建项目为例来直观了解一下谈判中的法律准备。

> 联城集团一年前收购了开发商鑫湖公司名下开发的在建项目，假如因鑫湖公司逾期交付项目而发生诉讼，作为联城集团的律师，所准备的法律依据可能将主要集中在民法典、民事诉讼法和房地产交易相关法律及司法解释等。
>
> 但是假如律师当初作为联城集团的谈判代表参与收购该项目的谈判，相较于逾期交房违约的诉讼而言，这个谈判所涉及的问题就更多、知识储备的范围要求更广，因此律师应提前准备的法律就不应仅仅集中在某一两个关键点上，而应从交易前后的整个过程全面通盘地考虑，才能为联城集团购买在建项目提供有力的法律支持。例如，为了解交易标的，律师应了解与房地产开发建设相关的法律法规甚至是政策文件规定，以确保熟悉顺利完成交易并办理在建项目转移所需要的知识；为选择交易方式、计算交易成本、合理进行税务策划，律师需要查找涉及项目收购、土地开发项目税费汇算清缴等各种税收政策及地方涉及税收交易优惠的相关规定；若鑫湖公司系国有企业，则该在建项目的转让行为可能涉及国有资产的处置，律师还应熟悉有关国有资产管理和交易的法规政策和操作实践等；若鑫湖公司要求联城集团在境外支付美元作为交易价款支付方式，律师还应熟悉涉及外汇资金出境涉及的法规政策和主管部门的实践操作要求。因此，谈判比诉讼考虑的问题显然要多得多，法律依据的准备也相应会更多。

4. 拟定谈判问题清单

律师是一个寻找结果的职业，不管是在诉讼案件还是在非诉讼项目代理中，律师都在追求实现当事人目的这一结果，在追求这一结果的过程中，律师会不断经历一个甚至多个"发现问题—解决问题"的过程。因此，能否提出好的问题，是检验一个律师执业技能高低的重要标准，也是律师获取信息、发现问题最重要的手段之一。在诉讼案件中，律师会在开庭前拟定好询问证人、询问对方当事人的问题清单，这些清单可以帮助律师在法庭上询问出自己需要的结果。在法庭上，一个有经验的诉讼律师看似随意的发问都是早已准备好的。他一定大致知道问题的答案是否符合自己的预期；如果答案会对自己不利，或者根本无法判断可能的答案会是什么，他宁可不问。

同样，拟定谈判问题清单也是谈判准备工作的重要环节，但谈判中的提问与法庭上的询问有较大区别。除个别情况下，谈判中的提问带有类似于法庭询问一样的"陷阱"成分外，谈判中的多数提问是在试图向对方获取信息。我们之所以会说谈判提问的"陷阱"成分不能像诉讼询问那样明显，是因为在谈判中一旦对方发现你的提问存在"陷阱"，那么显然对方不仅没有义务和意愿继续回答你，而且还可能立即损害你希望与对方建立的互信基础。对谈判一方来说，没有谁愿意履行因为受骗而作出的、事实上也根本无任何法律约束力的回答或承诺。当然，我们并不因此认为谈判中的提问就不那么敏感或重要，恰恰相反，谈判中的很多提问会起到改变谈判局势，探查对方根本目的和利益的作用，提前做好问题清单会让谈判律师收到事半功倍的效果。另外，谈判律师也可以尝试站在对方的角度提一些问题让自己回答，对自己也难以回答的谈判问题，可提前请教当事人或相关专业人员；这样，谈判律师才不至于因错误回答对方的问题，而使自己的当事人陷入被动境地。因此，谈判问题清单既包括自己需要提出的问题，也包括了自己准备回答对方的假设问题。

(二) 准备谈判策略

1. 谈判进程的不确定性促使律师需要事先准备谈判策略

就代理诉讼案件而言，法律层面对案件起诉、受理、开庭、证据提交和认定、审理时间等都有较为严格的程序性规定，因而开庭前，出庭律师可以详细认真地在法庭调查阶段向对方当事人或证人提问的提纲等，并在庭上根据事前准备的询问提纲向对方当事人或证人发问，从而取得最好的询问效果。但谈判律师却不能把谈判变成法庭调查阶段的询问，谈判对方并没有义务回答谈判律师提出的各种问题，更没有如实作答的要求。谈判律师对谈判开局之后第二次和第三次谈判行为的选择，取决于谈判对方就谈判开局所作出的反应，因此从某种程度上说，谈判具有非组织性、自发性或偶然性的特征。如果不考虑同对手打交道的策略，对谈判律师来说不仅相当不利，而且可以说将可能发生灾难性的结果。通过前面章节的讨论，我们已经清楚策略的选择对谈判结果有重要的影响，事先准备好谈判策略显然应是谈判准备阶段一项必需的工作。

2. 律师应与当事人共同制定谈判策略

如果说进行谈判前的某些信息收集准备工作，谈判律师可以独自完成，那么筹划和准备谈判策略则一定应当由谈判律师和当事人共同参与。这是因为：首先，谈判律师与当事人之间是代理与被代理关系，协议的内容和履行都关系当事人利益而非律师利益，协议的签署也需要得到当事人的同意。因此，很有必要在谈判前，让当事人事先了解谈判律师拟定的各种方案、计划和谈判中可能作出的让步等问题，以便当事人能很好地接受谈判协议。其次，谈判律师能成功签订一份称心如意的谈判协议，取得好的谈判结果对当事人固为重要，但谈判过程还会在其他方面影响当事人，包括谈判过程中谈判律师对待对方的态度，都可能会影响当事人与对方在今后的合作关系。因此，谈判律师对采取何种谈判策略，是进攻型、协作型还是解决问题型策略，在制定、筹划、准备这些策略时，就应当充分征求和听取当事人的意见。最后，当事人通常对具体争端或谈判涉及的交易以及自己在这当中的利益更了解，因此，当事人能够在拟订谈判方案、准备争辩和其他技巧方面为律师提供帮助，以保证律师去争取的那个谈判结果的确是当事人希望获得的，而不是由律师想当然追求的结果。

当然，我们也不排除，有些时候在没有当事人参与或提供帮助，而是由律师直接进行谈判准备和筹划的情况下，也许会更可行或更有利、更具效率。如果律师和当事人的合作关系较为深厚，特别是此前有过成功合作的先例，律师又完全熟知案情，当事人完全可能把谈判准备、筹划，甚至谈判本身都全权委托给律师。

这个时候律师应该清楚知道当事人希望追求的结果是什么，且不存在理解上的偏差。例如，一个当事人和他的律师出于节省时间和金钱方面的考虑也许会认为，他们在为收一笔超期不长、金额不大的债务进行谈判时，律师与当事人之间投入过长时间的磋商其实并不值得，也不实际，此时律师又有以往多次协助这个当事人催收债务的谈判经验，他就能够准确把握当事人的需求底线；这个时候，全权委托律师进行谈判，包括谈判准备和筹划在内，可能会更具效率、更有利。

3. 谈判准备中应考虑的主要问题

在准备和筹划谈判策略时，律师和当事人之间应当对以下问题进行深入讨论，再根据讨论的结果去准备谈判策略：

(1) 谈判过程和谈判结果会对当事人的哪些利益造成影响？

(2) 当事人拥有哪些关于谈判协议的选择方案或退路？当事人愿意接受的对他最不利的，也就是底线的谈判结果是什么？

(3) 谈判对方拥有哪些关于协议的选择方案或退路？当事人愿意接受的这些选择方案中，对对方最不利和最有利的谈判结果是什么？

(4) 除谈判结果外，律师的谈判行为对当事人还有什么其他影响？

在谈判策略准备过程中，还有很多其他问题需要律师和当事人共同讨论，讨论范围取决于律师准备采用何种谈判策略，律师可以选择单独采用进攻型、协作型或解决问题型策略或综合运用这些策略。如果准备采用进攻型策略，律师应与当事人讨论当事人是否具备超越对手的谈判实力及所施加影响力的来源；如果采用协作型策略，律师就应和当事人一起研究用于解决争议的让步方案的潜在来源；如果采用解决问题型策略，则律师应和当事人一起寻求能符合双方当事人根本利益的解决问题的办法。此外，当事人如果希望双方律师能在各种谈判议题上据理力争后又相互让步，则律师应当要求当事人确定出对这些议题偏爱和重视程度的相应顺序。

综上所述，谈判犹如打仗，不打无准备的仗是关键。因此，不管是经验丰富的老律师还是初入行的新律师，务必重视法律谈判开始前的准备工作，这样才能使谈判按照符合当事人的目标和要求的方向展开。取得任何一场成功的谈判结果有时看似偶然，其实是充分准备的必然，好运总是垂青有备而来的人。

第四课
谈判准备

> **小贴士**
>
> "不打无准备之仗",谈判更是如此。初入行的律师最好养成将谈判要点记在一张纸上的习惯,这样既方便事前作出应对,避免遗漏,而又从容不迫。
>
> 老律师败在一个准备充分的新律师手上,并不是一场意外。

■ 第二节 探寻当事人的交易目的

当事人通过谈判究竟想要什么,这个问题,在有些初入行的律师看来,完全不值一提,有些当事人也觉得这个问题专门提出来很可笑,但事实却并非如此。当事人想要得到的东西和他准备采取的行动有时并不一致,这是现实中常有的事,作为律师,我们切不可错误地把当事人的行动当成他的目的。

下面,我们以一家民营企业拟收购国有企业为例,来看一下当事人拟采取的行动与他真正想实现的目标之间究竟存在什么样的差异。

> 翔诚公司是一家口罩、医用酒精等医疗产品的民营企业,因资金充足、市场拓展能力较强、产品质量过关,产品一直供不应求,尤其是新冠疫情期间,产品的需求量进一步扩大,亟须扩大生产规模。
>
> 一家国有医疗器械和医疗产品制造厂——医化厂,厂房坐落在近郊区,设备先进、管理规范,工人技术过硬,在20世纪80年代的计划经济时期,特别红火,曾是当地有名的纳税大户,也是政府重点关注和扶持的国有企业。自20世纪90年代中期进入市场经济时期后,国家不再按计划采购医化厂的产品,而是由企业自行向市场销售产品。经济体制的转轨对国有企业影响很大,医化厂由于市场拓展能力不强,管理成本高、冗员增多、职工医疗等社会负担重导致成本居高不下;机制僵化又导致产品不能适销对路,订单减少更让生产每况愈下,工人工资不能按时发放,许多工人离厂另谋出路,医化厂厂房、设备大量闲置,留厂工人人心涣散。
>
> 翔诚公司得知医化厂的情况后,决定完全收购医化厂并委托律师参与收购谈判。接受委托后,律师对医化厂进行了尽职调查,了解到:医化厂系新中国成立初期成立

的国有企业,有6个分厂,生产用地通过政府划拨方式取得,并已连同厂房抵押给银行用以贷款,至今尚未还清贷款;大量拖欠材料商货款,多家供应商长期到医化厂催款无果,有些已向法院起诉,部分案件已进入强制执行程序;此外,医化厂还拖欠了较高金额的职工工资、社保费用和税款。

律师一边收集调查医化厂的详细情况,一边向当事人翔诚公司的张总了解翔诚公司的收购意图。

律师:公司收购医化厂,主要看中它什么呢?

张总:因公司产品供不应求,订单已排到明年,现有设备和工人三班倒都无法保证完成订单生产。按公司的发展规划,我们准备扩大生产规模,重新购买土地,修建3个工厂。但如果现买地、盖楼,一是时间来不及,二是现在生产太忙,没有多余人手搞基建。而且即使厂房建成后,还需要投资购置设备,招聘熟练工人等,这些都不是短时间内能完成的。

律师:所以公司想收购一个现存的工厂,有设备和熟练工人,这样可以节省时间?

张总:对,那天听说医化厂的情况后,我和负责生产的李总一起到那边实地考察,医化厂的厂区很大,有6个车间。设备虽然买得很久了,但保养得都不错,我们现在车间的部分设备是新购置的,但由于磨合和调试问题,新购置设备的生产状况反而不是太稳定。而医化厂的旧设备磨合和调试很到位,保养和维护得当,估计有些甚至比我们的新设备还好用。并且作为国营老厂,它的管理和对工人的培训很成体系,工人的技能和熟练程度也相当不错。他们实际缺的是适应市场的灵活机制,所以没什么订单。除两个车间能正常生产外,其余车间生产时断时续,年轻的、胆大的工人大都在与医化厂签订了"两不管"协议,停薪留职另谋生路了,现在留下的工人多半是年龄40岁左右的中年人。我们考察回来后召开了公司高层会议,与会高层一致认为,我们现在进行工厂扩建肯定不现实,而医化厂有厂房、有设备,正好符合公司现阶段发展的需求。最重要的是,医化厂留下的员工都是技术熟练,无须培训就可上岗的技术工人,如果能够收购,也可免去公司四处招聘、培训员工的大量工作。因此,公司高层决定收购医化厂。因收购涉及比较复杂的一些谈判和起草协议等工作,所以委托律师介入,希望你们来帮我们顺利买下这个厂。

律师:公司收购医化厂,对医化厂此前的债务准备作何处理呢?

张总:据我们了解,医化厂应该没多少对外债务。你没去他们厂区看过,你会明

第四课
谈判准备

> 显感觉是个世外桃源，计划经济色彩特浓厚，他们现在的客户大都是过去的老客户，还是先款后货，收到客户的货款后再组织材料生产，拖款现象应该不会很多。我想他们的债务应该不多，不会影响我们收购的。
>
> 律师：据我们调查，医化厂成立至今，修建厂房、购买设备都曾向银行申请抵押贷款，贷款本息至今已多达数千万元，医化厂还拖欠部分材料商货款，已被法院判决的材料款额就有2000万元左右，未起诉和已起诉未判决部分我们还在核实中。如翔诚公司收购医化厂，对厂子的这些巨额债务准备怎么还呢？
>
> 张总：我们可没想过要替医化厂还债呢。我们收购医化厂，主要为了赶快扩大生产规模，马上满足订单要求，我们最希望得到医化厂的厂房和设备，对他们的工人，能争取就争取过来最好，但对医化厂的债务，我们可是一分钱也不想接过来。

通过律师与当事人之间的对话，我们发现，客户虽然打算收购医化厂，但真正想得到的是该厂的厂房和设备，其次是留厂的熟练工人，客户最初向谈判律师提出的全面收购医化厂的想法，只是其表面的需要。这时，谈判律师在不断与当事人的沟通中，通过引导、挖掘当事人的真正需求，明白当事人究竟想从谈判和交易中得到什么。只有真正明了当事人的需要，才能围绕这个目标设计谈判方案和策略；特别是，如果律师在谈判中准备使用解决问题型策略，那么不清楚当事人的真正需求，他是无论如何也不可能提出真正具有创造性地解决问题的方案的。

> **小贴士**
>
> 当事人的真正利益可能是他的权利主张，也可能是权利主张背后的东西，甚至可能有的当事人自己常常一开始并不知道他真正想要什么。这时，律师用启发式询问帮助当事人判断，了解当事人的真正利益所在，可以保障在谈判中进退有余，帮助当事人订立一份他事先没有想到，但却能满足他真正需要的协议。

■ 第三节　了解当事人的处境

谈判律师通过与当事人的交流，挖掘出当事人对谈判的真实需求，确定了谈判目标后，律师是否就可以根据谈判目标自行设计谈判方案，与对方见面谈判呢？

我们认为，这肯定不行。尽管实现了预先确定的目标，争取符合这一目标的谈判结果对当事人很重要。但这仍然不够，因为律师在谈判过程中采取何种谈判策略，都将在心理认可、社会评价上等多方面影响当事人对结果是否满意的判断。所以，谈判律师不仅应了解当事人究竟想要什么，还要进一步了解当事人究竟想怎么谈，想选择怎样的谈判策略来实现他的目标。

下面我们以一个因交通事故受伤而向肇事方和工作单位提出索赔的案件为例，具体看一下不同谈法对当事人心理和行为可能产生的影响。

> 谭欣大学毕业后应聘到海成公司工作，他工作认真、努力，深得同事好评，公司高层也有意培养他为部门负责人。一天，谭欣外出为公司办事时不幸被摩托车撞伤入院。经调查，摩托车司机刘兵系无证驾驶，交警部门很快作出摩托车司机刘兵对此次事故负全部责任的认定。谭欣住院两个多月，用去医药费十余万元。摩托车司机刘兵向医院支付了谭欣住院初期的医药费2000元后，就无力再付款，其余医疗费用皆由谭欣自己垫付。住院期间，海成公司向谭欣支付了部分工资。伤愈出院后，谭欣聘请律师帮助他索赔已经发生的医疗费、误工工资、残疾赔偿金等总计约30万元。
>
> 律师经调查得知：摩托车司机刘兵38岁，系下岗工人，无业，借款购买摩托车跑运输和短途载客；妻子在物管公司做保洁员，每月工资2100元，有一小孩读小学，一家三口居住在刘兵父母的房屋中，经济相当困难，摩托车未买保险。律师与刘兵联系，刘兵对自己驾驶行为给谭欣造成伤害无比后悔，愿意承担30万元赔偿，但因经济能力，他每月最大限度只能支付1500元赔偿金。
>
> 律师在做好证据调查及法律依据准备后，与当事人谭欣就索赔操作方案进行沟通。
>
> 律师：我已就人身伤害赔偿问题与刘兵谈了几次，刘兵愿意承担30万元赔偿，但经济能力不够，他每月最多只能支付1500元。通过我的调查，没发现刘兵有其他可支付赔款的来源，他的话应是真的。
>
> 谭欣：每个月付1500元?! 这要付到哪年哪月呀？你告诉刘兵，如果不一次性赔够30万元，就到法院告他，要求法院变卖掉他的全部家当！
>
> 律师：好的，我当然会这样给刘兵讲，并且我们也可以真的向法院起诉他赔这30万元，这个官司赢起来一点问题也没有。但问题是，本案的关键不在审理或下判，而

是如何拿到赔款。法院判决后，刘兵肯定无力履行判决，你就是向法院申请强制执行，如果在执行中没发现刘兵有可供执行的财产，法院也帮不了我们的。

谭欣：我的医疗费也是找亲戚朋友借的，不可能每月只还他们1500元呀，律师，你看这怎么办呢？

律师：你上班期间因外出工作遇车祸，其实涉及两层法律关系：其一，摩托车司机与你之间的人身损害民事赔偿；其二，还有你因为工作期间执行职务受到损害，按劳动法律规定应认定为工伤，由于海成公司没有为你购买社会保险，你与海成公司基于劳动法律关系有权要求工伤赔偿。

谭欣：工伤赔偿的范围和数额是怎样算的呢？

律师：工伤赔偿范围包括医疗费、护理费、残疾用具费、误工工资等。根据法律规定，因交通事故引起的工伤，从第三人处获得民事赔偿后，还可以按照规定，向工伤保险机构申请工伤保险待遇补偿或者用人单位承担工伤赔偿责任。如交通事故赔偿已给付医疗费的，用人单位或者工伤保险经办机构不再支付。因此，一般来说，除了医疗费外，你可同时获得刘兵的民事侵权赔偿和公司的工伤赔偿。

谭欣：那你的意思是我可以找公司索赔了？如果我找公司索赔的话，公司的支付能力肯定没问题的，但这样做可能不太好。我住院期间，公司领导两次到医院看我，还付了我住院期间的工资，我在公司还有发展空间，可不想因这个倒霉的车祸找公司赔偿影响自己的前途。你看还有什么更好的办法没有？

律师：海成公司的律师和领导其实都清楚这次车祸事故应认定为工伤，公司应承担工伤赔偿责任。我可以将肇事司机情况如实告知你们公司，想来公司领导应该是可以理解的。

谭欣：好吧，似乎没有其他更好的办法了。这样吧，律师，你与我一起去找公司领导谈谈吧，关于肇事方的情况，你可以介绍得更详细和清楚一些，但是与公司协商不要太强硬，你可千万不要以起诉威胁他们。海成公司经营状况非常好，我也想继续回公司上班，如果以后我发展得好的话，也许一年的收入就可以弥补这次的医药费损失。

律师：放心吧，我会区别对待的。我想与刘兵谈时，态度再强硬些；与你们公司领导谈时，我会尽量温和些，你尽管放心，我肯定要顾及你回公司上班后未来的发展前景。

从上述案例中可以看出,当事人谭欣就 30 万元赔偿款想找海成公司承担,这只是谈判目的,如果谈判律师为达到这个目的而采取进攻型策略,强硬要求海成公司承担赔偿责任,并以诉讼相威胁,可能会产生好的效果,因为基于现有法律规定,海成公司极有可能会同意律师的要求,双方达成赔偿协议。从协议的内容上来看,这个赔偿协议实现了当事人谭欣委托的谈判目的,让他拿了赔款。但可以肯定地说,谭欣对这份赔偿协议会相当不满意,并且反而会责难律师,因为这极有可能让他丧失未来在公司的大好前途。因此,律师和当事人在谈判前的会谈中,注意探讨当事人究竟想怎么谈,采取何种策略来谈,是非常重要的。如果当事人希望与对方继续保持友好关系,而因采用进攻型策略常常会产生不信任和恶意,因此最好选择协作型或解决问题型策略。进攻型策略在这种情形下不仅不能维护当事人的最佳利益,而且可能会因态度强硬而使当事人将来招致其他方面的报复或损害。当然,在排除当事人希望与对方保持友好关系的可能性的情形下,个别当事人可能愿意选择进攻型策略,因为人们通常都会认为这种策略能建立起一种强硬、势在必得的谈判形象,使对方丧失自信心。由于谈判律师的谈判行为会影响当事人和对方关系,会在社会评价、心理认可等方面影响自己的当事人,因此,在谈判前了解当事人实现谈判目的所希望采取的谈法,共同商谈谈判策略的选择等,对谈判结果是不是会令当事人满意同样至关重要。

> **小贴士** 律师应当让当事人明白选择不同谈判策略可能带来的不同后果。如果你内心已确定了需要使用哪种策略,最好先听听当事人的意见,也许你就需要重新考虑你的决定了。

■ 第四节 明晰当事人的真正利益

一、准确了解当事人的真正利益

(一) 谈判主张不等于当事人的真正利益

谈判协议的质量取决于谈判协议能维护当事人真正利益的程度。因此,律师在谈判前必须准确地了解当事人的真正利益。什么是当事人的真正利益呢?前面

第四课
谈判准备

我们谈到要了解当事人究竟想要什么，当事人想要什么是否就是谈判争取的真正利益呢？不是，因为当事人想要什么，完全可能只是其表面的、浅层或者不切实际的需求；只有具有法律支撑，且同时具有可操作性的需求，才可以作为谈判主张提出来，那么，是不是这样的谈判主张就是当事人的真正利益呢？我们的回答是，这也未必。

通常，律师在最初询问当事人对谈判有什么要求时，当事人回答的总是他自认为的"最低要求"或"谈判底线"。

我们再以联城房地产公司的魏经理与该公司的代理律师赵律师之间的一场假设性交谈为例。由于此前魏经理提出公司作为出租方的最低要求是以标准价格出租购物中心的零售场地，标准价格应不低于每平方米200元。如果魏经理和赵律师都不知道承租方好莱文化传播公司的计划是在1年内新开20家连锁店铺，实际上这一计划将带来现金流极为紧张，因为起租第一年的收入并不允许承租方支付这么高的租金；双方就此往下谈的话，似乎很难达成任何协议，谈判很可能会出现僵局。

然而，如果律师认真探查当事人所陈述的谈判主张背后的需求，分析其根本利益之所在，则有可能使双方达成协议。注重当事人的根本利益而不是其表面的谈判主张，是解决问题型谈判的关键。让我们看看赵律师是如何与魏经理探讨作为出租方的当事人的根本利益的。

赵律师：我想确认一下，如果每平方米200元的租金标准是我们和好莱文化传播公司谈判的"最低要求"，能不能告诉我公司是怎样确定这个价格的呢？

魏经理：这是我们的标准价格，是我们前期进行市场调研和成本分析后得出来的，只有达到这个价格，公司的投资才能取得合理回报。

赵律师：对了，你刚才说到成本分析，我想了解公司在为定价做成本分析时，主要考虑了哪些因素？是不是预留了某些潜在风险发生可能产生的费用开支呢？

魏经理：你说对了。我们以往年度的租金的确要定得便宜一些，但去年夏天我们发现商场客流量增加，让电梯和中央空调显得有些不堪负荷，公司本来打算准备做一

> 些改造，增加电梯数量和加大空调功率的，但因为当初的租金价格定得比较低，如果把这些改造的投入算进来的话公司可能出现亏损，加上去年改造方案也还没做好技术论证，就暂时没动。今年我们争取启动改造方案，因此决定将租金标准适当提高一些。
>
> **赵律师**：这样看来，公司的主要考虑就是预留一些设备改造费用了。除此之外，公司一定要好莱文化传播公司付到每平方米200元的租金，还有没有其他原因呢？
>
> **魏经理**：是的，设备改造费用是我们的主要考虑。除此之外，我们还考虑到，如果给好莱文化传播公司一个较低价格，可能给将来招租立一个不好的样板；另外也担心现在几个已签约并支付每平方米200元租金的承租户产生怨言。

这样，赵律师清楚知道了联城房地产公司要求每平方米200元租金的根本利益，主要在于防备可能产生的设备改造费用支出和避免为其他承租人开一个先例。据此，赵律师就可考虑选择一个既符合好莱文化传播公司的利益，又能消除联城房地产公司顾虑的租金计付方式，如联城房地产公司可以接受好莱文化传播公司较低的租金标准，但作为条件，好莱文化传播公司应同意在联城房地产公司技术论证通过并实施设备改造方案时，按双方约定的某一个标准增加计付租金。此外，联城房地产公司也可以要求好莱文化传播公司对租金价格负有保密义务，一旦好莱文化传播公司违约，则好莱文化传播公司仍将按每平方米200元计付租金，以保证他们的成交条件不会为未来的承租户树立榜样或使联城房地产公司现有的承租户产生抱怨。因此，如果律师注重双方当事人的根本利益而不仅是他们陈述出来的表面上的谈判主张，双方就有可能达成谈判协议。

类似谈判在日常生活中同样可以找到案例。美国的史密斯夫妇讨论如何建设未来的新家中，在有限的预算限制下，史密斯夫人考虑建一座有落地窗和阁楼的两层楼房，而史密斯先生则希望建一座有花园、开放空间很大的现代化低矮平房。协商中，他们发现对方的立场变得越来越不可动摇。越是争论，他们越情绪化，越坚定自己的要求。在一位新手设计师看来，夫妇双方提出的方案差距太大，共识不可能达成。而这时，一位经验丰富且学过谈判的设计师加入项目。他让史密斯夫妇重新坐在一起。他问史密斯夫人：“你为什么想要落地窗和阁楼？”同时也问史密斯先生：“你为什么想要建花园，为什么需要开放空间？”在这位设计师的帮助下，史密斯夫妇获得了如下的需求清单：（1）明亮的、长时间的光照；（2）可以容纳多人组织派对，可以招待朋友、伙伴的宽敞空间；（3）鲜花产生的愉悦感；（4）复古的外饰风格。这时，设计师总结道："我们有很多方案可以同时满足你们上述的四个需求，落地窗、阁楼、花园都不过是其中的一些选择。我可以保证我的设计会让你们的需求得到百分之百的满足，但需要你们不拘泥于落地窗、阁楼和花园，是否可行？"可以想象，此时史密斯夫妇终于可以搁置争吵，共同来确定新家的建设方案了。

类似谈判在国际事务处理中同样可以找到案例。1978年，埃及和以色列在戴维营谈判最后签订和平协议就是一个典型例子。埃及提出要求归还在1967年战争中被以色列占领的整个西奈半岛，以色列的观点与之似乎不可调和，以色列出于安全考虑，要求至少要继续占领部分西奈半岛。但实际上，双方的根本利益并不存在固有的冲突，以色列的核心利益是国家安全，即基于防止埃及军队在西奈做入侵以色列的准备而要求继续占领一部分，而埃及的核心利益是收回西奈半岛的主权，以此解决国家主权完整和民族尊严的问题。美国经过对双方真实利益的分析，最后，在戴维营促成双方达成了这样的协议：埃及收回西奈半岛的全部主权，但西奈半岛的大部分地区应成为非军事区，不对以色列构成任何军事威胁。在这一案例中，双方最初陈述的表面主张，其实完全掩盖了双方核心利益并不存在固有冲突的事实。

上面三个事例，一个从商业租赁谈判方面，一个从日常生活夫妻相处方面，还有一个从国际外交领域方面，都说明了确定当事人根本利益的重要性。那么，律师究竟怎样才能做好这项工作呢？正如赵律师在交谈中演示的那样，基本技巧就是学会通过询问，不断深入探究当事人陈述的谈判主张后面的理由，因为谈判主张本身是一个结论性的声明，它很可能掩盖了当事人利益之所在的原因及细节。

（二）当事人的利益具有多样性

在深入探究当事人陈述的谈判主张后面的理由时，谈判律师千万不要狭隘理解当事人的真正利益。当事人的真正利益不仅包括能定量分析的客观因素，也包括对当事人造成影响的心理因素、社会因素等主观因素。通常，律师和当事人商讨如何谈判时，他们一开始几乎都会完全集中在金钱和其他容易定量的指标和客观因素上，容易忽略其他方面。其实，当事人在谈判中的利益不仅体现在经济上，而且很多时候还更多体现在心理上和社会上，这一点不仅适用于自然人当事人，也同样适用于企业当事人。一方面，从心理上说，不管当事人对一项具体谈判协议的选择如何，能够促成协议的签订毕竟将减少当事人的焦虑。另一方面，当事人的利益本身总是具有社会性的。设想如果新来的承租户在没有适当理由的情况下，明显打破了商场中已有的租金价格先例，联城房地产公司现有的承租户会做何反应呢？他们会立即要求同样减租吗？如果得不到减租他们会考虑集体对抗行动吗？如果集体对抗又会有哪些对抗行为呢？这些行为会给联城房地产公司带来什么样的影响和后果呢？因此，为了能缔结维护当事人利益的谈判协议，律师必须清楚地知道当事人在这件事情中的所有利益，不仅包括经济上的，而且也应包括心理和社会上的，如企业声誉上的利益。

二、确定交易条件的可选择方案

在确定了当事人的真正利益后，就可以开始探究谈判协议有哪些可选择的方案了；显然，不是每一次交易都可以让当事人的全部利益得到满足，事前确定好可供选择的谈判协议方案，可以使律师或当事人自如地应付谈判过程中各种复杂局势的变化。

谈判律师事前提出谈判中可能存在的选择方案，通常需要律师具备综合性知识和创造性技能，这些知识和技能也是一个有经验的专业律师获得当事人持续信赖的、最有代表价值的专业能力的体现。大多数情况下，当事人认为依靠自己的投资顾问或会计财务顾问，他们可以做到比任何人都清楚谈判在经济利益上有何种可供选择的方案；但其实长期从事商业交易业务的律师不仅拥有法律知识的专业背景，而且在长期执业中也已经积累了丰富的商业综合知识和技能，这些综合知识和技能的范围无疑将远远超出法学院里学到的法律知识范围。其实，老到的律师有时也正是因为常常能够提供有价值的投资或财务会计方面的咨询意见，才能与当事人建立起足够牢靠的信赖关系。对新入行的年轻律师来说，如何在法律知识之外，丰富自己涉足的专业领域相关的贸易、金融、会计等方面的知识，任何时候都比其他方面的投入更重要。因此，如果一个律师不熟悉商业交易背景、交易模式以及相关知识的话，尝试先和相关的专业人员一起磋商，再与当事人共同研究他们可能拥有的选择方案效果会更好。

在准备谈判协议的方案上，一般需要确定最低方案、最佳方案，并找出选择性替代方案。

（一）确定最低方案

最低方案，是指符合当事人根本利益，但对当事人最为不利的而当事人仍可接受的"最低要求"，又称为当事人的"底线要求"。

事先确定谈判最低方案的好处在于，定量表示的最低要求可以保证当事人和律师在谈判过程中始终口径统一。如果没有一个明确的最低方案，谈判律师可能会因为各种原因产生的压力而变得焦急不安，或被对方的主张说服，并误以为自己的当事人也会或者也已被对方说服，从而接受对自己当事人很不利的协议条款。

但是，确定最低方案需保持灵活性。谈判律师特别要注意的是，当事人的最低方案并不是一成不变的、僵化固定的方案。最低方案的确定，需要律师和当事人了解和预判谈判协议的所有可供选择的方案和很可能出现的谈判结果。但由于谈判开始前，律师和当事人掌握的信息通常不全面，甚至在谈判已经开始时，律师可能仍还在做案件事实调查，进行法律研究和寻找法律依据，因而让这种了解和预判常常变得并不清晰或者并不准确，有时甚至很盲目。此外，律师在谈判初期尚不清楚对方如何看待案情，也不知道谈判过程中能从对方那里得到些什么信息。因此，由于掌握信息不充分，律师和当事人商量一定要为谈判协议确定一个最低方案的话，这个方案可能既不切合实际又不合乎需要。为此，确定的最低方案具备足够的灵活性，可随谈判进程不断调整和修正至关重要。当然，这种调整和修正需要当事人与律师之间保持信息畅通，都要知道且同意这样的调整和修正。

很多时候，我们必须承认，谈判前为当事人确定最低方案也有不利之处。这是因为，首先，最低方案可能被定得太高。在案件事实有待进一步确定，且不清楚对方意见时，当事人和律师很容易站在己方立场上，要么过于乐观、要么过于悲观地分析和估计形势；显然，这样得出的方案，有可能不是最低就是最高，容易偏离正常判断。进入谈判进程后，一旦对方不愿满足当事人的要求，当事人容易认为对方不通情达理，而不会去反思不通情达理的人会不会正是自己。因此，如果最低方案定得太高，且在谈判中僵化地坚守最低方案，当事人极有可能会受到自己的误导而拒绝接受本来符合其利益的谈判协议。其次，如果最低方案太明确，采用明确而固定不变的谈判主张，还容易妨碍解决问题型谈判的正常展开。例如，如果联城房地产公司把收取每平方米 200 元基本租金确定为最低方案，它会毫不犹豫地拒绝好莱文化传播公司提出的基于每平方米 120 元作为基本租金的承租要约，即使这种要约中包括同意在联城房地产公司进行设备改造时增加支付租金的承诺，以及负有对其他承租户保守成交价格秘密义务的内容，从而让公司轻易失去本可以接受且符合公司最佳利益的协议。因此，对有些习惯于使用解决问题型技巧的谈判者来说，他们通常会认为不应在谈判前确定最低方案。

（二）确定最佳方案

与最低方案相反，最佳方案是符合当事人根本利益，对己方当事人最为有利的方案。尽管最佳方案并不总是能够实现，但在谈判前，与当事人确定谈判协议的最佳方案仍然具有较大意义，特别是谈判出现僵局时，它可以作为一个参考标准为当事人指明目标，避免当事人对前景过分乐观或过分悲观。此外，最佳方案的存在还可以防止当事人签订一份并不符合其真正利益的协议。

（三）找出选择性替代方案

除最低方案、最佳方案外，谈判律师还应和当事人一起研究可选择的谈判协议替代方案。在违约索赔、损害赔偿以及其他可能走向诉讼解决冲突的和解谈判中，通常预测诉讼结果是当事人对谈判协议最可能确定的选择性替代方案。

谈判解决争议相比诉讼解决争议而言，不确定性更多一些，谈判程序、时间、结果都是不确定的，而诉讼至少程序上是较为确定的，而且对诉讼的判决结果相较于谈判结果而言，也更容易找到一些客观标准去预测。正因如此，采用各种方法预测一旦谈判破裂双方把争议付诸诉讼，法官可能会作出的裁决结果作为谈判协议的选择性替代方案，大多时候是当事人和谈判律师的最佳选择。在一些简单的常见案件中，有经验的律师一般能比较准确地为当事人预测选择诉讼解决的法律后果。例如，在业主要求开发商支付逾期交房违约金的案件中，如果开发商未取得房屋的竣工验收合格文件，则律师就可以根据双方合同约定的违约金计付标准，较为准确地测算出一旦将案件交由法院处理，开发商将会被判令支付的违约金数额，并以此作为谈判协议的最基本的选择性替代方案。

但在有些较为复杂或争议较大的案件中，对审判结果的预测会比较困难。另外，有些案件虽然本身并不复杂，但对从未承办过类似案件，又缺乏专业经验的律师来说，要准确地预测审判结果仍然是十分困难的。比如，在侵犯著作权纠纷案件中，关于侵权人应当向被侵权人承担哪些责任，赔偿项目是哪些，以何种标准计算赔款数额，对经常处理知识产权业务的专业律师来说，可能是小菜一碟、驾轻就熟的事，而对其他不涉及知识产权专业领域又未处理过知识产权纠纷案件的律师来说，首先，从心理上他自己可能就对预测的审判结果的缺乏足够的信心；其次，事实上他也的确无法准确或恰当地预测审判结果。实际上，正因如此，相对准确地预测审判结果已成为在大型综合律师事务所执业的律师的优势，因为大型综合律师事务所按律师专业领域划分专业部门和团队，律师承办的多为专业领域的项目或案件，这样他们的专业知识和经验累积提高更快。在这样一个团队中，律师可以通过经验分享、团队合作，更好、更专业地为客户处理事务，从而赢得更好的声誉。因此，经验不足的律师在面对案情复杂和争议较大的案件时，应当向办理过类似案件的经验丰富的律师请教，以便为当事人谈判提供最佳的选择性替代方案。

此外，我们还必须承认，诉讼对原被告双方在心理上、经济上和社会上可能产生的影响及后果，也会对制订和评估选择性替代方案产生重大影响。这些主观和客观的因素通常跟当事人本人密切相关。以员工工伤事故赔偿案件为例，如果通过仲裁或诉讼解决双方争议，员工聘请的律师通常有80%的把握预测得到一个令当事人满意的裁决。例如，赔偿金额很可能是40万元。但是，现实生活中，当事人的员工却极有可能在谈判中自愿接受一个仅仅超过20万元的和解方案。单纯从经济观点评价，其他人会认为当事人的选择非常荒谬、不可理喻。然而，员工为什么会这样选择呢？也许他急于用这笔钱；也许他不愿意将自己的未来置于一个长期看不到前景的诉讼进程上；也许他认为企业总是强大的，和企业打官司即使最终赢了钱但受伤的总是个人；也许还有很多很多的也许。因此，作为员工的谈判律师，我们一定要随时提醒自己：律师在处理当事人事务时，一定要以当事人为中心，站在当事人角度，充分理解并肯定其价值判断。律师千万别自以为是地以自己的价值观替代当事人的判断。因为当事人对结果的选择以及选择的后果最终由当事人自己承担，而不是谈判律师。对谈判律师来说，太阳每天会照样升起，再令人焦灼的一个案件结束也就结束了，很快他又将开始代理另一个新的案件。

除此之外，学会预测对方就谈判协议选择了何种替代方案，也是谈判律师在制订和评估己方替代方案时的考虑因素之一。律师有必要了解和探究对方可能的选择性替代方案，以此预测最终能达成的协议并识别对方的伪装，因此，判断对方的真正利益所在非常重要，特别有助于律师采用解决问题型策略。

总之，律师和当事人在谈判前的准备中应当在一起详细讨论探究当事人的真正利益是什么，以及当事人就谈判协议有何最低方案、最佳方案以及选择性替代方案，如律师未能就上述问题与当事人充分沟通，仅凭执业经验在谈判对方面前表达你认为合理的交易方案，就该做好当事人让你走人的准备了。

> 小贴士　对有些喜欢突然通知自己的律师参加谈判，但又不对交易背景交底的当事人，律师最好只带"耳朵"、少带"嘴巴"。

第五节　交易的互利性

所有交易都存在利益；这里的利益不单指经济利益，还包括社会、心理和生理等利益。由于交易的本质就是交换，各自获取自己的利益，从而实现互利。如不存在利益，交易就失去其存在的基础。正因为交易具有的互利性质，在谈判准备时，当谈判律师与当事人探讨了真正利益以及各种可供选择的谈判方案之后，律师还应当探明在谈判局势中双方是否具有互利性机会，以便找到更多的能解决争议或分歧的办法。

天下没有独吞的交易，所有交易都是互利的。但在本质上是互利的交易中，很多互利性机会是潜在的，需要当事人和律师共同去发掘。什么是潜在的互利性机会呢？互利性机会有两种情况：一是既能满足双方当事人根本利益，又能解决他们各自问题的潜在解决办法；二是在谈判涉及多项议题的情况下，因双方当事人就议题优先考虑的顺序的不一致，双方可以在不同议题上互相让步，从而实现互利，达成使双方都满意的谈判协议。那用什么技巧和方法找到潜在的互利性机会呢？

一、善用集思广益法

（一）开启众人的智慧

在寻找潜在的互利性机会的过程中，应当避免闭门造车，尽量发挥多人的力量，采取头脑风暴的形式，挖掘各自头脑中所能想到的任何可能解决问题的方法；不管这些方法在一开始看起来是如何的荒谬或不具可行性，其目的在于产生尽量多的解决问题的潜在方法和思路。这个方法就是我们所称"集思广益法"的技巧，它是我们寻找符合谈判双方利益的方案的最重要技巧之一。这一技巧要求律师和当事人将所有可能的方法尽管罗列出来，无须进行评估、批评或否决性的评价、判断，从而避免自己落入先入为主的主观圈套中，让偏见、经验和固执把一个聪明人闷死。

用集思广益法探查潜在的互利性机会的恰当时间，应该从律师和当事人讨论双方潜在的根本利益开始，一直延续到可能找出符合双方根本利益，又能解决他们各自面临问题的潜在解决办法为止。当然，存在潜在互利性机会是律师使用解决问题型策略的基本条件，但这种情况并不必然要求律师必须采用这一策略。有些情况下，律师可能认为使用进攻型策略更符合当事人的最佳利益，或者同时使用进攻型和解决问题型策略，或者先使用进攻型策略再使用解决问题型策略可以达到更佳效果。

集思广益也是谈判前准备中律师和当事人磋商的一个重要组成部分。集思广益活动的参与人不仅包括律师和当事人，而且在确信保密的前提下，应尽量包括所有涉及争议问题的行业专家在内。比如，在公司兼并收购、房地产项目转让中，会计师或金融顾问常常能想出处理财务或金融事务方面的创造性方法，有些方法甚至对精于经营的当事人或经验丰富的律师来讲，也是不容易想到的。与此类似，保险理赔、人身伤害赔偿案件的处理中，长期办理保险理赔的人员很多时候肯定可以比多数非专业的律师更能够提出建设性的和解办法来。

特别需要指出的是，现实生活中的不少律师因法学院的呆板教育或其追求完美的个性缺陷所致，看问题总是显得过于挑剔，只想寻找"最佳答案"而忽略"更好答案"。而当事人则往往会基于经验式直觉或下意识的偏见，认为选择方法不具可行性，从而导致本来可行的选择方法未被认真考虑就被抛弃。采取集思广益法的最大好处在于，防止律师和当事人基于某些"听起来荒谬"或违背交易惯例的原因而过早否决可选择的方案。所以，通常在使用集思广益法的第一阶段，关键在于防止当事人和律师基于偏见、经验和固执而产生习惯性的否定行为，一定要相信群众的智慧是无穷的。在第二阶段，律师和当事人应该有意识地、系统地评估可选择办法的可行性及利弊，并在实际谈判阶段还要再对这些方案进行再评估。

为了说明如何运用集思广益法这种技巧，我们以好莱文化传播公司的余律师和负责为该公司零售商店寻找场地的公司员工胡经理之间在一场谈判前的讨论谈话为例。余律师知道租赁场地的现行价格是每平方米200元的基本租金，但是，胡经理告诉余律师，每平方米200元的租赁价格超过了好莱文化传播公司目前的负担能力。在下面的对话中，观察一下余律师是如何运用集思广益法技巧实际指导当事人的。正如诉讼律师经常会在诉讼程序方面，如询问、作证过程中指导当事人一样，在非诉讼业务操作中，律师指导当事人运用某些技巧也是非常重要的。

> 余律师：胡经理，我们明天与联城房地产公司的赵律师见面，希望明天的谈判可以取得实质性进展。目前看来，双方最大的分歧是租金价格问题。我记得你以前告诉过我，公司绝不会同意每平方米租金超过120元，现在仍然是这个条件吗？
>
> 胡经理：仍然是，因为公司计划1年内新开20家连锁店，如果超过这个租金标准，我们的财务现状支撑不了。
>
> 余律师：嗯，先前我在电话中跟你说过，我们面临的问题是，联城房地产公司定了个每平方米200元的标准租金政策，这个政策是因为联城房地产公司可能会在今年进行设备改造，而且他们现在的租户都是这个价格，为了不影响和现有承租户的关系，他们决定新进商家都得维持这个统一的租金标准。我想今天我们在一起看看能否想出一些办法。

> 胡经理：想什么办法呢？
>
> 余律师：就是想想，有没有能让我们支付的租金尽量低，但又符合联城房地产公司利益的办法。如果可以找到这些办法，我们明天才好向对方提出来，不然就难谈了。我很想你能和我一起讨论讨论，因为你在商场租赁方面的经验比我丰富，我认为你肯定有更多的锦囊妙计。你看能不能这样？我和你先只管把能想到的主意都说出来，先不管这些主意有没有用，也不管听起来是否荒唐。我们把能想的主意都一一列出来，回头再来一项一项评估每个主意是否可行。这样，我们就不会下意识地主观否定一些可能的好主意。怎么样？你先说说你有些什么主意吧。
>
> 胡经理：我也是这样想的，否则我们和联城房地产公司的分歧可能很难解决。你刚才的意思，是不是说不管想到的主意多古怪，都只管说出来？这确实是种很有意思的工作方法，是哪个老律师教你的吧？
>
> 余律师：哈哈，是这样的。看来你已经有主意了。

这里，律师实际上已经告诉了当事人集思广益法是什么样的一种技巧。

在实际生活中，有些当事人刚开始时常常觉得让自己参与出主意很不舒服，而且也异乎寻常。此时，律师可以通过告诉当事人过去和其他当事人成功合作的案例来打消当事人的顾虑，以便律师和当事人之间建立良好沟通关系，让当事人充分理解和信任律师的做法。特别是当律师和当事人属于初次合作时，集思广益法很少能令当事人认为是一种适当的做法，因为这或多或少有点让人产生主客颠倒的感觉，就像病人来到医院看医生，医生却反过来问病人如何治病一般。因此，用这种方法需要当事人对律师建立起足够的信任。在我们上面的举例中，胡经理看起来已经充分信任余律师，因而他立即接受此方法，并开始考虑和配合余律师这一有点奇怪的建议。

接下来，实际的集思广益过程便开始了。

> 余律师：那么我们开始吧。在如何与联城房地产公司谈判方面，看看我们有些什么主意或办法？
>
> 胡经理：你说联城房地产公司最关心今年可能会投入设备改造的费用，这笔费用

> 到底有多少，其实要它投了才知道，也许我们可以提出如果这笔费用发生，我们同意支付我们承租那部分场地相应分摊的费用。
>
> 余律师：好的，我先记下来，回头我们再来仔细考虑。另外还有吗？
>
> 胡经理：我们可以开始时租金定低些，在我们该处门店的收入增加后每季度再提高租金如何？
>
> 余律师：好的。可能还有一种类似办法，是把租金和商店每个月的销售额挂起钩来。
>
> 胡经理：是啊，这种方法我们曾经用过。另外，我们还可以采取按季度计租，这样我们可以更好地预测我们连锁店的经营情况，他们也好掌握是不是确定会产生那笔设备改造支出。不过，这个办法可能行不通，因为我们需要保证能较长时间的租赁场地，如果按季计租的话，我担心他们很容易乱敲我们的"竹杠"，抬高租金太容易了。
>
> 余律师：别忙，让我先记下所有我们能想到的各种选择后，再来对每个选择的可行性进行评估和审查。你不用刚提出用什么办法时，就马上考虑它的困难，免得你都不敢大胆地往前想了。
>
> 胡经理：这样啊，那我还有个更大胆的主意，我们把要租的场地分期付款买下来，哈哈！
>
> 余律师：嗯，这点我也记下来，没关系，一切皆有可能，呵呵。

在此过程中，律师和当事人一起从事集思广益的活动的关键在于推动共同思考可供选择的办法：余律师记下每一想法，但不去做评价，更不发表满意或不满意的批评性意见。他对当事人提出所有办法都做"好的"的回答，只对当事人参与集思广益活动过程本身做得好给予肯定，并不对他提建议，更不做批评性的评价。请注意，在上面的交谈中，胡经理提出一个建议的同时马上自己开始对建议进行评估，认为该办法不具可行性时，余律师立即指出这种做法等于在评估，并及时阻止了他。

余律师和胡经理一起已经找出了营业收入与租金挂钩的租金计付方法，以及他们很容易想到的其他办法。接下来，继续注意下面对话中余律师运用拓宽询问范围的方式，努力使集思广益过程进行得更好。

第四课
谈判准备

余律师：还有其他办法吗？

胡经理：大概就这些了。

余律师：到目前为止，我们主要讨论了调整租金计付方式的办法。还有没有其他可能改变局势的方法呢？

胡经理：我们可不可以叫联城房地产公司把购物中心人流较差的、不太好的场地出租一部分给我们，我想那些空地的租金应该会比较低吧。

余律师：好的，另外呢？

胡经理：另外就是公司内部的工作了，我可以去试试说服公司领导另选租赁场地，比如在联城房地产公司对面的商业中心租场地，进出联城购物中心的顾客照样看得到我们好莱文化传播公司新开的连锁店，地段基本一样，只不过房屋旧点而已。

余律师：我们是否可以重新设计连锁店的内部功能，把营业面积缩小点？你看我们有没有这个可能性呢？

胡经理：也许可以。营业面积小些，租金总体价格会降低，我们刚开始时投入的费用也会少点。或者，也许可以让他们负责为我们做些营销宣传推广活动，这样我们在联城购物中心的连锁店可以成为我们的形象推广店，我们就可以省下营销推广费用了。

余律师：这建议好，真的很有创意，太棒了。还有其他办法吗？

胡经理：我想不出来了。

余律师：我注意到，联城购物中心里面有几家高档的中餐和西式餐厅，但还没有快餐店，联城房地产公司没有职工餐厅，员工苦于周围没有合适的餐饮店，而我们好莱文化传播公司的餐饮板块可以解决这个问题，我们能否为联城房地产公司的职工解决工作餐呢？如可以，我们可否提出，以成本价为联城房地产公司职工提供工作餐，这样不就可以让他们降低租金了，这个办法如何？此外，一时半会儿，我也想不出其他什么办法了。那就让我们回过头来，研究一下现在想到的这些办法中哪些是可行的吧。

显然，余律师的插话提示又促使当事人想出了更多可选择的办法。其中有些办法，比如"把联城购物中心该单位物业买下来"明显不切实际，可以很快否决。

而其他一些办法，比如向联城房地产公司职工提供成本价的工作餐，换取较低租金则是相当别出心裁的主意。如果不是无拘无束地进行集思广益活动，也许谁也不可能想到这一点。对这些办法进行可行性论证和系统评估后，也许能在谈判中的某一阶段向对方提出来；某些最初看来不太可行的办法，说不定会为最终解决双方的分歧发挥重要作用。

（二）扩大议事范围

通过集思广益法开启众人智慧，探寻潜在的既能满足双方当事人根本利益又能解决他们各自问题的办法。但是，如果谈判局势中没有多少甚至根本没有潜在的互利性机会，又该怎么办呢？

即使在这种情况下，我们仍然可以采用解决问题型技巧创造出许多解决问题的办法，通过集思广益法让参与人扩大议事范围，在提出的协议草案中纳入更多可讨论的议题，这样双方就会拥有更多解决问题的机会。前述余律师和胡经理之间的交谈，已经说明了扩大议事范围的意义。在他们商讨过程的后半部分，余律师提出好莱文化传播公司可以向联城房地产公司以成本价提供工作餐服务以换取较低的租金。在以前的谈判中，尚未有过类似的建议，而现在这一建议则提供了双方均可能获益的方法。联城房地产公司一直没有员工食堂，采取每月固定向员工支付午餐费的方式，由员工自行解决午餐。而联城购物中心及周边大多是高档餐厅，为数不多的小餐馆又存在卫生差、用餐人数多、环境不好等问题，员工们经常抱怨午餐补贴低、用餐时间短等，因此，工作餐问题真的困扰联城房地产公司。而好莱文化传播公司的餐饮板块可以提供干净、卫生、快捷和方便的工作餐，完全符合员工工作餐要求，好莱文化传播公司如向联城房地产公司提出以成本价提供工作餐服务的交易方案，完全有可能使他们同意以较低的租金将场地出租给好莱文化传播公司。这里，由于在集思广益过程中扩大了议事范围，律师和当事人发现了，甚至可以说是创造了一开始并不太明显或并不存在的潜在互利性机会。

运用集思广益法创造并不明显的解决问题机会的另一条途径，就是达成"各取所需"的协议。例如，在余律师和胡经理的讨论过程中，如果不把一个固定价格当作承租要满足的必需条件，他们就可考虑采用定期调整租金的办法来解决租金冲突的问题。联城房地产公司认为，因设备改造可能花大量费用所以需要较高的固定租金，而好莱文化传播公司则担心快速扩张带来现金压力，同时担心联城购物中心连锁店刚开业的营业收入不足以支付较高租金。作为余律师和胡经理用集思广益法商谈的结果，他们可向联城房地产公司提出，开始定一个比市场价格低的租金，一旦联城房地产公司发生设备改造，则双方就按事前约定的标准对租金进行调整。这样的协议就是一种"各取所需"的协议。

二、常用的互利方法

采取集思广益法一般能发现既满足双方当事人根本利益又解决他们各自问题的解决办法，即使对没有多少甚至根本没有互利性谈判局势潜在机会的情形，以同样技巧扩大议事范围，也可能创造性地为双方提供更多解决问题的潜在机会或达成"各取所需"的协议。所以常言道，办法总比问题多，问题总是可以解决的。如果你确实相信问题总是可以解决的，除集思广益法外，律师还可以采用其他一些解决问题型技巧，包括互相让步法、减少代价法和主动补偿法等。

（一）互相让步法

在谈判实践中，双方当事人对多个谈判问题考虑的优先或重要顺序其实总是不同的，这是大多数情况下谈判协议能达成的重要原因。因而谈判前，探究互相让步的过程和确定当事人对谈判问题的排序是谈判筹划非常重要的内容。

互相让步法作为解决问题型技巧之一，是指在谈判涉及多个问题时，律师与当事人应将谈判问题按照重要、相对重要、次要来进行划分和优先排序，当对方在其他问题上妥协时，自己也可以相应在某些问题上作出让步。例如，好莱文化传播公司和联城房地产公司的商场租赁谈判，不仅包括基本租金标准，而且还包括出租期限的长短、店铺的确切位置以及如何计算双方对设备改造费用的分摊比例等问题，对这些问题双方都可以站在自己的角度进行问题重要度排序，为相互让步做好准备。

"互相让步"的基础是双方考虑问题的侧重点不同。如果每一方都在另一方重点关心的问题上作出等值的让步，就能增加双方互信，达成满足双方共同利益的协议。换言之，在互相让步过程中，一方认为次要的问题可能恰恰就是另一方关注的重要或相对重要问题，因而各方都可以在自己的次要问题上作出较大妥协，从而可以坚持己方重要或相对重要问题上的立场。

(二) 减少代价法

在谈判实践中，谈判的一方达到其预定的谈判目的时，常常需要使另一方付出重要的"代价"，而减少代价法则是能使双方签订的协议让一方达到谈判目的，且能减少另一方受到损害或付出"代价"的方法。

在运用减少代价法时，双方要寻求作出非重大让步的方法。例如，在好莱文化传播公司场地租赁案中，联城房地产公司担心，给好莱文化传播公司低于标准租金的租金价格，可能会给其他已支付标准租金的承租户造成冲击，并可能进而危及联城房地产公司的商业信誉，使其付出较大的商业代价；因而联城房地产公司付出的代价就是其与已有承租人的关系受到损害。如果让好莱文化传播公司签订对实际租赁价格不向其他任何承租人透露的保密条款，且这个条款真的具有约束力并能保证联城房地产公司在好莱文化传播公司违约时得到补偿，无疑就能"减少"这种代价。

(三) 主动补偿法

主动补偿法，是谈判者为换取对方就某一问题的让步，给予对方相应好处的技巧。显然，互相让步是补偿的一种形式，即谈判的一方在一个问题上让步，得到了对方在另一问题上的让步，从而使自己获得了补偿。但主动补偿法要求谈判的一方主动提出互利的让步方案，并主动给予可能并不完全均衡的、具有更大补偿性的方案。如好莱文化传播公司愿意以成本价向联城房地产公司提供工作餐服务，解决了对方没有职工食堂的困境，也是对联城房地产公司降低租金的一种补偿。

> **小贴士** "集思广益""互相让步""减少代价""主动补偿"，即使仅仅是记住这些技巧的名字，也会让你在筹划谈判时受益无穷，因为所有的交易都是互利的，天下没有独吞的交易，关键在于你能否找出潜在的互利性机会。

■ 第六节 应对不可避免的对抗

尽管在谈判中，应尽量寻找潜在的互利性机会，但并非所有谈判局势都存在重要的互利性机会，我们也不排除有些谈判问题就是具有单纯对抗性谈判局势的。

比如，在交通肇事案件中，当被截肢的原告的律师和肇事司机的律师进行谈判，沟通这个已经造成人身伤害的事故如何处理时，虽然双方都希望避免走上法庭或希望尽快达成建设性的和解协议，但涉及具体赔付金额的谈判时，却又面临典型的对抗性谈判局势，每一方都会认为这是他的根本利益所在。那么，在具有对抗性谈判局势的问题上，律师又应该怎样筹划和进行谈判准备呢？

一、打消对手的幻想

前面我们提出了"最低方案"的概念，谈判的最低方案是当事人可以接受的，但却是对自己最不利的和解方案。所有当事人都希望争取得到比最低方案更有利的结果，如好莱文化传播公司即使付得起每平方米200元的租金，但公司肯定会更乐意只付每平方米120元。但是，预期总得有个限度，任何协议如果过分地只满足一方的根本利益，即使这样的协议签了，获得完全利益的一方也需要担心未来与另一方的关系会不会舒心，而且担心对方会不会有其他企图或因为被迫签订了不满意的协议，在履行过程中反悔或不断设置障碍。因此，即使面临具有单纯对抗性谈判局势的问题，为了应对不可避免的对抗，尽快打消对手对未来谈判结果的幻想非常重要。为此，我们首先需要探询双方都能接受的合理限度，找准什么是双方的谈判范围，而对那些完全超出谈判范围的预期或想法给予坚决的拒绝和回击。

（一）谈判的范围

谈判范围是为方便准备谈判进行的一种理论分析结果，它是指一方的最佳方案与最低方案之间与对方的最佳方案与最低方案之间的重合部分。其实，在真正的谈判中，双方常常并不完全清楚有多大的谈判范围。

1. 确定谈判范围的方法

对那些不适合进行准确的数学定量分析确定的问题，根据当事人偏爱顺序，按最不满意的在前、最满意的在后的顺序依次排列，找出最低方案和最佳方案，不啻为一个办法。我们以好莱文化传播公司在集思广益阶段提出的各种可选择的办法为例，排列出如下顺序的可选择的解决方案：

（1）买下购物中心；

（2）按季租赁；

（3）在街对面的另一家购物中心寻找新场地；

（4）租赁场地较小的商铺；

（5）在购物中心人流较少、位置较偏处租场地；

（6）根据预先安排定期增加租金；

（7）好莱文化传播公司承担一定比例的设备改造费用；

（8）联城房地产公司承担最初的装修费和推广费，资助好莱文化传播公司的快餐店开张；

（9）依据好莱文化传播公司开张的连锁店的总营业额确定租金；

（10）好莱文化传播公司以成本价为联城房地产公司提供工作餐，换取较低租金。

假定第（4）个方案，即租赁场地较小的商铺，是好莱文化传播公司可接受的，但又是最无吸引力的方案，那么它就是好莱文化传播公司的"最低方案"。另外，好莱文化传播公司实际上希望联城房地产公司接受第（9）个方案，即仅根据连锁店的总营业额确定租金，那么它就是好莱文化传播公司的"最佳方案"。一方确定的"最佳方案"常常反映了他对另一方的最低方案的预测。

2. 谈判范围中的假象

在真正对抗性谈判局势中，如果双方只有一个需要在双方之间进行数量划分的问题，相比较有多个问题需要讨论的谈判而言，在这种情况下分析"最低方案"和"最佳方案"较为容易些。

我们以一个叫李申奥的外卖骑手与好莱文化传播公司之间发生的人身伤害赔偿案件为例。

> 李申奥生长在偏远山区，家境贫寒，大学毕业后没有找到合适工作，又不想回老家，就向同学借钱买了一辆二手摩托开始做外卖骑手。因为他勤奋踏实，人又年轻，找陌生地址的能力特别强，错单率很低，很快就赢得了一些老客户的信赖，有些企业开始固定找他跑腿送盒饭，其中就包括主营线下影视文化体验业务的好莱文化传播公司。好莱文化传播公司正在对一个商场进行全面改建装修，就请李申奥每天中午为施

工现场的工作人员送盒饭。不幸的是，李申奥在一次送盒饭时不慎从二楼摔到一楼受了重伤，左腿被截肢。李申奥于是聘请秦律师帮助其处理索赔事务。秦律师认为，施工方好莱文化传播公司负有侵权责任，可以对好莱文化传播公司提出索赔。根据律师调查的证据显示，好莱文化传播公司确实存在多方面的过失，包括施工现场封闭措施不力、二楼栏杆被拆除后未立警示牌、未拉安全绳等。而好莱文化传播公司的高律师则认为，好莱文化传播公司不该承担责任，或最多只能承担次要责任，理由是李申奥摔落的地方并非通往好莱文化传播公司办公室的正常通道，李申奥是为了抄近路擅自穿越施工现场，好莱文化传播公司对这个非正常通道的地方可能存在的危险，并无义务设立警示标志，因此，李申奥自己对事故负有重大过错，应承担全部或大部分责任。

在完成调查取证后，秦律师分析了李申奥与好莱文化传播公司的案件，认为李申奥大约有80%的可能性能证明好莱文化传播公司应承担赔偿责任；同时，秦律师也认为，考虑到李申奥自身行为，法官有60%的可能性会接受李申奥有过错之说。如果这一分析准确，那么法官就很可能认定李申奥承担20%~35%的过错责任。换句话说，谈判律师对诉讼结果预测的最好结果是法官裁定好莱文化传播公司承担65%~80%的赔偿责任。秦律师还认为，最有可能的结果是法官裁决李申奥的总赔偿额大约在50万元。

李申奥根据律师的判断，考虑到可能还会发生的一些不利因素和风险，决定把25万元作为其"最低方案"。不过，他肯定希望取得比这更好的结果，同样根据律师对裁决最乐观的预测，以及好莱文化传播公司应承担的如诉讼费等开支费用等，他把希望的"最佳方案"确定为45万元。于是，李申奥决定拒绝接受好莱文化传播公司提出的低于25万元最低方案的任何数额，愿意接受超过25万元的任何处理方案。如果最终达成的协议达到甚至超过45万元，则李申奥就实现了他的最佳目标。从理论上讲，他的满意程度将随着赔偿数额的增加而提高。

反观另一方的好莱文化传播公司，为避免发生诉讼可能被判承担更大赔偿额以及发生其他不利社会影响的风险，好莱文化传播公司决定的最佳方案是赔李申奥20万元，最低方案则是赔李申奥30万元。从理论上讲，好莱文化传播公司的满意程度将随着赔偿额比其最低方案更低的数额而上升。

因此，如果李申奥愿意接受超过25万元的赔偿额，而好莱文化传播公司又愿意最高支付30万元，那么在25万元和30万元之间的任何一处达成赔偿协议双方都会同意。换句话说，双方只要是在谈判范围内的某一点上达成协议，都符合双方的根本利益。

我们用下表来表示他们的谈判范围：

冲突范围	李申奥的谈判方案	
	25万~45万元	
	谈判范围：25万~30万元	
	20万~30万元	冲突范围
	好莱文化传播公司的谈判方案	

在有些对抗性谈判局势中，也可能不存在双方都可以接受的谈判范围，特别是在可能涉及诉讼且双方的冲突都掺杂进一些非理性因素的情况下。比如，如果李申奥以前曾为好莱文化传播公司打工被辞退，双方因辞退工资补偿问题对簿公堂，闹得非常不愉快，让好莱文化传播公司既赔了钱又丢了面子，这样双方都会认为，诉讼比谈判更能解决问题，更符合他们的利益。此外，即使没有任何其他因素，如果李申奥本身决定的最低方案具有很高的期望值，比如最低赔偿数额就是45万元，那么双方同样可能也会选择诉讼而非谈判解决纠纷了。但不管怎么说，一个有趣的现象是，一旦谈判最终解决问题，那些具有高期望值或最佳方案的谈判者总是比那些具有低期望值的谈判者在谈判中表现得更出色；换言之，谈判者期望值越高，实际收获往往可能就越多。

此外，考虑到谈判本身的复杂性，即使在对抗性谈判局势中，发现了双方都存在可接受的谈判范围，但双方由于都被假象迷惑或欺骗，也常常达不成协议。例如，如果秦律师在谈判中自始至终坚定表示李申奥不接受低于35万元的赔偿额，那么高律师就可能认为：或是秦律师没有谈判的诚意，或是双方在赔偿额问题上的确存在分歧，继续谈判徒劳无益。此时，即使他的当事人好莱文化传播公司实际上也愿意支付比李申奥要求的25万元最低方案更多的赔偿额，他也可能终止谈判。因为在谈判的当时，任何一方都是不清楚对方的最低方案的，高律师可能会认为好莱文化传播公司即使抛出自己的最低方案，也离李申奥的最低方案有较大差距。

（二）进攻型策略的运用

在对抗性谈判局势中，进攻型谈判者把谈判对方视为"对手"或"对立方"，总是把在谈判范围内最大限度地为当事人获取最大利益作为谈判目标。在进攻型谈判者看来，实现这一目标的方法，就是向对手表明他既不能通过进一步谈判的方式，也不能通过接受其他选择方案的方式来妥协。例如，好莱文化传播公司的高律师可以尽力向秦律师表明，如果李申奥不接受25万元的赔偿额，就不可能还有机会接受比此更大的数额了。因此，只有采取进攻型策略才是在谈判中打消对手幻想的最好办法。

具体可以采取的步骤是：

首先，向对方隐瞒自己的最低方案，尽力使对手相信他的最低方案比实际上的要高，以使对方的谈判范围更小。在谈判开始时，双方都只知道自己的最低方案，而对对方的最低方案，仅能根据自己的谈判经验以及同对方先前接触交往的情况进行分析判断。一旦对方被自己误导而错误揣测了自己的最低方案，那么就将缩小对方的谈判范围。比如，秦律师可能会努力使高律师相信，他的当事人李申奥不会接受低于28万元的处理方案。

于是，谈判局势便可呈现为：

秦律师的实际谈判范围：25万～30万元；

高律师揣测的谈判范围：28万～30万元。

本书后面各课将进一步阐述各种具体的进攻型策略，这些技巧用于隐瞒最低方案和锁定一个谈判范围，从而在这一范围中产生一个比最低方案更使当事人满意的解决办法。

其次，应确定一个对自己当事人最有利而又可能被对方所接受的协议方案。进攻性谈判方案通常是对一方有利，而对另一方会不利，两者是作用与反作用关系，因此，要确定对自己当事人最有利，而又能被对方所接受的协议方案，实际就是确定对方的最低方案。这里，在判断对方的最低方案时，千万别犯大多数谈判中的谈判者都会犯的错误，即忽视对潜在互利性机会的发掘，虽然不是每一次谈判都可以找出互利性机会，但时刻记住并留意探寻互利性机会非常重要。

最后，不断尝试改变对方的最低方案和最佳方案。其实，进攻型策略的重要功能就是采用争辩和威胁的方式，表达出如果你不同意对我的当事人有利的这些条件，对你的当事人同样会造成不利。不同的方式反复表达这样的意思，目的都是一个，就是让对方改变他为谈判准备的最低方案和最佳方案。

二、如何增强谈判实力

进攻型谈判者把谈判过程看成尽力影响对方以满足符合自己当事人最根本利益的活动过程，因此，谈判者要影响对方靠的是谈判实力，谈判实力构成了进攻型争辩和威胁的基础。常言道："强者主宰命运。"对一个进攻型谈判者来说，这句话则变成了"实力决定一切"。因此，在筹划和准备谈判时，律师和当事人应当一起讨论如何增强向对方施加影响的谈判实力。但是，谈判实力源于哪里呢？

（一）谈判实力源于当事人对谈判协议的可选择方案具有主动性

当谈判者不厌其烦地说服对方他提出的方案比对方揣测的方案更令人满意时，他影响谈判协议条款的能力无疑提高了。同样，当谈判者不断主动地、令人信服地论证对方提出的方案比自己最新提出的方案更不适用时，他的谈判实力也增强了。因此，谈判实力的增强首先取决于谈判者表现出的这种主动性。

（二）谈判实力源于谈判律师的专业经验和事前充分准备

熟知具体情况又有深厚的专业学识以及谈判技巧的律师，在谈判过程中，常常能削弱对方对所确定的最初谈判目标甚至最低方案上的信心。如果谈判者了解情况较多，人们的本能反应便是更相信他对问题的判断和所提出的解决问题的方案，因此，准备充分而又有专长的律师在任何时候都比在同样情形下能力较弱的谈判者具有更强的谈判实力。

（三）谈判实力源于当事人对谈判目的的执着与坚持

即使谈判双方的经济条件、身份地位等实力悬殊较大，看来弱势的一方，如果采取不达谈判目的誓不罢休的执着态度和方式，就不排除他也能掌控局面，最终让弱者成为强者的可能。例如，前些年在各地不断发生的房屋征收案件中，征收人依法定程序确定征收补偿方案后，被征收人的谈判实力应该说是很弱的，如果此时被征收人与征收人不能达成协议，征收人可以通过申请强制拆迁等手段完成征收。抛开现有征收规定对被征收人是否公平和合理不谈，在实际操作中，征收人的谈判实力并不如他想象的那样强大。对征收方案不满意的被征收人，往往采取拒绝谈判的方式来回应征收人的谈判方案，并努力以各种方式表明：如果征收人真的要强拆的话，那他就会成为又一个"史上最强的钉子户"。如果征收人的确急于完成征收，此时即使被征收人采取的阻挠征收的行为并无法律上的依据，他也已经拥有了相当强的谈判实力。同样，在保险索赔案件中，对一个发誓要把官司打到最高人民法院，并把保险公司的丑恶行为向银保监会投诉或向媒体曝光的索赔者，无疑也会拥有较强的谈判实力。

（四）谈判实力源于谈判者能给对方造成的影响

在谈判议题之外给予对方一些"表面甜头"或"表面损害"不是因为谈判要破裂才做的，而是为了显示和进一步增加谈判实力而进行。比如，好莱文化传播公司要在多个地方找经营连锁店的场地，而联城房地产公司可能在多个地方拥有适合作连锁店经营场地的楼盘，于是好莱文化传播公司就在与联城房地产公司的谈判中有了额外的谈判实力，因为达成一个对好莱文化传播公司有利的协议，就可能让好莱文化传播公司进一步同联城房地产公司商谈其他场地的租赁，为此它可以以此向联城房地产公司表面上给出一些额外的"甜头"。又如，某购房人在与地产开发商因为房屋质量问题进行的索赔谈判中，威胁说如不给他好好处理，他将联合有类似质量问题但尚不知情的其他购房人，一起向开发商索赔，甚至不惜打官司时，该购房人显然因为在谈判中给予对方"表面损害"，获得了额外的谈判实力。

（五）谈判实力源于谈判者的社会声誉或双方的关系

例如，在工伤损害赔偿案件中，如果过去与公司交往的经历表明，帮助受害工人提出索赔的律师是一位非常专业的律师，这位律师不仅有很好的谈判能力，而且总是能相当准确地评估和办理诉讼案件，即使谈判破裂他也有能力获得对他的当事人极其有利的判决，那么，这个谈判律师的这些声誉和经历实际上已经增强了他的谈判实力。

（六）谈判实力源于对时间的利用

谈判者掌握的时间越多，他选择的余地就越大，这个规则适用于所有谈判。如果谈判中对方比较急迫，你有时间让他等，你的谈判实力就强于他；如果对方正处于需要你配合的关键阶段，你就有机会来好好利用这个时机。例如，在金融危机中，对一家债台高筑，每月需要支付巨额贷款利息的开发商来说，正在代表他谈判项目整体转让的律师的谈判实力也就相对较弱，因为这个开发商可能对任何能够一次性出价整体收购的协议都感兴趣，且非常焦急地不愿轻易放弃任何可能的交易机会。而有经验的谈判者则力图利用谈判进程对付对手，有时甚至故意拖延谈判，以制造时间压力。

三、对抗不是谈判的目的

尽管在对抗性谈判局势中对抗不可避免，但是千万不要忘记，谈判毕竟还得靠谈，破裂不是追求，对抗不是目的，互利的结果是大家都愿看到的。进攻型谈判者千万不要忘记，协作型策略任何时候都是需要的，毕竟谈判者不仅应为当事人争取尽可能多的利益，而且最终还得以缔结一份公平合理的协议为标志。谈判者使用协作型策略有利于达成对双方都公平合理的协议。因此，要保持继续谈判的关键，通常在于恰当用好协作型谈判涉及的什么是"公平合理"的客观标准。

在利用协作型策略的谈判中，谈判律师和当事人为解决双方的争端探讨的是习惯做法或其他客观标准。例如，在联城房地产公司和好莱文化传播公司的商业租赁谈判中，在购物中心内同类商铺支付的租金金额就是衡量公平和合理的租金的一个标准。又如，在李申奥和好莱文化传播公司的谈判中，双方可以尽量找出当地已经和解解决或有判决确认的类似案件，然后讨论这些案例可以为李申奥的赔偿请求确立一个什么样的客观的数额标准，这一标准一旦确立就可以平息双方争论的给予李申奥"公平和合理"的赔偿额究竟是30万元，还是其他数额。

巧妙运用协作型技巧的争辩方式，有助于进攻型谈判者在应付不可避免的对抗中更容易取得成果，因为他们并没有完全在指责对方的条件是如何不可行，也不会因为突然转而试图劝说对方同意30万元的赔偿额而显得尴尬；相反，他们只表明这是一个公正、合理、客观的赔偿额。因此，即使进攻型谈判者在对抗性谈判局势中，也不妨使用一下协作型策略采用的客观标准来进行争辩；这些客观标准包括市场价格、先例、专业标准、道德标准、传统习惯、对等原则、互惠原则、法院判决等。利用客观标准有效争辩的能力和效果，仍然取决于律师和当事人的事前准备，在大多数情况下，当事人比律师更了解市场价格、专业标准、交易习惯、交易成本等。有时，律师和当事人可以请专家或其他专业人员来确定诸如合理的租金或专业方面的客观标准，如法医鉴定结论可以评定出李申奥会在多大程度上丧失劳动能力，以及这种劳动能力的丧失会对他的就业产生多大的影响，在此基础上形成的争辩不是对与错的问题，而是"什么样的补偿对李申奥来说是一个合理的数额"的问题了。

四、控制律师的代理权限

根据我们的经验，法律谈判的过程影响的是当事人而非谈判律师的利益，法律谈判的结果将伴随当事人，而非谈判律师；伴随谈判律师的不过是又一个新的案件代理而已。因此，正如前面我们提到的，谈判律师只是谈判代表，律师参与谈判，运用谈判技巧，争取好的谈判结果，都是基于当事人的授权。在当事人未授权的范围内，对谈判对方来说，律师所说的一切都可以不算数，但是，这样却可能对当事人的利益产生重大不利影响。这种不利影响尤其在对抗性的谈判局势中，更为严重。

因此，在谈判前，谈判律师和当事人一定要仔细考虑双方签订协议的代理权限，并将这种代理权限如何行使详细具体地分解到谈判中涉及的相关方案和对重要问题作出决定的那些方面。当事人授予律师的代理权限一般不过两种：一是特别授权代理权，即授权律师全权代理当事人一切事务，包括代表当事人签订协议；二是一般代理权，即授予律师进行谈判，并处理程序性事务，但不授予其决定及签订对当事人有约束力协议的任何权利。当事人的授权类型不仅影响谈判过程本身，影响谈判律师采用何种谈判技巧，而且还影响以当事人为中心的谈判律师与当事人之间关系建立和维系的前景。在多数情况下，仅仅授予律师有限的一般代理权，即便律师对其当事人尽职尽责、忠心耿耿，看起来在运用进攻型技巧方面显得活力十足、态度强硬，其实要取得实质性的进展很难，更多时候会只守不攻。而被授予特别代理权或者无限代理权的律师，却又可能较少富有竞争到底的精神，这在一定程度上是因为当事人明确授予律师无限代理权后，降低了律师尽可能地为当事人争取最佳交易结果的责任感，律师可能会站在自己的角度过早地认为自己已经尽力到底，并相对较容易地为当事人接受一个他认为合理的谈判结果。当然，如果当事人同意谈判律师进行解决问题型谈判，授予其特别代理权无疑有利于他具有更高的灵活性去考虑对方提出的方案和寻求解决双方问题的办法。

总之，根据我们的经验，授予律师无限代理权有利于谈判律师采用解决问题型和协作型策略，而授予有限代理权则显然既有利于采用进攻型策略，又有利于进一步倡导当事人中心说原则的落实，避免律师和当事人之间的关系发生危机。因此，对一个有经验的专业律师来说，除非你和你的当事人真的亲密无间，合作多年，且已经建立起天衣无缝、无可挑剔的信任关系，否则我们倾向于你还是接受有限代理权，并与当事人共同进行周密的谈判准备为好。在当事人仅授予律师有限代理权的情况下，律师可以在需要时告诉对方律师他没有当事人授予的接受对方律师所提方案的权限，从而非常合理地得到谈判回旋机会。同时，律师也可以避免因事前和当事人协商不够，在代理权限内错误拒绝一个当事人可能事后会认为有益的方案。实践中，律师恰当地否认自己有代理权限是证明自己为什么不做让步或为什么只能做一定程度让步的最好办法。比如，在人身伤害谈判中，负有赔偿责任的一方代理人常常会采用这种技巧向对方强调说："公司只给了我们支付30万元赔偿金的权限，如果超出这个数，我们的确无能为力了。"

此外，即使在授予律师无限代理权的情况下，限制谈判律师的某些权限，特别是律师可以直接签订已达成的谈判协议的权限，仍非常必要。这不仅有助于律师贯彻落实我们一贯倡导的当事人中心说的执业原则，而且有利于当事人对谈判中的律师行为保持较大的控制和支配权。因此，结合律师拥有特别代理权和一般代理权在谈判实践中的效果，我们认为，在谈判过程中采用逐渐增加律师代理权限的方法，既能保证律师常常和当事人协商，又赋予律师及时合理作出决定的权限。这样，律师为了能保住已经取得的谈判成果，需要不断向当事人汇报谈判进展，以便及时得到当事人的确认和追加授权，从而使当事人即使不在谈判现场，仍能够更好地了解谈判并更直接地参与谈判。

> **小贴士**
>
> 对抗性谈判局势是很多律师喜欢的，因为其有利于律师尽情展现他的攻击能力。但有一点不应忽略，即将对方辩得哑口无言的律师并不一定就是好律师，因为这可能让当事人失去他想要的那份协议。
>
> 请永远记住，你是律师，不是演员，当事人不是花钱请你来参加辩论赛的，务实的谈判比精彩的谈判更重要。

第四课
谈判准备

■ 第七节　互联网线上谈判

随着互联网技术的飞速进步，同时加之遇到新冠疫情之类特殊的客观情况，可能会有对跨省（市）外出的限制，当事人之间进行线上谈判的场景越发常见。互联网线上谈判的开展，与谈判律师习以为常的线下谈判存在较大差异。对谈判律师来说，需要关注线上谈判的独有特点，以协助推进当事人通过谈判达成谈判目的。

一、线上谈判的进程可能会受到谈判工具的影响

本节所称的线上谈判，并不包含线上投标以及线上拍卖等事先已固定规则的活动。我们更关注的是允许双方你来我往，按照双方在谈判进程当中有意或无意形成的规则进行刺探、开价、让步的一系列活动。

随着技术的进步，线上谈判可以使用的工具越来越丰富，包括电话拨号会议设备、视频会议设备、网络视频会议软件甚至即时聊天工具的语音、视频功能等方式进行，但是不同的谈判工具，进入和连接的模式、信号的强弱、反馈的及时性等都会存在差异。

好莱文化传播公司的余律师参加过一场特殊的线上谈判，这一场谈判是好莱文化传播公司与香港的 KW 房地产公司组织的，双方准备采用视频会议设备进行。为了谈判不受到参与人其他事项的影响，双方的谈判通常选择晚上 9 点开始，但好莱文化传播公司办公大楼为了提醒员工下班休息，每天晚上 10 点后，每隔 1 个小时，办公大楼就会自动进行断电—重启操作。在长达一个多月的谈判当中，有多次，好莱文化传播公司需要不断重启设备，不断接入视频会议，导致余律师和其他参与谈判的公司员工疲于应付，有的时候没有办法一鼓作气回应 KW 公司的谈判主张或者作出质疑，非常影响余律师和好莱文化传播公司员工的谈判信心和谈判的顺利开展。

因此，线上谈判工具的选择有非常重要的作用，同时在这一方面，有的时候老律师由于对软件、信息设备的使用不了解，反而没有办法将经验优势转化为谈

判优势。

对谈判律师来说，我们建议在谈判开始前，充分熟悉双方准备采用的谈判工具，同时调整好自己准备连接进入的设备。在多次的法院线上开庭过程当中，我们遇到律师由于手机或电脑的问题，迟迟没有办法进入线上系统或者不断下线重新进入，导致法官对这一方律师印象大大降低，影响法官对其意见的采纳。

在部分情况下，我们认为，谈判律师为掌握优势，可以主动提出使用自己最惯常使用的谈判工具。

二、线上谈判的环境选择

采用线上谈判，不再有"主场"和"客场"的区分，尤其在使用网络软件工具开展的谈判中，谈判律师甚至可以在自己感觉到舒适的任何地方进行，比如办公室或者自己家，当然从信息沟通的稳定性以及对客户保密的原则，应当尽可能避免在公共场所开展线上谈判。甚至有些律师为了赶时间，会在驾车出行时接通网络参与谈判；这更是要坚决杜绝的，毕竟生命安全重于一切，并且驾车时也不利于集中注意力听取各方的信息，甚至无法翻阅必要的文件资料，谈判效果一定是会大打折扣的。

线上谈判中，采用"主场"优势影响对方谈判信心的方式不再可取，谈判者保持轻松自如的心理状态只能从其自身对谈判事件的熟悉度、谈判经验优势以及谈判者对于线上谈判工具的熟悉度中获得。

经验告诉我们，如果为了不被打扰，且能获得最高的舒适度，选择在家中开展线上谈判是对谈判律师最有利的地方，但前提是谈判律师的家人（尤其是家中的儿童）不会频繁出现。而选择办公室谈判通常更有利于维持适度的紧张感，保证谈判律师头脑的清晰度。而且，为了避免露怯或者避免被当事人、对方谈判代表认为不专业，一般在线下谈判过程当中，谈判律师不可能携带诸多谈判文件，除非特殊情况，也通常不愿意现场翻阅相关资料；但在线上谈判过程中，谈判律师以及任何谈判代表都可以随身准备任何谈判所需要使用的文件，在谈判发言准备过程中，完全可以不受拘束地进行资料查找和翻阅。

线上谈判中，谈判律师虽然可以与当事人不在一地进行，但是为了充分了解当事人对谈判方案的态度，及时调整谈判策略，以免当事人未经深思熟虑的决定影响谈判目的的实现，我们建议谈判律师仍然与当事人选择一处开展谈判，甚至使用同一设备连接进入谈判。律师与当事人在一起，或与团队成员在一起接入网络参加线上谈判，有一个现场谈判所不具有的优势是，当对方发表意见时，律师可以将连线设备话筒关闭，并根据对方的意见立即开展内部磋商，在对方完成发言时，可以迅速抛出一个本方已经达成共识的意见。这一优势是在现场谈判时很难做到的，当事人有时会在现场谈判时未经征求律师意见就草率答应对方突然提出的一些条件，让律师苦心设计的策略毁于一旦。

高速的工作节奏，让很多律师都有了一边乘坐高铁一边处理公务的经历，其中，除了处理不涉密文件外，也包括在高铁上参加电话会议甚至线上谈判的情形。当你必须要在高铁上完成一场线上谈判的时候，我们的经验是律师需要在接入线上系统时，主动告知参会人，自己是在高铁上参会。这样做至少会有两个好处，一来可以让参会人理解，在需要阐述涉密内容时，律师可能会以替代方式表达一些公司名称或涉密用词，参会人应注意正确辨识和理解；二来高铁上通信信号不稳定，可能会让律师漏听关键信息甚至直接掉线，这时候，当律师希望对方再重复表达一次观点时，对方会表示理解而不会误认为律师没有认真聆听。另外，提前准备一个有线耳机也是必要的，无线充电耳机的确给我们带来了便利，却会存在突然断电的风险。但不管怎样做好准备，在高铁上谈判都不是一个好的主意，如果不是必需的，还是应该尽量避免把谈判放在高铁上或长途车上进行。

三、线上谈判中，双方没有面对面的接触情绪

线上谈判的过程当中，谈判双方均隐藏在网络的背后，即便经验再丰富的律师，也没有办法通过观察对方谈判代表的表情、行为等来推测对方的心理活动，从而调整谈判策略。所有的谈判发言，都可以由一方深思熟虑后作出，甚至谈判方可以有意利用或制造技术、设备问题，延长思考时间。

线上谈判，需要谈判律师抛去表情、行为心理知识的优势，充分研究谈判对方的发言，直接采用文字和语言进行接触，真正关注谈判方案的内容而非表达方式。线上谈判过程当中，过度关注表达方式，可能会产生误解，毕竟谈判律师不清楚对方表达迟缓或者断断续续发言，是因为对方对内容的不自信，还是仅是因为谈判工具的信号连接有问题。

> **小贴士** 采用线上谈判，需要谈判律师在谈判前充分了解谈判工具的使用方式和规则，并准备好连接设备，选择自己开展谈判的环境，以免影响谈判信息和谈判进程的顺利推进。在线上谈判中，通过微表情对谈判对方的心理揣测不再可行，需要深入关注谈判方案内容，而谈判文本展示和共享的困难，也会让线上谈判的准备与现场谈判略有不同。

第八节 谈判准备不是谈判设计

谈判是一种至少在两个人之间相互影响的过程，而法律谈判至少就是在四个主体之间相互影响的过程。谈判各方都试图操纵谈判过程，影响对方，主宰谈判结果。事先设计一个成熟的、详细的谈判计划的任何企图通常都会束缚谈判者的手脚。法律谈判不是在法庭上询问：在那样的场合，律师可以事先准备好询问提纲。法律谈判也不是和当事人的会谈：在会谈中，精明的律师即使不控制会谈的具体内容，也会通过事先确定一个框架来引导同当事人的谈话。因此，法律谈判和任何其他谈判一样都是需要精心准备的。

谈判准备只是了解基本情况和准备谈判策略。这不同于设计工作，设计成果是可以直接付诸实施的操作文件，而谈判准备基本上很难达到这样精确的程度。具体应当如何谈，谈判中会出现什么变数，还得取决于谈判者在谈判现场的随机应变。因此，谈判准备并不是谈判设计。所以，我们在本课中无法向新入行的律师介绍如何设计谈判的知识，因而即使阅读本课，很可能你也不能巧妙地筹划谈判的具体内容、应作出的让步、提出其他谈判方案的时间和顺序以及在争辩中将使用的精确用语。

但是，有关谈判的一般方法、潜在方案、要约或开价、让步以及其他谈判技巧还是可以事前考虑的。谈判者是否实际上习惯采用某一特定技巧以及在决定什么时候采用，既取决于事前的准备，更取决于谈判对方的行为和谈判过程本身的进展，如协作型策略转换为进攻型策略，常常是在对方提出一个不当要求时发生的，而对方何时会提出何种不当的要求，却可能是在谈判前无法预见到的。筹划

第四课
谈判准备

谈判如同准备法考,完全死记硬背模拟考题的准确答案,显然不如学习基本原则、基本原理、法律条文和分析法律问题的基本方法那么稳妥。但是,不管如何,有准备就比没有准备好,即使这些考题是他从来没有碰到过的,准备充分的考生仍可以应答自如。同样,谈判准备也是如此。

小贴士	本书不能告诉你什么是"一招制敌"的招数,但这里介绍的所有技巧都可能产生如此效果,能否"一招制敌"取决于你是否真的理解并学会了运用这些策略。 杀鸡焉用牛刀?虽然你备了杀牛刀杀的却是鸡,但这不比你用西餐刀杀鸡更好吗?

第五课 LESSON 05

开　局

案例摘引

上海 TS 汽车公司准备开拓重庆市场，在重庆开设多家店铺。他们初步意向拟租赁重庆 HK 公司的门面，原本 TS 公司准备邀请 HK 公司高管层前往上海进行参观访谈，但 HK 公司聘请的金律师（HK 公司的法律顾问律师，年轻律师，参与谈判经验并不丰富）向 HK 公司的董事长建议邀请 TS 公司到重庆进行谈判，争取主场优势。为了应对这一谈判需求，TS 公司聘请了重庆本地经验丰富的袁律师一同参加谈判。

进入会议室后，袁律师发现 HK 公司未事先安排座次，为了尽可能地赢得主动，袁律师第一时间选择了会议桌上方的主持席位，打开公文包，取出笔记本电脑，牢牢地坐稳了主持席位，HK 公司的金律师则坐到了中间一个普通的座位上。

袁律师在谈判前已仔细审阅 HK 公司提供的租赁合同文本，其中涉及十几项需要谈判修改的内容，袁律师按照当事人对这些内容的关注程度以及重要性对这些内容进行了排序。谈判开始后，袁律师非常主动地扮演起了主持人的角色，袁律师首先提出租赁合同中需要讨论的内容，然后提议双方按照先简单、后复杂的顺序对这些问题一一商量。由于袁律师本身坐在主持人的席位上，所以很容易顺势就赢得了主持谈判的权利，按照袁律师的提议，双方展开了长达一整天的谈判。

经过双方半天的共同努力，在简单的问题上已没有任何分歧，双方最后开始就租金的计算及支付这一核心问题进行谈判。在租金方面，HK 公司提出按每平方米 200 元的价格计算月租金，而 TS 公司认为价格高得离谱，希望 HK 公司重新考虑合理的价格。这时袁律师清楚地意识到，对方在租金问题上采用了进攻型的谈判策略，若要取得谈判的进展，必须迫使对方改变谈判策略。

于是袁律师提出："TS 公司是外来企业，我们是本地律师，很多情况都了解，况且我们事先还对重庆类似门面的租赁价格专门进行了非常充分的调查。每平方米 200 元的月租报价，确实有点儿漫无边际，如果双方真的要友好合作的话，希望双方能在租金问题上务实商量，实事求是，提高点效率。"

此话一出，HK 公司的负责人当即情绪激动地反击道："你以为你本地律师就懂啊，你凭什么说我们报价漫无边际。我们的物业，难道价格不能由我们定吗？你们不租有的是人租，我来给你算算我们的成本，这个价格很公道，已经很便宜你们了……"

> 面对对方当事人有点人身攻击性质的语言，袁律师不仅没有打断对方，反而作出非常认真倾听的姿态，且一直面带笑容，时而点头认可，待对方一通发泄之后，袁律师才胸有成竹地接着说道："你说得很对，成本和回报，我们非常理解开发商都渴望回收成本和赚取利润，而我们也是一样的，现在多付点租金没问题，但是，如果我们租了这块场地长期没有回报，这个成本也算不过来，岂不面临同样的问题？！我们确实不敢贸然答应这么高的租金，店开起来生意做不起来更麻烦，这个风险太大，无法承受，大家都是生意人，希望你们也理解！"
>
> 袁律师的回应一下子缓和了有点紧张的谈判气氛，同时也巧妙地将谈判策略转为了解决问题型策略，抛出如何控制风险的话题。通过双方就这一问题的反复磋商，最终达成一致意见，即将固定月租金计算方式改变为保底价＋浮动价计算方式。
>
> ——摘自《上海中联律师事务所案例汇编》

■ 第一节　什么是开局

律师参与谈判的主要任务是找到最有利于自己当事人根本利益的谈判方案，并尽量说服对方同意或尽可能接受这一方案，因此，律师同谈判对方之间的关系，可以说从谈判一开始就至关重要。在本书第二课中，我们将谈判策略的类型划分为了进攻型、协作型和解决问题型。但问题是，这些技巧在谈判准备阶段进行筹划后，何时开始使用呢？换句话说，谈判律师应当何时开始运用技巧展示自己的实力呢？答案是，从谈判的开局开始。因此，开局也就是谈判的"开始阶段"，谈判者应该从开局开始便树立谈判者的"第一印象"。

实际上，不仅仅针对谈判的场合，就是在其他社交场合中，树立"第一印象"对参与人来说也非常重要。由于谈判进程复杂多变，相对而言，要明确划分谈判的开局，也就是"开始阶段"通常很难，甚至几乎是不可能的，但谈判双方在谈判开局时所从事的活动以及这些活动确立的谈判气氛，却是能够较为容易地辨别出来的。

第五课
开　局

　　根据我们的经验，谈判的开局一般包括以下一项或多项活动：

　　第一，交换双方最初的方案；

　　第二，有意识地收集和披露一些有价值的信息；

　　第三，确立谈判的基本策略或者主要策略，注意不是确定谈判的内容。

　　例如，在李申奥向好莱文化传播公司的索赔案件中，双方的谈判开局是以李申奥的律师向好莱文化传播公司发出索赔函和交换了一系列证据材料为标志的，索赔函中律师明确提出了李申奥希望的索赔数额，甚至还明确指出对方应承担责任的法律依据，从而向好莱文化传播公司抛出了一个最初的方案，并有意识地披露了让好莱文化传播公司意识到自身过错的一些信息，进而确立了双方最初的谈判气氛，即整个谈判策略定型为进攻型谈判策略，传递的信息就是：不拿钱不完事，好莱文化传播公司必须拿钱处理问题。

　　而另有一些谈判，双方可能就仅从一方最初表达一个极为空泛的设想或计划开始。比如好莱文化传播公司和联城房地产公司的租赁谈判，好莱文化传播公司作为承租人如果一开始表达出一丝"非租不可"的意思，岂不犯傻？因而它首先只能是意向性地提出"我们想跟贵公司谈谈，有没可能在你们的联城购物中心租个场地开连锁店"。只有在双方就经营场地租赁的基础信息进行了交换，并确立了初步合作意向之后，双方才会提出包含租赁价格、期限及其他租赁条件的最初方案。在此之前，双方无疑都会尽可能隐瞒自己当事人的需求和期望等实质信息，并在此基础上，力图收集更多对方的相关信息。也就是说，信息的隐瞒和收集事实上在双方交换最初方案之前便已经开始了。

　　谈判开局的顺序，无论是先抛最初方案还是先进行信息交换，在所有谈判中，二者都是互相影响的。但是需要注意的是，本书中讨论的顺序，并不必然等同于现实生活中发生在实际谈判中的顺序。

　　谈判伊始，尤其是预见到可能会遇到一些重要问题导致谈判破裂时，老练的谈判者特别注重建立谈判双方的关系。我们在本课中探讨的各种谈判技巧，其实都是为了实现这一目的，为了方便阐述和举例。我们根据上述三种谈判策略的不同，对它们进行了大致归类。请时刻牢记，无论是何种技巧，它们之间都存在共性。因此，虽然对谈判期限、场地安排等问题，我们可能主要在进攻型策略中讨论，但在协作型策略或解决问题型策略中同样会涉及。此外，我们也需要注意，一些让谈判者之间保持和谐关系的技巧和方法在协作型策略和解决问题型策略中起同样重要的作用。

> **小贴士** 万丈高楼平地起，万事开头难，怎样开局在很大程度上将决定今后的谈判方向。开局之重要，犹如打斯诺克台球，不要以为你一杆打坏了，还有机会打第二杆。

■ 第二节 进攻型开局

谈判双方的任何一次接触都算是谈判过程的组成部分，谈判者之间的每一次电话或邮件，不管表面看起来多么平淡无奇，实际上都影响谈判者之间的关系乃至争端的最终解决。此外，谈判者还必须考虑到明显影响谈判者关系的其他因素，比如，他们以前有无职业交往以及社会接触等，这些因素也会对即将进行的谈判产生影响。因此，在谈判的开局阶段，我们要根据与对方的每一次接触，试图了解对方，特别是了解可以针对对方谈判者施加影响的心理因素。由于谈判者潜在的心理因素在谈判中变化无常，我们必须意识到这些心理因素的存在，并力图利用这些因素去左右对方的想法，以实现自己当事人的目标。

因此，采用解决问题型或协作型策略的谈判者，应该在开局阶段即着手建立有助于合作式谈判的友善关系。而对采用进攻型策略的谈判者来说，其目的反而是尽可能以各种可能的方式去实现弥漫着火药味的计划，才能更好地维护当事人的最大权益。那么，怎样才能使对手在面对自己提出的方案时不敢急于否认，甚至会对拒绝自己的方案之后的前景感到担忧，并产生悲观情绪呢？谈判者怎样才能一开始就占有心理上的优势呢？下面我们将探讨一些进攻型技巧，比如极端性开价、威胁和争辩。正如本书前面已经提到的那样，有盛气凌人个性的谈判者使得他不管到什么地方都能高度集中注意力，但这种本领，并不是仅仅依靠阅读本书就能学到的。本节的主要内容，旨在阐述谈判中获取"心理优势"的各种进攻型谈判策略和技巧而已，我们并不期望因此改变谈判者的个性。

一、掌控谈判日程

谈判双方的每次接触都是谈判过程中的一部分，并影响后一阶段的谈判，因此，谈判期间的议事日程，或确定争辩问题的顺序，常常具有特殊的重要意义。大多数情况下，谈判双方对谈判议事日程并不会明确地展开协商，有经验的谈判者常常会利用一些巧妙的方式来主导谈判日程。例如，在李申奥向好莱文化传播公司索赔案中，如果好莱文化传播公司的高律师向对方询问："你们到底想要多少钱了事？"这表明高律师希望在坐下来谈赔偿之前，先磋商赔偿数额的范围。通过这种方式，高律师实际上已经开始引导谈判的议事日程，要把赔偿数额先框定在一个范围内再谈别的。当然，在涉及国际外交事项、重大的公司收购等一些更复杂的谈判时，谈判的议事日程如何安排，本身就会事先通过双方的磋商加以明确，因而就谈判的议事日程进行谈判本身已经成为谈判的一部分。

确定谈判议事日程是谈判开局最重要的一项工作，不论通过明确的谈判还是通过更微妙的建议等方式来进行，谈判的议事日程如何进行安排事实上常常影响整个谈判的进程。所以采取进攻型策略的谈判者都首先把控制谈判议事日程的能力看作表明谈判者谈判实力及谈判地位的最初标志。谈判者选择的最初谈判议题以及谈判对方对这项安排的反应，在很大程度上表明了谈判各方在谈判议题上的优先考虑顺序，以及谈判议题本身对当事人的价值。例如，假定好莱文化传播公司的余律师一开始就提出好莱文化传播公司想租赁而不是想寻找一个合适的场地开店，由于强调了"租场地"这一交易方式，很明显余律师已经向对方传递了对好莱文化传播公司来说很重要的信息，即将"交易方式"确定为议事日程的第一项谈判内容，且告知对方应从租赁而非买卖这种交易方式开始谈起。

对另外一些较复杂的谈判来说，谈判者可能通过向对方提供一份书面的谈判议题或一份草拟好的协议草案的方式，来帮助自己更好地控制谈判的议事日程。谈判者主动草拟协议和提出谈判议题的顺序安排，通常会有利于自己掌握谈判议事日程，因为任何试图违反谈判者已提出的谈判顺序的一方，都要承受说明为什么要采用其他顺序的微妙心理负担。

其实，谈判的议事日程常常会因为谈判过程中的一些情势变化而修改或调整，但是，在涉及多项议题的谈判中，我们仍然可以主动运用下面谈到的谈判日程安排的三个基本技巧。

(一) 技巧一：先简单，后复杂

对谈判双方来说，如果在谈判第一个议题时就产生重大分歧，势必影响谈判双方的心情，僵持不下的情况不仅阻碍谈判进程，甚至可能导致整个谈判破裂。所以，一般情况下，采取先简单后复杂的方法，将争论最小的问题首先纳入谈判的议事日程，通常成为谈判者的首选。为什么谈判者会这样呢？原因在于，先解决最容易的问题更易使双方共同感受到谈判成功的喜悦，有助于谈判双方建立起友好关系，而这种关系无疑有助于推动解决更困难的问题。此外，如果双方都采用进攻型策略的话，首先提出争论最小的问题还可以避免谈判过早破裂，并且在双方通过辛苦的谈判解决好全部小问题之后，从对谈判者的心理分析来看，人们一般不希望在谈判的最后阶段因为一两个问题达不成一致而选择放弃，否则前期谈判工作可能全部白费，整个工作变得毫无价值。所以，当一系列较小问题得到解决后，双方在今后谈判中因出现分歧而产生放弃谈判的念头时，也会因为之前已经积累了较多的谈判成果，而更慎重地考虑是不是真的要放弃。

那么，如何区分简单和复杂的问题呢？简单的问题即谈判双方争议较小的问题，实际就是指在双方先前接触时就表达彼此分歧较小，或相对不重要，或不是根本利益之所在，或仅仅具有象征性意义的那些问题。我们要提醒的是，有时在进入最初谈判之前，谈判者常常无法真正确定哪些问题最容易解决。例如，在李申奥与好莱文化传播公司的索赔案中，李申奥聘请的秦律师可能认为最难谈的问题是赔偿金额问题，但当他提出赔偿金额的初步方案时，好莱文化传播公司的高律师却突然提出，首先应该谈李申奥是不是确实在好莱文化传播公司施工场地内受伤的问题，而这之前，秦律师可能会认为在确定李申奥受伤地点的问题上，双方是没有分歧的。

(二) 技巧二：先重要，后次要

与"先简单，后复杂"的方法相比，有时候考虑采用"先重要，后次要"的技巧可能更好。谈判者首先提出一个或几个最重要的问题，在重要问题上达成一致意见后，次要的问题就将迎刃而解。当然，一般情况下，谈判的问题越重要，争论也就可能越大，内容也会越复杂，谈判陷入僵局的可能性也就越大，一旦谈判陷入僵局，双方可能由此产生敌意，从而可能连次要问题也无法往下谈了。为此，如果谈判者发现重要问题的谈判无法进行时，需要及时调整议事日程，将谈判议题迅速转到次要的、简单的问题上。

若谈判双方均采取协作型谈判策略，基于双方都力图建立合作关系的意愿，先选择最重要的问题谈判可能是一种较好的习惯性做法。在这种情况下，大多数谈判双方会认为如果能在重要问题上达成协议，那些细枝末节的问题就不值得再费时费力了。在这类谈判中，双方在重要问题上达成一致意见，通常比在进攻型谈判中要求对方接受自己的重要观点相对容易得多。

(三) 技巧三："一揽子"谈判

所谓"一揽子"谈判，就是同时在多个议题或问题上进行谈判，多个问题间相互关联，也方便谈判双方各自同时就相互关联的问题予以平衡。从理论上说，这一方式有时似乎不太实用，显得毫无重点。但是，由于谈判双方在各种问题上总是有不同的优先考虑顺序，他们一旦能在不同的问题上相互让步，一方用其中一个问题的让步换取对方在另一个问题上的让步，此种情形在实际谈判中，却总又能够推动达成共识，因此"一揽子"谈判反而成为一种有效的谈判日程安排方式。比如，在好莱文化传播公司支付较低基本租金的情况下，如果联城房地产公司最关心设备改造费增加导致成本上升而亏损，而好莱文化传播公司最关心的可能是商店的具体位置。只要好莱文化传播公司同意在基本租金之外，承担一定比例的设备改造费用，联城房地产公司也许就会同意把视野开阔、客流量较高位置的商铺出租给好莱文化传播公司。在这两个问题上同时互相让步，显然有利于双方达成一致。

同时谈判多个问题可以让谈判者在制定整体方案时能够同时照顾到每一个问题，不至于在确定某一个问题的解决方案之后，才发现这一方案可能与另一个问题的解决存在冲突。特别是对解决问题型谈判，"一揽子"谈判更有利于增加问题解决方案的数量，并掂量方案的可行性。如果同时谈判多个问题，一方就可能提出解决这些问题的"一揽子"的整体方案，而对方也可能修改这个整体方案或提出自己认为可行的"一揽子"的整体方案，这样就确保了整个谈判方案的整体性、统筹性及可操作性。

虽然有的时候谈判者一次只谈判一个问题，但他们其实在心里都意识到，在这一问题上能否最后达成一致还将取决于与之相关的其他问题能否达成一致，如果不同时对其他相互关联的问题进行统一考虑，则很有可能造成对已经谈过的一个问题进行重复谈判；而重复谈判某个问题既违反谈判规则，又损害谈判双方之间的基本信任。因此，谈判者在谈判某一个问题的时候，需要考虑是否有必要将其他关联性的问题一并提出进行讨论，以尽量寻求一个整体性的解决方案。这种因某一问题的解决取决于其他问题是否解决，从而将多个关联的问题一并解决的"依附式"谈判方法，既可用作进攻型谈判策略，也可用作解决问题型谈判策略。作为进攻型谈判策略，它的作用在于向对方表明，若想达成最后的协议，则必须在多个问题上求大同存小异，从而使对方产生一种在一些问题上必须作出让步的压力。作为解决问题型谈判策略，它为谈判双方在接下来的谈判中回头再互相让步提供了最大限度的回旋余地。

二、选择谈判场所

人们普遍认为，"主场"谈判的谈判者在谈判中总处于有利地位。经验表明，在自己一方所在地谈判，确实既能增强谈判者的信心，也能增大获取对自己有利谈判结果的可能性。因此，外交谈判中的外交官似乎很重视这一点，常常选择在中立的第三国家的某地会谈，才有了如日内瓦、维也纳等经常成为举行与其国家无关的谈判的最佳选择地的习惯。在体育比赛中，"主场"的地理优势更是被普遍认同，因而为了公平竞争，有些比赛甚至会进行两次，以便让双方都有打"主场"的机会。

所以"主场"谈判者占有优势并非无稽之谈，尤其从运用进攻型策略的角度来看，更是如此。进攻型谈判者的特点就是尽一切可能力图削减对手对其谈判实力的信心，因而凡是能导致对手情绪动摇或者心里不安的因素都是其有利条件。大多数人都会因一个熟悉的环境中而感到坦然并且信心十足，他们会自然地像主人而非客人。如一家不知名的小律师事务所的律师在参与把他的同样不知名的当事人——一家小公司的股权出售给一个全国性的大公司的谈判时，如果会谈地点是在他自己的办公室，他会感到更加地轻松自在，且具有更强的自信心；相反，如果谈判地点换成收购方位于中央商务区的某高级写字楼，或者是某地一家豪华的五星级酒店会议室内,他可能会感到非常不自在、不自信且心绪不宁。与此类似,在为农民工争取劳动报酬的案件中,当农民工的代理律师能够安排对方公司的代理律师到农民工居住的工棚里谈判时,这种陌生而简陋的环境一定会使对方感到不自在,在对方的不自在中得到满意结果是完全可以预料的。

实际上,将谈判安排在自己的办公地点还有其他一些比较实际的好处。比如秘书和其他助手可以根据需要随时提供帮助,另外在中途休息时间和座位安排上无疑也享有更大的支配权。

但是,在对方律师办公地点谈判也并非一点好处也没有。比如,当谈判者向对方律师索要有关信息时,在对方律师的办公室谈判使他更容易接触到更多的档案,如要求对方律师提交某些材料,相信对方很难找出理由拒绝提供这些材料。相反,对同样的问题,谈判者却可以一言以拒之,因为他没有立即获取全部案件资料的条件,谈判者可以很容易地告诉对方律师有些材料没有随身携带。此外,谈判律师偶尔还可以运用突然离开等方式结束谈判并通过此方式表明一种态度;而对在自己办公室谈判的律师来讲,要想以掉头就走的方式结束谈判是做不到的,要知道,自己离开和请人离开的难度显然是截然不同的。

其实,在自己的"主场"谈判能否成为一个有利条件最终还是取决于前来谈判的客方律师:如果客方律师完全克服掉各种不利因素,对"主场"律师来讲,也就没有多少优势而言了。对客方律师来讲,最重要的是不要让陌生的环境使自己感到不自在而影响自己的谈判行为。清醒地意识到谈判环境给自己带来的不便,并相应地尽力克服这些不便因素对自己的困扰,争取正常发挥,就可以使对方失去"主场"环境上的优势。对刚执业的律师来说,他们往往不能很好把握谈判进程,面对一个资深律师进行谈判会有心理障碍,以及对自己的职业角色或案件情况了解不足,也常常会使他们缺乏自信心。对他们来讲,在别人的办公室谈判可能就更不利了。而对于自信心较强、执业经验较丰富的律师,即使在对方律师办公室谈判也很少会受到影响。

虽然有必要认识到"主场"谈判会给自己创造一定的有利条件,但过分强调谈判地点仍然不可取。假如双方在谈判地点的选择上都难以取得一致意见,那可以想象这样的谈判要进行下去是何等的困难。如果双方确实都很看重谈判地点,可以选择某一中立地点如酒店、茶楼等，这样可以给双方带来同样的心理感受。

如果已经确定在对方办公地点谈判，你也意识到可能会有心理上的不利条件，那么你应该采取什么对策呢？一个简单有效的法则就是，当外界因素使谈判者感到不自在时，不要向对方做任何让步。此外，那些表面看来似乎无聊的"把戏"，如要求主方律师或当事人不要吸烟，要求将茶水换成咖啡，请主人方的秘书复制部分文件，或者找一些所谓的"紧急事情"打几个电话等，对帮助谈判者恢复自信、克服不自在的心理因素是有积极作用的。但是，如果这些心理战术上的花招不幸被对方识破，也可能产生事与愿违的结果。

当然，许多谈判并不是在事先安排好的固定地点举行，有的谈判可能会在几个电话或另一个完全不相关案件的庭审后在法院附近临时找个地方进行。在这些仓促、混乱的环境中，谈判者保持轻松自如的心理状态与他在对方律师办公室内轻松自在地谈判具有同样的重要性。

三、谈判座位的安排

正如前面说到律师可以借助"主场"优势来安排谈判场地的座位，而谈判者在整个谈判中所坐的位置是否舒服、是否自在，实际上也将对谈判者的发挥产生一些影响。比如，有些谈判者会在天气很热的时候，故意把对方位置布置在没有空调口的位置，或在天气不太热的时候把对方安排在冷风口的位置，这样能让对方在整个谈判过程中感到不自在，影响对方的心理状态，从而影响对方在谈判中的发挥。

经验告诉我们，谈判场地的布置确实对谈判具有一定影响。如果谈判者坐在平时会议主持人或领导人常坐的位置，在谈判中，其心理优势会不自觉地体现出来。假定在一次租赁合同谈判中，谈判地点被确定在出租方的会议室，按理说承租方的律师应该会因为"客场"谈判而感到拘束，但如果承租方的律师一进入会场，就径直走到会议室的主席位，且显得很自然地就坐下了，一般情况下，主人一方是很难要求其更换座位的。可以想象，选择了这样一个具有心理优势的位置以后，这位律师可以更容易在整个谈判过程中借助有利的地理位置，扮演一个谈判主持人的角色，最后争取反客为主从而取得更好的谈判效果。

此外，如果谈判双方坐在长方形或正方形桌子一角的相邻边，彼此就容易建立起一种随和的谈判关系，而这种关系正是协作型或解决问题型谈判所需要的。这种座位安排在使双方舒服自然地进行或多或少的眼神交流的同时，还能使双方身体充分靠近以便更加顺畅地交谈。而进攻型关系的座位安排肯定是面对面的，比如双方坐在方桌或圆桌的对面。因此，对不同类型的谈判，一定要学会选择好合适的位置安排。

四、谈判期限的合理利用

对任何谈判者来说，耐心总是非常重要的。进攻型谈判者往往意识到，最重要的谈判手段就是坚持己见，不到最后期限绝不轻易让步。比如，一些赔偿纠纷的谈判，双方可能往往会僵持到其中一方起诉，最终在诉讼过程中才达成和解协议，正如通常所说的"不见棺材不掉泪""不在屋檐不低头"。而有些房屋租赁合同纠纷则经常是不到出租方以停水、停电、停气相要挟的时候，不能达成和解。所以可以看出，在主要采用进攻型策略的谈判中，最重要的让步一般都是在另一方采用极端手段或即将采用极端手段时作出的，因为每一个谈判者都会想，尽量等待对方先作出让步。

清楚地了解和掌握谈判者的这一心态，对那些想采用进攻型策略以及对抗他人采用进攻型策略的谈判者来说都非常重要。让我们先来看看这对进攻型谈判中防御型谈判者的意义。在许多情况下，重要的谈判都会留到最后一刻，在此之前，所有的要约和方案都不代表符合双方当事人利益的真实想法。例如，在一起合同违约赔偿案件中，原告起诉要求被告按合同约定赔偿违约金近百万元。经被告律师论证分析，原告的证据充分且事实清楚，被告律师的当事人显然面临支付高额赔偿的风险。在庭审的证据交换阶段，承办法官极力鼓励双方调解结案，但被告律师一直坚持只愿意承担诉讼费，不愿向原告承担任何赔偿责任。直到离预定的正式庭审日期只有两天的时候，被告律师才主动找到承办法官表示愿意和解，并提出赔偿10万元的方案。案子最终在承办法官主持下以赔偿20万元达成和解。这个案例充分说明了耐心等待并充分利用最后期限也可能获得好的结果。

最后期限对谈判者来说具有重要意义，谈判者应当如何把握甚至安排最后期限呢？除对方确定的最后期限外，谈判者真正还应学会的是，在一个案件中如何主动安排和利用最后期限，以促使问题朝有利于自己的方向解决。比如，好莱文化传播公司故意安排一次同另一商场招租老板的会谈，并让联城房地产公司知道这一预定会谈的日期。当这一日期渐渐逼近时，联城房地产公司可能会认真考虑尽快签订一份切合实际的协议并在某些问题上作出让步，以使好莱文化传播公司不和其他公司签订出租协议。

除了谈判者有意安排的最后期限外，谈判本身往往也有一些可供利用的最后期限，有时甚至一些只影响律师而不影响当事人的最后期限，也会产生使人让步的压力。例如，如果好莱文化传播公司的余律师必须乘当晚的班机离开，她就会感到不得不向联城房地产公司作出让步，以便在离开之前达成协议或至少使谈判取得一些进展。另外，一年中的某些日子，比如国庆节或者春节放假的前一天，可能会在某些谈判者心中产生问题该解决了的感觉，谁也不想把烦心事带到一年中难得的长假当中。客观地说，作为一名老练的谈判者，应当避免在匆忙中无把握地签订协议，同时更应当清楚地认识到最后期限能产生使人让步的心理压力，并有意识地去克服这种压力，避免因此产生任何不利的后果。

除了利用最后期限外，有些谈判者还会刻意地利用所谓人体生物周期。其实，律师不必对人体生物周期的所谓科学太信以为真。这种科学认为，大部分人都有心理和生理处于最佳状态或最低状态的时间。如果一名谈判者在上午处于最佳状态，在午饭后通常会变得愚钝，那么只有在他感到自信、沉着、善交际、精力旺盛时安排重要谈判才可能合乎情理。如果一名律师习惯在每天上午 10 点后才开始工作，那么他安排在星期天上午 9 点同每天早上 7 点就开始工作的律师举行一次重要的谈判就是一种失策。我们不否认人体生物周期会对一些谈判者带来一定的影响，但人体生物周期因素在大多数情况下都是微妙的、不易察觉的，事实上很难利用人体生物周期因素去提高谈判能力，因此，谈判者不必太在意人体生物周期因素对谈判结果的影响；相反，充分准备以及扎实的谈判基本功才是影响谈判能力的关键。

五、确定谈判参加人

对谈判者来说，谈判时的心理因素有时候非常重要，如何能使谈判者比对方更具心理优势呢？一般情况下，如果谈判一方的人员在数量上超过对方，那就意味着这方的律师可能会更具有心理优势，所谓"人多力量大"。可以想象一下，如果一个律师独自一人孤孤单单地面对对方两位律师再加上对方公司五六名财务、法务及相关工作人员，再假如他身处对方的会议室中，面对对方七嘴八舌的进攻型谈判方式，会让这名律师感受如何？他会从容应对还是感到无从谈起？这样的谈判场面难道不会给来到"客场"谈判的律师巨大心理压力？也许，律师这时想的可能不是如何签一份令当事人满意的协议，而是如何能尽快结束这令人痛苦的谈判了。所以一般情况下，谈判者不应该轻易接受这样的谈判安排。

人多的优势是很明显的，当然不仅仅是具有纯粹的威吓力，人多还具有其他一些优势，如作为一个多人的谈判团队，相比只有一个谈判者的谈判方而言，具有更多参与讨论和发言的机会，对谈判中争议的某个问题，可能提出的理由和观点也会更多，发言的时间和次数无疑更会远超对方。如果谈判团队能分清职责，各司其职，还可以减少因劳累而错误地、轻易地作出让步的风险。此外，其余的谈判者在自己的同伴积极交谈时，还可以仔细地对对方律师进行察言观色。当然，谈判者在数量上被对方超过也并非必然不利，一些老练的谈判高手便善于观察对方谈判队伍中某些缺乏经验的谈判者留下的一些漏洞和突破口，或者对方某个成员有时不经意地暴露出一些重要的信息或作出让步，而这样的破绽在人多的情况下反而可能更易出现。要知道，人多虽然力量大，但人多也会嘴杂。

六、当事人直接参加谈判的利弊

对采用进攻型策略的谈判律师来说，有时候当事人，特别是涉及个人案件的当事人不在场也许会取得更好的谈判效果。一方面，由于这些当事人通常不具备谈判的一些技能，除非当事人本身就是一位杰出的、经验丰富的谈判者，并已经和律师就谈判策略进行了充分讨论，否则当事人在场时，律师准备进行进攻型谈判就可能是一种冒险。因为当事人很容易就对方的方案或询问轻率地作出口头或非口头上的反应，从而使对方准确地揣测出当事人的心理底价。我们在执业实践中，发现大多数当事人特别是个人案件的当事人，由于不能识破对方谈判者玩弄的花招，反而容易很快失去对谈判前景的信心。另一方面，有些当事人还吵吵嚷嚷，无法耐心地寻求解决问题的潜在办法，要么因为吵闹而导致谈判破裂，要么因失去耐心而轻易妥协。

此外，进攻型谈判中的律师有时候会采取诸如"化敌为友""变相威胁"等策略来取得对方的一些让步,这在有些当事人看来也许会是一种背叛或不忠的行为。尽管事实上,这些方式往往会取得对当事人更好更有利的谈判结果,但也只有在当事人不在场的时候才可能进行。

> 例如,赵律师曾经受一购房业主的委托,就所购房屋的质量问题与开发商交涉。此前该业主已与开发商进行过接触,并在开发商售楼部大吵大闹,最后还与开发商售楼部的一位负责人发生了肢体冲突,但问题未能得到解决。接受委托后,赵律师与当事人一道再次来到开发商的售楼部,找到了这位负责人。这时赵律师让当事人在大厅休息,独自一人将负责人请到了旁边一间封闭的会议室里。按常理分析,该负责人由于之前与业主有过冲突,心里定会有一股怨气,为此赵律师采取了"化敌为友"的策略,站在该负责人的立场上,对业主的粗暴处事方式进行了谴责。由于感到获得了对方的理解,该负责人心里的怨气得到了一定释放,接下来的沟通就顺畅了许多。在这当中,赵律师还为自己的当事人编造了一些可能会对开发商构成一定影响的社会背景,最后带着诚心为开发商着想的口吻,故意透露出自己当事人的"底线方案"(实际上是事先与当事人沟通好的一个方案),从而变相地对开发商实施了威胁,最终在作出适当让步之后获得了开发商负责人的认可,与开发商的谈判取得了成功。

显然,这样的谈判策略,是不能有当事人在场的;如果当事人在场,可能什么也谈不成。因为律师作为代理人进行谈判的有利条件之一,就是律师对有关争执问题不会感情用事,极少受到当事人在谈判中容易出现的愤怒、害怕或者着急等情绪的不利影响。

当事人是否直接参与整个谈判过程,需要谈判律师根据实际情况来决定,有时候当事人参与谈判也会对谈判产生一些有利的影响,特别是有助于实现进攻型或解决问题型的谈判策略。比如,在精神损害赔偿纠纷案件中,有时候受到伤害的一方所表现出的情绪更能使对方相信,如果不能公正地解决这起纠纷,那么受害一方采取包括起诉在内的抗争无疑是必然的。另外,当事人直接介入谈判也是解决问题型技巧的一个重要方面,因为他们最清楚自己的根本利益之所在,他们可以随时调整在谈判之前与律师沟通好的一些方案,从而让律师可以根据实际情况对一些利弊进行取舍。否则,律师接受委托以后,在当事人不在场的情况下,肯定是不能随意更改当事人授权的。

七、谈判信心的建立

一个谈判者是否具有谈判实力,不仅取决于他在谈判事件中是否具有一些有利的因素,还取决于谈判者的一些外在气息;这些外在气息同样可能对谈判实力构成影响。比如,一位刚执业的律师新手在和一位饱经风霜的老律师谈判时,常会感到不自在或不自信;而西部城市一个小所的律师忐忑不安地步入东部大城市一家有声望的律师事务所时,律所周围环境、办公室装饰、职员衣着和风貌等看起来洋溢着某种成功和专业气息的表现,可能就会更加剧那种不自在的感觉了。这种不自在一定会在某种程度上削弱一个谈判者的谈判实力。

不过话又说回来,一个老练的谈判者,是不会轻易被一些外在的东西吓倒的,外在气息对谈判实力是否构成不利影响,还是取决于谈判者本人。美国总统富兰克林·罗斯福有句名言,"我们感到害怕的唯一事情可能就是害怕本身";这句话完全适合于谈判场合。一个律师越成熟,对自己的职业形象就越自信,就越能准确地判断其当事人所处的谈判地位。而对一个刚执业的年轻律师来讲,事先做好充分的准备就是谈判中最重要的因素,充分准备对弥补经验缺乏可谓大有裨益。只要你准备充分了,对即将谈判的每个话题都掌握了充足的论据和可供选择的方案,这种状态就可以使你对对方谈判者的声望和能力不仅无所畏惧,而且可以有机可乘。

所以对谈判者来说,正式谈判之前,一定要克服因谈判地点或对方谈判者的声望而产生的不舒服情绪,建立起充足的自信心,否则不要轻易开谈。只有这样才能最大限度地减少潜在的心理上的不利因素。在其他一些方法上,有时可以与对方律师提前进行一些预备性的小型会谈,这样可以给谈判者提供一个熟悉和接受谈判对象及谈判环境的机会,从而有助于消除心理上的不利因素。

总之,良好的谈判心态来自充足的自信,谈判者如何才能使自己充满信心呢?请记住,无论你是一名新手还是一名老手,永远不打无准备之仗,做好充分的准备工作，这才是一切信心的源泉。

> **小贴士** 选择进攻型谈判后，需要以坚定的态度走下去。如果不能将你的坚挺表现到最后一刻，你的进攻效果将大打折扣。即使有些进攻型技巧让你背上"坑人"嫌疑，如安排对方坐在冷风口受冻等，但要想成为一个职业谈判者，你得学会接受这样的"良心煎熬"。

第三节　协作型开局

协作型谈判中，竞争与合作是同时存在的。首先看合作，促使双方谈判者坐到谈判桌前的原因是他们彼此都需要对方的资源，要获得这些资源就需要彼此合作；同时，竞争又是不可避免的，谈判者为对方提供资源的同时，也希望最终达成的合作方案能对自己更有利并减少对方一些利益，因此一定程度上双方又是一种竞争的关系。

在大多数协作型谈判中，竞争的因素常常会导致双方在合作内容上产生重大分歧，甚至会形成与进攻型谈判相似的谈判气氛。谈判者需要的资源来自对方，而双方对合作利益的期望值往往又是相冲突的，两种利益的强烈渴求交织在一起，便会使谈判者产生或畏惧或愤怒的心理。当对方否认自己提出的合作方案时，在利益面前，谈判者可能因谈判受阻而下意识地发怒。谈判者的愤怒反过来常会加剧对手的畏惧，再次相应地产生愤怒和畏惧情绪，从而形成一种情绪上的恶性循环。这种循环会使双方错失公平合理地互相获利和互相让步并最终达成一致意见的良机，并且，极有可能最终导致谈判的破裂。相信很多律师都遇到过这种情况，由于双方当事人的情绪都不能得到有效控制，即使律师已经找出了解决双方冲突、平衡双方利益的最好办法，但双方却因意气用事，感情上无法转弯而拒绝接受律师的建议，进而在一些无关紧要的细节问题上纠缠不休，并最终导致错失交易机会。

如果谈判双方曾经有过成功合作的经历，或者对方的实力、口碑等各种因素表明，与其合作可能会得到相应的回报，不会受损，那么谈判者就将建立起对对方强烈的信任，而这种信任对促成谈判起着至关重要的作用。所以，采用协作型或解决问题型策略的谈判者，往往会特别强调合作的利益所在，并对自己的优势进行详细的阐述，以便建立起自己在对方心中的一种信任地位。

那么谈判者采用什么样的技巧才能促进自己的谈判，并与对方建立起信任关系呢？

一、影响协作关系的六大误区

谈判者之所以采用协作型技巧，目的在于希望谈判对方也能采用协作型技巧，以便彼此之间能建立起一种合作关系，再争取相互的信任，最终通过友好协商在和谐的气氛中签订一份公平合理的协议。这是协作型谈判的一种理想化的结果，那么，哪些误区会影响谈判双方建立友好合作关系呢？

（一）误区一：认为进攻更有效

如果说进攻更有可能实现当事人的谈判意图，更能赢得一份有利的合同，那么很多谈判者可能都不愿意采用协作型策略，尤其是感觉对方企图以协作关系利用自己的信任作为进攻手段时。如前所述，如果面对一个进攻型谈判对手你还坚持采用协作型技巧谈判的话，进攻型谈判者完全可能利用协作型谈判者对他的信任，把让步视为懦弱的象征，获取对他的当事人更有利的筹码。因此，面对一位可能使用进攻型策略的对手时，谈判者如果又担心被他利用的话，自然不应选择采用协作型技巧了，因为进攻会比协作更有效。由此，总以为进攻更有效，就成了妨碍谈判双方建立起友好合作关系的首要误区。

（二）误区二：担心被利用

如果谈判者认为采用协作型策略对其当事人更有利，妨碍他采用协作型策略的另一个重要因素可能就是害怕被对方利用。由于进攻型谈判者通常也会以协作之名制造假象来利用对方，诱使对方作出让步，在这种情形下，协作型谈判者的合作行为不但不能使对方相应地表明合作态度，反而更容易被对方利用。因此，一旦协作型谈判者让步，而对方却不让步，那么双方不仅难以达成协议，谈判也失去了协作的基础。这样，如果谈判者同对方交换信息，那么这些信息就可能被对方用来揣测己方的弱点，而非换来一份对双方都公平合理的协议。长此以往，谈判者容易因为担心被对方利用，而认为协作型谈判行为不利于具体案件的处理，也会容易因此认定与对方谈判者无协作基础，故先选择放弃协作。

(三)误区三:争强好胜

现实生活中我们发现,很多时候谈判者碍于面子而选择进攻,害怕对方认为自己软弱可欺,因此为了表明自己是谈判的赢家,最后总是花费比谈判利益本身更高的成本去与对手进行事实上无谓的争斗。

以一个可能不太恰当的案例说明争强好胜所可能导致的无谓争斗对双方的伤害。有一个流传颇广的经济学家吃狗屎的笑话,笑话内容是这样的:两个经济学家甲和乙饭后一起散步,发现一坨狗屎。甲对乙说:你把它吃了,我给你100万元。乙一听,这么容易就赚100万元,臭就臭点吧,于是就把屎吃了。二人继续走,心里都有点不平衡,甲白白损失了100万元,什么也没捞着。乙虽说赚了100万元,但是吃了坨屎心里也堵得慌。偏巧这时二人又发现一坨屎,乙终于找到了平衡,对甲说:你把它吃了,我也给你100万元。甲一想损失的100万元能赚回来,吃坨屎算什么,乙不是也吃了吗?于是也把屎吃了。走着走着,乙经济学家忽然缓过神来了,对甲说不对啊,我们谁也没有挣到钱,却吃了两坨狗屎⋯⋯

在谈判中,碍于面子选择进攻的无谓争斗常常发生在竞价购买性质的谈判中。在美国法学院的谈判教学中有这样一个案例,教授告诉课堂上随意挑选出的两名学生,要为当事人谋取最佳利益而参加一场"比赛",以便确定出谁是班上"最杰出"的谈判者。然后叫这两名学生出价购买自己手中的一张面值为一美元的钞票,两人须轮流报价,但可以放弃报价机会。报价数额最高的学生将获得这一美元,但两人必须向教授支付其最后一次报价数额的钱。此外,每一次报价须高于前一次报价的10美分或10美分的倍数。

报价刚开始集中在10美分和50美分之间,终于,报价额达到90美分接近1美元了。在面临无论如何都得支付最后报价数额的规则面前,这两人如何合理决定最好仅支付一美元换取一美元钞票的游戏呢?有趣的是,当人们认为报价达到1美元就应该停止的时候,接下来发生的却是报价仍在继续:1.1美元、1.2美元、1.3美元、1.4美元⋯⋯事实上在报价开始前后的某一时刻,两人就应该意识到如果他们能相互达成一份协议,最多在40美分的时候就停止报价的话,双方都出资但都能获得微薄的利润。然而,这两名学生暴露出了他们的利己主义和竞争本性,最高的报价曾超过6美元,另一方的报价也超过4美元。显然,这样的谈判没有真正的赢家，谈判双方都碍于面子，为表明自己是最后的赢家，最终花费了比谈判利益本身更高的成本去与对手进行了一场无谓的斗争。

（四）误区四：对职业特性的误解

对法律谈判这种典型的代理人之间的谈判来说，上面的例子更是容易成为谈判者走入误区的典型了。很多人看来，律师职业本身充满了进攻性，特别对那些擅长处理诉讼业务的律师来说，其职业形象以及所说的每句话的字里行间都充斥着对抗的性质，再加上人们对律师这一职业的社会评价和期待，更夸大了这种对抗性的形象，因此，律师的所谓职业形象有时往往会妨碍协作型谈判的进行。预备采用协作型或解决问题型策略的律师可能会潜意识地认为，真正的律师是强硬的谈判者，如果不强硬如何对得起当事人的期待呢？这样一来，对那些担心不能有效地维护当事人利益的律师新手或自信心不足的律师来讲，所谓职业形象的维护反而成了协作型谈判行为的最大妨碍因素；这样的律师在涉及当事人利益的取舍问题上，显然很难在协作基础上作出任何让步。

（五）误区五：讨好当事人

有的时候，律师采取协作型策略有可能被自己的当事人看成一种怯懦或不忠。由于律师作为当事人的谈判代理人，必须尽最大努力维护当事人的权益，基于提供有效法律帮助和维持良好业务关系的考虑，没有哪个律师不重视当事人对自己在谈判中表现的评价。通常情况下，由于情感因素，当事人总会以一种比律师更具对抗性的态度看待谈判，因而他们对律师的期待无疑便成为妨碍律师开展协作型谈判的因素。对那些更依赖律师或者缺少与律师沟通的当事人来讲，更是如此。如果他的律师采用明显的进攻型技巧，他会很自然地相信，他的律师正在维护他的利益而不是向对方出卖自己。所以面对这样的当事人，律师怎么会选择采取协作型谈判策略呢？

（六）误区六：放任个性风格

有些时候谈判者的个性风格也会影响谈判双方的协作，毕竟每个谈判者都有自己的个性，而谈判本身又是极易受到谈判者个性严重影响的特殊人际交流活动。谈判律师毫不克制或约束的个性冲突以及一些激烈的情绪反应，常常会妨碍谈判，谈判者冲着对手的一些情绪反应往往会让对方对合作丧失信心。谈判学研究表明，对那些生性具有妄自尊大、喜好冒险和控制欲强烈等个性特征的谈判者来说，如果不进行自我约束和控制，他们选择协作型策略的可能性几乎不存在。所以谈判者自身的性格特点也会影响谈判的进行，这就是为什么两个性格相合的谈判者，也许在很多问题上更能很快地达成共识；反之，则必然容易影响双方之间的协作，谈判进程定会非常坎坷。因此，对一个优秀的谈判者来说，在谈判时要做到根据不同的谈判策略改变自己谈判时的言语态度和情绪反应，即便你是一个冲动易怒的进攻型谈判者，在双方当事人进行合作谈判时，你也有必要克制一下自己的情绪，以便与对方营造一种共同协作的谈判氛围。

二、促进协作关系形成的五大技巧

在前面我们阐述了如何消除妨碍谈判者运用协作型或解决问题型技巧的几种误区，下面我们探讨一下如何促进谈判者建立起必要的协作关系。

（一）技巧一：让对方放弃进攻

如果对方律师在谈判一开始就试图采用进攻型策略，那么，准备采用协作型或解决问题型策略的谈判者必须非常明确地让对方意识到，我们只接受协作型或解决问题型策略，采用进攻型策略是绝对不会成功的；如果继续采用进攻型策略肯定是徒劳无益的。只有这样，对方才可能会转而采用富有成效的协作型或解决问题型策略。当然，正如之前谈到的，在谈判策略的选择上，在总体采用协作型或解决问题型策略的过程中，不排除甚至不可避免在一些争议较大的议题上仍可能需要进行进攻型的谈判。

（二）技巧二：拿出诚意

在双方互不信任的情况下开始协作型或解决问题型谈判是很困难的，初次接触时双方谈判者总会非常谨慎。面对这种情况，谈判者应当首先设法消除彼此间的不信任感，这是谈判双方需要共同解决的首要问题。这时，切忌采用任何进攻型谈判行为，这会让对方有更紧张的感觉，并进而会产生一种不信任和对抗的情绪。根据我们的经验和观察，使谈判能够顺利地向协作型方向发展的最重要方法，就是一方主动采用协作型策略，如提出合理开价、适当让步或信息分享。当然，这些做法也可能是一种冒险。如果谈判对方均欲致力于采用进攻型策略，他可能会把谈判者的合理开价或让步视为软弱的象征，由此他不仅不会以合作方式回应，反而会变本加厉地坚信他的强硬态度正在或将会起作用。因此，请务必记住，诚意的释放应当一步一步地来，毕竟协作型谈判者试图让对方分享信息，希望对方把这些信息用于双方互利之处时，对方也可能反过来把这些信息用来寻找谈判者的弱点。

鉴于这些原因，协作型谈判者在谈判初始阶段只能适当地透露一些信息以表诚意，切忌将信息一股脑儿毫无保留地抛出，必须有所保留。在前面的案例中，如果李申奥的代理人秦律师认为自己的当事人得到合理赔偿的金额是25万元，除非他已和对方建立起相互信任的谈判关系，否则他一开始就提出25万~30万元的处理要求，无疑就是一种极不明智的行为。因此，为了避免谈判对方利用谈判者的通情达理但却不给予相应合作让步，对准备采取协作型策略的谈判者来说，主动获取对方信任的行动应当从一些风险不大的问题上开始，切忌从赔偿金额这样的核心问题上入手。某些情况下，谈判者甚至还可以明确地向对方表明，自己是否继续进行协作型谈判取决于对方是否具有合作的诚意，并要求对方用实际行动来表明自己的诚意，否则自己也会放弃协作，而选择进攻甚至放弃谈判。

说到这里，有人可能会问，上述观点岂不与前面的观点相矛盾？一方面，我们告诉谈判者首先要采用能赢得信任的协作型策略；另一方面，我们又建议他用以牙还牙的方式对待进攻型谈判者。其实，对任何谈判者来说，在选择进攻与协作时，心理上本身就是矛盾的抉择。如果谈判者一开始便表明合作态度，他容易被利用；如果谈判者不首先采用协作型策略，彼此不能建立信任，这种不信任又会带来对方采取进攻型谈判行为，形成恶性循环。因此，我们需要重申所有谈判中的一个核心问题，那就是谈判无定式。谈判者应该在何时给予信任与合作，何时采取进攻？就像许多其他问题一样，应当进行具体分析，不同具体谈判中的利益权衡不同，结果便不同，这才是回答这一核心问题的真正答案。

（三）技巧三：明确表达合作意愿

为了建立起双方的协作关系，有时候谈判双方事实上需要对他们采用何种谈判行为进行协商，因此明确讨论运用各种谈判策略的利弊，并通过协商确定一种谈判的基调也有一定必要。不过，在纯粹的进攻型谈判中进行这样的讨论，这种做法听起来有点不大可能，也有点不可思议，对一些双方利益十分对立的谈判也许反而有害无益。因此，谈判者即便希望通过协商确立双方应采用的谈判行为，但仍要注意协商的技巧，比如谈判者可以多谈谈自己喜欢怎样谈判，而不是指手画脚地告诉对方"应当"如何谈判。

如果你是希望同对方讨论谈判如何进行的谈判者，可以直接向对方提出两种请求。第一，你可以表明，对方的任何合作行为都可以得到相应的合作性回应。比如，秦律师可以向好莱文化传播公司的高律师建议，如果好莱文化传播公司合情合理地开价，他马上就会作出预定的大让步，这样双方便能迅速地进入实质性谈判，避免因持久谈判或诉讼而使双方付出高昂的代价。第二，你可以明确地就协作型或解决问题型谈判的好处与对方进行讨论。如果秦律师和高律师以前没有一起就人身伤害赔偿案件进行过谈判，对彼此之间的谈判风格或性格特点都不熟悉，那么在适当的时候，他可以提出他们之间如何形成谈判关系的问题来讨论，如下例所示。

> 高律师：秦律师，我觉得我与其他一些律师谈问题的方式不大一样，我喜欢实事求是、直来直去，从不绕弯子。你喜欢这样谈的方式吗？
>
> 秦律师：当然，我也希望大家能直接谈实质内容，不喜欢绕弯子，浪费大家时间。
>
> 高律师：其实，作为专业律师，对这个案件赔偿金额的大致幅度，我们应当都很清楚。在我办过的有些案件中，当事人明明知道只有5万元的赔偿，但律师却老在喊20万元甚至更高，而且东拉西扯、嚷来嚷去，这样其实完全没法往下谈。如果按我的习惯，我会直接拿出一个比较合情合理的范围，大家再确定一个公平的赔偿数额，有些科目的具体金额有点微调也没关系，这样可以大大缩短谈判时间，你觉得呢？

高律师通过这种方式表达了自己希望进行协作型谈判的意愿。这样的开场白当然也面临一些风险，可能被对方视为软弱，并为对方利用自己创造了条件。谈判者如果遇到一个自己并不熟悉的对手，让步又得不到对方相应的回应，那么就不应该作出有可能让自己当事人的利益受损的重大让步。但是，如果对方已经作出了合理开价或实质性让步，明确讨论自己偏爱协作型技巧就完全不一样了。

第五课
开 局

（四）技巧四：聆听对方的意见

一般情况下，人们在争执某个问题的时候，总喜欢就对方提出的观点作出条件反射式的"反对"，这种"反对"有时候是没经过大脑思考的一种本能反应。但是，对谈判律师来说，若想取得对方信任与协作以促进谈判地和谐进行，是不能轻易地就对方抛出的观点进行机械反应的。谈判者都是有情感的人，人都需要彼此之间的理解与认同，只有相互理解与认同，才能拉近双方的距离，形成一种融洽的谈判关系。为此就要求谈判律师在与对方谈判的过程中，做到认真倾听，努力在对方的观点中找到可以部分认同的地方，并向对方表明自己已经认真地进行了倾听，在一番认同之后，再开始进行反驳。请记住，切忌一开始就进行条件反射式的反驳。

谈判通常都伴随观点上的对立与冲突，上面几种让谈判和谐的技巧和办法，主要用于缓解谈判者不信任、畏惧和愤怒的情绪，以便帮助谈判双方建立起友好协作关系。经过深思熟虑运用恰当的技巧来发展同谈判对方之间的关系，就可在利益不受损失的情况下，顺利建立起协作型或解决问题型策略所需要的谈判关系。能使谈判对方相信律师理解他关心什么，从而促进协作式的人际关系技巧，通常被认为是"最廉价的合理让步"。积极聆听便是能在谈判过程中促进协作式人际关系建立的重要技巧。何为积极聆听？积极聆听是指认真倾听并充分理解谈判对方的意见陈述，然后对此作出相应反应的过程。

假定李申奥的代理人秦律师提出请求好莱文化传播公司赔偿的最初数额是 50 万元，他认为，根据医生的报告和他的办案经验以及对案件所有情况的认真研究，这是符合法院判决趋势的一个合理报价。好莱文化传播公司的高律师会如何回答呢？他可能会这样作出回答。

高律师：太荒谬了。我们怎么可能讨论这么高的赔偿额?! 我觉得我们在解决问题过程中还是应当建立一种相互信任的关系吧。你这不是在给我们出难题吗？你们能不能现实一点？

> 此时,人们正常的反应是对这个表态立即进行条件反射式的辩解,并予以反击:
>
> 秦律师:你说什么?请看看案件事实和医学专家的意见吧!这个数目是我们很认真地估算出来的,我们绝对是实事求是的,哪里脱离现实了?你真会开玩笑!
>
> 然而,假如秦律师不进行辩解,而是采取积极聆听并表示理解的方式,又将会如何呢?
>
> 秦律师:哦,你说得很对,有些索赔的原告律师特别喜欢胡乱报价,一点儿都不现实!我非常理解你对这一数目感到吃惊,也许你认为我是在和你开玩笑,提出一个不严肃认真的方案?但是,我想声明的是,我们提的这个金额是经过深思熟虑的,我想你之所以会感到吃惊,可能是你尚未考虑到以下几方面的因素……

请想一想,上面这两种回答方式中哪一种更可能促使双方认真商谈赔偿价款呢?换句话说,哪种回答更可能引领双方进行协作型或解决问题型谈判呢?

秦律师采取积极聆听方式真正做了什么让步呢?他没有让步或承认他的开价太高,也没有向对方提供可能被进攻型谈判者利用来对付他的信息。唯一让他可能"失去"的是,如果他想采用纯粹的进攻型策略,或带攻击风格的混合策略,那么积极聆听的方式可能会有悖于这种挑衅性的竞争态度,他很难再说得出类似"你们最好付清50万元,否则我们就在法庭上见!"这种话来。事实上,能够长期成功地进行这种赤裸裸进攻型谈判的人寥寥无几,毕竟对方律师也不是吓大的。

这个例子说明,积极聆听能促进双方建立协作式人际关系,因为它可以使谈判者有效地获取对方的确切意图,理解对方希望交流的信息。采用这种方式的谈判者可能并不会就对方的谈判主张作出评价,但这并不意味着他接受了对方的观点或认为这些观点和主张合理,这仅仅表明他承认对方可以提出不同的谈判主张,或者对方不是无稽之谈,或者不是无理取闹而已。通常而言,当人们认为他人倾听了自己的讲话并理解了讲话内容,而不是一听到讲话就立即展开驳斥时,大部分人都更容易信任对方并与之合作。

一般情况下,在遇到谈判对方陈述事实、提出谈判方案或其他谈判主张以及发泄感情这几种情形的时候,谈判者选择采用积极聆听并表示理解的方式,容易取得对方的信任但自己并不需要付出太多。采用积极聆听方式作为对对方陈述的事实和谈判方案的回应，真正的目的之一在于向对方传达其所传递的信息已准确地被接收并理解了。因为在谈判中，特别是谈判进入高潮时，情绪上的波折以及常常出现的极度激动或冲撞的气氛很容易使谈判者曲解对方的陈述。一方认为已达成协议，而另一方并不这样认为的情况简直太普遍了。所以抓住对方所表述的意见及谈判方案的核心内容，适时地说出自己的看法，不仅可以检验自己是否错误理解了对方的表达，还可以固定对方的表达，避免所谓的"边说边移"现象。

（五）技巧五：允许对方发泄情绪

在谈判过程中，一方当事人产生气愤情绪，甚至大吵大闹还破口大骂的情形时常难免。这种气愤情绪通常在自己的谈判目的被对方谈判行为阻截后产生，有时它完全使人把握不住是否存在继续协作型或解决问题型谈判的良机，一不留神甚至会导致谈判破裂。对希望建立协作型或解决问题型谈判关系的谈判者来说，如何识别和应对对方的气愤表现，应该作出怎样的反应才能缓解对立情绪并继续促成协作关系呢？

在我们看来，承认并明确指出对方正在发怒并表示就对方发怒的原因和心情表示理解，通常是最好的选择。当自己的言谈举止使谈判对方气愤时，不管这种气愤是自然的还是过度的，甚至是有意"借题发挥"的表现，表明自己深切体会到了这些情绪的方式通常有助于改善双方关系。前面秦律师采用的积极聆听方式就是一个好的例证。

对谈判对方的气愤情绪作出反应，不是指对对方发怒作出实质性回应，而是允许和理解对方发怒，从而避免对方采用其他阴险而狡诈的方式损害协作型谈判关系。如果高律师对秦律师的最新开价怒不可遏，那么在他发泄完这种感情前，谈判不大可能取得成效。不管怎样，谈判者还是应该允许愤怒的对方"出气"，不必对此进行防御或打断。同时，谈判者也不应当因这种情绪的突然爆发而影响自己的实质性谈判主张或导致自己对谈判失去信心。如果因为对方情绪的突然爆发，谈判者便立即作出让步或修改方案，可以肯定地说这是一种失策，除非谈判者能清楚地表明自己让步并不是因为对对方的气愤感到害怕。

法律谈判

> **小贴士** 选择协作型谈判策略后需要控制自己的情绪，为建立双方的合作关系不妨主动向对方披露一些信息，千万别在协作型策略和进攻型策略之间摇摆不定，否则对方无法感受你的诚意。在遭遇对方进攻甚至向你表示气愤时，积极聆听永远是控制自己、理解对方的好办法。如果连对方的话都不想听完，你又怎能要求对方与你合作呢？

■ 第四节 解决问题型开局

最后，让我们再来简单讨论一下谈判者如何采用解决问题型策略建立谈判关系。解决问题型谈判与协作型谈判关系非常类似，相似点在于二者都需要运用建立信任基础的方法，但也有一些不同，其中最重要的不同之处在于，解决问题型谈判的主要目的在于寻求解决问题的方法，而不是像协作型谈判那样作出让步后也相应地期望或换取对方让步。

解决问题型策略的各种技巧旨在建立起解决问题的良好谈判气氛，但是并不必然要求谈判者在谈判的最初阶段就采用它们。正如我们在前面已经分析的那样，纯粹采用协作型策略或解决问题型策略的谈判阶段通常以进攻型策略的谈判阶段为序幕。如果谈判对方开始采用的是进攻型谈判策略，不到谈判陷入僵局，双方都认为如果不改变策略就不可能使谈判取得成效之前，贸然采用解决问题型策略常常行不通。因此，对大多数谈判来说，只有在谈判进行到一定阶段，客观情况要求双方共同寻找问题的解决方法时，采用本节描述的这些技巧才可能取得成效。

所以，一定要等到时机成熟时，再在双方之间寻求建立一种解决问题型的谈判关系。这种谈判关系的主题是解决问题而不是交换谈判方案，是希望出现谈判双方尽量扩大他们当事人共同利益的谈判气氛，而不是双方之间对有限利益进行瓜分的谈判气氛。因此，一旦进入解决问题型谈判，在谈判的初期，谈判者开诚布公地承认和理解对方的难处具有相当重要的作用。

一般情况下，能否成功确立起解决问题型的谈判关系，取决于是否符合下列条件：

第一,双方谈判者是否互相信任;

第二,双方是否希望共同获得利益;

第三,谈判者是否开诚布公地交换意见;

第四,谈判局势是否具有改变的可能,而不是"一方赢,一方输"的既定安排。

首先,和协作型谈判一样,双方之间相互信任才能推动问题的解决。只有在信任的基础上,才可能让双方准确地交流关涉各自利益的信息,促成找出解决问题的办法。如果双方之间缺乏必要的信任,谈判双方就会因为担心信息被对手利用,而小心翼翼地披露有关当事人利益的信息。缺乏信任会使谈判者对对方的意见半信半疑,由于害怕对方以此实行进攻型策略,所以往往故意以提供虚假或者错误信息的方式来谋取竞争性利益。另外,相互之间的不信任还可能使双方丧失寻求一切可能解决问题的办法而所需要的那种激情与创造力。

因此,由于协作型谈判与解决问题型谈判在谈判基础上的一致性,所以在协作型策略中用于建立信任关系的所有技巧,都可用于建立解决问题型谈判所需要的谈判氛围。此外,解决问题型谈判还需要有能促进双方互惠互利的因素,这种互惠互利的结果是双方共同获得了利益,而绝非建立在对方痛苦基础上的另一方快乐,这就是解决问题型谈判区别于协作型谈判的地方。

其次,在初步信任关系建立后,解决问题型策略有哪些与进攻型或协作型谈判策略不同的技巧呢?关键之一就是不论谈判以进攻型还是协作型的面孔出现,都要引导对方摒弃死板教条的谈判习惯,促使双方能够进入集中讨论如何找到维护当事人根本利益之"双赢"方案的谈判进程当中。理论上,解决问题型谈判需要谈判者更巧妙地运用谈判技巧。假如赵律师要求好莱文化传播公司支付每月每平方米 200 元的租金,那么代理好莱文化传播公司的余律师该怎样反驳赵律师陈述的"谈判主张",怎样探明对方的根本利益呢?一开始,也许余律师就应尽力设身处地地为联城房地产公司考虑,了解其谈判主张后面的根本利益是什么。她也可以直截了当地问赵律师:"你们当事人是怎样确定这个租金的呢?"请注意,在这两种情况下,余律师并没有明说赵律师的谈判主张不合适或有更好的解决方法,只是为了设身处地站在赵律师的角度为其当事人考虑需求,以试图与赵律师共同寻找既满足对方当事人需求又不损害己方当事人利益的一种解决问题的方案。假设赵律师这样回答：这一租金数额是当事人为了预防设备改造成本增加所必需的。那么就为余律师更多地询问这类问题和坦率地讨论联城房地产公司的利益以寻找双赢方案敞开了大门。

当然，对解决问题型谈判者来说，除了指明对方根本利益之所在外，还应该就自己当事人的根本利益明确地与对方交流。再以好莱文化传播公司和联城房地产公司的场地出租谈判为例，好莱文化传播公司对租金价格的潜在顾虑是新开业的头两年内是否有能力支付这一价格，如果余律师采用解决问题型策略，她就可把这一顾虑明确告诉赵律师。这种明确交流利益的做法，可以避免赵律师产生"承租方在尽力争取较低租金"的情绪反应。这也为双方共同寻找解决问题的办法奠定了基础，这些办法与前面讨论过的那些解决问题的办法有些类似，如租金按季度增加或与店铺的销售额挂钩等，均是双方可以选择的解决问题的方案。

最后，需要注意的是，对己方当事人利益或顾虑的陈述应尽可能地明确具体。通常，明确的陈述需求比笼统或抽象的泛泛陈述更容易在双方之间达成一致，因为这样可以促使双方更快地进入具体问题的讨论。例如，在一起合作项目投资的谈判中，由于投资方希望准确掌握项目运营状况，故要求运营管理方随时对项目运作情况进行汇报，并遵从投资方的运作建议。但运营管理方认为投资方缺乏项目运营的专业经验，其提出的建议不能作为执行依据；此外，随时汇报运营状况既不现实，也可能会导致项目的商业秘密被泄露，因此不同意投资方的这项要求。由于谈判双方争论的是较为宽泛的议题，这样就使双方很难有进一步谈判和妥协的余地。如果投资方提出更具体的要求，双方可能就可以达成这样的协议：每月召开一次高层之间的碰头会，让投资方了解项目运作情况，所有会议内容及文件只限于公司高层人员知晓，投资方负有保密义务；投资方可以提出项目运作的建议，该建议经双方共同讨论通过后，由项目运营方负责实施等。

大多数情况下，律师作为谈判者一般习惯于进攻型谈判或者协作型谈判策略，而对于解决问题型谈判策略的一些技巧不是非常熟悉；但必须要记住，解决问题型谈判技巧是律师必须掌握的一项重要技能，它是评价律师创造力的一个重要方面。因此，掌握有助于建立解决问题型谈判关系的一些方法，对谈判者来说相当必要。在本书的后文中，我们将继续讨论如何在谈判开始阶段采用解决问题型策略相关技巧，以促进律师能够通过解决问题型谈判来实现双方当事人互利的目的。

> **小贴士**
>
> 解决问题的前提在于你引导你的当事人明确他的真正利益。只会进攻的律师，往往容易把当事人引入"死胡同"，只有在复杂谈判局势中善于把握时机，并能够提出解决双方分歧方案的律师，才是一个有创造力的律师。

第六课　LESSON 06

报　价

> **案例摘引**
>
> 鑫星公司拟购买鼎盛公司的一套生产加工设备流水线,为此双方开始谈判。按照交易惯例,鼎盛公司作为卖方先给出了 500 万元的报价。鑫星公司事前已经调查了解到这一报价比市场价高了许多,于是直接表示,如果鼎盛公司坚持该报价则不谈了。尽管谈判前有所准备,鼎盛公司仍然为鑫星公司的强势表态震惊。通过分析鑫星公司的强硬反应,鼎盛公司判断:对方可能已就相关行情等做了较为充分的调查,坚持原报价确实可能导致谈判无法成功。但若直接承认报价过高而立刻降低报价,则在后续谈判中会过于被动,于是鼎盛公司按照律师的建议对其报价含义进行解释,具体介绍了其产品的技术特点和质量保证。对此,鑫星公司依然不为所动,反而向鼎盛公司询问其产品相对于其他几家公司的产品有何特别之处。言尽于此,鼎盛公司对鑫星公司的了解就更进了一步,因为其提出的其他几家公司皆是鼎盛公司的竞争对手,鼎盛公司在产品技术、质量上其实并不具备明显优势,鑫星公司能够明确说出这几家公司名称说明其已对市场及产品的调查相当充分。鼎盛公司的谈判代表和律师迅速交换意见,知道降低报价是必需的,但还是不想当场作出降价承诺,于是在律师的建议下聪明地提出,愿意就钢材降价后对生产成本的影响进行更详细的测算,但是否调整报价需要根据测算结果并征求公司高层领导意见后再定。于是,鑫星公司顺水推舟地暂时中止了谈判。
>
> ——摘自《上海中联律师事务所案例汇编》

第一节 报价的时机

最初报价往往决定了最后的成果,尽管报价内容至关重要,但选择合适的时间进行报价同样重要。有些谈判是基于一方的报价或要求发起的,如在大多数业主要求开发商承担逾期交房赔偿责任的商品房买卖合同纠纷中,很多时候是由业主一方发函，提出由开发商支付违约金、赔偿损失等主张，从而启动谈判程序。但除此之外的更多情形下，报价往往可能是在双方通过初期接触，并经过一定时间的沟通，在对彼此意图作出初步判断后才由一方提出的。在后面这种情况下，谈判的一方应当何时报价呢？

有句古话叫"先发制人"，还有句话叫"后发制人"，其实先发和后发都可能制人，也可能受制于人。但是，就多数谈判而言，我们还是认为"后发制人"的优势更大一些；换句话说，我们不应首先报价。尤其是在尚不十分清楚谈判协议应具备哪些内容的情况下，更应采取谨慎保守的态度。在我们经历的法律谈判实践中，如果能尽量使对方律师先报价，可以更大程度地为己方当事人争取利益。特别是在对通过谈判可能获得的利益无法作出准确判断的情形下，保持谨慎、保守的态度等待对方报价，总是一个好的选项。

例如，在不动产交易中，卖方基于投资失利急需资金周转的目的欲出售其名下房产，而买方因业务的飞速发展而需要购置办公场所，但合适的房产并不多。如果买方能在谈判伊始通过卖方的报价加以判断，无疑将对其压低价格极为有利。反之，若卖方能通过买方的报价对买方的需求进行了解，就可以更有效地采取有力谈判策略来打动买方。可见，无论哪一方轻易提出最初报价都存在在谈判开始之时即失去主动权的风险。如果买方不了解卖方急于出手的境况，其提出的报价很可能远远高于卖方的预期价格。如果卖方不了解买方对办公场所的特殊需求，其报价可能会低于买方愿意支付的最高价格。

因此，在法律谈判中，作为律师，应尽量保持克制、抑制自己率先提出报价的冲动。但是，事实上也许双方律师都熟知首先报价的弊端，在这种情况下谈判很可能陷入僵局，不利于促成当事人的商业交易。此时，若律师无法准确把握报价的合理幅度，一般可以有两种选择：一是与对方律师进一步进行信息沟通、交流，有人把这种情形称为信息谈判；二是提出一个极端的报价，该报价应远远超出己方拟提出的合理报价，明显脱离实际，以促使对方律师提出其报价。

需要进一步提醒注意的是，要充分重视信息收集、沟通的重要性。一般来说，双方谈判前都会互相提供一定的信息，无论是采取进攻型、解决问题型还是协作型谈判策略。我们之所以强调报价的时间要迟于对方律师，事实上是因为报价正是最核心的信息，通过报价我们能够进一步了解、判断谈判对手，从而掌握谈判的主动权。

> **小贴士**　最初方案往往都不会成为最终方案，甚至最终方案与最初方案会相去甚远，但最初方案却可能限定了当事人的最大利益。"狮子大开口"似的报价如果口开得太"大"可能损害双方的信任，反之如果开得不够"大"又会损害自己的利益。在你不知道该怎么报价时，宁可装"哑巴"，也不要扮"狮子"。

第二节　报价先后的选择

尽管我们谈到在开始谈判时不要首先报价，但在现实中，首先报价并不当然意味着就一定没有好处。相反，很多法律谈判事实上都存在固定由某一方首先报价的惯例。在此情况下，如果谁不遵循这一惯例，谁显然就将成为破坏谈判的罪魁祸首了。例如，在人身损害案件的法律谈判中，通常由原告首先提出索赔。同样，在本课篇首引用的鑫星公司与鼎盛公司的案例中，由卖方鼎盛公司首先报价也是交易惯例。当然，也有更多其他领域的法律谈判并不存在必须由一方率先报价的习惯和惯例。本节将对先报价这一行为进行分析，以便探讨明确这当中存在的一些规则。

如前所述，在法律谈判中首先报价并不当然意味着谈判的失利。如果首先提出的报价具备可行性和说服力，那么这一报价将很可能成为谈判的基础，双方将在这一基础上展开唇枪舌剑。此时，对先提出报价的一方显然是有利的，因为这一报价限定了谈判范围。为此，先报价的一方此前应进行谨慎、细致、深入的研究和考虑。例如，在好莱文化传播公司与联城房地产公司的租赁合同谈判中，若余律师率先报价，则其拟就的租赁协议中应包括期望的租金、期限等好莱文化传播公司所希望的所有条款，双方律师很可能将从这份租赁协议的内容开始谈判。若双方从这份租赁协议开始谈判，就意味着余律师已经通过草拟这一协议划定了双方的谈判范围。但如果联城房地产公司的赵律师并不理会这一协议，而在其后另行拟订了一份租赁草案，那么余律师的最初报价协议可能将无法起到限制谈判范围的作用。这种情况即使是在一些存在固定由一方先报价这一惯例的领域中也一样会出现。例如，在人身损害赔偿的法律谈判中，即使受害人一方已经提出报价，侵权人也不一定在受害人报价基础上进行谈判，而往往另行提出报价，双方从各自提出的极端报价开始谈判。而且，更为重要的是，在法律谈判中即使对方当事人或律师提出的报价基本符合实际，一个有经验的律师也会出于职业习惯并不当然地将之作为谈判的焦点和范围。

除了划定谈判范围外，先报价还存在借此观察对方反应的优势。好莱文化传播公司的余律师可以通过租赁协议使联城房地产公司赵律师作出回应，从而对其回应加以判断。如果赵律师表示，这份租赁协议没有大的问题，只是某些细节问题有待磋商。那么无疑表示其基本同意了这份租赁协议的内容；而如果赵律师在收到租赁协议草案后推迟了原定的谈判时间，这表明对租赁协议的内容可能存在较大的分歧意见，但仍然是可以继续协商的；若赵律师收到租赁协议后直接取消了谈判，这可能表明对租赁协议的分歧可能是根本性的、无法进行谈判的。需要特别注意和保持警惕的是，在法律谈判中常常存在"兵不厌诈"式的虚假反应，对此，需要余律师根据自身经验进行准确判断，很可能赵律师的某些反应或者情绪，如愤怒等，并不真实，只不过是为了争取谈判筹码的伪装而已。

尽管如此，先报价的弊端仍然显而易见。正如我们在前一节中讨论过的，在律师对谈判协议的合理内容并不十分清楚的情况下，贸然报价极为不可取。一方面，这种报价会错过对方可能提出的更高报价；另一方面，这种报价由于欠缺充分和周全考虑，本身也许就对当事人不利，由此划定的谈判范围甚至会带来作茧自缚的恶果。在贸然报价的情况下，谈判律师接下来能做的多半都是考虑如何采取补救措施，如何重新提出报价或者改变谈判态度，或者倾向于和解解决等，这些无疑会因此给谈判的前景蒙上一层厚厚的阴影。例如，如果重新提出报价，会不会给对方律师产生己方言而无信、出尔反尔的印象，对方甚至会由此怀疑己方是否具备参与谈判提出报价的资格；如果改以和解的态势进行谈判，又可能会被对方律师视为软弱可欺，认为谈判律师对最终谈判破裂后的诉讼前景不乐观，缺乏准备通过诉讼最后解决问题的信心。不仅如此，谈判律师在当事人心目中的专业形象也将遭到质疑。正如我们在本课开篇案例中引用的情形，正是因为鼎盛公司报价过高且严重偏离了市场行情,导致其谈判代表陷入被动。虽然其在律师的建议下从鑫星公司的反应中对当下情况有了更为深入的了解,同时也做了较好的补救措施,但显然在接下来的谈判中,鼎盛公司要挥手作别起初的高报价姿态,从而转为缓和、合作的态度继续谈判,可以肯定是很艰难的。

因此,尽管先报价存在一些优点,但对其弊端必须给予足够重视。若未尝其利先受其害,便会得不偿失。因而在没有充分掌控谈判应包含的合理内容时,最好的做法一般是等待对方律师先报价。在双方谈判律师对报价均采取踢皮球的方式时,为了避免损害当事人的利益,则可以通过提出一个极端的明显脱离实际的报价来诱导对方律师报价。

> 小贴士 除非你处于非常强势的谈判地位,否则不要急于报出最初方案,尽量先听听对方的意见总是有好处的。最初方案不一定是非常正式的报价,注意倾听对方的声音,对方可能总在非常隐晦地表达他的最初方案。

第三节 进攻型报价

具体到如何报价,还是要回到谈判应采取的策略上。进攻型、协作型以及解决问题型等不同的谈判策略对应到报价上,肯定意味着不同的报价策略。进攻型谈判策略,毫无疑问对应的就是进攻型报价。万事开头难,对进攻型谈判来说,最重要的是提出一份极端但又并非完全偏离客观实际的最初报价。

一、夸大的报价

找工作的时候,为什么人们总是会提出高出自己预期的薪资和待遇要求呢?当客人对餐厅的一道菜不满意时,即便实际只想不付不满意的那道菜的价钱,为什么一般一开口就要餐厅全免单呢?如此种种,其实都是在采取进攻型报价而已。精通进攻型报价技巧的律师往往会在谈判伊始提出一个高价。正如亨利·基辛格博士曾说的,谈判桌上的结果往往取决于你能在多大程度上抬高自己的要求。这话听起来也许有些夸张,但对法律谈判的研究表明,谈判律师的最初报价与最终达成的成果之间确实存在不可或缺的联系。当然,律师提出的最初报价既要比当事人预期的结果有利，又不能过分夸大并毫无商量余地，避免让对方律师认为谈判无法继续下去了。

　　由于谈判开始时双方律师实际上对最终能达成什么样的协议内容都不能完全确定，因此很多情况下，一个夸大而不空洞的报价将有利于双方限定一个合理的谈判范围。即使这个范围看起来有些大，但相比毫无范围的漫天要价要好得多。同时，从进攻型谈判理论来讲，夸大的报价也是给对方律师的某种示威、某种强硬表态，会给对方律师造成一种潜意识：如果拒绝在此范围内谈判，那么谈判可能将马上破裂。当然，现实生活中也不能说绝对如此，当谈判律师提出其夸大的最初报价时，如果对方律师马上提出自己的报价，且其报价也确实比较合理，那么夸大的最初报价往往就会失去作用。

　　有些情况下，夸大的报价究竟是否很夸大，也许仅仅是提出报价一方的感觉；由于人们对同一事物往往存在不同的认识，我们不能因此排除对方直接接受该夸大报价的可能性，说不定对方反而认为比其预期更低，那就是报价一方的失策了。但是不管怎么说，只要存在1%的可能性，律师就应当争取提出夸大的报价。因为夸大的报价可以为谈判律师提供一定的谈判空间，特别是在有可能错误估计对方谈判底线的情况下更是如此。此外，夸大的报价还有利于隐蔽己方的谈判底线，探查对方的谈判范围，为当事人谋取超预期的谈判成果。如果在随后的谈判中，律师发现最初报价确实稍高，那么可以作出适当让步，在对方律师眼中此时的你会显得比较合作，也有利于谈判的顺利进行。当谈判最终结束时，低于最初报价的谈判结果会当然地使对方油然而生一种成就感，也为将来的合作建立了良好的基础。

　　从下面这个阴差阳错的案例中可以看到夸大报价的作用。

> 　　公司工会一位职员为了争取员工利益，起草了一份要求增加工资的方案提交给公司，两天后，公司管理层约该职员谈判集体合同。在谈判之初，公司管理层向该职员介绍了公司目前的销售和成本情况，而且就未来几年的公司前景、财务预算进行了详细的说明，公司管理层表示难以接受方案当中的工资涨幅。在管理层介绍的时候，该

> 职员发现，在上交公司的方案当中，他误将他要求的12%涨幅打成了21%，而他原本仅期望能够增加8%，但他不动声色，（非常明智的做法！）等着公司管理层在作了有关公司处境艰难的痛心发言后，提出建议增加10%的工资，通过谈判，最终双方以增加13%的工资达成协议，比该职员原本的期望值高了5个百分点。

对采取进攻型报价技巧的律师来说，最常见的风险便是对方律师熟知此道，毫不相信夸大的最初报价，从而采取视而不见、置若罔闻的态度。进一步说，如果对方当事人及律师有能力迫使谈判律师提出第二个较为实际的报价，最初报价也将全无意义。这种情形典型体现在本课开篇的案例中，因鼎盛公司的报价过高，因而当鑫星公司提出有力反击证据后，鼎盛公司面临被迫调整报价的尴尬境地。此外，采取这种进攻型报价技巧对谈判也存在潜在的不利后果，如可能导致对方律师反弹性的报复，还可能直接致使谈判破裂。

谈判律师在谈判开始就采取进攻型报价很容易导致对方被迫采取相同动作，即同样给出一个夸大的报价，或直接退席，特别是当双方都同时采取进攻型策略时，更是如此。所以法律谈判中的对方律师由于深感他的反应与其律师职业有关，总觉得如果不采取强有力反击措施，可能使当事人对其产生工作不力的印象。所以谈判律师以夸大的报价作为最初报价，容易给对方过强刺激，从而导致谈判夭折。若对方当事人及律师判断出该报价系进攻型报价，可能会因此认为该谈判律师喜欢耍手段、不真诚，从而要求当事人更换律师，乃至终止谈判。若对方当事人及律师认为该报价系真实报价，则可能因与其谈判底线悬殊而直接放弃继续谈判。当然，更多时候，终止谈判往往也可能是一种进攻型谈判行为，谈判终结的根本原因仍然在于报价方与对方谈判方案之间的差距是否真正无法弥合。

进一步分析采取夸大的报价技巧带给谈判本身潜在的不利因素，我们还须意识到，如果对方谈判当事人及律师认为该报价完全脱离实际，对采取该技巧的谈判律师来讲，他可能会被认为缺乏经验或未做充分准备，特别是当他这样做又未能与其当事人充分协商时，毫无疑问将给他在业界的声誉带来糟糕的影响。

二、坚守报价

谈判律师选择了进攻型报价就应坚持进攻的锐气，向对方明确表示该报价是不可动摇的。给对方当事人及律师造成一种如果不改变其谈判方案就会陷入谈判僵局的表象，从而迫使对方作出调整或改变。

在进攻型报价中，谈判者在向对方提出报价时的措辞应力求明确、具体，不应过于宽泛和强调灵活性。例如，李申奥的代理人秦律师在开始谈判时，提出的和解请求金额如果是"大数在45万元内"或"25万~45万元"这样的最初要求，那么他表达的灵活性可能就太大了，因为任何包含两个数额的请求其实都在向对方表明，谈判者愿意接受较低的那个数。同样，如果好莱文化传播公司的余律师提出"每平方米200元可商量"的最初报价，他也表明了愿意作出实质性让步。含含糊糊的最初方案意味着接受进一步协商的可能性，而谈判中明确陈述方案的灵活性，则可能存在向对方表明自己愿意修改方案的风险。

事实上，法律谈判作为代理人之间的谈判，就像职业选手之间的比赛，要在激烈的法律谈判中坚持最初报价极为不易。根据我们的经验，坚持报价取决于三个支点：一为报价的明确性，二为报价的决心，三为对方拒绝接受该报价的后果。

例如，在一起施工方因钢材价格和人工工资上涨向建设方要求增加工程款的案例中，施工方很好地运用了进攻型报价技巧，最后颇具成效。代表施工方的律师在与当事人充分沟通后，提出了这样的报价："我们认为必须签订补充协议来调整工程造价，每平方米单价至少应提高100元，否则我们只能停工。"该报价虽然仅短短三句话，但却完整地包括了上述坚持报价的三个支点，显得坚不可摧。首先，"每平方米单价至少应提高100元"的要求非常明确。假如换成另外一句话，比如提出"我们希望重新谈一下造价调整问题"等类似请求，那实际上就表明了这种要求并不是非满足不可。其次，"必须签订补充协议"这一措辞彰显了施工方的决心，这比"我们建议考虑"等措辞强硬得多。最后，"否则我们只能停工"明确而肯定地向建设方声明了拒绝将产生的后果，试想如果改用"如果你们不增加工程款，我们将很难向施工人员足额发工资，我们担心这样会对施工进度产生影响"这样的措辞替代，是否显得软弱无力？能足以使建设方接受调价吗？

三、对报价的说明

谈判者提出一个夸大的报价并坚持固然重要，但若仅仅如此，显然也是不够的。虽然某些情况下谈判律师所代表的当事人确实处于相当强势地位，不需要担

第六课
报　价

心对方拒绝自己的报价，但就绝大多数谈判来说，一般谈判双方的地位是较为平等或者至少是差异不太大的。因此，谈判通常不是一方的报价所能决定的。就谈判的定义而言，谈判本身就是一个协商的过程，因而从严格意义上讲，若谈判一方处于绝对强势地位而无须考虑另一方，这样的谈判显然已经不能称为谈判了。所以，在坚定地提出报价之后，我们需要做的是列出种种理由来对报价的合理性进行充分说明，这从一定程度上可以避免对方因为我们夸大的报价而产生抵触、报复等不良反应，从而增强报价的说服力。在听过我们对报价的说明后，对方律师也许会想：哦，原来这个报价是这样产生的，看来并不完全是空口无凭或者狮子大开口。

　　例如，设想好莱文化传播公司的余律师向联城房地产公司的赵律师提出了一个相对较低的租金报价，却不能以相关事实及理由加以说明解释，赵律师也许会对此嗤之以鼻，认为如此低的租金根本是痴心妄想。那么这样报价，即使并不过分偏离实际，无疑也是极为失败的。但是如果余律师在报价后，随之对报价做了如下一番解释：好莱文化传播公司是一家新兴的成长型企业，将开展一系列的市场扩张活动，希望能得到支持。联城房地产公司名下物业众多，好莱文化传播公司承诺将在连锁扩张中优先与联城房地产公司合作；本次租赁期限很长，且好莱文化传播公司日后运营资金充足，能保证联城房地产公司在未来一段时间内获得持续、稳定的租金收入；好莱文化传播公司入驻后将展开一系列的宣传活动，这会间接提升联城房地产公司及其名下物业的品牌价值；好莱文化传播公司入驻后投入的装修、装饰将直接增加物业价值，且租赁期间届满不再续租后好莱文化传播公司同意将装修、装饰物无偿赠送；等等。在听了前述说明后，赵律师刚开始产生的质疑可能就会一扫而空，促使他慎重考虑余律师的报价。同样，在本课篇首的案例中，鼎盛公司提出了一个较高的报价，为了加强说服力，当鑫星公司提出异议后，鼎盛公司就报价依据进行了相应说明。而且，鼎盛公司谈判代表说明时并未直接就报价本身予以说明，而是绕开制定报价过程不谈，突出其产品设备的性价比，从而避免了主动暴露其报价与目前市场行情不符的事实。

　　在协作型谈判中，随时对报价给予充分说明，一方面是解释己方愿意为合作付出如此"代价"的原因，另一方面更是向对方阐述通过合作对方所能获得的

"好处"，也许某些好处当前并不存在而需要经过较长时间后方可体现。在有关人身或者财产损害索赔案件的法律谈判中，报价的说明显得更为重要。例如，假如李申奥聘请的秦律师在开始谈判时提出的最初报价是"无中生有"的100万元，而不能用事实或合理的证据加以说明，那么这一最初要求就对好莱文化传播公司评估案情起不了多大的作用。此外，如果这一最初要求有相应的法律依据或案例以证明对方应承担的责任和己方提出赔偿请求的合理性，它就会在接下来的谈判中产生更强的说服效果。因此，一位律师在诸如人身伤害案中的关于索赔请求的说明，不仅应当全面包括过去、现在和将来的医疗费和康复费的详细情况，而且也包括过去、现在和将来收入的损失情况，以及对"精神"的损害。这些详细的说明取决于律师事前的论证和准备，而这些论证和准备是否充分将决定最初要求的合理性是否充分。

对报价加以充分说明除了可以论证其合理性，从而说服谈判对方接受之外，还可以为谈判律师在接下来的谈判进程中的某一时刻改变报价埋下伏笔，他可以提出某一事实情况，表示这一事实之前并未在报价考虑范围之内，从而进一步提高或降低报价。这样不但可以避免给对方造成频繁报价、朝令夕改的不良印象，也可以进一步确立自己的正面形象，即谈判报价确实是建立在相关事实基础之上的。即使实质是想通过这样的途径作出让步，也不会因此轻易被对方判断出谈判底牌的虚实。

四、提高报价

前面我们提到，作为律师，提出谈判报价后应坚持报价并对报价给予尽可能充分的说明。在此情形下，如要提高报价显然极为困难，即使是在进攻型报价中我们一般也不提倡在最初报价后又提高报价。这样做的后果可能使当事人及对方认为谈判律师经验欠缺、水准不足，也可能直接激怒对方而导致谈判破裂。无论是谈判刚刚开始不久，还是谈判进行到一定程度时，提高报价都需慎之又慎。

在谈判刚开始就在最初报价上提高报价，会有什么效果呢？就好像一个人买体彩中了奖，体彩中心的工作人员先说中了100万元；当这个人欣喜若狂、手舞足蹈之际，工作人员又马上更正说不是100万元，是10万元。可以肯定的是，现在这个人肯定是不会像一开始就知道自己中奖10万元那般兴高采烈，他的心情甚至还会坏起来。在谈判伊始即提高报价的行为无疑为后期谈判进展蒙上一层阴影，导致对方产生心理上的怀疑和不信任感，我们很难预想这样的谈判会有较好的结果。

如果说谈判开始就提高报价会影响谈判取得较好的结果，这一点非常好理解，那么在谈判进行到一定阶段时提高报价又如何呢？我们的观点是，这种影响只能更坏而不会更好。设想谈判中一方报价已经得到了对方回应，甚至双方对此都已你来我往、针尖对麦芒地进行了几轮实质谈判，并取得了一些初步成果，对最终的谈判成果双方已有了基本的评估和认识，在这个时候一方的谈判律师又提高报价，显然双方之前的努力尽皆付之流水。在双方当事人都在场的情形下，情况可能会好一点，只需当事人双方对此予以表态即可，至少双方的谈判律师不会产生大的矛盾，毕竟律师是为当事人的利益而谈判，谈判也许会在新的报价基础上重新进行。但如果当事人并未在场，谈判律师向对方律师提出提高报价的影响则相对更大，因为这样做给对方律师的伤害可以说太大了。对方律师也许会想，是不是最初报价只是欺骗自己的一个幌子，前期谈判仅仅是为了试探其谈判方案及底线。对方律师也许因此产生极大的成见，认为遭到欺骗，之后即使再谈也很难以诚相待了。此外，提高报价还会激怒对方律师的另一个原因是，完全可能因此损害对方律师在其当事人心中的形象。因为就前期谈判成果对方律师肯定已向其当事人进行了沟通和报告，若此时提高报价，对方当事人也许会认为其代理律师谈判能力不够，居然连另一方的报价都未搞清楚就开始谈，甚至进而怀疑以后能不能达成谈判成果，更担心在之后的某个时间又有新的报价被提出来。

因此，简单一句话，之所以提高报价存在如此多的危害，是因为谈判本身就是双方将有关事宜由不清晰谈到清晰的过程，而提高报价则是再次"将水搅浑"。尽管如此，万事皆有例外，利弊总会同在，提高报价也是如此。虽然提高报价确实存在上述种种不利，但如果谈判律师能在提高报价前向对方律师声明，并说明原因，这样提高报价的方式无疑就是一种合理的、容易被对方接受的进攻型策略。比如，在房屋买卖交易谈判中，如果在谈判期间卖方律师说明根据政府公开信息显示房屋所在地的交易均价比谈判刚开始时已上涨5%，为此要求提高售价，就可能很有效果。

在实际谈判过程中并非所有的提高报价都能做到提前声明，作为当事人的谈判律师，一旦发生了某些能增加当事人谈判实力，并足以部分改变当事人谈判地位的情形，及时调整报价，为当事人争取最大利益总是正确的。但律师在决定这样做时，仍然需要准确把握对方律师及当事人可能的反应：若对方反应激烈、意见较大，对这种违背多数人对谈判报价认识的做法，则应谨慎对待，不排除选择放弃提高报价，避免因为坚持提高报价而贸然放弃已有谈判成果的风险。若谈判最终因此破裂，不排除对方借此在行业内进行负面宣传的可能性，这种对当事人及律师声誉不利影响的风险，无疑既不利于各方寻找新的合作伙伴，也不利于未来的长远发展。

五、诱饵条件

在进攻型报价中，谈判律师时常还会使用一种"虚假要求"的技巧，即在真正坚持的报价要求内容外，同时提出一些实际上并非其当事人十分看重的条件或要求。提出一些"虚假要求"的目的在于在后期谈判中可以通过放弃它们来获取更大收益。例如，余律师可能会在降低租金之外同时反复向赵律师强调，联城房地产公司必须在租赁物业广场的醒目位置上为好莱文化传播公司提供一个足够摆放广告牌的场地。其实这个场地在好莱文化传播公司看来并非必需的，也许甚至是可有可无的，这个要求实际就是一个"虚假要求"。如果后期谈判中好莱文化传播公司未能将租金控制在预想范围内，这时就可以通过放弃这一要求来换取联城房地产公司的让步，以此要求进一步降低租金。

因此，换句话说，"虚假要求"相当于一个谈判诱饵，通过这个诱饵来钓取我们所希望得到的"鱼"。有过钓鱼经验的人肯定都知道，如果想成功将鱼钓起，一方面诱饵要对鱼有足够吸引力，另一方面诱饵也要逼真，以假乱真，就像将整个鱼钩包裹在整条蚯蚓之内却不外露。因此，谈判律师提出"虚假要求"若要达到既定目标，做到使对方足以确信这个要求是重要的。在此前提下，放弃这一要求才可能使对方信服这是让步，从而得到对应的回报。

然而，任何事物都有两面性，使用"虚假要求"技巧也不例外。这也是一把"双刃剑"，用得好则双方皆大欢喜，用得不好反被对方利用，则伤人害己。如果谈判律师提出的"虚假要求"并非对方认为的重要内容，那么对方也许会在"虚假要求"上让步，同时期望换取在另一个"真实要求"上作出让步。此时谈判律师则可能通过"虚假要求"使自己陷入困境，因为他一方面无法坦承对方作出让步的实际是"虚假要求"，另一方面也无法对真实要求作出让步。如果对方律师及当事人识别出谈判律师这方的真实意图，并识破其提出的"虚假要求"，无疑为继续谈判加上一层厚厚的阴霾。毕竟，任何被欺骗过的人都很难再相信曾经欺骗过自己的人。

六、设定先决条件

市场经济中的人们对效率的要求越来越高，而在法律谈判中同样也存在对效率的追求。采用进攻型策略的谈判律师有时可以在谈判开始之前提出一个明确的先决条件，提醒对方注意如果无法满足该先决条件则无法开始谈判。因此，"先按我说的规矩办"便成为一项重要技巧。比如，好莱文化传播公司的余律师向赵律师提出，如果双方不能在每月基本租金应低于联城房地产公司标准合同中的价格上先取得一致，他们之间的谈判就不能开始。与此类似，如果好莱文化传播公司不愿在责任承担比例上让步，李申奥的律师就可能坚持主张双方律师不必安排会谈。

一般来说，先决条件为谈判内容的核心，如果双方未能就核心内容达成一致，对提出先决条件的一方看来谈判就失去了应有意义。同时，若就核心内容无争议，则毫无疑问可以预期接下来的谈判进展将会较为顺利，有助于大大提高谈判的效率。除此之外，在谈判律师提出先决条件后，如果对方为了能开始谈判而不得不作出让步，谈判律师在尚未开始谈判前不仅已实际获得了收益，而且还占据了进一步谈判的"高地"，造就了其携势而来的主动氛围，有利于在谈判进程启动后争取更大的利益。

除了上述就谈判本身的影响外，设定先决条件还发生在一些比较特殊的情形中。比如，当对方要求谈判或基于形势所迫同意进行谈判，而谈判律师却认为谈判毫无意义或更乐意通过其他方式解决问题时，通过提出一个只对自己合理但却可能是对方根本无法接受的先决条件，不但可以打击对方，还可以避免因直接拒绝谈判导致的被动或尴尬局面。当然，需要特别注意的是，谈判律师提出先决条件必须在当事人同意的基础上，且对谈判对方事先有相当的调查了解，仅仅为了在谈判中获取更多利益而提出先决条件，却无法确定提出后对方是否能理想地作出让步，那么显然就是一种错误。因为通常情况下，除非谈判对方明显处于弱势，否则其也会相应提出自己的先决条件，而绝不会兵不血刃就将你的先决条件作为大蛋糕拱手送上。谈判双方相互采用谈判先决条件的例子太多了。最典型的例子之一发生在与检察官的诉辩交易中，二者在谈判前都相互为谈判提出了先决条件。检察官提出诉辩交易执行的先决条件是被告人作出认罪答辩（Plea of Guilty），而被告人的代理律师则坚持被告人认罪答辩的先决条件是检察官同意刑期减免或进行降格指控。

类似双方同时提出先决条件的案例，还发生在俄乌战争的谈判中，双方都在谈判时提出先决条件，乌克兰方面称俄军立即停火是双方谈判的先决条件，而俄罗斯方面则要求，乌克兰停止一切军事行动、将拒绝以任何目的加入任何联盟写入宪章、承认克里米亚归属俄罗斯，并承认顿涅茨克和卢甘斯克的独立地位，那么俄军就可以停火。在乌克兰看来，双方在停火状态下谈判是有利于减少矛盾的好方式，但俄罗斯却认为停火行为本身就已经意味着重大让步，且这个让步并没有给俄罗斯带来利益，所以俄罗斯对停火提出了先决条件，而从乌克兰方面看，这些停火的前提条件会严重损害其主权利益，对乌克兰更是意味着重大让步，导致双方的谈判无法获得实质性推动。

显而易见，如果谈判双方同时提出先决条件，可能的结局有两种，要么双方互相接受彼此条件，皆大欢喜；要么互不相让、争执不下，谈判无法启动或陷入僵局。

七、"博尔维尔技巧"

尽管我们前面提到，进攻型报价通常是以一个"夸大的报价"开始的，但也并不绝对。有时候，进攻型谈判者也不妨提出一个自己认为合理的、应作为最终谈判协议内容的报价，要求对方只能以此作为双方签约蓝本，拒绝做任何实质性的让步和修改。这也是所谓的"一口价"报价法。这种报价要求对方除了接受或者拒绝外，没有第三种选择余地。从表面看来，这种报价摊牌过快的特点与进攻型报价所提倡的夸大报价似乎有点不符，但究其本质，其实际更体现出了一种极度强硬的进攻本性，同样属于进攻型报价的范畴。这种技巧，在美国的劳资谈判

第六课
报 价

历史上曾一度为资方采用，因而又被称为"博尔维尔技巧"。

"博尔维尔技巧"其实并非谈判理论研究成果，而是诞生于典型的谈判实践中的案例。这一术语源自通用电气公司的副总裁穆勒·R. 博尔维尔（Len R. Boulware）的名字。正是他在通用电气的劳资关系谈判中最初采用了这种技巧，一时享有盛名。具体做法是，通用电气在谈判前就相关谈判事项单方拟订了一个在公司看来公平合理的系列方案，之后它避开工会的谈判代表而直接向工人宣布其内容。最典型也是最具特色的是，通用电气公布方案的同时还声明，如果不能指出方案中存在具体错误或者确实忽略了某些重要问题，通用电气就不再修改方案了，这等于拒绝了修改方案的通道。不出意料，这种谈判做法遭到了其他一些劳工机构的强烈批评，美国劳工关系委员会认为这是一种"对工人不公平的做法"，这种做法违背了谈判双方应有的平等地位，忽视了工会的正面谈判地位，破坏了工会代表劳工进行集体谈判应有的完整性。

尽管如此，"博尔维尔技巧"仍然以其突出的谈判特点而大行其道。到今天，"博尔维尔技巧"已经演变成"博尔维尔主义"，变成"一次性提出、公正而坚挺、最终不会被改变的'一揽子'方案"以及拒绝让步的谈判技巧的代名词。即使反对的声音不绝于耳，我们也不得不承认，这种技巧运用于法律谈判中，将减少甚至避免激烈争辩的发生，使双方直面主题，加快谈判进度，从而节省不必要的开支和时间。不仅如此，运用"博尔维尔技巧"还可以进一步向对方宣扬自己的优势地位，谈判者可以借此打击对方的信心，使其确信无法进一步获得其他更有利的好处，无论是通过争辩、威胁还是其他谈判技巧。

但是，需要指出的是，法律谈判作为当事人的律师之间的谈判，若在谈判中运用"博尔维尔技巧"就可能面临如下两种风险。

第一，考虑到谈判律师与当事人的代理关系，当事人之所以请律师参与谈判，目的是为其争取更大利益。如果一方的谈判律师以"博尔维尔技巧"提出报价，面对其强硬态势，另一方的谈判律师将如何反应呢？他在自己当事人面前会如何显示其在谈判中的作用呢？毫无疑问，另一方通常的选择就是迎头痛击，同样回之以强硬的报价且拒绝作出任何让步。若谈判双方都坚持不妥协，几乎可以肯定最终将导致谈判陷入僵局，这明显违背律师应该最大限度地促成交易、帮助当事人获得合法利益的执业原则。如果谈判律师的当事人在场，且未对律师采取的这种回应方式给予制止，虽然谈判律师事后遭抱怨的可能性较小，但一定程度上肯定无法避免当事人在内心的抱怨：是你的这种过度反应才导致谈判无法继续进行的。假定此次谈判对当事人确实影响重大的话，当事人将不得不面对不能继续谈判的尴尬境地。若谈判律师代理的当事人并未在场，那当事人的意见可能会更大，甚至因此质疑谈判律师的专业水平。因为谈判破裂后可能得走上诉讼程序才能解决纠纷，或因此让当事人失去通过谈判获得相应利益这条最佳途径，给当事人实际上带来的伤害通常会更大。

第二，采用"博尔维尔技巧"的谈判律师将面临对方对其诚实、信誉的质疑。这如同人人皆知的"狼来了"的故事，如果这样报价后并未达到迫使对方同意的效果，反而让自己的当事人基于达成交易的巨大利益而不得不主动作出让步时，谈判律师一方面将在后续谈判中面临相当被动的局面，另一方面还将引发谈判对方的不信任。此后，即使谈判律师这方再提出的报价确实是公平、实在和难以再让步的最终报价，但若没有充分理由，则对方仍将很难再相信。不难想象，谈判由此将变得艰难无比。

八、抓住超预期的机会

采取进攻型报价的目的旨在以咄咄逼人的进攻态势，削弱对方律师对其当事人自身谈判实力的信心，进而获得谈判的主动权。如何合理判断对方律师的反应，从中分析出有用的信息来推动谈判，帮助当事人获得更大收益，其实是一个更重要的话题。

假如李申奥聘请的秦律师在25万元的范围内为其当事人预测了一个赔偿数额。此外，秦律师也想为李申奥尽可能争取更好的结果，因而准备只采用进攻型报价策略。于是他向好莱文化传播公司报了一个33万元，他认为会超出预计的报价。令人欣喜的是，好莱文化传播公司出乎意料地仅稍稍压了点价，提出若双方达成和解则愿意支付30万元的报价。此时此刻，秦律师对这一似乎很乐观的还价该做何反应呢？

出于人的本能，特别是对那些新入行的律师，当谈判对方的报价好于自己向当事人的预测时，一般会暗自窃笑，并容易出于速战速决考虑而直接接受或有兴高采烈的情绪表现；向对方还价时，通常难以抑制激动的情绪，或是忐忑不安唯恐对方更改报价。我们得承认，这些反应都是人之常情，但作为律师却极有可能因此失去为当事人谋求更大利益的难得机会，失去进一步为当事人讨价还价的机会。更糟糕的是，这样的律师还有可能因此向谈判对方透露出己方的相关信息，从而让对方从这些反应中判断：是否自己的报价已高于对方的预期。谈判对方也许会因此迅速调整策略，马上更改报价，在后续谈判中表现得更为强硬。

可见，不恰当的反应不但不能争取到已经可以预见的利益，反而会适得其反，这对原本可能取得的良好谈判结果无疑是致命的。那么如何才能作出正确的反应呢？这取决于及时充分的分析判断。显然，好莱文化传播公司的还价比秦律师的预期目标要高。通过分析我们认为存在三种可能性：其一，可能是秦律师自己预测的索赔价格确实偏低了，未能了解当前此类案例的实际赔偿标准。其二，可能是对好莱文化传播公司了解不足，该公司社会责任感较强，谈判中又采取了协作型策略，愿意适当高地赔偿，只要不过分偏高就行。因此充分研究后提出了这个对它认为合理的报价。其三，可能这30万元的还价就是好莱文化传播公司的"一口价"了，因为它同样采取了进攻型报价技巧，只不过因为对赔偿金额的判断偏高了而已。

经过上述分析后，对此大好形势，律师该做何反应呢？

首先，在即时分析现有形势的基础上应该确定接下来要采取的策略，要么继续进攻型策略，要么改以协作型策略。一般而言，如果对方的还价确实使当事人极为满意，且当事人同时希望能与对方保持良好的关系或急于结束谈判，改以协作型策略是恰当的。采取协作型策略时，合理的反应一般是认可、赞许、确认对方良好的谈判态度，但同时强调进一步谈判的必要性，以此降低对方意识到其高估了赔偿金额并继而改变谈判策略或者改变报价的可能性。

其次，如果当事人仅仅因本次谈判与对方建立关系，之前或之后并不存在其他合作关系，也不急于结束谈判，而是希望继续在此基础上获取更大利益，且种种迹象表明尚有进一步争取的可能性，则谈判律师应该继续采取进攻型策略，继续保持进攻型报价。此时，无论其内心如何兴奋，他都必须态度鲜明地表示反对，向对方声称对方提出的还价完全不合理，远远低于实际应当支付的对价，甚至有时不惜由此断言对方律师未了解案情，未合理估计应当支付的价款，等等。

当然，在对方还价高于己方实际预期的情况下仍采取一反常态的反应，甚至使用步步紧逼、不依不饶的态度，在最终谈判结束后谈判律师有时无法避免会产生一些良心不安，甚至可能受到道德谴责。尽管对方最终支付的交易对价是其愿意支付的，但却主要因为谈判律师一方的欺骗性反应及措辞，才让交易的一方占了个大便宜，个中滋味确实非一般人所能品味的。但是，从某种程度上讲，这也许是律师的职业属性使然。我们必须承认，一个受过严格训练而又身经百战的"职业杀手"显然不是随随便便找个人就可以替代的，而要从纯粹道德上的正当性对律师职业化训练的效果加以评价和约束也不全然正确。想通了这一点，初入律师界的朋友也就大可释然了。

> **小贴士**　律师采用进攻型策略的最初方案一经报出就应当持续坚挺。为此，律师和当事人最好在报价前想明白这是不是一个"博尔维尔技巧"的报价；如果不是，那就应当做好充分说明等继续进攻的准备，否则就会让自己毫无回旋余地。

第四节　协作型报价

一、合理报价

在协作型谈判中，对应的肯定是协作型报价。与咄咄逼人的进攻型报价相比，协作型报价要显得温文尔雅一些。一般来说，在采取协作型报价的谈判中，双方最终目的系达成一份对彼此都公平合理的谈判协议，从而创造一个合作"双赢"的局面。因此，协作型报价与进攻型报价相比，至少会有如下明显不同：首先，协作型报价的最高限相比进攻型报价之夸大的高限而言，应该更为温和、更为合理；其次，协作型报价的提出往往以参考更为客观的标准为基础，而不是没有依据的信口开河或者依据不够客观的漫天要价。

在主张协作型谈判的谈判律师看来，报价应明显区别于进攻型报价那种极端和夸大，应保证既维护当事人的权益又不应过分超出谈判对方的预期而使其无法接受。换句话说，协作型报价应维持在适当的范围内，适当超过谈判律师的预期即可。因此，协作型报价一方面要做到公平合理，以此向对方表明自己对双方合作的真诚态度；另一方面要保留一定的缓冲空间，以便为接下来谈判的适当让步留有余地。

尽管进攻型报价与协作型报价并不可能用充分、详细的数据加以区分，但显而易见的是，对谈判双方来说，最初报价仍然是决定彼此之间关系的最重要的内容。例如，如果李申奥聘请的秦律师断定，解决本案的合理索赔额是 25 万~30 万元，采用进攻型策略的话，他提出的最初要求可能就是 50 万元或更多，而采用协作型最初报价很可能就只是 33 万~38 万元。由此可见，若能通过最初报价来确认彼此的诚意，则万事开头难的问题就会一扫而空。

我们之所以强调最初报价应合理，是因为唯有如此才能尽快在谈判双方间建立起良好的合作关系，使双方彼此信任。这正如同人与人之间的交往一样，决定相互关系的往往是第一印象，如果第一印象不好，即使最终得以使对方改变印象，但可能付出的代价远非一开始就留下好印象的情形所能相比的。根据谈判理论，成功的协作型报价能有效促进双方关系，克服进攻型报价的种种弊端，尤为重要的一点便是能推动谈判的有效持续进行，很大程度上可以避免谈判破裂的可能性。西方谈判学者提供的调查数据表明，以进攻型报价为起点的进攻型谈判最终导致了 1/3 的案件走进"死胡同"，而以协作型报价展开的协作型谈判的同类案例比例仅为 1/5 左右。

事实上，依据我们执业实践经验，与进攻型报价相比，更多的律师会选择协作型报价。

二、客观说明

协作型报价的提出需要基本参考一些客观标准，能够通过客观标准来解释、说明和论证其内容。正因如此，谈判双方律师可以此为谈判基础来维系谈判的推进。

用来解释、说明和论证报价合理的客观标准可以是来自各个领域、各个方面的，而且可能并不需要具有公认的确切含义，只要谈判双方能认可即可。从这一点来说，客观标准的来源其实会受到谈判者本身的经验、能力以及想象力及双方谈判类型所限制。在商业交易的谈判中，比如好莱文化传播公司和联城房地产公司之间的租赁谈判，出租房屋的"现行价格"可以作为一个很好的客观标准，双方对其含义的理解可以确定为合理的市场租赁价；至于如何认定市场租赁价，既可以通过官方机构发布的数据，也可以通过某一专事租赁代理的公司提供的标准来确定。而在可能引发诉讼纠纷的谈判中，包括李申奥和好莱文化传播公司之间的谈判，李申奥的谈判律师向好莱文化传播公司提供相同或类似案件的判决案例，这些案例也将是一种明显的客观参考标准。除前述情形外，在各种交易性、诉讼纠纷等谈判中，行业内具有较高知名度的专家提出的一些客观意见有时也能起到客观标准的作用。

谈判律师除了通过给出客观标准来说明或证明其报价具有相应的合理性外，还应采取其他任何有利于证明报价的方法、手段，以尽可能给予其报价以支撑，为谈判提供一个良好的开头。

三、请对方做报价解释

当对方律师提出报价后，谈判律师要求其予以充分解释，通常是一个很好的策略。对方实际上未必会同样采取协作型策略，也许恰恰相反，对方采取的可能是进攻型策略。此时，协作型策略的成功与否，完全取决于谈判律师能否诱导对方也采用类似的协作型策略。那么，谈判律师如果发现对方采取进攻型策略并提出进攻型报价，应如何反应才能有效引导对方配合自己的谈判策略，使谈判得以顺利进行呢？

在发现对方提出进攻型报价后，谈判律师首先应明确地揭露对方的报价性质，指出其极端性的谈判主张，但应注意这种揭露应尽可能有技巧地而非赤裸裸地明确提出。因为一旦谈判律师直接明了地告诉对方其报价过高或过于极端，由此向对方透露的信息是你已看出对方的要求比对方实际希望达成的目标更高，这可能引发对方不安，并导致其采取防御性措施。因此，有技巧地揭露对方报价过高非常重要，比如通过询问对方或请其对报价作出合理说明来侧面暗示对方报价过高便显得较为恰当。谈判律师可以要求对方具体给出报价的计算过程，是否具备充分明确的客观标准作为依据等。通过这种方式，谈判律师可以降低对方作出激烈反应的风险，并促使对方改变谈判策略，转为提出更富实效的合理报价，从而进一步推进谈判。在本课篇首的案例中，鑫星公司根据调查了解到鼎盛公司报价过高，在鼎盛公司强调其产品技术及质量为其报价做掩护的情况下，鑫星公司代表也并未直接指出其报价脱离市场实际，而是以向鼎盛公司询问其竞争对手有关产品信息的方式迂回暗示鼎盛公司，避免了言语上的针锋相对可能导致的谈判氛围紧张，也便于鼎盛公司主动作出让步。当然，我们需要注意的是，如果这些都做了，对方也未必按照自己希望的那样发生转变，此时谈判律师就得承担自己先付出信任而得不到合理回应的风险了。

对方会按照己方要求给出充分、合理的报价说明，仅仅是谈判律师的一厢情愿。对方律师若能够按要求对其报价提供相应的客观标准以及计算过程，则肯定皆大欢喜，以此为起点双方将顺理成章地进入协作型的谈判。但是，如果对方律师坚持极端报价不变，且不做相应合理的解释或说明，谈判律师又当如何处理呢？

我们认为，此时谈判律师至少有三种选择：其一，报复性地提出同样的极端报价，若双方各做让步，则双方报价的折中基本上就是谈判律师认为较为合理的谈判范围；其二，坚持要求对方律师对其报价给出充分、合理的说明，并明确表示在此之前，拒绝对其报价发表意见；其三，继续按照原定策略提出己方认为公平合理的报价。

需要特别注意的是，谈判律师如果采取第三种选择必须基于这样的前提，即对方律师的谈判态度是合作的，谈判律师也能确定在提出协作型报价后对方律师能够友好地作出同样反应，从而开始往协作型谈判方向推进。如果谈判律师不能确定对方律师能够这样回应，那么在对方律师明确表示不会对其极端报价作出让步，且拒绝对其报价予以说明时，谈判律师应及时停止其合作行为，否则就可能助长对方律师的强硬态势，并可能被其视为底气不足了。这种情况下，继续希望对方律师往协作型谈判转移势必更加艰难。只有对方律师作出有诚意的反应或有其他迹象足以证明他开始采取合作姿态后，谈判律师才可以考虑恢复与对方的合作态势。

当然，如果对方律师未采取进攻型报价而是提出一个合理、温和且并不极端的报价，则谈判律师开展协作型谈判就相对容易多了。谈判律师可以赞许对方的合作态度，但仍希望其提供相应报价依据。与此同时，谈判律师即时判断对方的报价合理性并进行认真详细的分析，再按当事人要求予以还价，则极有可能推动双方的最终谈判结果实现"双赢"。

> **小贴士** 如果你希望对方相信你的确在进行协作型报价,最好先附上报价的计算依据。有时候,即使你采用进攻型策略,但将你的报价使用一些协作型技巧来提出,可能会让你和你的当事人获得更多好处。

■ 第五节 解决问题型报价

一、报价时机的把握

一般来说,虽然有时存在谈判者在谈判开始时就采取解决问题型策略的情形,但现实生活中这种情形还是非常少见的。谈判双方在经过一段时间的谈判之后,才考虑运用解决问题型策略是较为通行的做法。这是因为谈判双方往往需要通过一定时间的谈判才能进一步加深对彼此的认识和了解。请永远记住,只有当采取进攻型策略或协作型策略都遭受了挫折或者双方都无法进一步推进谈判进程时,才是解决问题型策略的谈判应运而生的大好时机。

因此,与采取进攻型策略、协作型策略的报价时间显然不同的是,解决问题型策略的报价一定是在双方进行信息交换之后。换句话说,一定是在双方有基本的"过招"之后;这是我们反复要说明的原因。之所以解决问题型报价的开价时间具备这一特点,是因为只有彼此充分沟通了解各自当事人的利益需求等基本情况之后,才能相应地提出可行的解决问题的报价。不仅如此,如果一方在此前贸然提出自己的解决问题型报价,很可能给对方造成误解或不好的印象,并损害而非有利于双方建立合作关系。此外,也无可避免地因双方了解过少而带来反复报价和还价等循环磋商,影响谈判效率。

因此,为了把握解决问题型报价提出的时机,如何有效获取对方当事人利益需求等重要信息显得极为重要。对此,我们认为本书各课,特别是第七课中介绍的了解对方需求的全部技巧均可运用于此,谈判律师应该充分利用这些技巧来探查确定对方当事人的根本利益所在。在有效运用相关技巧之外,谈判律师还应当主动对己方当事人的利益需求进行准确和充分的说明,这样做有两个好处:其一,只有谈判双方都充分了解对方当事人的利益需求之后，才能有效地结合己方的利益需求提出相应报价；其二，通过主动披露己方的信息可以起到"投桃报李"的效用，既显示谈判诚意，也鼓励对方律师披露其当事人的利益需求的信息。

二、报价后的沟通

对采取解决问题型策略的谈判律师来说，机遇与挑战是并存的。挑战是指谈判律师必须放弃进攻型策略、协作型策略等谈判策略，放弃类似极端性报价、还价等重复循环的常用做法，也不再采取威胁等谈判附属手段；机遇则是在解决问题型谈判中，有相当大的机会可以洞察对方当事人的利益需求底线所在。无论是从容应对挑战，还是果断抓住机遇，做好报价后的沟通都极为重要。

例如，在好莱文化传播公司与联城房地产公司的租赁谈判案例中，双方都希望签订一份租赁协议。好莱文化传播公司由于公司创立时间不长，资金不充裕且被更多用于连锁扩张，以至于流动资金短期缺乏，因此其最大困难是在开业的头几个月内可能没有足够能力来支付标准租金。好莱文化传播公司的余律师如果要让联城房地产公司同意其关于租金方面的主张，就必须从联城房地产公司的报价要素中分析出可能存在的谈判空间，即联城房地产公司在租金支付上是否存在让步的可行性。于是，我们假设好莱文化传播公司的余律师与联城房地产公司的赵律师之间便有了如下一段沟通性质的对话。

赵律师：这是我们零售商店出租合同的范本。我们的标准报价是每平方米200元，它包括商场公用部分的水、电以及保安和保洁费用，你们可以很容易地测算出租我们商场的成本费用。

余律师：我们需要仔细审阅这份合同后再答复你们，因为我们租房是用来开连锁店的，我的当事人希望我能找到可以计算月租金的更好办法。我想知道，你们是怎样定出每平方米200元这个数额的呢？

赵律师：这是公司定的统一价格，所有来租赁的人都一样。

余律师：为什么要用统一的租金标准呢？对不同的商业形态不做区分吗？这是你们对购物中心的所有店都通用的方法吗？

> 赵律师：不是，但这样做使事情简单明了。到目前为止，还没有哪一个承租人付的租金低于这个标准呢。
>
> 余律师：那么，200元的标准是怎样算出来的呢？
>
> 赵律师：我不了解确切的详细情况，但可以肯定，我们公司认为这个价格才能把我们的建设成本、运营费用和合理利润涵盖在内，比如运营费用，我们经常需要对一些大型设备进行改造，像今年要付的这笔改造费用至今未落实，就让我们很担心。

通过上述对话，余律师不断探查联城房地产公司主张标准租金的原因，从而完成了两件事。其一，她收集了有关联城房地产公司根本利益的信息，这将有助于她根据好莱文化传播公司的利益需求制定出符合双方利益的方案。其二，余律师把谈判过程转变为讨论双方的核心利益，而不是简单相互交换谈判报价的过程。在对话中，她通过频繁使用"为什么"的询问方式来引导赵律师作相应答复，从而非常微妙而有效地把谈判转变成了典型的解决问题型谈判。

假如余律师再采取一些积极聆听方式，明确承认联城房地产公司的根本利益和租金要求的合理性，有可能还会进一步加快谈判向着解决问题型方向转变的进程。同时，这种交流也为余律师提出她当事人的潜在顾虑创造了机会。虽然标准租金看起来合理，从长远看好莱文化传播公司也有能力支付，但至少在开业的前6个月内好莱文化传播公司要承担这笔租金很困难。这看起来仅仅属于租金支付时间上的问题，但是如果好莱文化传播公司支付租金的时间不影响联城房地产公司对该笔租金的实际使用时间，显然解决这一问题的空间无疑就出现了。

三、各方需求的平衡

解决问题型谈判，顾名思义，如何提出解决问题的方案最重要，这肯定直接体现在解决问题型报价中。在双方进行了一定时间的沟通交流，彼此了解了相互需求和根本利益所在等信息后，谈判律师应在衡量双方利益需求的基础之上，择机提出一个解决问题的报价。实现这一目标可以有两种选择，要么由谈判律师向对方提出一个基本方案以供双方共同讨论，要么就由双方律师在相互沟通中共同确定出解决问题的办法。

一般而言，在提出解决问题型报价前，谈判律师应首先明确可能存在的解决问题的办法，再对这些方法进行全面细致的评估。无论是分析可能的报价方案，还是对这些报价方案的内容予以评估，都必须在谈判律师充分了解双方需求的基础上进行。

了解谈判双方的需求，同时也是一个谈判双方律师对彼此需求进行判断和平衡的过程，是一个对比、比较和选择的过程。因此，社会学家把用于产生和评估可选择方案的一系列目的和其他需求称为建立"比较模型"。建立"比较模型"的作用就在于评估可能的选择方案，并在比较碰撞中启发谈判双方以此为基础，提出其他更能符合双方利益要求的解决方案。如果分析各自的目的和利益需求后，发现并不存在可能的解决方案，此时就需要从建立谈判模型的基础入手，修正模型，分析各自的目的和需求是不是必需、必要的，倘若尚有可商量和调整的余地，则可由一方让步或双方同时让步，为达成谈判目标向前迈进一步。

我们仍然以好莱文化传播公司和联城房地产公司的租赁谈判案例为例，建立二者的谈判模型可能包括对下列需求和目的进行比较（序号同时也代表优先程度）：

好莱文化传播公司的目的和需求	联城房地产公司的目的和需求
1. 前6个月内月租金为每平方米120元或更少	1. 月租金包括建设成本、运营费用、风险和合理利润在内，比如每平方米200元
2. 场地可选择联城房地产开发公司的零售场地或繁华地段的其他购物中心	2. 租金标准要统一
3. 租赁期限3~10年	3. 整个场地要尽量充分出租出去
4. 安全保障要充分	4. 承租户信誉好、可靠
5. 停车场所足够	5. 防止经营成本过分增加
6. 面积至少1500平方米	6. 能吸引大量顾客到购物中心其他商店
7. 位置需位于购物区的中心地段	7. 不对购物中心的服务提出过分要求
8. 电力供应充足	8. 承租人经营范围属于零售或体验类
9. 物业管理水平优良	

仔细分析，如果我们仅仅比较租金一项，好莱文化传播公司与联城房地产公

司看来无法达成一致意见，双方很难形成解决方案。如果此时，我们继续审视双方的其他目的和需求，再一一确定是否必需和必要，则通过前面的信息交换我们可能得知，其实对好莱文化传播公司"前6个月内月租金为每平方米120元或更少"的要求，实际上可能并非必要。如果好莱文化传播公司提出前6个月内不付这么多的要求仅仅是因为短期流动资金不足且也显得合情合理，因此从解决问题的目的出发，对此完全可以将其需求调整修改为延期支付前6个月租金的需求。

四、妥协的手段

在现实生活中，谈判双方的目的和需求恰好契合而不发生冲突的情形极为罕见。当然，如果正好契合，即使对方律师的报价并不超过自己当事人的预期，从谈判策略上讲，我们也不赞同草率向对方表示同意的做法。但是，在解决问题型谈判中，需要指出的是，妥协是重要的，谈判双方均要作一定程度的让步，即使这些让步是表面上的，而非实质性的。

因此，为了最终达成一致的谈判结果，谈判律师应该用好以下四种基本妥协手段来提出其报价方案：

第一，提出能结合双方利益并符合双方根本利益的选择性替代方案，又叫"选择替代"方法；

第二，提出在不同问题上互相妥协、互相让步的交叉妥协方案，也叫"互相让步"方法；

第三，提出能减少一方为满足对方要求而做必要让步所产生的消极后果的"降低代价"型方案，也叫"减少代价"方法；

第四，提出能补偿一方为达成协议而所作出之让步的"让步补偿"型方案，即"让步补偿"方法。

这些手段我们在本书不同部分中将分别进行详细讨论。

五、承认对方的合理利益

寻求结合双方利益的解决办法是解决问题型技巧的核心。在本书第四课中，我们讨论了律师和当事人在商议时期可以使用的一些技巧，特别是通过采用集思广益法如何一起寻找符合双方共同利益的方法。那么，在谈判阶段，又应当如何对待对方提出的报价呢？

第六课
报　价

　　如果谈判律师确定以解决问题型策略开展谈判，在向对方律师提出解决问题型报价，应该先听取对方律师提出的报价。这样做的话，他可以一开始就承认对方利益的合理性，采用积极听取对方律师陈述报价及对报价说明解释的方式，从而为自己随后提出解决问题型报价打下基础。当谈判律师随后提出解决问题型报价时，他可以根据对方此前的陈述从各方面补充说明其报价已经充分考虑了对方当事人的利益。比如，好莱文化传播公司的余律师在听取了联城房地产公司的赵律师的报价后，决定向其提出解决问题型报价，于是余律师可能会这样解释一番。

　　"通过听您刚才的陈述，你们认为签一个10年期的租赁合同，一定要按每月每平方米200元的租金办，这是统一定下的价格，如果不执行就会影响与其他承租户的关系。此外，你们也感兴趣定一个弹性租金条款，这样可以防止未来设备改造费用增加。

　　"我的当事人愿意在你们购物中心租场地。坦率地讲，这是我们选择的理想地点。但是我们面临的困难您也知道，我们先前已和您谈过，那就是首年租金数额不能太高的问题。

　　"您看这样行不行：第一年，我们向你们支付60%的基本租金；第二年，支付全部租金；第三年和第四年，在按标准支付全部租金的基础上，我们向你们增加支付第一年给我们的40%折扣，按每月付1/24计算，此外这部分的利息也可以加进去由我们承担。这样既能使您的当事人获得的总租赁收入不变，投资有利润，又能使我的当事人渡过刚开始的困难时期。

　　"此外，我们还可以保证对这份租赁协议内容严格保密。甚至我们可以在协议中规定，如果我们违反保密条款，就负责赔偿你们相应损失，你们还可以取消已经给予的所有租金优惠。您看这样如何呢？"

　　在倾听对方律师的陈述后，通过以上陈述，余律师一方面提出了符合自己利益的解决问题型报价，另一方面也满足了对方报价中的合理要求。此外，在提出解决问题型报价后仍然反复加以解释说明，进行充分论证，强化了确认对方利益的效果。

　　在这一点上，论证选择性替代方案构成的解决问题型报价与论证进攻型或协作型报价有所不同，谈判律师需要解释其报价如何满足对方当事人的需要，同时，尽量多听取对方律师对其当事人利益的陈述也可以间接证明其报价考虑了对方当事人的利益。更进一步，谈判律师在倾听过程中还可以对表达并不明确的内容进行进一步明确，也可以由此帮助对方律师修改其可能错误理解的其当事人的意思表示。

提出报价后便是对报价作出反应，并在进一步谈判基础上修改彼此报价，形成循环过程，即"提出报价—作出反应—修改报价"。事实上，任一方律师对另一方报价作出反应时，通常会相应提供一些据以改变报价的信息，这些信息包括当事人的目的、需求或者其他事实。这也是为尽快达成谈判协议的解决问题型策略的谈判技巧，本书第八课关于解决问题型讨价还价的内容还将对此进行深入探讨。

六、借用对方的智慧

与进攻型谈判不同，提出解决问题型报价的谈判律师更倾向于与对方律师一起进入一个群策群力、集思广益的阶段，而进攻型谈判的律师则幻想迫使对方律师立即同意其提出的进攻型报价，即使其报价令对方难以接受也从不轻易放弃这一幻想。在解决问题型谈判中，谈判律师期望在与对方律师经过一定时间的沟通了解，知道了对方当事人的利益、需求等信息后，对方律师能够直接与其坐在一起，共同研究如何解决问题。需要注意的是，在对方律师未领会一方意图的情形下，切忌明目张胆地以自己丰富的谈判经验去"教育"对方律师。有时候，正如俗话说的：好心未必能够得到好报。所以迂回婉转的表达方式、微妙的技巧通常可能更容易被对方律师接受。

如果对方律师在提出报价时以种种迹象表明，接下来进行的将是传统的讨价还价方式。为促使对方律师认可解决问题型策略、接受自己提出的解决问题型报价，谈判律师在此后的沟通过程中应积极探查对方律师报价背后的对方当事人根本利益和顾忌所在。谈判律师不妨试试前面举例提到的好莱文化传播公司余律师在联城房地产公司赵律师提出其租金报价后的表现，看看余律师如何有技巧性地向对方律师询问其报价理由，并进一步诱导对方分析其报价合理性，从而探查出对方当事人的底线。这自然为此后陈述自己当事人的需求和目的，并提出解决问题型报价提供了良好的基础。

第六课
报　价

在前面提到的好莱文化传播公司余律师提出其解决问题型报价中，其并没有适用集思广益的方式。如果在余律师提出报价后，赵律师表示这一报价并不合适，希望能与余律师一起寻求可能存在的其他解决办法。那么，余律师可以顺水推舟地直接将谈判转为解决问题型谈判，与赵律师一起商量可行的解决方案。她可以这样来提出。

"我们双方都知道了各自谈判的需求和目的。既然你的当事人不会接受我提出的要求，我再提什么方案也都没多大实际意义。

"我想知道我们能否加快谈判过程，一起想一想可在出租协议中采用的好办法。如果你提出的想法并不是你的当事人能接受的，我不强迫你的当事人接受它，我清楚那只代表你个人的意见。你看看有什么妙计既能维护你方利益，又能不使我方在业务开张时期就陷入困境呢？"

余律师的上述表述较为自然，且是以一种提议的方式，即使赵律师暂无其他解决方式，也能够避免导致尴尬境地。同时，其还明确表达了着眼于双方根本利益的谈判重点。这样也区分了前面提到的建立比较模型、提出解决方案、评估解决方案的不同阶段，有利于厘清复杂的谈判局面。

当然，如果好莱文化传播公司对租赁场地的需求较紧，那么余律师为了使赵律师尽快提出可能的解决方案，她可以不直接提自己的谈判主张，以避免赵律师花费相当时间来考虑并向当事人汇报沟通。她可以这样说：

"可不可以换种方式呢？我们与其一开始谈判就围绕各种出租条件和要求来进行，不如先介绍一下我方当事人作为承租人的一些需求。好莱文化传播公司的实际情况其实是这样的……"

显然，在陈述了好莱文化传播公司的需求和实际情况后，余律师完全可以相应地向赵律师询问联城房地产公司的核心需求和可能存在的担心之处，为接下来双方律师共同寻求解决分歧的方案铺平道路。

可见，积极陈述有关事实，相应探查对方当事人的真实、内在需求，借用对方律师智慧提出问题的解决方案，无疑有利于急于达成谈判协议的当事人迅速根据获知情况并作出决断，避免因此造成不必要的损失。

最后需要强调的是，解决问题型报价不是故作姿态，不是"耍花枪"，其直接目的在于与对方达成符合各自利益的谈判协议。因此，在谈判形势尚不明朗的情形下，不宜过早地采用解决问题型谈判策略，"适时"提出解决问题型报价更为重要。事实上，在现实生活中，这一策略一般是在进攻型策略等受挫之后开始应用的，此时往往才能将解决问题型策略的作用发挥到最大。

> **小贴士**
>
> 没有充分的信息交换，很难产生解决问题的方案。解决问题型策略只有在充分交换信息后才能被双方自然运用。如果一时找不到消除分歧的办法，也许暂时搁置分歧，聊一聊其他话题，可能反而有助于发现更好的解决办法。
>
> 当然，谈判中聊聊任何其他话题时，即使是在茶水时间，也不要忘记你身处谈判之中。

第七课　LESSON 07

了解对方的需求

第七课
了解对方的需求

谈判小故事

一对夫妻在浏览杂志时看到一幅广告，非常喜欢广告背景中的老式座钟。妻子说："哇，太漂亮了！把它放在我们的客厅过道当中，一定不错吧？"丈夫答："的确不错！我正想找个这样的钟放那里呢，就是不知道贵不贵？"一阵商量之后，他们决定到处找一找，看看哪里有那座钟，并且商定只要不超过5000元，都符合他们的预算。

经过3个月的搜寻，他们终于在一家古董钟表店的橱窗里看到那座钟，妻子兴奋地叫了起来："就是它！没错，这就是我们找的那座钟！"丈夫在兴奋之余没忘了提醒一句："记住，我们绝对不能超出5000元的预算哦。"当他们走近那座钟时，"哎呀！"妻子说，"你看它标的价是7500元，这可超过5000元的预算了。""没关系，标价归标价。"丈夫说，"既然已经找了那么久，不过还得试一试，看看我们能不能把价砍下来。"

两人私下商量，由丈夫作为谈判者，争取以最高5000元的价格买下。于是，丈夫对售货员说："想问问你们那个座钟，定价就贴在座钟上的，蒙了不少灰，显得有些旧了的那个，多少价卖啊？"售货员答："那个钟是仿欧式作品，就这么一座了，你看你想出多少价呢？"于是，丈夫鼓起勇气又说："我给你出个价，只出一次价，就这么说定。行就行，不行就算了。"他停了一下，以增加效果。"你看——1500元如何？"售货员听完，微笑着说道："这个价太低了点，不过今天正好还没开张，图个吉利，卖给你了，就1500元了！"

这就成交了？！请你猜猜那个丈夫的第一反应是什么，得意扬扬？"哈哈，我真棒！不但买到了想要的东西，还得了个便宜。"不！绝不！他的第一反应必然是："我真蠢！该对那个家伙报1000元的价才对呢！"再猜猜他的第二反应是什么？"这钟怎么这么便宜？一定有什么问题吧！卖家葫芦里卖的究竟什么药？这么便宜就卖了？"他真后悔没有先听听卖家报价，自己再还价。

然而，他们最后还是把那座钟买下放在了客厅的过道里。看起来正如他们预想的那样，那座钟非常适合他们家的装饰风格，而且一直用得很好，根本也没什么毛病。但是，他和妻子却始终觉得心里不舒坦。

■ 第一节　谈判是从了解需求开始的

谈判律师之间交换意见和信息非常重要。因此，可以说谈判是一个双方充分了解对方需要，并设法提出一项双方都能接受的建议的博弈过程。在这个过程中，谈判律师都会使出浑身解数，想尽办法获知对方各种信息，包括对方当事人的相关信息，如公司的运营状况和资金情况、当事人的个人基本情况和喜好及工作休息规律、对方律师的工作经验和谈判特点，以及其他与谈判相关的情况等，一切信息都有可能对谈判任何一个环节产生影响，进而影响谈判结果。

谈判双方开始讨论各自的需求和愿望并交换相关信息，通常标志着真正的讨价还价的开始。一般说来，无论关键信息的交换发生在哪个阶段，信息交换一旦开始，就将贯穿整个谈判过程直至终了。一开始，双方会简单介绍各自的当事人和自己，比如以下面这种方式开始："您好！我是张三律师，在中联律师事务所执业，目前负责某某公司与你方的某某项目的接洽磋商工作。我方当事人很有诚意，希望与你们达成一个比较圆满的协议，也希望我们合作愉快。"通过这样一番宣言式的谈话，对方律师会对谈判目的和状况有初步的了解，进而可以选择不同的方式来应对谈判过程中出现的种种情况。这样的谈话，传达了一方当事人对谈判事项的基本态度和期望，是一个重要信息。

在谈判时，律师通常还会采取其他办法来收集相关信息。比较典型的办法之一是亲自调查相关事实情况。举个简单的例子，如果一个律师正在代表当事人商谈购买一家公司已废弃的厂房，除了讨价还价外，如果他能查出以前有购买意向的人最终为何退出交易谈判的原因，就很可能使这家公司接受低价转让厂房的要求。他可以等到谈判某个关键时刻，利用这个信息迫使对方在这个关键的问题上让步，以便达成一个低价的协议。

到谈判快结束的时候，双方都对协议有基本的把握了。这时候，双方律师都会稳重而胸有成竹地向对方承诺，如果以后再有合作的可能，一定会给彼此一个机会。这样既显得大方，又让对方对以后的合作抱有希望。

此外，谈判过程本身通常也意味着双方需求和目的等信息的交换。如果一方在某个问题上固执己见，对方就会意识到其对此问题相当重视。当然，如果该固执己见的一方采取的是虚假要价技巧，则又另当别论了。本课我们将着力讨论一个谈判者在谈判中应如何更主动、更有效地获取信息。谈判事项的相关信息、对方对待交易及谈判的态度及对方关于最终协议的想法等，对律师提出既可为对方所接受又有利于自己当事人的最终方案具有重要意义。

从前面提及的不同谈判策略会有不同技巧的原则出发，我们仍将从"进攻"和"防卫"的角度围绕收集、披露和隐瞒这三个方面的问题讨论信息交流技巧，并比较进攻型、协作型以及解决问题型三种不同策略在信息交换过程中的差异。这三种策略也分别代表着处理上述三个方面问题的不同方法。

> **小贴士**　信息交换是一切谈判的基础。在法律谈判中，不仅要了解对方需求的信息，也要了解自己当事人需求的信息。不要对自己当事人说的话深信不疑，对方的话会印证当事人向你陈述的事实是否真实。有时候，经常将自己当事人和对方当事人的话放在一起对比一下，你会发现很多有价值的关于双方需求的信息。

■ 第二节　不同谈判策略中的信息交换

一、进攻型策略下的信息交换

（一）有效掌控信息交换过程

进攻型策略中进行信息交换的目的在于摸清对方的"底线"，即对方所能接受的起码条件。为此，律师应该在谈判中努力寻觅能够直接或间接地昭示对方底线的信息。一般来说，即使双方披露的信息中包含了某些有价值的成分，如果律师认为对方也会采取进攻型策略来谈判，或假设对方也在向他隐瞒某些信息，信息的收集便会变成一场博弈——表面上大家笑脸相迎，甚至颇为真诚地进行协商，实际上却暗暗较着劲，尽量隐瞒自己的关键信息，而努力获知对方的关键信息。

不仅如此，采取进攻型策略，必须向对方隐瞒可能暴露自己的底线或者减少自己谈判筹码的信息。由于这些信息向对方显示律师的最低成交条件与他在谈判中所提出的条件相去甚远,一旦暴露,谈判律师就有可能会被迫做一些让步,甚至接受比对方原先估计的底价更低的成交条件。无疑,这些信息会减少律师的谈判筹码,严重损害当事人的利益。此外,也不能泄露会使对方提高成交条件的信息。

当然,进攻型策略并非要求隐瞒全部信息。有时,明确告知对方成交范围,反而更有利于自己的当事人,还能增强己方讨价还价的实力。比如,在对方不知道谈判律师的当事人的成交范围时,可能会做很多猜测,甚至会认为当事人不知道什么是合理的成交价。如果此时谈判律师胸有成竹地提出当事人确定的成交范围,并透露只能在这个范围内谈判,对方就知道谈判律师或者其当事人已经做过调查,胸中有数,可能便不容易再漫天要价。

(二) 正确理解掌控信息存在的制约因素

在谈判过程中,一些客观因素会制约谈判律师隐瞒信息的有效性。首先,谈判中"单方面"披露信息总是有限。进攻型谈判中,律师在披露对自己有利的信息时,也会隐瞒那些于己不利的信息。即使谈判律师能够熟练运用本书介绍的种种技巧来隐瞒信息,并且在单方面披露信息过程中取得暂时成功,但在某种程度上,这样做的用意也极易被对方察觉。一旦对方发现这些信息性质虚假,便会导致谈判向有利于对方的方向发展,且最后轻则损害律师的声誉,重则损害当事人的利益。其次,在涉讼案件的谈判中,双方对事实材料的广泛收集和发掘会使隐瞒信息变得更为困难。当然,收集全部信息在时间上和成本上并非完全可行。在某些案件中,有时不可能采用收集所有信息的方法和手段(如涉案标的金额本身非常小的案件),有时收集全部信息事实上也不大可能(如大多数的刑事案件)。

这里我们在谈到信息把握存在制约因素时,并非想说明信息收集的困难,而是想强调一个事实,即信息收集工作总是为谈判做准备的,信息的收集本身并不是谈判目标。因此,信息收集只要能够为谈判获胜提供必要的条件,谈判就有获胜的可能了,信息收集就发挥出了作用。毕竟信息收集不是唯一能够使谈判获胜的原因,律师的谈判技巧、为对方设置障碍等因素,都是制胜的关键。

> **小贴士** 请充分注意"交换"这个概念。想单方得到信息而不向对方披露信息事实上是不可能的,信息总是通过相互传递而实现"交换"。事前准备好用于交换的信息可以帮助你在谈判中显得从容不迫、大方诚恳。

二、协作型策略下的信息交换

协作型策略下的信息交换不同于前述进攻型策略下的信息交换。协作型策略的目的是鼓励和推动当事人进行完整的信息交换,促使双方能够达成一项公平有利的协议。因此,就信息收集本身来说,协作型策略与进攻型策略作用大致相同——收集信息多多益善,只是所寻求的目标不同而已,协作型策略寻求的目标更集中于谈判的结果,即达成一项对双方都是公平有利的协议。

由此,协作型策略相比进攻型策略的本质区别在于,协作型的谈判律师明知某些信息对他的谈判有不利影响,也自愿无保留地将其披露出去。他们之所以会这样甘冒有损自己谈判效果的风险,原因有二:其一,对双方来说,要取得最有利的谈判结果,双方都需要获取有关谈判事项及双方在该事项上有何利益的全部确切信息。其二,披露信息也是获取信息的一种手段。协作型的信息交换策略,就是以更为主动地披露信息、披露真实信息,来换取对方同样真实的信息。换句话说,协作型谈判的目的决定了双方将交换信息也视为一笔交易,正如双方需要相互让步一样,这笔交易能否成功往往影响谈判目标能否实现。

> **小贴士** 进行协作型信息交换时,注意首先判断对方是不是也使用协作型策略很重要。如果对方以温和风格的进攻型策略伪装自己,采取协作型信息交换的一方就会付出额外代价。

三、解决问题型策略下的信息交换

解决问题型信息交换技巧的宗旨在于,鼓励双方最大限度地自由传递有关双方的动机、需要、目标等谈判事项的所有信息。能否最大限度地自由传递或交换,对能否实现解决双方最为关心的问题至关重要。如果双方当事人准备相互妥协,以达到对双方最为有利的结果,那么,谈判双方就必须把各自当事人优先考虑的问题和需求等全部信息传达给对方。当事人最关注的问题是协议中最重要的内容,谈判中的信息交换也应首先解决这一部分问题。

> **小贴士** 以解决问题型策略进行信息交换时，应对信息的重要度排序。如果谈判对方没有排序，最好通过询问等方式弄清对方对各类问题的关注程度。只有充分交换彼此在最重要问题上的信息，才能实现解决问题的目标。

■ 第三节 如何收集信息

不论采取进攻型、协作型还是解决问题型策略，信息收集都是各种谈判策略中不可忽视的重要组成部分。上面我们对各种策略的信息交换的特点和区别做了简短介绍之后，接下来我们将详述各种具体的信息收集技巧。

一、值得收集的信息

谈判律师通常都想了解所有的信息，但是，哪些信息是值得收集的信息呢？对信息给予恰当分类对谈判律师更具有指导意义。

首先，谈判律师应了解所有可能影响谈判对方行为和谈判结局的信息，具体地说，就是有利于得知对方的要求和愿望，以及可供自己选择各种谈判方案的那些信息。因此，谈判律师在谈判中应努力了解相关情况，确定对方的谈判立场。例如，在一个收购方案的谈判过程中，收购方的律师需要知悉出让方对价格大概的意向，或者出让方是否有其他正在约见的客户，而这些客户正好是收购方的竞争对手，又或者出让方是否急于将标的物脱手，这会影响收购方的谈判进程和收购价格。

其次，还应了解谈判过程本身的相关信息。例如，对方律师是否因为太忙或者经验不足而不能胜任谈判？如果谈判破裂，他会否惊慌失措地面对诉讼？好胜的律师可能还想了解对方律师私人时间的安排，以便他能够将谈判拖延到对方律师已安排好个人事务的日期，并在最后时刻才举行一轮重要的谈判。若能收集了解类似信息，可以针对对方律师的特点，出其不意地对其进行刺激和妨碍。如果对方由此就方寸大乱，那谈判律师此时就可能借此获得先机了。

这里，我们可以再借鉴一下好莱文化传播公司的余律师在代表好莱文化传播公司与联城购物中心进行商业租赁谈判中所用的信息收集方法。在谈判期间，余律师试图获得能够间接反映联城购物中心最低租金的信息以及他们的谈判目标，包括是否有其他承租人有兴趣租同一场地等。她还想通过了解联城房地产公司与其他承租人达成的租约条款和条件，以便分析出联城房地产公司作为出租方的很多重要的交易条件。此外，她还想通过了解有多少承租人在合同到期后同意或不同意续展，以及这些同意或不同意续展合同的原因是什么。了解这些重要的信息情况，无疑有助于增强余律师的讨价还价筹码。不难想象，联城购物中心是会让一个零售场地一直空着而不怕它影响购物中心其他店的生意，还是会一直坚持很耐心地等待直到等到让他们完全合意的承租人呢？显然，以上的信息都与谈判要达成的协议息息相关，收集了解得越多、越详细，对余律师的谈判就越有利，好莱文化传播公司在协议达成时可能获取的利益相对就更多。

在另一个案例中，李申奥聘请的秦律师在与好莱文化传播公司之间的谈判中也采用了上述信息收集方法，除了人身伤害案件处理依据的各种事实、好莱文化传播公司有关损害赔偿责任的一贯做法，他还很关注各种保险金的金额，因为这会影响对方以及对方的承保人对解决索赔人提出要求的意愿。此外，他还想知道好莱文化传播公司为了结这一案件准备的赔偿金额及确定该金额的标准，因为这一信息可以帮助确定对方律师的谈判权限和提交多少赔偿准备金的可能性。"知己知彼，百战不殆"，获取以上的信息越多，秦律师做的准备就越好，就越能应对对方律师的发难，并给予有力还击。

信息收集可以在任何"正式"谈判之前开始。但是正式谈判前的某些迹象也是一种信息，如某一律师在交谈中匆匆离开去做一项已经超期的案头工作，还抱怨他的工作太忙，这时一旦他的对方律师采取纠缠拖延的战术，他也许就没有足够时间去准备和应付一场漫长谈判中的每一个问题。同样，某一律师就其有无经验，或对他处境困难的当事人是否热心所做的表示，都可能成为影响谈判策略的重要信息。如果谈判律师可以充分把握这些细节，就很有可能掌握谈判主动权，从而赢得谈判。

二、如何提问

在谈判中最富有成效和最显而易见的信息收集技巧就是发问，向对方提出问题。大多数人从小就养成了礼貌回答询问的社会生活习惯，所以一般来说，没有充足理由而拒绝回答别人询问是很困难的。即便有一个合理借口，许多人仍不习惯拒绝回答对方的询问。尤其在法律谈判中，当事人也在场的时候，有时双方可能还会请一些其他专家到场提供专业意见；此时即使律师想回避问题并且能够回避，他的当事人或参与谈判的其他某个专家也并不见得谙熟此道，于是，信息收集的机会便自然出现了。

在某些谈判中，直截了当的发问通常会使对方来不及深思就加以回答，从而暴露其真实打算。比如，"你的最低要求是多少""这个问题真要等打官司解决吗"等问题，如果在谈判一开始就单刀直入式地发问，最有可能得到确切的和有意义的回答。如果被问者是缺乏经验的律师或所问内容被对方律师视作"小事情"时，单刀直入的问法会取得更好的效果。

当对方拒绝回答实质性问题或含糊其词时，略微变换一下问法，提出一些与谈判问题相关的其他问题让对方回答，也可以获得更多的信息。例如，在李申奥与好莱文化传播公司就人身伤害赔偿的谈判中，李申奥聘请的秦律师这样提出问题。

> "你们公司给你的最高授权是赔多少？"
>
> "我们别瞎兜圈子了，你们究竟打算花多少钱来了结案子？"
>
> 回答这样一些直率而有点生硬的问题，对方十之八九会含糊其词或不诚实，因为这种提问直逼其底线，如果回答，多少会透露一些真实信息，但若不回答，又难免会有些尴尬。
>
> 换一种稍稍间接的问法，比如"你们希望到了法院法官怎样裁判呢"。
>
> 由于这样的提问并不会使对方感到难以接招或尴尬，对方律师一定会有一个答复。对方回答这一问题可使秦律师获得至关重要的信息，他有可能就此了解到好莱文化传播公司的最低赔偿限度，因为对方的回答可能会比对前一问题的答案更确切更真实。当然，如果对方律师回答说："法官怎样裁判，更多地依赖你们的证据和当事人的伤情，不是我们希望可以左右的。"这个时候，秦律师就要小心了！对方是在绕圈子，不仅避免正面回答透露出自己的底线，而且还很可能不合作，此时秦律师就必须另想办法去探知对方的真实目标。

如果不能马上得到对方律师的回答，或者对方律师的回答含混不清、遮遮掩掩，谈判律师还可以提出一些更间接的问题，诸如"你们打算向法庭提供什么证据"，对方对这一问题的回答将使谈判律师得到关于对方律师所希望的审判结果的间接信息——对方所希望的结果可能就是对方的最低赔偿限度。以这种较间接的方法提出问题可得到比前述提问方法更具体更诚实的回答，并且开庭前律师可以申请质证，证据种类和证据内容是避免不了的，因此对方律师在面对这个问题时很可能选择诚实地回答。

谈判律师应根据各种具体情况采用各种形式的盘问方法，如谈判对方将如何行动、谈判阶段以及双方主要采取的策略等。询问的方式无论是开放式、限定式、特定式还是引导式，都可能影响对方的反应方式。律师新手在盘问证人时，一般主要采取引导式的提问方式以最大限度地控制证人的陈述。经验丰富的资深律师则可能在第一次面对当事人时，选择聆听当事人的谈话，从中提炼出有助于谈判和案件的信息。不要小看聆听当事人的谈话，虽然它可能会花去一段较长的时间，但此时的当事人会将埋藏已久的真心话向律师大量倾诉，其中包括了案件的真实情况、当事人的目标和需求、对方当事人的一些基本情况，甚至还有对方律师的基本情况。通过梳理这些谈话内容，一些对初次谈判颇为重要的信息就浮现出来。谈判律师在对这些信息进行整理和归纳后，再设计提问、预设对方律师的提问，在之后的初次谈判中应对对方律师时便有一定的把握了。

（一）开放式提问

开放式提问就是向对方提出一些泛泛的问题，让他选择回答，或提出大体确定的话题，供双方讨论。例如，李申奥聘请的秦律师在与好莱文化传播公司律师谈判中也许会提出这样一些似乎比较随意的问题。

> "你的当事人如何看待这个案子呢？"
> "为什么你认为你的当事人没有责任呢？"

一般来说，当对方正从谈判律师那里获取某些信息时，向对方提出开放式的问题会得到较好的回应，已方至少可以掌握一些相关信息。在协作型或解决问题型谈判中，开放式提问可使双方分享相互掌握的信息，进而使谈判律师得到更有价值的信息。此外，开放式提问本身也有助于促进双方关系，使双方更易于采取协作型和解决问题型策略。这种关系是在让对方选择他所要讨论的问题，使对方感到他所代表的当事人的利益在谈判中受到了公正的对待。并且，谈判开始时，大多数谈判律师都不完全清楚情况，因此采取开放式提问方法对获取有关谈判事项的一般知识、背景以及对方的态度等都会有较好效果。但是，如果谈判律师已经掌握了他所需要的大部分信息，却仍然频繁地采用开放式提问方法，效果就会显著下降。特别是在双方已经进行了一定次数的交流后，还继续使用这种询问方式会让对方觉得难以回答，这时候就需要转换为其他询问方式了。总之，开放式提问应该作为一种获取基本信息的提问方式来使用。谈判律师获得了想要的基本信息后，继续采用开放式提问至少会让对方律师觉得你好像尚未把握信息的重点，从而很难使谈判进一步深化。此外，对方律师也会觉得这位谈判律师经验尚浅，不足为惧，甚至产生轻视的感觉，这对谈判律师非常不利。

（二）限定式提问

限定式提问又称封闭式提问，是指提问者为了获取某些明确的信息或答案，提出的问题通常带有预设答案，以此限制对方在回答过程中充分展开，从而掌握谈判主导权。例如，在谈判中，代表李申奥的秦律师如果用限定式提问方法，也许就该这样向好莱文化传播公司一方提问。

> "在事故发生地，有没有放置安全警示标志呢？"
>
> "贵公司关于施工场地安全管理和外来人员进出工地现场制定了管理制度没有？如果有的话，这些制度是大致包括哪些内容？"
>
> "在李申奥刚受伤时贵公司采取了哪些抢救措施？"

当谈判律师确定了哪些信息是自己需要的，或者发现谈判对方有所保留地披露有关信息时，就应当采用限定式提问方法，提出具体而明确的问题。与开放式提问不同的是，面对一个单一而实在的问题，被问者要想避而不答通常是很困难的。

一般来说，在采取进攻型策略的谈判中，谈判律师应该适时向对方提出具体而明确的问题，这样才能更好地把握谈判的主动性，甚至保持谈判过程中的进攻态势。不仅如此，当谈判进行到对有关事实及对方态度有了基本了解，但对某些与争端有关的信息仍有所不知时，谈判律师向对方提出具体而明确的问题，可以有更大收获。例如，下面这个发生在华溢公司和丰成公司之间的谈判便是一个较为典型的情形。

> 张律师和钱律师分别代表华溢公司和丰成公司就签订一份家具购买协议进行谈判，华溢公司是买方，丰成公司是卖方。华溢公司的张律师在谈判进行了一段时间后，对丰成公司的基本经营模式、生产的家具种类等有了基本了解，但对其价格构成不甚明了。
>
> 于是张律师向丰成公司的钱律师显得很随意地说道："我去你们公司的仓库看过了，家具的款式和质量与我们当事人的要求应该说基本相符，质量还不错。我对木材不是很了解，这么好的木材是哪里产的呢？我们律师楼也正打算换办公家具，可以的话，我们也想买一些呢。"由于此时张律师已经把这个问题私人化了，钱律师很可能会给出一个确定的答复，比如木材是出自长白山，在长春经过精心的打造和粗加工后再运到公司。有了这个信息，张律师就可以调查长春市此类木材的基本价位，从而估算出丰成公司家具的价格构成。在这个基础上与丰成公司再讨价还价，获胜的机会就更大。

（三）引导式提问

引导式提问是就单一问题发问的一种特殊形式，主要是陈述情况并要求对方对之加以确认或证实。引导式提问方式与在法庭上询问证人一样，具有明显的方向意图和诱导性，并且提问者即使以很礼貌的态度提问，也许会使对方感到某种压力。比如，李申奥聘请的秦律师向好莱文化传播公司的高律师这样提问便是一例。

> "这样说来,李申奥进工地现场是不受阻拦的,并且也不会有人向他发放安全帽或其他安全装备,请问是这样吗?"
>
> "那么,你的意思是说在事故现场根本没有安装安全防护措施,对吗?"

引导式提问的特点在于,只需要让对方回答是或不是,是单纯的选择性问答,对方很难回避和转移话题,因而在诉讼案件的开庭审判过程中,律师向证人提问时用得较多。而在谈判过程中,对有关事实涉及的某些关键问题,采取引导式提问方式也会取得一定效果。

三、积极聆听

在本书中我们始终把积极聆听作为协作型策略的一种重要手段,强调它可以在谈判的各个阶段中发挥作用,因此在信息收集方面同样也不例外。由于积极聆听是指与谈判对方主动交流的一种方式,听其言、悟其意、答其问的过程除了体现一种合作姿态可以影响对方的情绪外,在对方陈述真实情况时,也可以进一步"核实情况",锁定信息,以确保谈判律师能够完整听取并完全领会对方的陈述。

我们来看李申奥聘请的秦律师与好莱文化传播公司的高律师在谈判中发生的这样一段对话。

> 秦律师:你的当事人为什么会让李申奥自由进出工地,而不向他做任何警告或者提醒呢?
>
> 高律师:李申奥长期在我们的工地出入,对工地现场的危险性和如何避免事故,他应该是有经验的,他并不需要再接受特别的警告提醒。
>
> 秦律师:他不需要?那你们究竟有没有提醒标志呢?
>
> 高律师:在临时入口的大门上,我们一直悬挂有"安全第一"的醒目标志。
>
> 秦律师:除此之外,公司还有没有其他的提醒标志或措施呢?

> 高律师：据我所知，没有了。但是你想，进入工地的成年人应该知道工地又不是公共场所，肯定是有危险的，不需要其他人再做过多的提醒。

在上面的对话中，秦律师采取了积极聆听的方法去核实自己对高律师答话的理解：好莱文化传播公司除了在临时入口大门悬挂"安全第一"的标志外，没有采取其他更有效的安全措施。而高律师随后的回答，对此做了进一步证实。聆听，然后重复核实信息，是避免对方律师反口的重要技巧。

四、沉默的意义

其实，在所有谈判中最易被忽视的一种信息收集方法是沉默。谈判律师应学会在关键时候对关键的问题保持沉默，避免"言多必失"。许多谈判律师对收集信息的会谈往往感到焦虑，这往往也是缺乏基本训练的缘故。在很多漫长的会谈中，通常会提议一段休会时间，许多谈判律师习惯于以闲谈来度过这段时间，但是一不小心，他们的闲谈往往会暴露一些信息。即使在正式谈判的会谈中，律师如果向对方提供了一些有用的信息，对方也未必会回报，何况休会的闲谈期间。因此，除非你有意这样做，否则谈判律师不仅在正式会谈中，而且在正式会谈的休会期间，都要尽量防止对方从自己滔滔不绝的言谈中，获得于己不利的信息并增强对方的心理优势。有时候，学会沉默或观察对方的沉默，也是保护或收集信息的有效方式。毕竟，话说得越多，信息就暴露得越多。健谈，对一个处于谈判过程中的律师来说，不见得是一个好的可以制胜的优点。相反，为了控制好谈判的节奏，需要谈判律师控制好自己在不管哪种方式与对方交谈中透露的信息内容和总量。

五、提出怀疑

获取对方所不愿给予的信息的另一个方法是诱导他、抨击他或者不断向他指出疑点，迫使对方在应接不暇的回答和解释中暴露信息。因此，善于表达怀疑不啻为一种很好的信息收集技巧。

我们再来看一看前面提到的好莱文化传播公司和联城房地产公司的商业租赁案例中，余律师与赵律师之间这段对话。

法律谈判

> 在余律师代表好莱文化传播公司与赵律师代表的联城房地产公司就联城购物中心的场地租赁的谈判中，联城房地产公司声称担心设备改造费用会增加，却始终回避了目前和预期的设备改造费用的具体数额问题。余律师直接和间接的盘问都没法得到相关信息之后，干脆向赵律师直接提出怀疑：
>
> 余律师（带着经过长时间讨价还价而显出的失意）：赵律师，你一直在说你们当事人需要较高租金来支付将要产生的一笔庞大的设备更新和改造费用，可你却不愿向我提供这个费用的计算标准，我们对这笔费用数额究竟有多庞大完全是一头雾水，这让我怀疑你们是不是真的对设备改造成本进行了认真核算。
>
> 赵律师（有点恼怒）：我可以向你保证，设备改造更新的设计工作都已经启动了，我们已经向好几个设备供应厂家进行了意向询价，设备改造成本绝对是经过了认真核算得出的。
>
> 余律师：那么，请问这样庞大的一笔费用究竟分为哪几个部分呢？如果你们继续以设备改造费用大为由坚持租金不降的话，我们能不能看看你们的详细预算资料呢？

在上面这段对话中，余律师首先结合使用了质询和其他信息收集技巧，接着提出要求查看预算文件。在对方提出了未经证实的事实主张之后，余律师要求查阅预算文件，这一招给对方造成了相当大的压力。如果对方拿出有关预算，那么这些文件还可为余律师提供其他一些有用的信息。无论如何，只要谈判双方愿意达成协议，总会有一些迹象表明此种意向。因此，当余律师提出要查看预算文件时，赵律师虽然非常不情愿，也会向联城房地产公司汇报，并且将已有的预算文件（哪怕就是专门为这个租赁谈判制定一份预算文件）提交给余律师。因为如果拒绝余律师的要求或者不能提交这份文件，联城房地产公司就等于在向余律师所代理的好莱文化传播公司表达一种蛮横的意思："我不会给你看我们的预算文件的，随便你租不租吧！"除非联城房地产公司在租赁谈判中拥有绝对的筹码，否则这样的行为只会导致谈判破裂，于双方都无益。如果联城房地产公司的购物中心很在意拥有好莱文化传播公司这个客户进场的话，他们显然不会对余律师的质疑无动于衷的。

六、语言之外的信息

在谈判中,关于辅助语言与非语言交流的理解和运用能力对谈判者有特别重要的意义。辅助语言,是指无具体内容的语音语调和说话的停顿转折,包括说话人的发音情况,如音质、音量以及说话中语句不正常的停顿,如结结巴巴、唠叨重复、吞吞吐吐、含糊其词和"卡壳"等。非语言交流则是指面部表情、手指、身体语言等。

对辅助语言与非语言交流的领会能力,有时可以帮助谈判律师察觉对方在合作雾弹下使用的进攻型策略。无论采用进攻型策略还是协作型策略,最重要的是要判断出对方最后是否肯以协作型或解决问题型策略加以回报。对谈判律师来说,最危险的莫过于对方表面上采取宽容的协作型策略,实际上却在使用进攻型策略。如果一个律师能够识别辅助语言和非语言交流传递的信号和动作,就更容易识破一个采取进攻型策略的对方企图以合作的假象来误导谈判律师的诡计。这种能力也有助于识破对方的各种欺骗手法和规避行为。

但是,真的要具体定义某一非语言交流形式其实是非常困难的,因为每一个具体的非语言交流动作的意义必须根据对方的举止、谈判情势以及言语表达来辨识。因此,学会识别不同的辅助语言信号和非语言交流动作,体会其中流露的一些心理活动,对谈判律师掌握对方情绪、控制谈判节奏意义重大。

(一) 视觉信息

眼睛是心灵的窗口。身体任何部分的表达力都不及眼睛,"好奇的目光""机灵的眼神""冷眼旁观""暗送秋波"等,都是根据人的视觉行为对人精神状态的影响进行的描述。如果谈判律师懂得眼神的表达作用,他就有可能辨识对方的"视觉信息"。另外,如果谈判律师有意识地注意自己的视觉行为,那么,他至少也可以在一定程度上控制自己释放的视觉信息。

谈判律师之间的目光接触,至少有两个方面作用。首先,视觉行为被下意识地用来向他人表示"该我说了"和"现在听你说说"。例如,当律师在交谈中用目光触及对方,这常表示他想要说话了。按一般规律,律师在听对方说话时,对对方的观察多于自己说话时对对方的观察。其次,目视对方是要获得有关信息。频频打量对方就是寻找信息的标志。有些人一方面想保守自己的信息,另一方面又想打探对方的信息。谈判律师使用进攻型策略通常的表现是短促、频繁地窥视对方。而长时间地注视对方，则表示谈判律师既想要得到对方的信息，同时又准备披露自己的信息，因此谈判律师愿意采取解决问题型策略时就会这样做。

谈判律师怎样才能有效地控制自己的视觉行为呢？谈判学研究表明，多次把眼光投向对方，会使人感觉到说话的人可靠而自信。当然，目光交流的效果也依赖于周遭环境。有时长时间目不转睛地看对方说话，会显得有些傻气，效果适得其反。此外，因性别、种族或文化背景的不同，有些谈判律师在对方长时间的注目下会觉得不自在，有时甚至会认为对方投来的目光含有敌意。

如何在对方说话时表达你的重视？专注听对方说话时，要与对方频频四目相接，甚至可以轻蹙眉头，表示你正在思考着他刚刚所说的话。试想，谁不想要一个认真听自己讲话并让你感觉他一直在认真思考谈话内容的听众呢？以眼光表达的专注聆听与思考，会给予对方极大的满足感，会鼓励对方说出更多的话。

此外，两人的目光接触也可以表示两人愿意合作，我们将此作为协作型和解决问题型策略的一种技巧。在谈判中，协作型谈判律师一般会长时间地凝视对方或与对方目光相对，而进攻型谈判律师之间相反则只有短促的目光接触，更多的是处于冷眼打量的状态。因此，以正常目光接触的时间长短，通常暗示着给予对方的信任程度。

（二）身体语言和辅助语言

1. 身体语言

（1）身体语言的基本内容

手势和姿势共同组成了我们的身体语言并提示出众多我们没有说出的内容。面部表情能显示出某人在想些什么，而身体语言则会显示出他的感觉是多么强烈。尤其从姿势的变化和活动的频率，很容易看出其焦虑和压力的程度。

手势是仅限于身体一个或两个部分的活动，如胳膊和手。它是一种后天的身体语言，容易被复制，也容易避免。

姿势则是整个身体的姿态。坐立姿势、姿势的变换，以及头、手、脚、腿的活动等。通常，大部分身体语言传达着人的综合心理活动，而不是他的具体打算和情绪。它是可控的，但也很容易受到心理学家所称的行为传染的影响，即从他人那里学到这种身体语言，但是自己对此却毫无知觉。在进展顺利的谈判中，谈判者的姿势经常对对方来说是镜像的，当一方谈判者夸张地斜靠在椅子上时，另一方谈判者有可能会在无意中模仿这一动作。但当谈判者对彼此感到被敌视时，类似的动作则极少发生。因此，如果谈判律师有意识地模仿对方的放松动作，有可能会使对方感觉"舒适"，他会觉得谈判律师是赞成他的。

手势和姿势结合起来不太容易被模仿或被复制，因为它们提示了一个人的心理活动和他感受的强度。因此，变换姿势、不停地重复移动身体，往往显示一个人的焦虑和压力，包括用手和脚轻轻敲打、拨弄手指或者衣服、揉搓面部、不停地走动等。当一个人坐着或者坐在椅子的边缘身体向前倾时，大多数人都会认为他殷切地想使对方满意，或者是表达他的热心。如果他的后背僵硬，非常安静地坐着，对大多数人来说，他表现的态度是一种严苛的自制。如果他的姿势很放松，旁观者则会认为他性格随和。

姿势还能传达出有关谈判者对谈判的主导权大小的信息。比如，身体朝着对方前倾，意味着行为人对对方采取的是一种主动的态度。然而需要小心的是，如果行为人的身体倾斜到了对方的个人空间，将会被认为有侵犯和压制他人的意图。因此，有意识地把握好身体语言的行为程度，可以直接或间接地引导对方来感受到谈判律师的内心活动，虽然有时候事实情况并不是谈判律师使对方所感受到的，但效果就在这里：虽然有些谈判律师心里可能也有些焦虑，可能对谈判节奏把握得并不太好，但总要让对方认为自己是镇定自若、大局在握的。

（2）如何获取身体语言流露的内心活动

谈过了身体语言对流露真实内心的重要性，谈判律师可以从观察对方非语言交流动作来获取信息，比如观察对方的面部表情和身体语言等。面部表情能够传达对方的态度和情绪等特殊信息，但也易于被对方有意识地控制。因此，身体语言有助于揭示谈判对方是采取进攻型还是协作型策略，但却无法传达更具体的信息。

有谈判专家专门对谈判新手进行了仔细研究，经过考察谈判者在诚实、回避与欺骗三种情况下不同的非语言交流动作。结果表明，如果谈判者能观察到对方投来目光的次数，两腿的摆动频率以及心不在焉地在玩弄着什么东西，谈判者也许就能够看出他是否诚实，是否在回避问题或者是否在骗人。一般来说，骗人者说话毛病颇多，如结结巴巴、不断重复、前言不搭后语、底气不足等。同时，骗人者说话的语速较快，声音较高，存在所谓的故作姿态的情形。此外，骗人者还可能手里摆弄着小玩意儿，不愿正眼瞧着对方。而回避问题者的表现是在谈判开始时手脚乱动、摇头晃脑，回避对方的目光；到谈判的后期则显得心烦意乱，坐立不安。

此外，谈判者讨价还价时，心理上常处于焦虑、不自在或戒备的紧张状态，有些谈判新手甚至在讨价还价前就出现这种状态。这些心理状态也许来自谈判中的欺骗、回避或其他非语言交流动作的特征之外。此外，在谈判中感到焦躁的谈判者，其说话时嗓音频率会不自觉地增高，有时还会有以手捂嘴或抵着下巴的下意识动作。同样，处于焦躁状态的谈判者，在听对方说话时内心也一样焦虑不堪，他可能会不停地抖腿，手里拿一支笔在桌上不断地轻敲；并且，内心越焦虑的谈判者，抖腿和敲击的频率越高。在焦虑心态的影响下，他可能对对方所讲的内容无法完全接收。更有甚者，直接站起来在房间里来回地快步走。这些都是谈判者焦虑心态的表现。

如果在谈判中对手采取双臂交叉于胸前的姿态，则他应当是处于典型的戒备状态。可以想象一下在足球比赛中，教练冲进赛场对裁判的裁定提出异议，裁判会做何反应？如果是受到教练的人身攻击，裁判会将他逐出场外。但在事情还没发展到如此严重的地步时，球迷就会看到裁判双臂交叉抱于胸前的戒备姿势。但如果只是简单地将两臂叠在胸前，背靠椅背，谈判者可能只是抱着一种"听你慢慢说你的理由"的心态来听对方谈话。但说话的谈判者也要小心，对方虽然采取了一种放松的姿势，但大脑却在处理着听到的每一句话，很有可能某一句话就让他从椅子上跳起来进入谈判状态。

也许，最明显的坦然和真诚的非语言交流行为就是两手张开，掌心朝向对方。这是一种开放式的交流行为，表达了行为人的坦诚和毫无保留。在非谈判的谈话过程中，我们做这种动作通常是在我们叙述一件事而听的人不太相信的时候。做这个动作后，听者会有一个直接的感受，即说话的人是真诚的，这件事是真的。这里有一个小例子可以说明：有一个患有耳疾的学生在判读非语言交流方面很内

第七课　了解对方的需求

行，在一次上课时，该学生在回答一个问题时，半途中断不肯往下说。老师追问她为什么不说下去。她答道，当老师认为学生的回答对全班讨论有用时，就会作出掌心向上并向后拉的动作；反过来，当老师认为回答无多大价值时，就会改变姿势将掌心朝下。所以，她说她看到老师又在将手掌往下翻，她感觉没必要再说了。

目光会显示对方自信的程度，因此也很重要。若对方在谈判中采取进攻型策略，而他又显得平静和自信，这说明他相信自己的谈判策略已奏效。反过来，如果谈判者采取进攻型策略意在破坏对方的自信心，则其从对方的身体语言中就可以看出自己的对抗策略是否奏效。如果对方动作幅度大，语速较快，可知对方已经被刺激了，流露出的是一种不满谈判者破坏行为的情绪。如果对方显得失意，动作无力，则他的自信心真的受到了破坏，一时不知如何应对是好。如果对方手势和姿势都没有什么改变，甚至语速平平，他可能根本就没受到什么刺激或影响，仍然对自己的谈判抱着足够的信心；又或许对方是一个经验丰富的谈判者，知道这些刺激只不过是进攻型策略的一小部分而已，他更看重的是谈判的结果。

表示自信心的非语言交流动作中，最明显和确切的是"尖塔"形的，即两手张开，十指尖对应相交成"尖塔式"的形状。还有一种显示自信心的典型姿势，就是身体后仰、两手交迭托着后脑。如果对方摆出这种姿态，这表示非但他的自信心未被谈判者破坏，而且他相信他自己的进攻型策略正在起作用。此时谈判者就要小心应付了：面对刺激和打击都不为所动的谈判对手，不是一个轻易就会被打败的对手。

2. 辅助语言

与非语言交流一样，辅助语言——说话声音的高低、停顿挫折、语言不连贯等情况也可以显示说话人的担心和忧虑等心理活动。不管什么原因，担忧的心理状态都会使人的说话频率紊乱、口齿含混、语句重复。忧心越重，语言不连贯的现象越加突出。此外，当人撒谎时，通常他的说话声调会增高，频率会加快。

谈判者对词语的选用，也可以传达心口不一的信息。例如，对方在说明一件事情后，又补充道："我说的可全是实话。"这时，谈判者就应小心上当。经验表明，这样的话十有八九反而是谎言的外衣。就像当某人告诉你，这不是钱的问题，而是原则问题时,其实这真的就是钱的问题了。所以,积极聆听有助于谈判者从对方的话语中辨别对方的真实意向。通常的情况是,谈判者并不直接说谎,而是精心布设陷阱误导对方。

下面我们再以李申奥聘请的秦律师与好莱文化传播公司的高律师之间的谈判为例。高律师的下面几句话看起来内容相同:

> "我的当事人不愿意也不可能支付超过 20 万元的赔偿金。"
> "当事人给我的授权范围不超出 20 万元。"
> "目前,我还没有被授权答应支付超过 20 万元的赔偿金。"

显然,第一句的说法比后两句的说法显得更为生硬和绝对,几乎没有什么可变通的余地。第二句的说法则暗示,虽然好莱文化传播公司未授权律师承诺支付更多的赔偿金,但有关赔偿金数量的授权可能是可以改变的。第三句的说法则更明确地告诉对方,律师需要请求当事人做进一步的授权和妥协。

再如,在前面提到的家具采购例子中,张律师接到谈判对手钱律师打来的电话,对方先是叙述了自己的当事人的一些意见和想法,并做了一个报价。张律师经过一番思考,询问了一些自己想知道的问题,结果对方支支吾吾,拿不出充足的理由,对报价也缺乏事实和证据支撑,张律师据此判断,这个电话只是对方打探虚实的手段。

> "张律师,你好,我是丰成公司的钱律师。这两天,我与公司交流了几次,我们形成了一些意见,丰成公司希望我向你转告。一是关于价格,我们不会再少了。二是运输问题,可能需要你们自己解决。"
> "噢,是吗?为什么价格不能再少呢?我们考察过长春的木材市场和家具市场,对丰成公司家具的价格构成大概了解。如果你们的报价仅仅比长春家具市场高,我们理解这可能是运费造成的成本上升,但你们比本地市场价也高很多,这是为什么呢?原料木材都是一样的。另外,运输问题为什么要我们自己解决呢?我知道丰成公司有专

门送货的集装箱车,我们公司是有货车,但都是为我们的客户送货用的,根本不能用来运输家具。我们真不明白,你能给我一个充分点的理由吗?"

"张律师,呃……我想你只是了解了价格构成,但你忽略了这个……哦,对,人工成本问题。我们公司的人工成本比较高。"

"那么,到底有多高呢?人工成本是以哪种标准来算的?难道丰成公司的人工成本会比其他同类厂家高很多吗?"

"这个啊……这是丰成公司的内部问题,我还不方便透露。"

"你看这样好吗?请给我一个大概的价格构成标准,不然我给我的当事人也不好交代呀。"

在上面的对话中,钱律师始终未能说明丰成公司的报价高的原因,即使提出了人工成本较高的理由,也未能给出具体的计算标准。面对张律师要求丰成公司运输家具的要求,他干脆避而不谈。

以上我们对非语言交流和辅助语言所作的简短论述,完全不足以概括其全貌。在有关谈判的专业书籍中还有更多更全面的分析,这里我们仅仅想表明,法律谈判中的律师即使不能在一夜之间成为专家,但需要始终对非语言交流和辅助语言有一个理性认识。多数人判读非语言交流通常凭感觉,但如果能够做到有意识地主动观察,将有助于准确掌握对方动向,辨别出对方是在采取进攻型还是协作型策略。

七、无处不在的信息收集工作

前面谈到的几种信息收集技巧既可以作为解决问题型策略技巧,也可以使用于采取进攻型或协作型策略的场合。最为重要的是,谈判律师必须突破自己的思维定式,千万别把信息收集视为特定场合的特定工作,从而忽略信息收集其实无处不在的特点,并进而教条主义地理解和运用信息收集技巧,忽略所有技巧其实随时可组合使用的性质。比如,如果谈判对方一开始就抱着传统的谈判态度,问谈判律师一个"为什么",让他回答这一问题,容易使他暴露出真正的兴趣所在。那么,谈判律师完全可以反问一个"为什么不呢?"

为了进一步说明信息收集不是简单的进攻和防守关系,不能形成错误的思维定式。我们再举一个一般用于非正式的商谈的信息收集方法,那就是双方共同分享信息。例如，在大型商务谈判，企业并购交易谈判中的谈判律师常常会在公开的、正式的会谈场合之外，直率地谈论收购双方的需求和利益，以及企业并购以后的发展前景等。但是他们知道这个谈话是"非正式的""不得引用的"，所有收集的信息可能会巧妙地融入正式提议的方案中去，但在正式谈判的会谈中任何一方进行提议时均无义务对这一谈话的内容作出说明或解释。

> **小贴士** 信息收集无时无处不在进行。从某种意义上说，万物都是相连的，通过信息收集你才能还原一个个事物的真实存在。但往往最令人苦恼的是，你是否真的找到了它们之间的联系？

■ 第四节 信息的隐瞒

一、信息隐瞒具有相对性

隐瞒信息是一种进攻型技巧。进攻型谈判律师尽量避免暴露信息，尽可能地隐瞒其最低方案的信息，防止损害其谈判实力。严格地说，解决问题型以及协作型策略本身更多意味着披露信息而不宜隐瞒信息的意思。但不管怎样，即便谈判律师以解决问题型或协作型策略为主导，有时也不免需要隐瞒某些信息，或者至少在谈判过程中的一定阶段隐瞒某些信息，不到需要披露的时候仍然不会披露这些信息。

但是，隐瞒信息不是绝对的。谈判毕竟是双方交换信息的过程，所谓的隐瞒不过是谈判双方在谈判的不同时间点对某些信息的暂时性保护而已。除非谈判破裂，否则最终信息的披露似乎才是绝对的，而隐瞒信息总是相对的。考虑到所有谈判的目标都是希望谈判成功而非谈判失败，因此对参与谈判的律师来说，隐瞒当事人最低方案的进攻型策略，以及在谈判中诱使对方对其当事人的利益发生误解的方法，最后可能还涉及自己是否遵守律师执业的一些道德行为规范问题。换句话说，严重歪曲事实和法律是禁止的，而有些"谎"如果涉及一个律师的职业形象，谈判律师是永远不能撒的。

此外，出于法律谈判的特点和律师执业惯例的考虑，甚至进攻型谈判律师都不能指望信息披露是单方面的事，在谈判过程中或多或少也都会向对方披露一些信息，否则谈判就将很难继续下去。因而，只有在双方提出初步问题之后，如果对方缺乏相应的收集信息的能力、耐心和迫切感，就可能使一方得以运用隐瞒信息的技巧并获得成功。

二、如何隐瞒信息

隐瞒信息的技巧，比如回避问题，常常见诸新闻发布会上政府官员或政治家对记者现场发问的报道中。简单归纳起来，在法律谈判中使用的隐瞒信息的技巧，大致包括以下几种。

（一）转移话题

我们仍然以好莱文化传播公司与联城房地产公司关于购物中心的租赁谈判为例，看看下面这段对话。

余律师：上个月开业的那家珠宝店付多少月租？

赵律师：你是说二楼开业的那家珠宝店？他们成功利用了与大洋百货接邻的位置优势，开业第一个月接待的顾客比预期的多了将近1倍。你们计划开业后的第一个月接待多少顾客？

这里，赵律师完全回避回答珠宝店的租金问题，把话题转为谈论商店的位置和接待的顾客量上。

（二）答非所问

在李申奥聘请的秦律师与好莱文化传播公司的高律师之间的谈判中，我们可以看看如何用答非所问的技巧来隐瞒信息。

秦律师：你们好莱文化传播公司的在全国这么多工地上一年要发生多少起人身伤害事故？

高律师：我担任好莱文化传播公司代理人这么多年以来，从来没有遇到过因人身伤害事故吃官司的事。

高律师并没有回答建设工地发生多少人身伤害事故,而是回答了一个别的问题:因人身伤害事故而发生过多少次诉讼。高律师以此巧妙地代替回答了秦律师发问的问题。

(三)保留性回答

同样以上面的对话问题来示范。

> 秦律师:你们好莱文化传播公司的工地上一年要发生多少起人身伤害事故?
> 高律师:据我所知,从来没有发生过任何此类事故。

由于把答复限定在其所知的范围内,因而高律师的答复是不完全的。秦律师并未从对方的答复中得到希望的信息。除非秦律师坚持让高律师精确回答问题,否则高律师没有义务去核实自己的答复有无出入。

(四)反问

谈判律师同意回答某一问题,但条件是对方必须回答一个相应的问题来交换。再以好莱文化传播公司与联城房地产公司之间的租赁谈判为例。

> 余律师:上个月开业的那家珠宝商店付多少月租?
> 赵律师:哈哈,我很欣赏你为了谈个好价钱坚持要搞清楚全部租金行情的精神。这样,如果你把其他购物中心向你们当事人的租赁报价告诉我们,我想我们也可以向你公开租赁给珠宝店的价钱。

(五)拖延时间

当一个谈判律师被问及想回避的问题时,他可以答应过一些日子再给予答复。日后他并不主动给予答复,一般对方也不会紧追不舍,除非这个问题特别重要。如果对方不再提出这个问题,那么自然就不了了之了;如果对方继续提出,那就再找个理由往后推。

(六) 明确拒绝

如果遇到出格的问题，谈判律师也可以直截了当地挡开。当对方问及谈判律师，他的代理权有多大时，他可以说"这是我和我的当事人之间的事"，但有时这种不说明理由的拒绝回答，往往会让双方的谈判气氛显得不很融洽，因此如果不是诉讼案件的和解谈判而是商业谈判的话，最好不要过于生硬地拒绝对方的问题。比如，如果余律师问赵律师，其他承租人需付多少租金，赵律师也许可以这样回答："我们公司与其他承租人之间的承租内容是保密的，按照当事人对我作为律师的要求，抱歉我不能回答这个问题。"显然，这样的回答比赵律师直接回答"其他承租人的租金与你们无关"要好得多。

(七) 善意的谎言

尽管撒谎违反了职业道德，然而不幸的是，一些律师在谈判期间却总是故意采用撒谎的技巧。为保护当事人利益而保守商业秘密是应该允许，甚至是鼓励的，但保密不等于撒谎，有些保密信息是可以向对方明示不便披露，而不需要用谎言去欺骗的。当然，出于礼节性考虑而向对方做一些不真实的陈述，应是属于善意的谎言，在现实生活中仍然是隐瞒信息的重要技巧。比如，好莱文化传播公司提出的租金条件是联城房地产公司根本不可能接受的，但余律师仍然没有离开谈判桌的打算，还是希望双方能继续商谈下去，而联城房地产公司的赵律师为了尽快结束这场差距太大且无意义的会谈，就可能会说："你们的意见我已经完全明白了，我的确无法答应你提出的交易条件，我们再往下谈意义也不大。这样吧，结束谈判后我再与当事人商量一下，如果认为双方还有谈的空间，我再和你另外约时间。"这样，赵律师就可以立即结束这次谈判。当然，他知道以好莱文化传播公司提出的交易条件，这个谈判是不可能成交的，"再和你另外约时间"不过是礼节性的撒谎而已。

(八) 学会沉默

如果对方提出一个明确而具体的问题，对此不做回答，可能既不符合职业习惯也不礼貌，但是在谈判期间经常保持平静和少交谈，也是减少信息暴露量最好的办法之一。如前所述，许多谈判对手往往以交谈来填补沉默，在他们说话时，谈判律师可以只听不说，这样不仅可以从中听到一些信息，也可避免披露信息。

（九）消减谈判者的信息

不让对方分享信息的最好技巧就是什么都不知道，真的不知道。例如，好莱文化传播公司的高律师在与受害方李申奥的秦律师首次谈判前，故意不和他就其当事人的实质性问题交谈，不问与案件有关的事；如果秦律师主动提起对实质性问题进行讨论，高律师可以直接说："这个问题我还没和当事人商谈过，所以不知道当事人对这个问题的意见是什么，我今天来主要是想听听你们的要求。"更有甚者，有的律师在有些谈判的初期为了隐瞒信息，派一名对案件情况知之甚少并且没有决定权的律师助手去谈判，其目的和意图真是再清楚不过了。

> **小贴士** 出于礼节性考虑，谈判双方见面时，拒绝透露信息的一方实际上很难做到一言不发或满口谎言。因此，只要交谈在进行，信息总会不可避免地披露出来。所以隐瞒信息的技巧也并非完全能起作用的。

■ 第五节 如何披露信息

在现实生活中，谈判双方在谈判中都能守口如瓶，始终不让对方得到丝毫信息的情况既不真实，也不可能。特别是在法律谈判中，如果谈判律师不披露任何新信息，或者不能使对方信服自己提出的最初方案，又或是无法为自己的主张辩解，就很难使对方改变其最初方案，更难使双方继续往下谈下去。

因此，披露信息不仅是必要的，而且是必需的，即便谈判律师主要采取进攻型策略，也不免要披露信息，才能令对手让步或屈服。而在协作型和解决问题型策略中，信息披露更是谈判律师应该主动而积极运用的手段。下面我们着重谈谈在这两种策略中如何进行信息披露。

一、协作型策略下的信息披露

谈判律师采取协作型或解决问题型策略时，如果不事前做好信息披露准备，不能有的放矢地进行信息披露，甚至有可能披露有损于他的当事人根本利益的信息。协作型谈判律师倾向于谈判双方在信息交换中有步骤地全面披露信息，从而使双方能够进入携手合作的良性循环，最终达成一个公平互利的协议。因而在谈

第七课
了解对方的需求

判最初阶段，应当甄选准备披露的信息，最初披露的信息中不应包括有损于己方谈判的根本利益的信息。这样即使对方不合作，也不至于损害当事人的利益。

在具体使用的披露技巧上，除了通常的率先交换、有问有答等直接披露方式外，谈判律师还可能在谈判中使用争辩技巧来披露一些信息，以影响对方改变立场。关于如何争辩，我们将在本书下一课中详述。其实，争辩需要对方在一定的事实基础上作结论，因而谈判律师必须提供事实真相作为争辩的基础。例如，假定联城房地产公司希望好莱文化传播公司租下购物中心中较好的价格较高的地段，而不愿让他们去租价钱便宜的群楼尽头，此时，为了使好莱文化传播公司相信中心地段更理想，联城房地产公司对两个地点的人行通道状况做了比较，以此为理由主张中心地段更适合。这一争辩向好莱文化传播公司披露了有关两个地段人行通道现状的信息，其中还谈到离中心地段较远的地方商店稀少、生意清淡的情况，而这些情况应该是联城房地产公司一般情况下不愿谈的。在争辩中，劝说对方改变主意是十分重要的，因此，通常争辩的过程就是披露更真实情况的过程。

在谈判过程中，信息有时是经过深思熟虑后以口头形式表达的，有时则是以精心制作的书面材料向对方提出的。比如，人身伤害案的索赔方律师往往应该事前准备主张其索赔金额的书面计算文件，其中有调查好的有关伤害和责任分担的同类案例材料，以及司法实践中通行的赔偿范围内各科目的详细赔偿标准。为说明其索赔主张金额的合理性，律师往往愿意将这些计算文件主动披露给对方。

二、解决问题型策略下的信息披露

与协作型策略相同，解决问题型策略要获得成功，更需要提供全面而准确的信息以满足双方共同解决问题的需要。通常，解决问题型谈判中的信息交流分两个阶段。首先，谈判双方在达成协议或作出重大让步之前，就需要彼此交换大量信息。其次，双方在前期交换信息基础上，会再有针对性地交换各自对对方提出的方案内容的看法，以便更好地达成一致。

对谈判律师来说，不论是采取协作型还是解决问题型策略进行信息交换，判断双方是否提供了全面准确的信息，或者对方是否打算披露信息，或所披露的信息是否真实，才是重要的。请记住，最有效的进攻型策略往往也会披着协作型或解决问题型策略的外衣。换句话说，判断对方是真正地抱着协作或解决问题的态度，还是在用温和的外表掩盖其进攻的实质，是决定信息如何披露的最关键问题。

> **小贴士** 信息披露总是渐进和逐步发生的过程。不要急于一次性收集或披露所有信息，对等交换、逐渐深入永远适合所有的谈判策略。如果当事人在场，最好事前商量好让当事人少说话，能够由律师说的，全部交给律师说好了，这是因为只有这样才能更好地把握信息披露的尺度。

第八课 LESSON 08

对价博弈

第八课
对价博弈

📜 案例摘引

20世纪70年代，在美国佛罗里达州的棕榈海滩有一栋名为Mar-a-lago的房产，该房产的所有人想出售它。由于房产上的建筑物历史悠久，整个占地超过了76 900平方米，有118个房间和67个浴室，建筑面积达到6200平方米，这处房产的所有人因此把它的售价定得很高。

美国房地产开发历史上的传奇人物，后来还做了美国总统的唐纳德·特朗普想把它买下来，但是他认为，他不会以这么高的价来做这笔交易，他准备以一些不完全是钱的理由来说服卖家将房产卖给他，而不是卖给出价最高的人。

他打听到，卖家是从其祖辈那里将那处房产继承下来的，其实不缺钱，真正希望的是买家能将那处房产上的整栋建筑完全保留下来作为建筑文化遗产来维护，于是他对卖家说："如果你把它卖给我，我保证它完好无损，并且还让它恢复到原来的状态。"作为交易的一部分，他同意在买下房产的同时，也买下建筑物内所有的家具和装饰品以便作为陈列品。这个承诺吸引了卖家，卖家被买家要保护他的家庭遗产的承诺深深吸引了。于是，虽然唐纳德·特朗普没有出到最高价，但是他成功地以少于最高价20万美元的价格将这处房产买了下来。

为了兑现承诺，唐纳德·特朗普重新装修了那栋建筑，但如果仅仅作为一幢私人住宅使用，这样下来的税款和维护费用非常高。为此，特朗普想把这栋建筑变成一个豪华的可以经营的乡村俱乐部，以取得经营性收入和利润。但是当地的主管部门并不喜欢他在棕榈海岸边建造一个最壮观的乡村俱乐部，认为这样有损当地的历史遗产环境，为此拒绝给他发放执照。经过仔细研究佛罗里达州的房地产法，特朗普发现了对自己极为有利的依据。他威胁主管部门，如果不让他这样继续下去，他就要把这76 900平方米的土地重新划分后新盖一些房子出来。对当地官员来说，相较于允许一个老建筑变成乡村俱乐部，他们肯定更不情愿让他在那个地区多建一些房子出来，这岂不更破坏当地历史遗产环境了！最后，特朗普成功地实现了他的目标。

在这个案例中，唐纳德·特朗普切实地把握住了房产卖家和当地官员的心理需求，恰当地运用了争辩、威胁、制造僵局、提出捆绑方案、让步、坚守立场等技巧，不但顺利地买下了这栋房产，还用购买房产时余下的 20 万美元和 1000 美元一晚的住宿费将这处房产打造成了当地专为有钱人服务的顶级乡村俱乐部，Mar-a-lago 从此成为威望和高雅的代名词。

——摘自［美］乔治罗斯：《赢在谈判》

第一节　对价博弈的核心是减少分歧

谈判的最初方案一般是在正式谈判时提出的，此时双方其实都还想了解更多与谈判有关的情况以及对方的愿望和要求，并争取更有利于自己的结局。那么，谈判双方如何才能使最初方案发展为最终双方可能达成一致的协议呢？简单地说，就是对价博弈，也是大家喜欢说的讨价还价。

谈判双方进行讨价还价的过程实质就是缩小双方分歧的过程，每个律师都会使尽浑身解数劝说对方接受有利于自己当事人的协议。通常，最终协议条款与最初方案会大相径庭，而且缩小双方分歧也必定很耗费时间。在以对抗为主的进攻型谈判中，讨价还价的过程具有争吵、威胁和难以取得进展等激烈"杀价"的特征。不到关键时刻，双方不切实际的期望和要求不会变得现实起来。因此，缩小双方分歧可以说就是讨价还价的主要内容，达成双方都比较满意的最终协议则是谈判的主要目标。从这一点出发，讨价还价的过程必然是一个互动的过程，在提出自己需求的同时，也要倾听对方的需求，否则最终协议就不可能达成。

这里，我们有必要强调"对价博弈"并不是与信息交换或提出新方案毫不相干的谈判阶段。谈判律师在努力缩小分歧的同时，也会不断收集信息并提出新方案，并以新方案同对方进行新一轮或者再一次的讨价还价。因此，讨价还价就是一个"谈判—收集信息—提出新方案—再谈判"的循环过程。

在这一过程中，谈判双方都有两个互补性的目标。第一个目标是力图说服对方同意对自己当事人有利的协议。不管采取什么谈判策略，谈判律师对对方的决

第八课
对价博弈

策都有一定的影响力。这是因为，谈判关系基本上是自愿的，任何一方都可以向对方提出基于自身需求的要求，也有转身离开谈判桌的自由。一方不想谈了，拂袖而去，就会使对方的希望化为泡影。正因如此，谈判双方的任何一方律师都有一定的影响对方的力量。律师在讨价还价阶段运用这一力量来维护当事人的利益，既可以是争辩道理，也可以是在某一事项上作出妥协。

谈判律师的第二个目标是，在致力于缩小双方分歧的同时，评估对方可能接受的条件和内容，尽力运用各种信息收集技巧的意义也在于此。同时，谈判律师要注意研究对方对最初方案的修正情况，这样才能掌握对方可能从最初方案体现的立场上后退的程度，或者判断出对方的核心利益和着重点究竟是在哪些问题上。有时，谈判律师还需要通过分析对手的让步行为来推测对方的让步是否已达"底线"。

上述两个目标互为补充，任何一个都对谈判过程和结果具有决定意义。谈判律师切记不可只看重对方是否可以满足自己的目标，而忽视评估对方可能接受的条件和内容。试想如果谈判中一方毫不让步，对方又岂能让你占尽便宜？讨价还价的核心意思其实已表明，只有互让，才可能达成让双方都比较满意的最终协议。

> **小贴士** 谈判进入讨价还价阶段，说明双方都已意识到存在达成交易的机会，虽然没有哪一方会随随便便"拂袖而去"，但谈判律师和他的委托人也需要更现实一些，不管使用哪些策略和技巧，收获都是互让出来的。

■ 第二节　进攻型策略下的对价博弈

采用进攻型策略的谈判律师，看起来总是努力使对方相信，他不会为了达成最终协议而作出重大让步。不仅如此，他还要说服对方，不要坚持自己提出的要求，因为这一要求未必对其有好处。所以，进攻型对价博弈的特征就是，通过以上这两方面的行为使对方作出更多让步，并且使其相信这些让步是符合其当事人的根本利益的。

所谓让步，是指谈判律师修改最先提出的谈判方案，放弃部分有利于自己当事人的条件和内容。由于进攻型谈判律师相信,每一分利益的获取都源于对方付出更多代价,因而他必须设法使对方相信让步才可以成交,进而迫使对方作出最大让步。为了取得这一结果,谈判律师自己虽然也需要做一些让步,但这些让步必须是"有限度地让步",此外还得尽量表现得十分勉强。这种"有限度地让步"技巧我们将在后面详细说明。

一般来说,在进攻型对价博弈中迫使对方做重大让步的主要技巧是争辩和威胁。为了增强威胁的效果,谈判律师还可以采取其他一些技巧,如故作愤怒、暂时退席中断谈判以及表示不愿继续谈判等。

一、争辩

（一）什么是争辩

争辩,是指就谈判的核心问题引经据典并阐述涉及的法律法规等,以此用于支持谈判律师的主张,或用于批评对方的主张。争辩虽然通常归结为一种进攻型策略的技巧,其实在协作型或解决问题型谈判中也会使用。当然,不同类型的争辩会各有差异,有的激烈,有的温和,但我们不能因此把争辩误视为唯有进攻型策略才使用的技巧。

这里我们以李申奥和好莱文化传播公司之间的人身损害赔偿案为例。李申奥聘请的秦律师不论是采取进攻型策略,还是采取协作型策略,都同样可以使用鉴定专家的鉴定意见来争辩。如果秦律师施展进攻型的争辩技巧,那么他会直截了当地告诉对方说:"我们要请鉴定专家上庭说明他们的鉴定意见,你的当事人绝对输定了。"相反,如果他采取协作型的争辩技巧,他的态度就会变得较为含蓄一些,比如他可能会说:"我们请的鉴定专家的鉴定结果表明,解决彼此争端的最公平的方法,还是同意……"最后,如果是谈判已成为解决问题型的谈判,争辩就将是估价磋商的一部分,当双方在谈判时提出了多个可选方案时,鉴定专家的报告往往被用于评估各种方案,这也是最折中的一种争辩形式。

争辩的首要前提是找到论据,该论据较为客观,且能够强有力地支持谈判律师的观点,进而使谈判律师提出的需求显得合情合理,甚至迫使对方让步。例如,在华溢公司和丰成公司家具采购的谈判案例中,华溢公司的张律师经过调查了解,发现了木材来源、家具的基本价格构成、本地家具市场的均价,这些都成为重要的论据。在此基础上,张律师向丰成公司的钱律师提出要求,即丰成公司的家具价格不能高出市场均价的10%,因为市场上质量最好、做工最精细的家具的价格不过也就高出市场均价的15%而已。这一要求让丰成公司难以拒绝,毕竟他们的家具质量虽然好,但尚未好到属于市场上最好、做工最精细的那种类型,这样它如果想列举自己的其他优势,可能也对华溢公司产生不了太大的诱惑。所以,如果丰成公司想掌握谈判主动权,仍然不轻易让价的话,就必须重新找到华溢公司最重视的东西。

(二) 争辩技巧的使用

谈判中的争辩不同于诉讼中的辩论。谈判中的争辩"更像说理而不像雄辩",千万不要让争辩变成一个人非常蠢笨的独角戏,否则争辩就不应被称为争辩,而是演讲了,但谈判的一方有多少心情会听取另一方在那里滔滔不绝地发表演讲呢?律师应在交谈中争辩,但谈话语调要自然,最好不要让对方觉得谈判律师所说的都是经过事先精心准备的。此外,还必须注意要与对方进行互动。

即便是进攻型谈判律师,一般也不会把迫使对方认错和公开承认本方观点不妥作为争辩目标,这是谈判中使用争辩技巧的关键。毕竟,谈判律师的职责是尽可能有效维护当事人的利益,所以有效的争辩不是要摧毁或者破坏对方的自信心和谈判实力,而是促使其让步,否则便是舍本逐末了。大多数有效的争辩,是不断提出新的事实,或就对方关心的事实加以说明解释。争辩贵在说理,中心在于说服对方,让对方明白自己这方的需求和提出需求的原因,进而让对方接受自己提出的各种方案,而非与对方发生激烈的争吵。

带有推断性结论的和单方面猜测的争辩,即使头头是道,也不大可能使对方回心转意,尤其是当对方已经对谈判律师的观点做了分析,有了一定结论之后。为了使进攻型策略更有成效,进攻型争辩技巧着眼于具体事实和公平结论,以无可辩驳的事实、法律、和解程序或原则作为争辩的依据,这比无事实依据的推断更有说服力。在大多数情况下,披上合作外衣的进攻型争辩技巧效果可能更好。当然某些情况下,故作愤怒也会有助于增强争辩效果。例如,谈判律师在谈判中提出了自己的理由和依据后,对方律师仍不接受,并表示自己的当事人也不会仅仅因这些理由和依据而让步。此时,若谈判律师加强语气,并显得有点生气地说:

"我的当事人对这次谈判抱了极大的希望,也表现了相当的诚意,我们是很诚心地来谈这笔交易的。刚才我说的情况和依据,是我们在认真选择和考察的基础上作出的,如果你们如此轻视,我很怀疑你们究竟有没有诚意继续往下谈了。"这话很可能让对方律师认为谈判律师的争辩确实事出有因,即使谈不上合情合理,也应当有一定合理性。对方律师若有了这一想法,可能便会更重视争辩的问题,甚至开始考虑让步了。

二、威胁

(一) 什么是威胁

威胁,是指谈判律师表示如果对方不答应某一要求,谈判律师就将采取对其有损害的行动。最常用的威胁是宣称如果对方不做具体让步就终止谈判。在协作型谈判场合,与威胁有异曲同工之效的技巧是"允诺",即宣称如果对方答应某一要求,就会给对方某种好处或作出让步。各种允诺,以及它们与交换让步的关系,我们将在下一节"协作型策略下的对价博弈"中详述。

(二) 威胁技巧的使用

使用威胁技巧在谈判中有两个作用。其一,威胁可以迫使对方让步,并达成对己方当事人有利的协议。这一手段比其他各种讨价还价技巧更有效,但是也更难把握。因为谈判中双方讨价还价的时候是处于平等地位的,没有哪一方比另一方更占优势。因此,当一方律师使用威胁技巧时,需要对己方处于优势地位有精准的判断——他完全有能力迫使对方让步,而对方因为处于劣势,如果不让步,最终协议就可能达不成,因此让步的可能性才会较大。其二,威胁也可以表现谈判律师掌控全局的态势——没有什么可以像"最后通牒"一样使对方感受到谈判律师的必胜决心了。感受到这种强烈的决心后,对方不得不正视谈判律师提出的方案,即使它对自己的当事人不利。

例如,当赵律师威胁余律师及其当事人,如果他们不同意签为期15年的租约,就将终止同他们的谈判。这里,赵律师向余律师发出了一个强烈的信号,15年的租约期限是联城房地产公司关注的重要事项,甚至比租金还让他们重视。

关于如何运用威胁技巧,根据经验,我们建议从以下几方面加以注意。

1. 减少赤裸裸的威胁

含蓄的威胁在谈判中时常发生，但明确直白的威胁也就是赤裸裸的威胁则应慎重使用。因为当谈判律师以直白的威胁方式迫使对方作出更多让步时，也增加了双方的敌对程度和谈判破裂的可能性。同时，一旦未审慎把握直白威胁，还可能导致对方的反威胁。因此，我们建议仅在不能或无法以其他技巧影响对方时，才考虑直白的威胁。

2. 平静而含蓄地威胁

如果谈判律师已决心使用威胁手段，那么最好能够以平静、合理和合作的方式发出威胁信号，尽量减少威胁的潜在风险。有时谈判律师可以用"责备"自己的当事人或第三人的方式来缓和威胁的紧张气氛。例如，赵律师可以说："虽然我也很想谈判下去，但联城房地产公司交代我，如果你们今天中午以前不最后表态是否同意这'一揽子'交易，那我们的谈判就难以再继续下去了。"由于联城房地产公司给出了最后的时间期限，余律师就必须认真考虑是否同意赵律师所说的"一揽子"交易，否则如果对方真的过了中午就不再继续谈判，损失可就太大了。但如果余律师能够立刻判断出对方是在使用威胁技巧，就有可能找到破解的方法。比如，她可以说："我的当事人要明天才能回来，不等到明天我们没法定，我更无法帮他做这个决定。"

3. 威胁方法要有多样性

威胁的内容既可以包含双方商谈中的各种问题，也可以是一些新东西。潜在的威胁方法不仅可以是扬言要终止谈判，还可以告诉对方，除非他们同意谈判律师的某些要求，否则谈判律师不可能在其他方面做丝毫让步。外在的威胁方法则是宣称绝不再与对方做生意了。当然，一般而言，如此明显而生硬的威胁，在可能引起对方慌乱的同时，也很有可能让对方反感，这对使用威胁的一方来说并不是一件好事。

4. 威胁应产生效果

正是因为威胁的内容是否实施具有不确定性，才使威胁具有威慑力。一旦威胁的内容需要付诸执行，威胁的价值也就丧失了。例如，在达能与娃哈哈的合资纠纷谈判中，达能方面曾多次以提起诉讼相威胁，希望能同娃哈哈达成和解，但当娃哈哈主动提出商标仲裁案时，达能关于启动诉讼的威胁就丧失了价值，其威慑力不复存在。可见，威胁有赖于双方担忧的某种事实或行为很可能发生。在上面这个例子中，威慑力是建立在娃哈哈不愿面对诉讼这一可能性上的，但是当娃哈哈主动提出仲裁时，即表明它并不在乎通过诉讼方式解决与达能公司纠纷的态度，于是达能的威胁便彻底丧失了威慑力。所以，为了让威胁尽可能见效，谈判者有必要从以下方面入手。

(1) 使威胁显得真实可信

要使威胁具有威慑力，就必须使威胁的内容让人感到可信。如果对方不信谈判律师真会实施威胁，威胁就是失败的。如果对方明白威胁的理由，多半就会认真对待。因此，当威胁与利害关系不相称时，威胁就失去了可靠性。如果谈判律师就其当事人的一个数额不大的索赔要求，提出"打到最高人民法院也不怕"，除非他能够使对方相信对这一问题他和他的当事人极为重视，并且在法律上也具有可操作性，否则一般没人会相信这个威胁。为此，他必须花费时间和精力去解释。

其实，真正影响威胁可信性的最重要因素是过去的记录。正如"狼来了"的故事一样，如果某人说了10次他"必须"得到这笔钱，否则他将"中断谈判"或"提起诉讼"，但是每次他又为避免诉讼，满足于较少金额的和解，那么他发出的第十一次威胁就难以让人相信了。这就如同在使用律师函催收债务的办案中，任何一家有声誉的律师事务所对授权代表当事人发出最后通牒性质的律师函的行为总是谨慎的。如果一家律师事务所常常发出律师函，声称未在某某日得到答复就起诉，而事实上却在时间届满时，很少这样做的话，这家律师事务所发出的律师函的威慑力就会大打折扣。如果这样做的律师事务所较多，甚至整个律师行业的信誉都会受到影响，一封代表当事人义正词严地发出的律师函也将失去应有的价值。

(2) 步步紧逼

既然实施威胁应该审慎，谈判律师可以在谈判中有步骤地表达实施威胁的意向。例如，谈判律师可以公开准备实施威胁，假定联城房地产公司的赵律师告诉好莱文化传播公司的余律师：除非好莱文化传播公司在5月1日以前同意签订协议，否则他将终止谈判，转而向其他客户签订场地出租协议。如果赵律师告诉对方，那块场地5月1日起将用于经营家具，或5月2日他将同意另一客户对那块场地的租赁要求，威胁就更有威力了。从所有的假设来看，内容越具体、期限越逼近、越具有实施可能的威胁，其威慑力越大。因为人们总会相信一个具体而实在的事件发生而不是泛泛空谈，尤其当该事件具有特定的对象、空间和时间时，威胁就显得非常逼真。

把一个重大的威胁分成不同程度逐步递增的若干威胁，然后执行最先的威胁，同样能达到加强威胁的威慑力目的。假定在李申奥和好莱文化传播公司的人身损害赔偿一案中，李申奥聘请的秦律师扬言，如果好莱文化传播公司不尽快同意承担事故责任的基本意见且愿意给付恰当的赔偿金来弥补受害人的医疗费和误工费，他将中断谈判并提起诉讼。如果好莱文化传播公司不答应他的要求，秦律师可以这样来安排采取最后措施的时间表：什么时候进行起诉前的最后一次谈判，什么时候起诉。让对方知道他将按计划执行威胁，可以明显增强威胁的效果。因此，越细致的威胁实施计划给对方的压力越大，尤其当第一个已经声明的计划中的威胁行为实施后，对方会信以为真，以致马上作出相应的行动来维系谈判关系；如果该谈判结果对其相当重要，受威胁的一方甚至说不定就直接同意与威胁方签订和解协议了。

（3）让当事人扮"黑脸"

如果谈判律师表示他不会说了不做或取消威胁，而且必须受当事人指示的约束，威胁会使人觉得更可信。假定联城房地产公司的董事长将去西藏旅游4个星期，届时将与公司中断联络，临行前他给了赵律师一个有约束力的指示：如果好莱文化传播公司在5月1日以前不同意某一具体的合同条款，就终止与他们的谈判。赵律师以这一事实威胁好莱文化传播公司，对方可能便不得不信了。

因此，在法律谈判中谈判律师一般总会提及当事人不妥协的态度，将实施威胁的决定权转交给当事人，让当事人扮"黑脸"而当事人又不在谈判现场，可以明显增加威胁的可信度。"我那个当事人是一个很固执的人"，秦律师以此劝告代表好莱文化传播公司谈判的高律师，"除非你们下周三前同意付30万元，否则他让我直接起诉了"。如果秦律师再对当事人的"固执"适当地添油加醋，"他曾经还跟我说，只要起诉他会找媒体来参与庭审，我说这对你自己也没多少好处，但是他就是不听"。

(4) 先例不可违背

如果谈判律师将威胁与某个确定的先例联系起来，同样也将增加威胁的可信度。例如，联城房地产公司宣称，如果好莱文化传播公司再继续要求削减租赁期前6个月的租金，就终止与他们的谈判。为了增加这一威胁的可信度，联城房地产公司可以强调以往的惯例：在联城房地产公司经营购物中心的历史上，最多只给一家大型商场减过3个月的租金，而相比之下，好莱文化传播公司的实力显然不能相提并论。有了这个先例，好莱文化传播公司便明白，要让联城房地产公司打破这一先例有相当难度，与其和他们继续在这个问题上周旋，不如趁早转而解决其他重要问题。

(5) 不惜为名誉而战

此外，谈判律师强烈的个人行为或者将威胁与自身名誉挂钩，也可以使威胁的可信度提高。例如，一个在人身伤害赔偿领域有较高社会知名度的律师认为，如有必要，他愿意将所代理的这件小额索赔案件申诉到最高人民法院，因为他坚信他的当事人受了冤屈，他也相信以他的影响力，最高人民法院将重视这个小案子。尽管这种情况发生的可能性较小，但不排除恰好遇上了这样固执的律师，对方律师会做何感想呢？我们相信，真遇上这样的律师，对方应抱更谨慎的态度来对待律师发出的威胁，因为律师行业总体上应是对名誉看得极为重要的行业，如果一个有一定社会知名度的律师不惜以自己的名誉发出的威胁不为对方所在乎，那他很有可能仅仅就为了名誉而将威胁付诸实施了。

三、捆绑交易方案

在所有谈判中，没有唯一的解决方案或者谈判结果。大多数情况下，如果谈判律师愿意，其实可以找到很多其他可行的解决方案。此时，采取捆绑的方式，准备将方案B作为方案A的替代方案，或者将方案B和方案A进行搭配后捆绑在一起交给对方选择，也可能取得让人更满意的结果。具体而言，谈判律师可以在时间期限、价格或者其他重要问题的谈判中采取将不同方案搭配捆绑成一个新方案的做法。例如，在项目收购的谈判过程中，卖方律师拿"3个月内分期付款的价格为50万元"和"现在一次性支付价格为40万元"两种方案出来让收购买方选择,这就是将时间和截止日期进行了捆绑。收购方将对这两个捆绑在一起的方案进行考虑,最后选择他们认为比较合算或者比较适合他们目前情况的一个。

在房地产交易中,类似情况频频出现,有时候买方可以向卖方要求:"如果你帮我付交易手续费的话,我就一次性付现金了。不然我就办 20 年的按揭付款。"这是将手续费优惠与现金支付和按揭付款方式进行了捆绑。对卖方来说,房地产交易买卖手续费与按揭付款方式得到购房款相比只是非常小的数额,如果只付交易手续费,买方便得到了现金支付的全款,而不必为了给卖方办理按揭自己还得向银行支付一笔保证金的话,卖方是有可能会同意这个方案的。

捆绑方案的前提,在于提出方为对方出了选择题:要么选 A,要么选 B,或者选择其他可选项。这给对方的思维做了限制,引导着对方在自己划定的范围内选择。如果对方能看穿提出捆绑方案一方的意图,并且跳出这个思维定式,对方也完全可以提出自己的捆绑方案给予反击。

四、谈判僵局

僵局是影响所有谈判顺利推进的重要场景。如何正确对待、运用僵局,其实不仅是进攻型谈判中的重要技巧,而且同样涉及协作型和解决问题型谈判。并且,从某种意义上说,僵局对后两种策略,特别是解决问题型策略的影响,远远大于前者。很多时候,僵局的出现直接开启了解决问题型策略的运用;可见僵局存在之重要性。有时候,为了达到解决问题的目的,一些精明的谈判律师无疑会有意制造僵局,以推动谈判快速进入解决问题阶段。

(一) 如何看待僵局

很多律师和普通大众一样对僵局心存一丝恐惧,他们认为僵局就是失败,就是谈判破裂的征兆,甚至就是谈判破裂本身。其实僵局通常是制造出来的,所以是可以被打破的。因此,制造僵局和打破僵局由此成为谈判者熟练运用谈判策略的高超技巧之一。

如果谈判律师了解到这一点,总是让对方对僵局的出现产生恐惧或担忧,就可为其所用。试想,在谈判过程中一方在僵局出现时立刻接受僵局,显然,这一方肯定会拥有很大优势,因为至少在心理上他们已经成为强者。所以当谈判律师表达希望停止谈判的意愿时,首先会给对方很大压力。大多数情况下,对方很难意识到由此停止谈判的僵局，其实是完全可以被打破的，只是由于自己未能在短时间内想出办法让谈判得以继续进行或事前做好其他准备，从而轻易接受僵局而输掉了谈判。

通常，一方主动制造僵局可能出于这样几种原因：其一，表达自信。这说明谈判律师对己方的立场充满必胜信心。其二，测试对方是否有相同的决心和信心。当然，这种测试的目的只有在制造僵局后才能实现。其三，迫使对方为了谈判继续而做些让步。这也是制造僵局的主要目的，有利于使谈判尽快步入解决问题的阶段。其四，协调与自己当事人的关系。这样可能使谈判律师的当事人认为这是"路的终点"，觉得自己已得到所有能得到的东西。当僵局被打破后，当事人会惊喜地发现原来谈判是"柳暗花明又一村"，从而对谈判律师的工作给予高度评价。其五，改变谈判进程，从而使制造僵局的一方掌握更多的谈判主动权。

僵局的价值在于它往往能显示对方的立场，并在制造的僵局出现那一刻使对方手足无措。比如，当谈判律师向对方说："如果你不同意我的当事人已降成这样的条件，我们没法继续谈了。今天的谈判就到此为止吧。"如果对方立场坚定，谈判律师就只能真的停止谈判。但如果对方知道谈判律师的当事人确实已经将条件降低了很多，同时他们确实也需要将谈判继续下去以便尽快达成最终协议，谈判律师突如其来的宣告会逼得他们立刻认真对待正在谈判的条件，从而作出新的让步。所以，以威胁方法制造僵局，必须是谈判律师掌握了相当的信息，对双方需求都有较明确了解，且对谈判进程有足够把握时才可以进行。

（二）如何制造僵局

制造僵局的方法其实很多，归纳起来主要有以下两种。

1. 利用时间期限

如果对方有谈判时间期限的约束，对他们来说出现僵局就会是个大灾难。在对方受谈判时间期限约束时突然制造一个僵局，谈判律师会获得很大的主导权。但对方也可以放弃谈判，忽视他们在谈判中付出的心血和成本，或者做一些让步使谈判律师改变立场。

2. 利用拖延战术

拖延战术的价值在于，谈判律师通过有意放缓洽谈节奏，在与对方的角力中取得心理优势、掌握主动权。同时，还可以在稳住对方的同时，寻找新的合作可能性。需要注意的是，如果谈判律师把拖延作为一种策略，一定要平静、温和且有礼貌地告诉对方，己方目前不能按对方所提的方案去做，这也为日后重返谈判桌留下了余地。否则，如果在制造当时的僵局时已自断后路，那就很难实现这一愿望了。

（三）如何打破僵局

即使谈判对方及其当事人认为僵局就意味着谈判已经结束，最终协议无法达成，制造僵局的谈判律师也可以打破僵局。最高明的谈判者在制造僵局之前总是事先想好打破僵局的办法。

1. 推迟解决

例如，谈判律师可以说："现在我们把这个问题先放一边或者假设我们已达成一致，那么，还有没有其他要解决的问题？"通常情况下，人们都愿意绕过棘手的问题，将注意力放在容易解决的问题上。这样一来，谈判律师将引导大家重回谈判的轨道上来。一旦将其他问题解决了，制造僵局的不友好气氛可能就散去了，并且为解决剩余问题、达成最终协议创造了友好氛围。因此，如果想打破僵局，就先讨论制造僵局的问题以外的问题。

2. 适度让步

如果打破僵局的一方不迅速地让对方作出回应，那么他的让步就白做了，也就真的成为让步而不是为打破僵局而事先设计出的让步；这肯定不是僵局制造者希望的。这个问题在后面关于如何让步的内容中我们进一步详述。

3. 寻求新路径

这种情况往往发生在僵局出现时对方的当事人不在场的情形下。既然僵局发生时他们不在场，那么他们可以在被说服后扮演和事佬的角色。

总之，打破僵局犹如制造僵局，不仅需要消除谈判律师在谈判的竞争气氛中产生的利己主义、个人英雄主义想法，而且还需要消除个人那些激动情绪以及固执等不良个性因素，以始终增强其控制谈判的主导权。如果谈判者带着不能控制的个人情绪重回谈判桌，无疑是为新一轮的谈判埋下炸弹，指不定什么时候一方又会制造出一些不必要的僵局。

五、进攻型策略下对价博弈的其他技巧

(一) 离场而去

以停止谈判相威胁,是既普遍又极端的方法。有时谈判律师通过临时退出谈判席的行为来完成,似乎比完全停止谈判的效果更好。行为人可以期望对方会为使他重回谈判桌而作出一些让步,即使没有让步发生,重回谈判桌也不会让他失去什么。这样他的赌注押在对方有可能作出一些让步以避免谈判失败的意愿上。不仅如此,退出谈判席的行为也有助于谈判律师了解和试探对方不做让步的决心是否坚定,或者不让步的表示是否仅仅是一种谈判战术。当然,退席也是一种风险性很大的举动,对方也许会为此选择不再继续谈判。因此,以退席作为迫使对方让步的战术应慎用,只有当谈判律师有把握迫使对方让步,或有一个更好的替代方案来挽回退席后的尴尬,才可以退席相威胁。

(二) 表达愤怒

真的发火或故作愤怒时常与使用进攻型的争辩或威胁技巧相伴。谈判律师经常以发火的方式向对方表明,必须认真对待谈判律师的威胁或某一特别要求。当然,这得看对方的心理素质。一个心理素质欠缺的新手律师确实可能因为对方发火而受到吓唬,从而作出让步。

发火或愤怒,尤其是真的发火,对谈判也极具风险。发火可能引起对方同样的勃然大怒,从而导致敌对情绪的恶性循环。大多数人真发火时,往往不能控制自己,会忘了此前制定的所有战略和战术,从而让结局变得很不可收拾。比如,真发火的谈判律师可能会发出某种威胁,而这一威胁又是其不愿实施或事前根本未想过的,结果呢,兑现这一威胁无疑损害当事人的利益,不兑现这一威胁又降低了自己的信誉,并同样损害他为当事人利益而谈判的能力。此外,发火就是情绪失控,失控就可能意外披露信息,或造成其他的谈判策略运用严重失误。因此,严格地说,作为执业律师扮演职业代理人角色的谈判,在法律谈判过程中永远不应该出现真的发火才对。

即使真的在谈判过程中遭遇对方恶意的人身攻击或侮辱,谈判律师总能适当地控制情绪,不仅可以避免不必要的损失,而且将永远展现出一个职业谈判者的风度和气质。退一万步说,假如真的确实让人不得不有点发火,在发火之后,也

需要对发火进行善后。发火之后，导致一方或双方都发火的问题被暂时搁置了，任何一方都不会立刻改变主意。这是否意味着问题无法解决了呢？或者说不该马上去促成问题的解决呢？都不是。这个时候，优秀的谈判律师总是提议把问题放在一边，先处理其他并不怎么会引起争议的问题。晚些时候再来解决引起发火的问题。在许多问题都得到解决的前提下，当初导致一方或双方律师发火的问题，就很有可能迎刃而解了。当然，如果引发激烈冲突的问题是解决其他问题的前提，或者对当事人的谈判利益产生重大影响，最好还是不要以发火（不管真假）的方式来解决。

（三）还价的规律

所有进攻型技巧意在迫使对方作出让步，这是因为进攻型谈判律师的目标就是与对方达成一份尽可能接近对方最低成交条件的最终协议。这样，如何找出对方的最低成交条件，也就是所谓的底价，成为很重要的技巧之一。除了使用前面说到的信息收集方法来估量对方的底价外，谈判律师还可以通过观察对方的让步行为来发现对方的底价。

假定秦律师最初向好莱文化传播公司提出赔偿 40 万元的要求。经过一番争辩后，秦律师将要求降为赔偿 35 万元 "以避免诉讼"。再过一段时间，好莱文化传播公司可能发现秦律师把索赔金额降到了 30 万元，并声称这一要求已大大低于他的当事人的期望了。这时双方其实还在继续进行着严肃的讨价还价谈判。结果，秦律师又继续让步，把索赔要求金额降至 28 万元，然后是 26 万元，再又是 25 万元，那么，他所代表的受害方的最低要求到底是多少呢？很可能就是 25 万元。谈判律师是如何预测的呢？因为比较他在前面每次作出让步的减少趋势，从最初让 5 万元，到中间让 2 万元，再到最后让 1 万元，显示出这些让步都集中在一个最低量上，即 25 万元。

所以一般来说，随着讨价还价的继续，报价会逐步递减。通过观察这种趋势，大致可以确定对方的最低成交条件。当然，也有一些谈判律师意识到让步趋势是对方可以辨认的，为了避免被人看出破绽，便有意制造出 "虚假最低条件"，从而让对方获得一种虚假的让步态势。例如，秦律师也许会改成这样的让步趋势：40 万元，35 万元，33 万元，31 万元，30 万元，如此故意误导对手，使其相信他的最低要求是 30 万元。这就是"看穿的看穿"游戏。当谈判律师作出让步时，一定会假设对方律师可能会从他的让步幅度中看穿他的底线，这是第一层看穿。当谈判律师估计对方律师可能会看穿自己的底线时，便刻意改变让步的起点和幅度，这便是另一层的看穿。

因此，为了避免发生"看穿的看穿"游戏对一方的不公平，有一种看起来既简单又对双方都公平的让步方法，即大家各让一步。这种让步只有在对主动提出各让一步方案的谈判律师的当事人有益时才可使用。我们以华溢公司的张律师和丰成公司的钱律师的谈判为例。

> 张律师根据华溢公司指示，要在 25 万元以下谈成向丰成公司购买家具的生意，但丰成公司的报价是 30 万元。张律师对钱律师当然不能说华溢公司的真实底价。谈了一段时间后，钱律师向丰成公司请示，然后说丰成公司愿意把报价降到 26 万元。张律师听了之后，并未急于答应。他先当着钱律师的面，打了一个电话给自己的当事人华溢公司问是否接受这一报价。挂断电话后，他作出很为难的样子说："我的当事人对 26 万元的报价仍觉得高了一些。你看，华溢公司只愿意出 20 万元成交，你们却开价 26 万元，这个差价太大了呀。不如我们各让一半，这样大家都不吃亏。"这样，华溢公司与丰成公司就极有可能以 23 万元的价格达成交易。事实上呢？事实上，华溢公司的底线是 25 万元，以 23 万元价格成交，华溢公司当然很满意；丰成公司也因为华溢公司"愿意多出 3 万元"而感觉自己没有失去更多利益，心理上比较平衡。对双方当事人来说，这似乎就是一个"双赢"的协议。

六、如何进行有限度的让步

谈判律师采取进攻型技巧不仅是想迫使对方让步，同时也需要尽量减少自己的让步，换句话说，就是只做有限的妥协，这是进攻型谈判策略的精髓。因此，谈判律师需要尽可能地坚持立场，坚持立场还会给对方另一至关重要的信息：使对方相信，如要达成最终协议，对方必须做更大的让步。

(一) 控制让步的频率

从绝对意义上说，任何让步都是一种协作型的谈判方法，只有拒绝让步，才具有进攻的属性，才是进攻型策略的本色。但现实生活中，即使谈判律师采取了多种进攻型技巧，仍会发现作出某些让步是有必要的。问题的关键在于，如何控制好自己让步的幅度或频率？

多数时候，律师是按照金钱数额来估量让步问题的。例如，秦律师最先提出40万元的索赔要求，以补偿李申奥个人所遭受的伤残损失。接着，他"让步"了，表示愿意接受35万元。当然，也有一些时候让步也并非必须是金钱数量，如好莱文化传播公司最先希望租赁购物中心中心地段的零售场地，这里的人流量较大，后来却表示愿意租用另一块空地，这也是谈判中的一种"让步"，其中并未包括金钱数额问题。

(二) 掂量让步的原因

一般来说，进攻型谈判律师不愿意作出让步有两方面原因。其一，谈判地位会受到损害。作出让步，就等于谈判律师抛弃了有利于他和他的当事人的谈判地位。按照谈判规矩，谈判律师一旦表示作出某种让步，就不能收回。于是，他就丧失了基于原先有利于其当事人的谈判地位的机会。其二，谈判律师一旦"用完"了让步额度后，再也没有其他招数可以使对方做相应的有利于自己当事人的让步了。除了谈判地位的损害外，让步还进一步带来印象损失。如果谈判律师对让步不加以合理掩饰，常使对方相信，如果再"加压"，谈判律师说不定还会让步。这样，让步就会产生鼓励对方进一步采取进攻型技巧的消极作用。

另外，让一个主要采取进攻型策略的谈判律师，意识到需要作出某些让步的必要性后做某些让步，主要原因也有两个。其一，防止谈判失败或陷入僵局；其二，鼓励对方做相应让步。此外，适时、适当地让步还可以防止出现当事人或对方"封闭"自己，或执意坚持某一立场而不做合理调整。

因此，在协作型策略中我们谈到，退一步海阔天空。让人一步，不仅可以推动当前的谈判往最终协议迈进，也是使双方保持良好的未来合作关系必需的。但是，对进攻型谈判律师来说，有限妥协的原则需要谈判律师找出让步的恰当原因，才做让步。否则，谈判律师有时仅仅因为想在第三人（如鼓励协商解决的法官或调解人）面前显得通情达理，可能便做一定让步了。

（三）保持耐心

虽然让步是必需的，但是进攻型策略的观点是尽可能减少让步的幅度或频率，毕竟，这个策略的核心就是竞争，唯有依靠竞争可为当事人争取更多利益。因此，让步次数过多或者让步的幅度过大，都对争取利益没有好处，甚至会让对方觉得谈判律师的底线非常低，否则不会如此慷慨地让步。为此，即使准备让步时也要保持并显示出足够的耐心，对进攻型谈判律师来说尤其重要。与一个进攻型谈判对手相遇，如果谈判律师过早地表达了成交的强烈愿望，结果通常会适得其反。因此一定要沉得住气，学会并习惯不露声色，并且始终有战略性的思考。

例如，在李申奥聘请的秦律师与好莱文化传播公司的高律师之间的谈判中，假设好莱文化传播公司在长达3个月的时间里都拒绝承担任何责任，并表示拒绝支付除李申奥为索赔而产生的"交通费"以外的任何费用。秦律师为此继续交涉的同时也做好了诉讼准备，但高律师仍旧坚持原来的立场，甚至在起诉前仍不改其态度。直到离开庭还有不到1周的时间，好莱文化传播公司才首次提出愿意偿付一定金额，并开始认真地同秦律师讨价还价。大量的人身伤害案件之所以通常采取诉讼方式解决或者在诉讼中才能解决，其中一个重要的原因是，做被告的一方总认为过早同对方讨价还价，会丧失谈判的主导权，从而对自己不利。

同样，在一些大型的合资项目谈判和外交谈判中，耐心与让步并重，更是决定谈判者能否得到好的回报的关键。哪个大型合资项目谈判不是经过漫长的"马拉松"式的会谈才结束的？外交谈判更是如此，如我国加入世贸组织的谈判，被称为"从黑发人谈成了白发人"的谈判，也正是这个道理。在这两类谈判中，谈判者如果过早地作出让步无异于暴露底线，或者未能坚持到最后一刻而过早放弃也是巨大的损失，在未看到结果前，谁能保证谈判的结果对自己不利呢？毕竟，越是利益复杂的谈判，变数就会越多。

（四）对让步的解释

进攻型策略要求进攻型的谈判律师每做一次让步之前，至少要对以下两个问题作出解释：其一，谈判律师愿意作出让步、改变最初方案的原因是什么；其二，谈判律师不能和不愿作出更多让步的原因是什么。

第八课
对价博弈

　　这些解释的重要性在于它们有助于减少对谈判律师的印象损失。如前所述，让步的危险之一是使对方相信谈判律师会作出进一步的让步，从而让对方也加紧实施进攻型策略。让步也会使对方认为谈判律师先前提出的要求过于夸大不实，因而还大有让步的余地。此外，最不能让人接受的是，谈判律师一旦作出让步后，对方除了认为让得不够之外，还认为这是对方实施进攻型策略的结果。因此，关于让步的解释就是要消除对方的这种想法，谈判律师举出理由解释为什么这一让步是必要的，甚至是最后的，以避免给对方留下谈判律师准备再做让步的印象。

　　我们再回到李申奥的人身伤害赔偿案例上。假定秦律师原先要求赔偿45万元，现在他打算把他的索赔要求降到30万元，那么他们的对话应该如何进行呢？

　　秦律师：高律师，我们已经第五次降低索赔要求了，如果还不能达成一致意见，我们就只有按原计划下个月就起诉。

　　高律师：看来，我们也只有打官司了。我的当事人好莱文化传播公司现在都认为我们没多大责任，可你却坚持要我们赔35万元。

　　秦律师：没多大责任？哈哈，我很高兴听你终于承认你的当事人有一定责任了。从现有证据看，你我都不难预料审判会是什么结果。我想，你非常清楚我们掌握了好莱文化传播公司有明显过错的大量证据吧，如没设置警示牌、没保安巡查制度，也没门卫管理人员，让非施工人员可以自由进出施工现场，等等。我承认，诉讼到法院法官也可能会削减我的当事人的一些赔偿金。因为李申奥毕竟是成年人，他对进入施工现场可能存在的危险也应该有一定的认知。这样吧，我愿意将1/3的过错责任归咎于我的当事人，把最早提出45万元的赔偿金减少1/3，现在就要求你们赔30万元就行了。

　　高律师：你认为你的当事人自己抄近路，趁工地管理人员不注意擅自穿越工地受伤，才应承担1/3的责任？你不是在开玩笑吧？

　　秦律师：一点没开玩笑。我之所以选择这一数额，是因为最近法院刚出了一个判例与本案很相似，难道你不知道？在那个判例中建筑公司和受害人就是这样分担的责任；法官认为，从公平角度出发，施工方毕竟处于强势地位，自然人是弱势群体。而且施工过程中，由于施工方占有和使用危险施工工具，必须对这些工具和施工现场承

> 担严格管理责任。再说，如果类似人身伤害案件中都不让施工方承担主要责任的话，那岂不更纵容施工方放松现场管理了，不知道还要出多少大事故呢。你想想，哪个法院会这样判？

在上面这段对话中，秦律师既为让步的原因，也为限制进一步让步的原因作了合理解释。在对话中，秦律师以李申奥作为成年人有一定判断力为依据，表示愿意让步。但是，李申奥为抄近路才进入危险的施工区域，对秦律师来说是一个新信息，因为在谈判之初他以为那是李申奥的必经之路。后来在对话中，秦律师就让步的数额说明了理由，解释为什么以这样的幅度来让步。他告诉对方一个最近的类似案例，法院按这样的比例把过错责任分摊给了受害人和施工方。换句话说，他把他的主张建立在谈判的这一案件与另一个已决案件情况相似的基础上，从而让他的让步行为得到了圆满解释。

此外，上面这段对话中还有另两个情形值得注意。首先，秦律师针对高律师公开说好莱文化传播公司方面"没多大责任"，这和好莱文化传播公司之前声称没有责任相比，判断其透露出了一个重大让步的信号。于是，敏锐的秦律师迅速抓住了这个机会。其次，在对话中，高律师把受害人擅自进入危险区域才承担1/3责任的说法归为"开玩笑"，这既是一种策略上的进攻，又是风格上的竞争。当然，秦律师以更详细的解释合理地说明了这确实不是"开玩笑"。

(五) 坚守立场

1. 什么是坚守立场

在让步问题上有耐心、不轻易后退和为不再让步做充分解释等，把前面这几种进攻型技巧综合起来运用，就叫作**坚守谈判立场**。坚守，意味着在未来的谈判过程中，不轻易改变谈判姿态。因此，从这个意义上说，威胁也是"坚守"的形式之一。它表示除非对方答应要求，否则将采取不利于对方的行动。另一种"坚守"形式就是站稳立场，即维护谈判律师发誓不改的成交条件，不再让步。

坚守立场是进攻型策略的精髓。如果谈判律师能够使对方相信其坚持立场绝不后退的决心，对方就只有两种选择：要么接受谈判律师的方案，要么放弃订立最终协议的希望。但是就谈判律师而言，坚守立场拒不让步，有时也有将谈判推向失败或陷入僵局的风险。所以，谈判律师在坚守立场的同时，应谨慎从事，以免使他实际上愿意继续的谈判破裂。而能否坚守立场，关键取决于对方对谈判所涉利益的重视程度。

2. 如何坚守立场

在谈判中坚守立场其实是一场表演，甚至可能是一场演出时间很长的表演。谈判律师可以运用与加强威胁的可信性相同的方法，来加强其坚守立场的态度的可信性。通常，谈判律师或其当事人会采取一些实际行动与坚守立场的态度相配合，如表现出准备终止谈判或者准备起诉的样子。谈判律师还可以故意显示没有时间压力，不急于结束谈判，暗示自己无须为尽早解决问题而让步。当然，谈判律师还可以表示自己输得起，对谈判破裂的承受能力很强，不是非要靠谈判实现目标。

（六）虚假让步

在大多数法律谈判中，相互让步是一般规则。如果让步不能使对方趋近己方可接受的协议，那么，这样的让步就不会给当事人带来多少好处。因此，谈判律师应避免连续让步。在让步未获得对方实质性回应的情况下，谈判律师需要表现出更强硬的态度，以免受对方摆布。

一些谈判律师利用相互让步的规则，玩弄进攻型把戏，我们可以称为虚假的连续让步。例如，经过广泛的证据收集，高律师代表好莱文化传播公司承认好莱文化传播公司有一部分责任，准备支付15万元作为赔偿金以和解此案。但是，当秦律师不同意，并转身拟定好诉状准备起诉时，高律师又提出赔偿19万元，并解释他的让步是由于不想在诉讼中耗时耗力，并非担心判决结果。再后来，他再次让步，把赔偿金提高到20万元。至此他愤愤不平地说，他都已做了三次让步，对方却毫无回应。很明显，后两次让步的幅度很小，他本来应该一开始就提出20万元而非15万元，可是他却试图利用互相让步的规则，希望秦律师对后两次让步作出积极反应。谈判律师对这种诡计不予理睬，应注重观察的是对方的让步幅度，而不是让步的次数。律师使用虚假的连续让步技巧也应注意，如果对技巧使用不当，他不但不能获得想要的回应，还可能弄巧成拙地被对方识破；一旦对方识破，对方可能会更坚定地坚守立场，誓不让步，从而赢得更多谈判利益。

> **小贴士** 如果在谈判初期，进攻型策略的目的是少让步，甚至不让步，但只要谈判走过了初谈阶段，即使使用典型的进攻型策略，最终也是需要作出让步的，只是让步是在谈判律师尽量人为控制的范围内有限度地进行。

■ 第三节 协作型策略下的对价博弈

一、投桃报李

与采用进攻型策略相反，在采用协作型策略时，谈判律师把让步视为积极的工具，而不仅仅是必需的行为。为了鼓励对方作出让步，协作型策略的主要技巧是自己先让一步，其行为动机是相信自己的让步将获得对方的回应。实践证明，对大多数法律谈判来说，谈判律师作出一些让步，比他采取进攻型策略更能促进对方的合作。

由于协作型策略中的让步一般是相互的，一方让步引起对方作相应让步的可能性就比较大。这是因为，大多数人总是愿意同那些可以合作的人合作，当他的朋友、同事或家庭成员"作出让步"时，相信很多人不会把这一举动看成被进攻型策略逼出来的虚假表现。特别是对一位谈判律师来说，如果在他以前的职业生涯中曾经有无数次与对方互作让步而获得成功的经历时，他完全没有理由相信自己的让步会丝毫不引起对方的回应。

二、承诺利益

与进攻型策略多使用威胁相对应的协作型谈判技巧是允诺。允诺是指表示愿意采取某种方式给对方一定好处。因此，谈判律师通过允诺"我不会亏待你"，采取的是一种肯定的或合作的行动，而不像威胁那样是对对方有害的行动。

大多数情况下，根据对方将采取的某些有利于自己当事人的行动，允诺是可以被谈判律师预测的。例如，联城房地产公司的赵律师也许会允诺："我的当事人告诉我，如果好莱文化传播公司愿意租用购物中心中心地段以外的店铺，他们可以考虑减少前6个月内的租金。"将谈判律师的允诺附加一定条件，让对方在某一问题上也做让步，或使其重新审视立场，进而获得对方采取一些有利于谈判律师当事人的行动，这一方法能够使允诺在推进互作让步的过程中起到积极作用。

允诺作为一种温和的谈判技巧，已经为无数谈判实践所证明。对绝大多数谈判来说，谈判律师作出允诺比提起威胁更频繁。此外，允诺一般能使对方立即让步，甚至还可促进达成双方都满意的协议，而威胁却只能降低这种可能性。并且，在谈判中用允诺替代威胁，还可以缓和谈判的敌意，改善谈判律师之间的人际关系。

这里，我们必须提到使用允诺所需要的特殊技巧性问题。允诺，可以是允诺自己舍弃某些利益，也可以是允诺给予对方某些利益。一般情况下，如果准备舍弃的利益和给予对方的利益大致相当，或者给予对方的利益比准备舍弃的利益要小，我们建议选择给予对方利益。这是因为人们更愿意接受别人赠与的好处，而不仅仅是看着对手舍弃了一些利益，即使实际上对手舍弃的利益可能比对手给予自己一方的利益更大。为什么呢？这是因为人人都有贪小便宜的心理，总是喜欢免费的东西。例如，任何一个商场中精明的销售员都知道，免费送一些东西给买家可以促进生意的成交，如买二送一、买大送小等。对此信以为真的人至少会得到一两项他们不太需要的东西，但如此"优惠"出来的生意总让他们难以割舍。因此，销售员总会白送顾客一些东西来拉拢他们，比如对修手机的顾客说"送一个明星同款的手机壳"，对买蓝光机的顾客说"送几张经典怀旧版的黑胶唱片"，等等。最明显的是房屋销售过程中的赠送，尽管一套房子的售价在大多数城市中已经如此之高了，房地产商还是要赠送，并且送东西可谓五花八门，这些赠品价格都不必高，如微波炉、电饭煲、吸尘器等，但顾客多数情况下都乐于接受。试想如果房地产商把等同于赠品，甚至大大多于赠品价格的数额在房屋的总价中降了下来，效果会见得比这样送东西更好吗？请记住，人们总会记住免费的东西，不在于这些东西值多少钱。免费东西的诱惑力是如此之强，有时候人们甚至会为了它忘记更重要的东西。

三、适度争辩

前面我们曾经提到，争辩作为一种谈判技巧，其实会被用于各类策略之中，因此有进攻型争辩与协作型争辩之分，二者的性质和实质迥异。

协作型争辩，不是为争辩而争辩，其目的在于依据客观标准或规则为达成一个公平合理的最终协议打下基础。因此，协作型谈判律师争辩时采用的客观标准，包括其他案件的审判结果、和解结果、公平的市场价格或平均分担等原则。为了把讨价还价变为对制订公平合理的最终协议的讨论，谈判律师不仅自己要解释，同时一般应当要求对方对其谈判方案的公平性和唯一性作出合理解释；甚至可以首先与对方共同探讨一个订立公平合理最终协议的原则，然后再在这些已经达成共识的原则或同意的标准下解决具体问题；这样，双方就可以在一个友好和谐的气氛中不断推进谈判进程。

四、转嫁压力

这是法律谈判中最常见的一个解决问题的简单易行的方法。它把问题的决定权从备受争议的双方手中拿了出来，使谈判律师暂时摆脱了一时处理不了问题的困境。举个例子，如果谈判律师与对方律师在某一问题上一直不能达成共识，以致谈判快要陷入僵局，这时谈判律师可以说："这样吧，我们先歇歇，把这个问题交给我们各自的当事人来决定如何？"这个策略为双方都提供了机会。一方面，谈判律师与对手可以暂时休整，避免发生冲突，进而可以进入下一个议题的探讨阶段；另一方面，将决定权交给各自的当事人，也暂时转嫁了谈判的压力与矛盾，毕竟谈判是为各自的当事人进行的，因此关键性的问题还是需要当事人来做决定。不管谈判律师事先获得的授权有多大，这样转嫁压力与矛盾看起来总是合情合理的，并且还显得非常重视当事人在谈判过程中的意义与作用，能使当事人的心理得到更好的满足。

五、打消对方的过度期望

在采取协作型策略的谈判中，做让步和利用其他协作型技巧总有一定风险：这个风险就是对方可能心里在打着"小算盘"，非但不采取谈判律师期望的合作行动，反而利用谈判律师的合作姿态变本加厉地实施或转而实施进攻型策略。

为了应对此类情况，我们在下面介绍一些谈判律师可以随时用于抵御进攻型策略的协作型技巧。

（一）保留权利

如果谈判律师直截了当地作出让步而对方没有相应的举动，那么无异于谈判律师让他的当事人白白付出了代价。如何防止这种情形发生呢？

1. 以灵活表态

这种技巧是先灵活地表示对某一问题的意见,但不做实际的让步。这样使谈判律师在决定是否让步前,可以试探性地检验对方对此意见的反应。谈判律师通过这样做可以看看,他愿意做某些让步的表示能否引起对方的让步,或至少作出一个同样灵活的表示。例如,秦律师表示,如果好莱文化传播公司高律师愿意重新考虑一下他的当事人在施工事故中的过错程度,他也愿意这么做。

很明显,灵活表态与顽固地坚持原先谈判立场不同。在表示对某一问题采取灵活性立场后,对方会相信谈判律师的确会做一定程度的让步。而对谈判律师来说,仅仅先采取灵活表态试探立场的表示而不做实际让步,在对方不做对应让步的情况下,也不会有任何损失。此外,采取这一技巧的谈判律师也给对方提供了一个打破谈判僵局的机会。

2. 模糊允诺

谈判律师可以防范对方不做相应让步的第二种技巧是否认曾做过让步允诺。在实际谈判中,一旦作出让步,谈判者对让步的允诺一般情况下是不能收回的,也无法收回。但某些时候这一规则仍然可以规避,前提就是作出让步的允诺在一开始具有一定模糊性。假定谈判律师向对方作一个模棱两可的表示,内容似乎包含了让步的意思,如果对方以此有相应的让步作为回应,谈判律师就可以进一步承认所说的意思里的确包含让步的内容。相反,若对方不做合作的回应,谈判律师可以辩解说这一含糊的表达并不包含让步的意思。

我们以下面这段发生在李申奥聘请的秦律师和好莱文化传播公司的高律师之间的对话来进一步说明。前面对话中秦律师提到有一个类似案例中,施工方承担了2/3的责任,受害方承担了1/3的责任。假定在下列谈话中,双方已经对这个判例进行过讨论。

> 高律师:在我看来,解决问题的最大障碍是你们夸大了损害程度。如果你们愿意将赔偿总额确定在20万元,我想我可以说服我的当事人,按类似判例确定的责任比例,承担我方的责任。

> 秦律师：当然不能接受 20 万元这个数了。受害人的情况十分严重，他还是个年轻人，却要拖着瘫痪的身体度过余生。我必须坚持要求你方赔 30 万元。不过，很高兴听你说，你们同意参考这个新判例，承担 2/3 的责任。
>
> 高律师：很抱歉，秦律师，我想你误解了我的意思。我同意参考判例，但不是你所说的那个判例。据我所知，还有另外一个判例施工方只承担了很少的责任，这些都是我们可以参考的。

你看上面的对话中，高律师的意见很明确地暗含着，如果秦律师同意在赔偿总额上做重大让步，他就会同意参照他们讨论过的这个新判例按 2/3 和 1/3 的计算比例分担责任。此时，其实双方心里都明白对方所表示的让步的含义。可是，秦律师这时又采取进攻型技巧，一方面拒绝让步，另一方面还试图使对方在让步问题上陷入圈套。高律师对此随即作出了反应，指出秦律师误解了他的意思，他不同意接受 2/3 责任分担比例，而要求参考其他对施工方有利的判例。当他的交换让步条件未被对方接受，高律师当即"否认"了自己原先作出的让步。他在避免了形象损失的同时，也使秦律师意识到，只有在适当的赔偿额达成一致的基础上，高律师才可以接受所谓 2/3 的责任分担比例。另外，高律师也避免了谈判实力的受损，在这之后，他仍有实力迫使秦律师对他所提出的赔偿条件（在总额为 20 万元的基础上才承担 2/3 的责任分担），作出相应的让步。

3. 将让步化整为零

采取零碎的让步，可以在一定程度上减少不能获得对方回应而己方先让步的风险。与做重大让步和等待对方回应不同，这种让步是将"一揽子"让步事项和让步幅度化整为零。即便某一让步未获得对方回应，对谈判律师也并无大碍。作出一个有限的让步后，谈判律师可以观望对方的反应，如果对方的反应是合作的积极的，谈判律师可以继续进行其他一系列的让步。

当谈判的内容是金钱时，零碎让步的作用和效果较为明显。当然，它也可用于不能完全以金钱定量的其他问题上。例如，联城房地产公司要求好莱文化传播公司按一定比例分担购物中心的空调、电梯等机电设备改造费用，好莱文化传播公司可以先只在邻近其租赁场地的一部电梯的改造费上作出让步，待对方在其他问题上作出相应让步后，再提出解决空调改造费用问题的方案。又如，华溢公司与丰成公司之间的家具交易谈判中，钱律师可以先在家具运输问题上作出让步，待张律师所代理的华溢公司有回应后，再在价格上做一些让步。

（二）茶歇技巧

本课的前面我们介绍过以中断谈判或离开谈判席，作为迫使对方让步的进攻型技巧，其实在采取协作型策略的谈判中，当谈判面临进入僵局时，或者谈判双方对一个问题的意见不一致、可能产生矛盾与冲突时，双方约定歇会儿再谈，迟些再讨论眼前的问题，也不失为一个好方法。

当谈判律师感到谈判继续下去将不利于当事人或损害协作型谈判希望有的协作氛围时，委婉地要求以歇一歇的方式中止谈判，不失为保护其当事人利益的一个高招。这一招一般可用于以下情况：一是察觉出谈判气氛有所变化，对方的情绪不利于谈判律师的当事人；二是面临未曾预料到的新情况，或对方调整采取了新的谈判立场；三是自己所准备的谈判技巧未能奏效；四是自感谈判时间太长、产生困倦而被事情弄得有点晕头转向；等等。

在上述情况下，休息可以消除不利于谈判律师的心理因素，给谈判律师一个重新审度案件价值和谈判姿态的机会。同时，对谈判对方在当时情景产生的不良情绪，也可能因短暂的休息而得到舒缓，从而可以平常工作的心态再次面对对手和谈判，甚至会因为短暂转换了时空，对解决谈判面临的问题有了新的看法而取得突破。

（三）消除恐吓

所有谈判者，尤其是缺乏经验以及试图采取协作型或解决问题型策略的谈判者，都可能成为使用进攻策略对手追求极端性进攻型技巧的目标。这些情况包括人身攻击、逐步升级地追加要求、随心所欲地确定最后期限以及采取极端威胁等。因此，协作型谈判者在讨价还价中偶尔也得来几句强硬的表态。

例如，当联城房地产公司的赵律师通知好莱文化传播公司的余律师，联城房地产公司指示他，如果不能在 4 月 1 日以前签订合同，就中止谈判。而此时，余律师已经知道他们想要租赁的那块场地在几个月内根本无法交付使用。这时，余律师该做何反应呢？

首先，余律师可以问对方，为什么人为地限定一个最后期限。如果赵律师不能给出合理的答复，那么她有理由相信自己的怀疑是对的：这一最后期限是使用一种进攻型策略的结果而非合理的要求。

其次，余律师可以让赵律师知道她明白他在玩弄进攻型的花招，她甚至可以说："赵律师，我感觉到你是想逼我们尽快达成协议。"

最后，余律师可以让赵律师知道他的威胁于事无补。比如，她可以说："我正想告诉你，我和我的当事人一致认为，在我们没排除重新考虑选择其他场地的可能性，或者看到这份合同的全部条款之前，我们不想草率做任何决定。"余律师这样说，等于告诉赵律师，他的进攻型技巧将不会成功。这样，双方可能会自然地进入直率的谈判之中。

> **小贴士** 典型的协作型谈判应该是双方均采用协作型策略的情形。事实上只要一方采取进攻型策略，就不会出现真正意义上的协作型谈判，否则另一方必定就是傻瓜了。如果你完全没有筹码去应对一个不断进攻的对方，最好争取尽快摊牌，要么进入解决问题型谈判，要么走人回家。

■ 第四节　解决问题型策略下的对价博弈

一、认准最佳时机

鉴于在谈判任何时候以及涉及的任何问题上，解决问题型谈判的时机都可能出现，并取代谈判者正在进行的其他策略和方式，因此，我们在这里必须再次反复强调时机的重要性。

有的谈判律师在谈判初期就采取解决问题型策略，且取得巨大的成功。但在大多数谈判中，这可能仅仅是个例外。大多数谈判在进入解决问题型谈判阶段之前，一般都有一个各方采取进攻型策略的过程。在经历了争辩、威胁和有限度的妥协让步之后，双方在谈判立场上的分歧依然很大，甚至看起来难以弥合。此时此刻，双方表面看起来均为此灰心丧气之际，恰恰是转换采取解决问题型技巧的良机，有望获得较好效果。这是因为，处在这种状况下的双方会更愿意寻找解决问题的方法，或告诉对方自己的利益和需要。换句话说，只有在谈判的任何问题上用尽了争辩、威胁和其他进攻型技巧都无法达到目的之后，谈判律师转而采取解决问题型策略，才是赢得谈判的最佳机会。

例如，在施工企业开工后向房地产开发商要求因钢材涨价等，调整建筑工程计价标准的谈判中，双方都知道对方不会轻易放弃已经形成的工程施工现状，更换本项目的施工方对任何一方来说，其实都是极难作出的决定，因此，在采取各种威胁甚至换人或者停工手段均无法说服对方时，双方通常仍会采取解决问题型策略来最终解决这个必须完成的谈判。此时，找准解决问题型谈判出现的时机是最重要的，如果仅仅因为施工方提出威胁停工，甚至真的停了部分工但总体上还没影响整个工程竣工交付的最后期限，开发商就轻易答应其要求，那么开发商就是个傻瓜；如果因为开发商要更换施工方，甚至找了其他施工方将一些机具装模作样地试图开入现场，施工方就真的复工还放弃了大部分要求，那么施工方岂不也成了傻瓜？当然，如果双方真的错过了机会，比如施工方将停工拖延到无论如何赶工也不能保证竣工交付了，或者开发商将其他施工方请进场真的发生的冲撞而"干起架"来，那么谈判机会就极为渺茫了。

二、选择性替代方案

解决问题型的讨价还价与进攻型、协作型的方法属于两种不同类型的方法。为了避免走极端，谈判律师采取解决问题型技巧需要将进攻型或协作型策略的技巧取得折中，采取一种介于二者之间的方法，这个方法就是提出选择性替代方案。

因此，如前所述，解决问题型谈判律师应该提出几种解决谈判所面临问题的选择性替代方案。这些方案之所以为选择性替代方案，意味着当律师和其当事人讨论最后决定时，或在双方律师在商谈期间，还可以修改和补充。因此，我们也常常把这些方案视为一种过渡性解决方案。

在评估选择性替代方案的过程中，谈判律师应当既考虑谈判进展中潜在的解决方案，又得估量这些方案能否满足各自的现实需要。为此，最考验谈判律师能力的关键在于，如何提出质量较好的选择性替代方案。这里，我们认为有以下6条标准可以用于评估任何为解决问题提出的选择性替代方案的质量。

第一，方案是否符合当事人的需要和目标；

第二，方案是否符合对方当事人的需要和目标；

第三，方案能否促进和改善与对方的关系；

第四，谈判律师是否找出了全部可供选择的方案内容，并且这些内容是对双方有利或至少对一方有利而对另一方无害的；

第五，方案是否现实，是否可行，是否会带来其他问题；

第六，方案是否公平合理。

对选择性替代方案的评估，既需要双方交换和分享更多信息，又需要有说服力的解释甚至争辩。在提出未成型的选择性替代方案之前，谈判律师应采取解决问题型策略，让对方了解自己的根本利益所在。此后，在解决问题型谈判过程中的双方还应继续交换信息，互相告知每一个替代方案是否能满足自己当事人的利益，以及各自的当事人的意向是什么。

这里，我们必须强调，争辩也有助于谈判律师对选择性替代方案进行评估。比如，谈判律师在为一个最符合其当事人利益的具体方案辩解时，还能从对方利益出发，向对方律师指出方案的利弊所在。因为对方事先了解他的当事人的需要和利益，所以，谈判律师能够劝说对方相信自己的方案符合对方的利益，并由此为自己的看法辩解。

在提出选择性替代方案的过程中，之前所述的使用捆绑方案的方法同样适用，而且有时效果极佳。此时，使用捆绑方案的妙处就在于可以给出更多种解决方案，而不仅仅是说"这就是我方的要求，要么接受，要么走人"，因而更能使谈判从各方面来看都可能达成最终协议。

接下来，我们继续以联城房地产公司和好莱文化传播公司之间的租赁谈判为例。

> 在联城房地产公司与好莱文化传播公司就购物中心场地租赁谈判中，如果需要提出过渡性方案，如何进行方案的评估工作呢？
>
> 为便于分析，我们把问题集中在月租金上。余律师与当事人交谈中，发现了一个严重的问题：在租赁期前几个月内他们无力支付联城房地产公司要求的正常租金。随

第八课
对价博弈

后，经多次讨论，他们制订了几个方案来解决这个问题，这些方案大致如下：

1. 在月租金单价标准基础上，减少租赁面积；
2. 只有在联城购物中心的设备改造成本达到一个较高额度时，才增加租金；
3. 周期性地增加租金；
4. 租金同营业收入挂钩，取消定额租金；
5. 短期的季度计租，每季度租金都做调整；
6. 购买而非租赁购物中心的场地；
7. 以较低租金租赁购物中心内一处位置不理想的场地；
8. 不在购物中心内而在其对面租赁一块场地；
9. 租赁购物中心中的一些小商店；
10. 为购物中心员工提供餐饮服务以换取租金的减少；
11. 要求联城房地产公司对好莱文化传播公司进场开店提供补贴，补贴项目包括装修费和宣传推广方面的开支。

当然，上述某些方案可能永远不会被提交谈判，谈判律师也不会对它们一一做正式评估。比如，购买而非租赁场地，就是双方都不会认真考虑的问题；同样，订立短期租约的方案对双方也没多大好处。租用购物中心对面场地的方案，虽可作为一种威胁使用，但想想并不合算。

另有一些方案可以在进行解决问题型谈判中迅速地得以处理。比如，为联城购物中心员工提供餐饮服务，他们几乎立刻就能表示是否愿意接受。再如，关于能否找一块位置不太理想但租金较低的场地，也是几乎立刻就能回答是否有这样的场地可供租赁。如果好莱文化传播公司在其他方面再做一些让步，那么联城房地产公司也许会对减少租金的普通租约进行考虑。当然，如果双方在商谈中提出的方案表明，好莱文化传播公司的还价能力比联城房地产公司的讨价能力更强，好莱文化传播公司仍可能获得更低租金的租约。例如，根本没有其他人愿意租用那块空场地，当然这种情形在实际生活中可能是很少见的。

因此，排除一些不可行或不现实的方案之后，剩下的5个现实性极高的选择性替代方案是：

1. 租金完全同营业收入挂钩，无须基本租金；
2. 只有在购物中心的设备改造成本达到一个较高额度时，才增加租金；

> 3. 周期性地增加租金；
>
> 4. 购物中心补贴开办费用；
>
> 5. 租赁一块位置不太理想的、远离中心地段的场地。
>
> 对以上方案，双方应当认真加以评估。如果双方没有掌握全部必要的信息，很难预料这一评估过程的最后结果。当然，最后结果其实取决于双方不断交换信息，比如在购物中心开展文娱类商业服务的前景以及好莱文化传播公司愿意用多少收入比例支付租金等因素，有力地影响着联城房地产公司对方案1的反应。而好莱文化传播公司对方案2的评估，又有赖于其对联城房地产公司的购物中心究竟需要改造设备的信任程度。同时，好莱文化传播公司还需要从购物中心那里获得有关设备改造的造价信息，才能更好地评估出这一方案。

总之，在解决问题型谈判阶段，评估过程应是双方共同分析研究，并确定能够满足各自当事人利益的最佳方案的过程。双方律师也许以进攻型技巧开始谈判，但双方都已不再轻易使用威胁和争辩技巧，重点是分析各种可选择的替代方案，以期达成一项符合他们的当事人利益的最终协议。不论以哪种方式开始谈判，都以这一方式终结。

三、提炼方案的方法

（一）综合双方需求

正如本书第六课所述，在解决问题型谈判中，选择性替代方案的演变是一个由谈判双方不断平衡各自需求的连续和循环的过程。由于双方不断深入了解对方的意愿，最初的方案就会得到修正，修正后的方案再被新的方案替代，然后通过进一步交换信息，使之能更好地反映双方的需要。这一提炼选择性替代方案的方法就是在不断平衡各自需求基础上，继续综合双方需求。

我们再以联城房地产公司与好莱文化传播公司之间的租赁谈判为例。

> 例如，余律师就好莱文化传播公司租赁购物中心经营场地的租金问题提出了一项解决方案。她最初提出的内容含有如下定期增加租金的条款：第一年，按市场租赁均价的60%作为基本租金支付；第二年，支付全额基本租金；第三年，既支付全额基本租金，又补缴第一年欠付的40%的部分，以及这部分租金的存款利息。
>
> 从联城房地产公司的角度来评估这一方案，赵律师可能对此提出两点反对意见：其一，欠付部分的租金按存款计息的说法不可取，联城房地产公司把这部分钱如果投资于风险较小的债券或其他金融产品，能获得比存款利息更高的收益。其二，欠付部分的租金存在收不到而成为坏账的风险，因为这部分租金好莱文化传播公司没有提出任何对联城房地产公司来说有某种保障的措施。
>
> 这样，余律师就会意识到赵律师的反对意见所表达出他所关心问题的合理性，以便根据赵律师的意见来修正自己的最初方案。然而，由于她的当事人要求在开店初期尽可能少付租金，这一要求毕竟事关当事人的切身利益，又使余律师不能完全接受赵律师的反对意见。
>
> 鉴于此，余律师结合赵律师的意见修正了自己的原方案，再次提出了新方案。新方案是好莱文化传播公司的大股东将对欠付租金的支付提供担保，并提出如确有必要，大股东甚至可以申请银行出具保函。此外，考虑到赵律师关心的欠付租金利率过低的问题，余律师也表示她的当事人愿意商量适当以高于原方案所定的存款利率支付利息。

（二）启发式检验法

提炼选择性替代方案的第二种方法是启发式检验法。谈判律师使用这一方法对其原方案不断地加以调整修正，逐步降低自己的要求。谈判律师无须为回应对方的某种明确的信息而改变自己的原方案，在提出修正方案时也不必考虑对方将做何反应。因此启发式检验法不是事先有意识、有计划地为满足对方的基本利益而提炼修正自己的原方案，而是在对方对原方案的一系列修正条款作出反应时，才了解他的修正方案是否满足了对方的要求。

当谈判对方不能或者不愿意详细提出他的当事人的利益需求所在，或者不能确定谈判方案是否能满足这些利益或其当事人的某种需求偏爱时，采取启发式检验法可以为采取解决问题型策略的谈判律师提供一条单独的处理问题的重要途径。尤其是在面临多项谈判议题而谈判律师又不了解对方最重视哪些议题时，这个方法似乎更显重要。毕竟，在一些谈判中有时甚至对方也搞不清楚究竟什么议题对他们自己最为重要。在这种情况下，观察对方对按照启发式检验法提出的各种修正方案的反应，便可以大致了解什么议题对他更重要。

例如，第一个修正方案可以在某一问题上作出让步，第二个修正方案可以在另一问题上作出让步，仔细观察对方对这两个修正方案所作的含蓄但可靠的反应，便可以找出对他的当事人最具有重大利益并为他真正关心的议题。

四、交叉使用多种对价博弈方法

其实，我们在这里讨论的解决问题型讨价还价技巧不仅与我们在本书前面讨论的解决问题型报价的技巧相通，也与后文将论述的解决问题型终结阶段的技巧相互关联，前后一致。

因此，解决问题型谈判律师在评估提炼选择性替代方案的同时，还可交叉使用前面提到过的互相让步法、减少代价法以及主动补偿法等技巧。其中每项技巧都可通过交换让步或降低让步的不利因素来推动谈判的实质性进展。交替运用这些技巧，通常能够使双方接近成交。对此，我们将在后面以综合方法对这些技巧加以阐述。

> **小贴士** 大多数商业谈判都至少有部分议题走到解决问题阶段，刚入行的年轻律师尽管可以在谈判过程中模仿老律师的进攻风格试图唬住对手，但只有真正到了这个阶段，他们才会感到一个老律师拥有的解决问题的经验和才华是多大的财富。

第九课 LESSON 09

终　局

案例摘引

开拓建筑公司是 A 市一家中型建筑施工企业,通过市场调研分析,公司拟进军 B 市的房地产建筑领域,参与大型住宅小区项目的建设施工。幸福房地产公司是 B 市才成立不久的房地产开发企业,去年在 B 市成功拍得一块土地,用于开发住宅小区"幸福家园"项目。幸福房地产公司通过公开招投标选择幸福家园小区项目的建筑施工企业。开拓建筑公司通过投标,成功获得幸福家园小区项目的施工承建工作。

半年之后,开拓建筑公司已完成了幸福家园小区项目近一半的建设任务,但由于年初开始,整个房地产市场太火热,导致建材大涨价,有的品种涨幅达到 50%,甚至接近 100%,这是开拓建筑公司远远没有预料到的。开拓建筑公司按这个行情测算,如果继续按去年年底与幸福房地产公司签订的施工建设合同履行,那么整个项目公司不但不赚钱,反而还得发生至少工程造价 10% 的亏损。因为幸福房地产公司去年拿地时比较便宜,再加上今年商品房价格普遍上涨,幸福房地产公司的项目预期利润明显已大大提高。考虑这些因素后,现在,开拓建筑公司决定暂停施工,聘请李律师代理他们与幸福房地产公司谈判,要求幸福房地产公司同意调整工程造价标准,增加支付施工费用。幸福房地产公司收到开拓建筑公司的来函后,认为既然双方已签订了合同,就应严格按照合同价来执行,于是决定安排公司的顾问律师张律师代表其处理。两个律师经过多回合的谈判,幸福房地产公司最终同意由于建筑材料涨价,对开拓建筑公司给予部分补偿,但针对具体的补偿数额,双方始终仍未达成一致,李律师与张律师继续代表双方当事人进行最终补偿款数额的谈判。

又经过几轮谈判,双方由最初的 500 万元补偿差距逐渐缩小到 250 万元,最终通过各让一半的折中方式达成 125 万元的方案。在签订补充协议时,张律师提出,本次调价应是终局性的,开拓建筑公司在补充协议签订后不得再以任何理由提出新的调价要求,否则已达成的协议也将全部作废,幸福房地产公司仍将按原合同结算支付价款。在张律师强烈坚持下,该条件被写入补充协议文本中,从而达到了一次性锁定谈判成果的目的,使谈判真正终结而不至于在后来的建设过程中反复重新磋商。

——摘自《上海中联律师事务所案例汇编》

第一节　认识谈判终局

一、什么是谈判终局

我们在前几课描述的谈判过程，有时并不具备很强的连续性和标志性，比如很多的报价和讨价还价阶段，对一个小案件的庭外和解谈判来说，可能不过就发生在原告律师与被告律师偶尔在法院碰面后的简短交涉之中。实际上，尽管更多的谈判阶段是通过调查、面谈、电话或持续数月的沟通联系和磋商才得以完成的，但是最终是否能达成一致意见，能否走向最终协议的签署，却常常取决于双方最后一段时间甚至一两分钟的言行。

只有到这个最后阶段，谈判双方才有足够的信息，判断出各自就最终协议的要求和愿望。从理论上说，谈判的一方要在最终协议中完全实现其当事人的要求是可能的，然而事实上，这样的结果在法律谈判中却是很少见的。只有在谈判律师不遗余力地采取进攻型策略，同时对方又缺乏谈判实力、谈判能力以及足以维护其当事人利益的决心和经验等情况下，才偶尔会发生一方全赢、另一方惨败的谈判结果。正如我们前面多次谈到的，谈判都是在双方或多或少相互让步的基础上谈出来的，所以现实生活中的实际情形是，双方在谈判的最后阶段事实上都必须最终放弃某些要求才能推动谈判终结。

终局就是谈判终结，也是谈判过程中最难的阶段，这是因为双方经历长时间谈判后，终于要等待一个结果了，是胜是败，均在此一举。大量的谈判实践证明，谈判终结阶段处理得不好，"煮熟的鸭子"也会飞走，结局可能会变得更惨烈。相反，如果谈判终结阶段处理得比较好，那就真的意味着"香槟酒已准备好了"，最终得到的是各方都能赢得谈判的举杯欢庆。

一般来说，在谈判的终局阶段会有3种谈判结果，即成交、中止和破裂。谈判成交意味着谈判双方已就谈判的事宜达成最终协议。谈判成交在成交形式上还可分为完全成交和部分成交，这两种成交形式一定程度上也为谈判提供了某种机动性，为圆满解决谈判终局的特殊性提供了可能存在的选择。谈判中止，是指由

第九课
终　局

于某种原因谈判双方暂时停止了正在进行的谈判，等待谈判双方恢复交易期望或者某种主客观原因变化而重新启动谈判的状态。谈判破裂，是指谈判双方经过最后努力仍达不成协议而结束谈判。明智的谈判者在谈判破裂时均会力争将损失控制在最低限度。

例如，在本课篇首我们列举的案例中，经过李律师与张律师的谈判，如果幸福房地产公司不同意开拓建筑公司关于工程加价的意见，并要求开拓建筑公司完全依照合同履行，而开拓建筑公司宁肯赔违约金也不愿继续履行合同，因为赔付违约金的金额甚至低于继续履行合同而发生的损失，那么这种谈判毫无任何建设性的解决方案可言，根本不可能进行下去，也意味着谈判将走向破裂。在现实生活中，谈判破裂的比例往往比谈判成功的比例大得多，谈判破裂是谈判中不可避免的现象，也是谈判的自然结果之一。但最终，谈判进行到终结阶段，意味着谈判双方就谈判事宜各自都有了最后底线或者各自所期待的最终愿望。"香槟已经准备好了"，开还是不开，应在此时决定。在开拓建筑公司与幸福房地产公司的纠纷中，如果幸福房地公司同意对开拓建筑公司进行补偿，意味着幸福房地产公司不用再找新的施工单位，仍可以按期向业主交房的同时继续保持盈利，而开拓建筑公司也有一定盈利的可能；这样的谈判结局，不失为一个皆大欢喜的结局，尽管幸福房地产公司付出了更多的价钱，但相比如果不付出这些加价的钱而可能遭受的损失而言，这一付款会让幸福房地产公司的损失更小一些。

在谈判终结的时机上，根据我们的经验，一般来说，当谈判的每一方都准备好并愿意就谈判涉及的每一条款都认同的情况出现时，就是最恰当的时机。相反，在没有就相应条款表示同意的时刻来临就试图结束谈判，就属于不当时机了。在现实生活中经常会出现一些马拉松式的谈判，在这类谈判中千万要避免因谈判者"脑力不支"而误判导致提前进入结束期。在一些谈判中，内部的或者是外部的最后期限也可以促成结束谈判的最佳时机。比如，在开拓建筑公司与幸福房地产公司的纠纷中，当事双方对进行补偿以及补偿的大致数额表示认同时，就意味着进入结束谈判的最佳时机了，剩下的仅仅是解决最后的分歧并签订新的补充协议。如果预先为谈判定下一个最后期限，那么确定谈判结束的适当时机就将变得非常容易。

除了一些永远都不可能达成一致或者不能解决大部分问题的谈判，谈判者往往容易有的最大失误就是不知道什么时候该退出谈判。一旦谈判对方同意了你提出的条款，或者同意了大部分关键条款，那么你要做的是否就是马上结束谈判呢？太多的例子证明，即使到了看起来基本达成最终协议的时候，双方其实仍在进行谈判，不到签字完成谁也不会最终透露出使对方反悔或者重新考虑的关键信息。因此，最有效的方式就是一旦真的达成一致，就需要尽快签署相应的协议文本，才能避免"夜长梦多"。

二、走向终局的技巧

在谈判终结阶段经常会使用到一些终结谈判的技巧，这些技巧使用的好坏也将影响终局的成功与否。最常用的几种终局技巧包括以下几种。

（一）"红脸""白脸"

"红脸"与"白脸"是使用非常广泛和高频率的谈判技巧。通俗地讲，是在一个谈判团队或者小组中，有一部分人扮演好人的角色，即"红脸"；另一部分人扮演坏人的角色，即"白脸"。通过一好一坏的搭配，混淆对方的感受。在法律谈判中，不论谈判事项或大或小，"红脸""白脸"策略简直太容易使用了。通常律师与其当事人假装因各自立场不同而产生内部冲突，其中一个走强硬路线、完全不打算作任何让步和妥协，而另一个看起来希望做一些小让步，间或他的态度占上风。比如，在李申奥与好莱文化传播公司的人身损害赔偿谈判中，李申奥与他聘请的秦律师配合，李申奥唱"白脸"，坚决不同意好莱文化传播公司提出的赔偿方案，而秦律师唱"红脸"，向好莱文化传播公司表示只要好莱文化传播公司稍稍提高赔偿金额，或许还是能继续做下李申奥的工作来。

（二）各让一半

各让一半是一种最折中的谈判技巧，该技巧将双方立场和条件的差距，以折中方式或完全对等的形式，或以互相让步但不对等的形式予以妥协解决。因该技巧的主体特征是相互妥协，且更多强调"各让一半"，所以，通常只有到了谈判的最后阶段的最后剩下的问题时，才可以使用且产生效果。试想在谈判的前期或中间阶段使用，因双方没有充分了解对方的想法和需求，谁会轻易答应折中结果呢？而且折中结果也难以保证公正。只有经过严谨的分阶段谈判后，双方立场均有所改善，交易条件日趋明朗而合理时，对最后尚存在的一些问题以折中方式解决，其结果才更趋于合理，且容易被当事人接受。

（三）收回条件

简言之，收回条件就是找个借口或理由收回某个谈判交易的条件。相信我们很多人都有过这样的经验：在商场买一件衣服，你将价格从对方要价的 600 元还成了 400 元，结果对方同意了，这时你还会想，"我已经从 600 元降到了 400 元，再谈谈，说不定还能降一些呢！"于是你又说："等我再考虑下吧，前面其他地方，说不定还有 300 元的呢。"这就是"收回条件"谈判技巧。这一技巧会让谈判对手陷入两难选择：要么放弃更高利润，要么放弃这个潜在顾客，想两者兼顾是不容易做到的。于是，对方可能会说："不用看了，这样，就 350 元好了！我保证这是最低价。"这时候，你多半可以相信 350 元应该是市场行情中的低价，也是对方的底价了。

需要注意的是，收回条件这一谈判技巧的应用是相当灵活的，只要稍微思考思考，都能找出要"收回"的条件。但是，这样做的目的并非真的要收回那些条件，而是逼迫对方再放弃一些要求。所以使用这一技巧千万不要收回那些比较重要的条件，因为这样可能会激怒对方，而直接导致谈判失败。因此，收回条件其实也是一把"双刃剑"，有时更像是一场赌博，使用时一定要选择好对象和时机。

（四）冷冻政策

冷冻政策，是指暂时性的短暂中止谈判的做法，从形式上讲也就是暂时放下手头与谈判相关的所有工作。当因双方谈判条件差距太大，一时难以解决，但双方又始终抱有成交愿望，或因为涉及交易条件的重大变化需要暂时调整时，冷冻谈判的机会便会出现。这时，谈判实质上可能将进入终局了。不过，"冷冻"并不一定冷落对手，而是对谈判行为的冷却和停顿。对对方当事人，谈判律师则可能仍是礼貌和热情相待，并决定"后会有期"。同时，谈判标的还有其他的选择机会，需加以利用。此时的"冷冻"在表面上虽然也是一种终结谈判的形式，但在持续时间上比前者要短得多，因为"冷冻"不是真正的结束，而是希望按自己的意愿继续完成谈判。

（五）授权不足

声称授权不足或有限，通常指谈判律师在谈判终结阶段声称不具有达成最后妥协的权利，或妥协的内容超过了他已经得到的授权。当谈判律师这样告诉对方对最后的某些问题无法进行进一步协商，因为其没有获得超过一定限度的授权时，其实也是谈判快进入终局的信号。一些新手在谈判时有时会犯这种类型的错误，即试图让谈判对方佩服自己拥有的决定权。但是大多数情况下，资深的谈判律师都会非常谦虚地解释说，自己并未得到太多的授权，只有当事人才有最终的决定权。这种策略的使用，一般来说要求律师不应与当事人共同出席谈判，或出席谈判的当事人也不享有独立的决策权，如果享有决策权的当事人一起参加谈判，将有可能导致谈判对方越过律师而直接与当事人本人进行沟通协商的情形，并且显然律师也无法运用这一技巧。

接下来，我们仍然将首先论述进攻型策略在谈判终结阶段中的运用，然后从分析最后让步的种种方法出发，阐述在终局谈判中至关重要的协作型策略，最后讨论解决问题型策略结束谈判，特别是在有必要做某些让步的情况下，如何达成一项对双方都有利的最终协议。

> **小贴士** 不到谈判终结阶段不做最后让步。但如何判断谈判快要进入终局？有经验的律师多数时候会依据以下这些指标，包括谈判经历的时间、已达成的共识、双方对交易的重视程度和参与深度、双方当事人派出谈判代表的职务等级等来判断，当然，还包括一些经验上的直觉和玩弄一些小技巧带来的感觉。

■ 第二节 进攻型策略下的终局

一、最后的坚持

通常，在最后期限即将来临时，谈判双方变得更易合作。最后期限是行之有效的谈判策略的基础，最后期限会促使谈判双方采取积极行动。随着最后期限的临近压力越来越大，谈判双方必须作出决定，采取行动。例如，关于租赁谈判中的最后报价，由于最后阶段临近对双方都形成压力，这时双方为了避免谈判失败而提出的条件都尽量地接近各自的最低要求。有时双方甚至被迫改变自己的最低要求以促使达成最终协议。换句话说，随着最后期限临近，一般情况下双方会越

第九课
终　局

来越少使用进攻型策略。对谈判的研究表明，时间压力将增大达成协议的可能性；同时，时间压力还会削弱谈判者的抱负，迫使他们降低要求，少耍花招。

为什么许多协议是在最后一刻才达成的呢？这主要因为谈判者多采取进攻型策略，把谈判想象成"老鹰捉小鸡"一样的游戏。谈判者在面临谈判破裂的情况下，坚持得越久，就越容易使对方就范，而使自己的利益最大化。如果谈判双方都采取进攻型策略，那么在整个谈判过程中，双方就根本利益的信息交换将会非常缓慢、困难重重和非常不完整。结果会使谈判律师可能都不知如何制定一项既能为对方所接受，又有利于其当事人的最终协议。

不管怎样，有时进攻型谈判者相信他已掌握了足够的有关对方底价的信息，并认为自己还未占到便宜。在此情况下，他会给对方设定一个客观的或人为的最后期限，迫使对方对自己的出价表态。所谓客观的最后期限，一般是指某一特定时限的到来，比如申请强制执行或提起上诉的最后日期，或由第三方规定的最后期限等。

以第三方设定的最后期限为例，假定谈判是在分包人与打算投标承包政府工程项目的总承包人之间进行的，那么，政府对总承包人要求的投标期限就为分包人与总承包人的谈判限定了达成协议的时间，即他们必须在最后投标期限前达成协议。对第三方时限的掌握很重要，一般来讲，有诚意的谈判律师会明示第三方最后谈判阶段的时间，以便让对手有机会提前做好准备和选择，但也有的律师出于偏见而冷落对手，或不成熟地简单对待参与竞争者，不给对手任何提示。这时，谈判者自己的判断就很重要。

所谓人为的最后期限，一般是在谈判毫无进展的情况下，当事人或律师迫切需要开始考虑其他选择的时候产生的。以秦律师与好莱文化传播公司的谈判为例，如果谈判达不成协议，秦律师可以根据自己起诉所需要的准备时间给谈判设定一个最后期限。当律师处在具有谈判筹码优势的情况下时，单方提出时限不失为一种积极的谈判手段，既可让对手尽快地进入实质谈判阶段，也可为谈判策略的运用创造更好的机会。

设定最后期限往往伴随提出"最后出价"或最后通牒。最后通牒是不惜以破裂相威胁，迫使对方让步的最后一击，那些没有经验的谈判者在接到最后通牒时往往会吓一跳。谈判者尽量不要把自己最后提的要求称为"最后通牒",因为在对方看来,屈从于最后通牒涉及面子问题。此外,最后通牒也不宜过早提出,否则会使人产生怀疑。如果过早发出最后通牒,会发现很难使对方相信自己不准备妥协或已无让步的余地。最后通牒是一种非常有力的施压手段,但同时也有一个致命弱点,比如在买卖合同谈判中你告诉供货商,如果他在今天下午两点不能给出更优惠的报价,你就会向他的竞争对手购买了。如果真是这样说的话,那么你最好做好在他竞争对手那里购买的准备。如果你过了今天下午之后,并没有从他的竞争对手那里购买,你会失去所有的谈判筹码。此外,推迟提出"最后"要价的另一理由是,如果谈判对方投入了大量的时间和精力之后,将有利于提高其妥协以达成协议的积极性。

为了使最后通牒具有威慑力,最后通牒必须有充分的理由支持。证明最后通牒的合理性,可以提高最后通牒的可信度,同时还可以减轻对方屈从于最后通牒的面子损失。为了避免使对方感到受要挟,应在合作气氛中提出最后要求,有时可以归因于其当事人,如好莱文化传播公司的高律师可以这样告诉李申奥聘请的秦律师:"这是好莱文化传播公司参保的保险公司允许和接受的最高赔偿额。"另外,谈判者还可以给对方提供两个或两个以上的选择,其中任何选择都对谈判者的当事人有利,但因为多给了对方一个选择机会,可以减轻其受要挟的感觉。

二、争取交易文本的起草权

人们更容易相信那些形成书面文字的东西,打印或者书写出来的文字对人们会产生更大的影响力。在谈判进行中,当谈判者准备接受某项协议时,他应概括地重申协议所包含的各项要素。概括协议要素的意义在于核实协议每一个问题的相互理解是否一致。核实完毕,如果交易结构简单,双方律师通常会立即提纲挈领地拟出协议的主要内容,并当场草签该协议。如果协议内容复杂,不可能当场草拟出协议文件,则可以先达成口头协议,继以拟出简短的协议备忘录,也叫作"原则协议",交由双方草签。备忘录即使不签署,而是交由双方各自留存一份,也对未来双方确认正式协议的内容有着重要意义,毕竟备忘录是双方曾经口头达成了一致的文件,正如许多人都知道的"空口无凭,立字为据"。

如有可能,谈判律师应主动承担任何最终签约所用的协议或文件的起草工作。

第九课
终　局

律师在起草文件中所选用的词句与对方所想使用的词句可能不完全一致。尤其是协议内容复杂、篇幅长或谈判是在竞争中进行时，情况更是如此。举个例子，一家电梯销售公司与一家房地产开发公司进行电梯购销及安装的谈判，由于涉及金额大，谈判双方进行了非常艰苦的讨价还价，最终双方就电梯的价格条款达成了一致，接下来要做的工作就是起草协议。但是在之前的谈判中双方将所有的关注点都放在了价格条款和供货时间上，而忽略了对付款时间的磋商。如果由电梯销售公司的律师来起草协议，他可能就会设法让条款对自己最有利，会写，"双方一致认定，协议签订后3日内购买方支付80%的货款，剩余20%款项在安装完毕后支付"。如果由房地产开发公司的律师来起草协议，他可能会写，"双方一致认定，协议签订后3日内购买方支付20%的货款，剩余80%款项在安装完毕后支付"。特别是在交易双方第一次合作的情形下，并无先例可循，那么这些条款事关重大，由不同的人起草，其结果可能会是完全不同的。当然，这并不是说，承担起草工作的律师可以歪曲篡改协议的内容，或者增加或删除任何双方已谈定的协议条款，因为玩弄文字技巧或者文字陷阱属于非职业性的行为，这种行为有损律师的职业声望。

尽管如此，协议的某些细微之处和措辞在谈判中并未具体讨论过，在这些条款和用词上，负责起草工作的律师是可以从倾向于自己当事人的角度去做一些努力的。对方也许很欣赏谈判律师自告奋勇地承担起草工作的行为。对于已经起草好的文本，对方律师也可能会因为害怕麻烦而不愿意逐字逐句地分析研究起草人拟订的协议文本，对某些次要的、不引人注意的、在用语上有利于起草人当事人的条款并不留意。反过来看，即使起草人并不打算通过起草协议文本占到便宜，律师主动承担起草协议的工作也可以使自己的当事人免于陷入对方律师的条款"陷阱"中。如果是对方律师起草协议，本方律师应逐条对照自己在谈判过程中做的口头协议记录。这个方法也提示律师注意一个工作技巧，即律师最好对整个谈判过程做一个记录，以记流水账的方法把他与对方律师的接触情况记录下来"存档备查"。除此之外，在审阅对方起草的文本时，律师还应注意协议中的用词倾向，对协议条款中的不当措辞或任何条款"陷阱"应毫不犹豫地提出并要求修改。当然还有一个好的建议，即在谈判开始之前就准备好协议蓝本，在谈判过程中不要拿给谈判对方看,而是在谈判结束、各方都筋疲力尽时自告奋勇地拿出事先准备好的协议蓝本进行修改完善;这也要求律师在平时就要养成收集、整理各类协议文本的习惯。

最后,如果谈判律师获得了一个非常满意的谈判结果,也不应当在对方律师及其当事人面前流露出赢得谈判胜利的喜悦。双方律师将来还会打交道,如果对方律师得知自己在这次谈判中吃了亏,那么以后再与他打交道就会很困难了。相反,真正优秀的策略运用是在自己获得满意谈判结果的同时,仍然让谈判对手觉得愉快,任何时候都不要对所达成的一项协议对对手不利而表现出幸灾乐祸,这不仅是一种非常不礼貌的行为,而且还有可能刺激你的谈判对手重新进行谈判。所以,一个行之有效的建议是,无论己方对谈判结果有多满意,或是逼得对方做了多大的让步,一定不要忘记在谈判结束后及时地道贺,强化对方取得谈判胜利的感受。

> **小贴士**
>
> 养成做好谈判笔记的良好习惯,将最终协议与自己做的谈判笔记一一进行核对,确保没有任何遗漏,特别是在对方起草合同文本时更应注意这一点。合同文本因体例上的需要,可能会把之前集中商谈的某类重要问题放在不同的条款中,要注意条款之间的关联性,而不仅仅关注合同中是不是出现了你需要的那个词汇。
>
> 如果对方提供的合同文本在结构体例上非常糟糕,你就应该礼貌地指出,并自己对文本进行重新起草,而不应该在一个你连阅读都感到困难的文本上凭直觉和经验做简单的文字修改。

■ 第三节 协作型策略下的终局

一、最后的努力

如同其他谈判阶段一样,在最后决定性的阶段,协作型策略着眼于促成相互之间的让步,而不是使用要挟和最后通牒等技巧。在谈判的最后阶段,这一基本策略包括以下两种基本技巧。

第一种技巧是谈判者明确告知对方他已经作出最后的让步,并请求对方给予回应，如下例所示。

> 在李申奥聘请的秦律师与好莱文化传播公司高律师的谈判中，秦律师可以这样促成相互之间的最后让步：
>
> 秦律师：我们之间的商谈已经持续了两个多月，你已表示愿意承担我所主张的赔偿额的1/2。按我们之前商定的时间，下星期二谈判就将结束，但我想我们的观点已经相当接近了，我们应当共同努力消除彼此间的分歧。你最后认可的赔偿额是22.5万元，而我最后的赔偿要求是30万元，我已同我的当事人商量过，我们愿意把索赔额降低到27万元，以结束这场旷日持久的谈判。但我的当事人已明确表示，这是他最后的让步。如果你不接受27万元的要求，我们就只有在法庭上见了。

第二种是促成相互做最后让步的技巧，秦律师告诉高律师如果他愿意支付27万元的赔偿金，他"认为他的当事人可能愿意接受"。机智的秦律师没有明确让步，而是婉转地表示他的当事人可能愿意接受27万元的解决方案，如果高律师并不打算相互让步，那么秦律师也可以收回27万元这个报价。

在谈判的最后阶段，让步幅度多大才算合适呢？如前所述，在大多数的谈判中，让步的量会呈递减趋势，因此，人们普遍认为最后让步的量会很小。在谈判的最后阶段，不成比例的大幅度让步会引起对方的误解，谈判对方也许以为律师的让步还未达到底线，还有再让步的可能。而从另一个角度来看，最后一次让步又可以在合理的范围内比前一次让步稍大一些，以便摆出更为明确的准备结束谈判的姿态。

谈判者一般通过建议折中双方意见的方法，提出最后让步交换方案。实际经验表明，一旦双方提出的交易条件较为现实，谈判就易在双方要求的折中处达成协议。但需要注意的是，在谈判过程的早期阶段，谈判者不应以"折中"作为让步的理由。在早期阶段，说明让步的正当性只能以谈判可能涉及的事实本身为依据，这样就不至于使谈判过程变成单纯较量意志力的游戏。不管怎样，只有在最后的谈判阶段双方的分歧不是很大时，才能以折中为由，促成相互的让步，以弥合双方剩余的分歧。假如折中的结果会导致协议低于当事人的最低要求范围，那么，只有当事人才可以表示是否同意这样的折中。

谈判者还应注意查明对方是否在后几轮的谈判中以他自己的让步方式谈判，从而影响折中的结果。如果在后几轮的谈判中，对方的让步小于谈判者的让步，那么，折中就不再是公平的妥协的方法了。例如，对于一个有20万元差距的谈判，在你让出10万元，而对方只让出2万元的情况下，对于剩下的8万元分歧如果对方提出以折中方式处理，你就应当明确指出对方之前的让步太小，这样折中对自己是不公平的；特别是当谈判并不是围绕价款在进行，而是围绕合同的其他权利义务在进行时，更要注意最后的折中和之前让步之间的关系，对于无法以数字进行量化的权利义务谈判，最后的折中很容易让提前让步一方产生各让一半的错觉，而忽略了之前自己在其他方面已经作出的让步。

二、关注主要利益

受过良好训练的律师都懂得，应预料到合同中各种可能发生的分歧，并在其到来之前以明确的方法解决它们，然而不幸的是，当全部主要问题得到解决后，双方在一些次要问题上不一致，有时也可能影响协议的达成。处理这一问题的一种方法是"同意不同意见、搁置微小分歧"，即"求大同、存小异"，并在协议中积极灵活地寻求恰当用词来表述那些有争议的问题。在有争议的问题上使用模棱两可的语言，也许能够使每一方都相信自己达到了目标。在合同中明文约定有关处理争议或解决模棱两可词语的条款是有益的，通过合同约定的仲裁方法或指定仲裁人可以使双方争议的问题得到最终解决。有时，谈判的协议中还包括一项"重新协商条款"，即当某种特定的条件发生时，合同某些条款将由双方重新议定，这通常会有两种方式来处理：一种类似的表达方式是，"如双方对联城购物中心设备改造所花费的资金数额有争议，双方应友好协商解决"，这样的表达显得较为随意，容易被双方所接受，但在发生争议时，对于如何继续执行合同会产生较大的分歧。另一种表达方式是，"如双方对联城购物中心设备改造所花费的资金数额有争议，则关于增加租金的条款暂停执行，双方应友好协商解决"，这样的表达更为准确，即一旦双方产生争议，则暂停执行增加租金的条款，待双方对设备改造费用核实清楚后再行确定如何增加租金。当然，不同当事人站在不同角度，会倾向于使用不同的条款，这本身没有好坏之分。

三、探寻对方的底价

为了保护自己的利益不受对方所采取的最后通牒或最后开价等进攻型技巧损害，谈判者需要弄清进攻型对方所说的"最后的让步"是不是真正"最后的"。

关于"最后"开价可信度有多大，可以根据对方在诸如要挟和承诺的问题上言行是否一致来判断，谈判者还应观察对方在提出最后通牒时所使用的语言。从使用的语言上可以看出，最后通牒是绝对的、无条件的，还是相对的、有条件的甚至给未来的谈判留有余地的。例如，"根据我们所得到的全部信息，我和我的当事人只能这么做"。这样的话就意味着一旦有新的事实出现，谈话人愿意改变"最后"的要求。律师还要注意观察对方的非语言交流动作和辅助语言，这也有助于对对方的最后通牒作出分析。此外，"最后"要求是在旷日持久的合乎逻辑的终点出现还是来得过早，这些情况也是判断"最后要求"是否真实的重要根据。谈判者还可以用换位思考的办法，从对方的地位或角度来感觉一下对方的开价对谈判的影响。最后通牒的真实性还可以从最后通牒是不是在争执白热化时发生的、是不是出于无心的或者是否出于律师的感情用事等方面进行判断。

在某些情况下，即便对方已明确表示其开价是"最后的"，他也仍然可能会在另一方表示终结谈判前改变态度或做一定程度的妥协。当对方最后要求是律师的当事人不能接受的，而律师又相信继续谈下去对双方都有好处，这时律师应如何回答对方的最后要求呢？根据我们的经验，在对方的要求达到律师不能接受的界限时，如果律师相信对方的这一要求是合理的，且并非运用进攻型的要挟技巧，他可以积极聆听，以表示理解对方无力继续让步的苦衷，这就如同说："我感到你尽到最大努力了。"然后律师可以以某种新的方式来重新陈述对方的最后开价，由此来寻找谈判的转机。

为了缓和由"最后开价"所带来的紧张气氛，谈判者可直接使用几种附带的技巧。

首先，自己做些让步，即使这一让步与对方的要求不相称，也要这么做。以高律师对秦律师提出27万元的"最后要求"的反应为例。

> 高律师：我明白 27 万元是你所能做的最后的让步，我知道我们的谈判已接近破裂，所以我的当事人与我讨论这一问题时，也采取了相同的态度，我的当事人愿意赔偿 22.5 万元，但绝对不愿意超过这一数额。这样看来，我们的谈判可能会陷入僵局，但是为什么你不把我们愿意赔偿 22.5 万元的意见带给你的当事人呢？

高律师在作出最后的让步之后，立即明确要求秦律师将他的新的出价传达给他的当事人。

其次，另一种附带的技巧是请谈判者表示，理解双方提出的最后出价，而后问他"为什么"。比如，当秦律师打算停止继续讨论，并准备摊牌"接受还是不接受这一要求"时，高律师可以问秦律师"为什么这一开价是最后的"。让秦律师答复，以便延续双方的对话。而对于秦律师来说，很难找到一个合理的借口，解释他为什么只接受 27 万元而坚决拒绝接受 22.5 万元。谈判者也可以通过提出新的信息或展示双方已讨论的某一问题的新的前景来影响并改变对方的最后开价。如果真是新的东西，就能有力地证明，重新考虑最后要求是必要的，因为对方律师在其当事人制定"最后"开价时并未考虑这些新的因素。

再次，谈判者还可以就某些僵持不下的问题，答应对方将在最后予以考虑。如果双方能够在其他问题上取得一致，这将会对双方造成一种压力，迫使他们在某一相持不下的问题上作出妥协。

最后，谈判者还可以通过建议暂时中止谈判来回答对方的最后要求。这种进攻型的回复，可能会让一方或另一方在谈判破裂以前，不得不改变其原来的要价。在提出休会的同时可以建议双方律师与各自的当事人再谈一谈。

四、恢复谈判

当律师寻求重新开始被中断的谈判回到谈判桌时，对方一般会认为他渴望达成协议，甚至有点迫不及待。因此，提出重新开始谈判，意味着有损谈判一方的形象和谈判地位。律师愿意恢复谈判，而谈判环境又未改变，这经常会使对方律师相信，律师先前导致谈判中断的"固执"，只不过是讹诈，在新的一轮谈判中，应对其施加压力，迫使其作出重大让步。为了改变对方的这种看法，律师应尽可

第九课
终 局

能地拿出在调查研究中获得的可以改变双方观点、立场的新信息,并且首先通过解决一些小的分歧为谈判双方制造契机,同时千万不要将谈判的焦点集中在一个问题上。通过首先解决小分歧,谈判双方即会形成一些动力,从而使那些有争议的大问题更容易解决。因为不管怎样,谈判中断以来,情况总有一点变化,至少双方的情绪平静了;在这样的条件下,律师提出重新开始谈判,可以直截了当地摆明自己的观点:双方的最终利益是可以在恢复的谈判中得以确认的。

> **小贴士**
>
> 即使采用协作型的策略,即使当事人愿意为这笔交易作出更多的让步,但从最大限度地维护当事人利益的角度出发,在终结阶段,也不要向对方表露出你必须达成这份协议的态度,否则就只能导致"你合作,他进攻"的结果。
>
> 为达成协议,而你又不愿在剩余的问题上再让步,那么你可以尝试将谈判过程中曾经让步问题拿出来,允诺再做更多的让步,也许这样可以保全你在剩余问题中的利益。

■ 第四节　解决问题型策略下的终局

一、各取所需

前一课讨论了能够满足双方根本利益的过渡性解决方案的出台过程。如前所述,过渡性解决方案既可能在双方律师举行谈判时产生,也可能在谈判或谈判期间律师与其当事人商议时产生,不管是哪种情况,在谈判期间律师最终都要从各自当事人的立场出发,评估任何过渡性解决方案。在双方律师一致同意某一过渡性过程即将结束时,能够完全满足双方当事人的愿望和要求的过渡性解决方案是罕见的;即便有,也是偶然的。在多数情况下,根据过渡性解决方案达成的协议,需要一方或双方在所争议的问题上让步,或在一定程度上背离他们原先的期望。

在本课篇首关于开拓建筑公司与幸福房地产公司的纠纷案件中,如果幸福房地产公司不做任何让步,那么必然会是一个双输的结果。一方面,开拓建筑公司因违约有可能会赔偿大量的违约金,并且在 B 市的市场上落下一个"坏名声";另一方面,幸福房地产公司即使得到了开拓建筑公司的赔偿,但由于另行寻找建筑企业费时费力，而且还有可能造成已售出房屋的延期交房，同样在 B 市的房地产市场中名誉扫地。因此幸福房地产公司同意进行补偿，使开拓建筑公司有继续完成项目施工的动力和愿望，从而达到"双赢"的局面。

二、相互让步

最终取得协议成果的最一般的技巧是前面提到的相互让步的解决问题型技巧。对于谈判者来说，做好让步准备是必需的。在谈判中提出要求是"进"的表现，而让步即是"退"的表现。作出让步不能被看作消极的表现或者意味着谈判失败，让步是使谈判得以继续推进的重要因素。这里不妨做一个简单的回顾。双方在不同的事项上交换让步或者每一方都在对自己相对不太重要的事项上让步，将创造共同利益。大多数谈判都涉及许多问题，通常在最后阶段的谈判中，律师可以以某一事项上的让步，来换取对方在对律师的当事人更重要的另一事项上的让步。例如，好莱文化传播公司在其同联城购物中心的租赁谈判中可以表示，如果在租赁期内联城购物中心的设备改造成本达到 50 万元，他们愿意与其他租赁户一同按一定比例分担联城购物中心因此而支出的费用。联城购物中心曾强调，分担新增的设备改造费用是他们在谈判的全部议题中优先考虑的议题。好莱文化传播公司在此问题上作出让步之后，作为交换，可以要求联城购物中心同意好莱文化传播公司在租约的头一年中减低固定租金的要求；好莱文化传播公司甚至还可以再作出让步，在支付较低的固定租金的同时，按其营业总额的较高比例支付补充租金，如果这样的交易方案可以达成，就可以满足好莱文化传播公司最迫切的要求，即在开张阶段只需支付较低的固定租金。

请注意上述事例中，相互让步与过渡性的解决方案相伴。要求在租约初期支付较低的租金，并以较高的销售额比例支付补充租金的条款，是非常有创意的方案，它既照顾了好莱文化传播公司在开张头一年里的支付能力，又能够确保联城购物中心在整个租赁期内获得足够的房地产投资利润。相互让步法经常与其他终结阶段使用的解决问题型技巧——过渡性解决方案法、补偿法和减少代价法同时使用。但是，不论律师采取何种解决问题型策略的技巧解决问题，一方或另一方所期望的目标通常并不可能全部实现。在一项互惠协议中，一方接受通过过渡性解决方案补偿或减少代价等技巧达成的关于某一具体问题的协议，是为了换取另一方解决对其更为重要的问题。双方之所以觉得是互惠的，在于一方对解决后一问题的热情，超过了在解决前一问题时受到挫折的沮丧。

当然，让步也是有底线的，谈判是双方不断地让步最终达到利益平衡、价值交换的一个过程。让步既需要把握时机又需要掌握一些基本的技巧，也许一个小小的让步会涉及整个战略布局；草率的让步和寸土不让都是不可取的。一些谈判者不断重复着毫无原则的让步，不清楚让步的真实目的，只知道为了达成交易就不断地向对方妥协，最终的结果往往是将自己逼入绝境，而对手却在静观其变。这些谈判者除了缺乏对谈判的了解外，也有自身性格的原因，他们不愿意为了一桩小事伤了面子、坏了情绪，影响日后的交易。这种对于谈判的理解在业界是非常普遍的，但却是极端危险的。在谈判中让步的原则是：没有回报，绝不让步。不要以为你善意的让步会感动对方，使谈判变为更加简单而有效，这只是一厢情愿的想法，事实上恰恰相反，在你没有提出任何要求就让步的情况下，对方会更加有恃无恐、寸土不让，并且还会暗示你作出更大的让步；想以让步来换取对方的让步常常会适得其反。切记谈判桌并不是交朋友的场所。

三、减轻对方代价

律师为了与对方达成一项能满足其当事人全部要求的协议，一般有必要使对方作出让步，减少协议对对方有利的程度。为了鼓励这种让步，谈判者可以寻求某种适当的方法，以减少对方让步后的不利因素。这一过程被称为"减少代价"。

减少代价是指在对方同意一项有利于本方当事人的方案而为此付出不利代价时，帮助对方减少所付出代价的操作技巧。减少代价包括两种方法：

其一，消除顾虑。对方担心，今天在某一问题上的让步，会给今后的交易开创一个先例。例如，联城购物中心也许有这样的顾虑：如果同意减少第一年租期的固定租金，那么在将来关于合同期续展的谈判中，好莱文化传播公司将指望联城购物中心作出相同的让步。其实这一问题并不难解决，只要赵律师与余律师商定较低的固定租金只适用于初期，问题就解决了。用这一方法，律师把现在的行为与将来的行为截然分开了。同样，联城购物中心还担心其与好莱文化传播公司的租约中的这一条款将为购物中心的其他租户开创先例，对于这个问题，双方律师可以通过约定保密条款来避免发生这一问题。

其二，避免伤面子。对方律师或其当事人做让步时，面临形象损害问题；减少代价的第二种方法就是要设法保住对方的面子。一般来说，对方律师在做重大让步时，会感到自己的地位下降了。例如，如果好莱文化传播公司的高律师是一个年轻的律师，那么在秦律师做了重大让步后，他会觉得自己的职业声誉受到了损害，为了减轻对方的面子损失，高律师可以如此评论其对手：秦律师在谈判的开始提出45万元的赔偿要求时，并未发现有任何对李申奥不利的强有力的证据。通过这一评价，高律师表示，在他看来，既不是秦律师的最初开价过高，也不是由于秦律师缺乏经验而做了重大的让步，而是客观情况导致的。他也许还会说，将来再与秦律师打交道时，可能会"轮到他"做最后的让步了。

同样，在开拓建筑公司与幸福房地产公司的谈判中，因建筑原材料上涨的事实，即使幸福房地产公司寻找新的建筑施工企业来接替开拓建筑公司，在幸福房地产公司与新公司签订的合同中，也不可能是按照涨价前的价格来约定，这部分成本仍会由幸福房地产公司来承担。在商业交易行为中，一般来说没有利润就无法进行合作，更不用说是一方赔钱、搭上成本了，因此，在这个谈判中，幸福房地产公司被迫作出让步，同意适当增加支付工程款，幸福房地产公司可能会觉得面子扫地，并且担心开拓建筑公司在今后的施工中再次提出增加价款的要求。这时，开拓建筑公司就可以主动承诺，价款上涨仅此一次，今后决不会再提出类似的涨价要求，以消除幸福房地产公司的顾虑，减少该公司担心在将来付出更多代价的担忧。

四、给予对方补偿

获得利益一方可以给予对方适当的补偿，以减轻对方的利益损失。补偿是一种解决问题型谈判技巧，对方就谈判律师所需要的协议条款作出让步，相应地，律师也应当为对方提供某种好处作为回报。实际上，相互让步也是补偿的一种方式。补偿的另一方式，可以参考好莱文化传播公司和联城房地产公司的谈判，作为对联城房地产公司提供低租金的回报，好莱文化传播公司采取按成本价为联城房地产公司员工提供商业服务的方式给予补偿，即使这部分服务并不在本次交易的谈判范围内，但好莱文化传播公司提出的补偿方案仍然充分表达了其希望回报联城房地产公司的愿望。

第九课
终 局

> **小贴士**
> 很多情况下，让利的时机比让利的幅度更加重要，所以即使你只做了小小一部分的让利，但如果时机把握得好，就有可能产生更好的效果。
> 解决问题实际是在帮助当事人发现潜在的需求，有时甚至是在创造需求。在草稿上画一张解析双方需求的图表，好好研究一下对方当事人"到底他真正需要的是什么，而己方最有可能给他的是什么"。

■ 第五节　做个真正的赢家

终结阶段的到来，标志着谈判即将结束。但在多个议题的谈判中，可能出现这样的情况，即某一议题已届谈判尾声，而其他议题却还处于缩小分歧阶段，甚至是信息收集阶段。尽管在个别的谈判中，各种议题的进展可能不平衡，但是，每一个议题最终都会走向终结阶段，本节所阐述的终结阶段的技巧仍然可以在各个议题中独立地进行使用。

强调每一个律师在每一个实际谈判中的每一阶段都将采取具体的谈判技巧是有好处的。仅仅使用进攻型策略作为谈判手段，而不肯做任何让步的律师将发现，其所参与的谈判多数都不会有结果。相反，谈判者仅仅采取协作型技巧，从不顽强地坚持自己的原则，从不威胁要结束谈判，而是一味地忍让退步，也不行。寻求过渡性解决方案的律师，以及没有意识到在许多问题上存在对抗性谈判局势的谈判者很快会认识到所有的谈判者都必须学会妥协。

每个人在一生中，每天都在最大限度地运用进攻型策略、协作型策略和解决问题型策略与多种多样的人打交道，每一次交易不管简单还是复杂，都是一场谈判。如果你现在能自觉地意识到你自己的某些行为有如这里所描述的谈判艺术和技巧，那么，这本书就算大功告成了。这种自觉的意识，将帮助你在法律谈判中有意识地选择适当的谈判方式。任何人都没有选择最佳谈判策略的完美的天赋，只能靠客观、全面的分析。

律师作为谈判者，要做到胜负有道。要清楚地知道自己的底线是什么，哪些是对的，哪些是错的。一些时候律师虽然赢得了谈判但却输掉了信誉，那么这算得上是真正的胜利吗？正直和信用是律师最宝贵的财富，不管谈判的结果是胜利还是失败，律师都应当在谈判对手面前留下一个好的印象，真诚地对你的谈判对手予以肯定，不要伤害对手，不要为得到快感而去嘲笑对手；当然，如果你失败了，也不要恼羞成怒地去攻击、诋毁对手。做到这些，你就会成为真正的胜利者。

懂得了这些，你就可以坐上谈判桌了。

小贴士	所有的谈判技巧都是为满足当事人的利益需要，而不是为律师寻找工作的快感，这是律师选择谈判策略的唯一要素。 谈判过程中，应该尊重你的对手，即使你取得完胜，也不要从奚落对手的语言中去寻找快乐，因为那不是当事人的利益。

第十课 LESSON 10

多边谈判

第十课
多边谈判

案例摘引

10日，伊朗在国际原子能机构的监督下拆除纳坦兹核燃料研究设施的封条，重启核研究活动。此事凸显国际核不扩散体系内部对抗升级，也表明美欧对伊朗的高压政策未能奏效，因为伊朗迄今未能如它们所愿，放弃"核权利"。

围绕着伊朗核问题，相关国家外交官折冲樽俎，斗智斗勇，出现了极其复杂的局面。这一没有解决的问题，仍将是今年舆论的关注点。

伊朗核问题的主要矛盾双方——美国与伊朗，没有进行过实质性对话。伊朗伊斯兰革命后，美、伊断了外交，势不两立，它们之间的猜疑太深了，言语上虚虚实实，策略上软硬兼施，行为上真真假假，难以面对面沟通，只能通过第三方进行核谈判。2003年10月，法、英、德三国同伊朗开启核谈判，国际社会曾对"三驾马车"寄予厚望。然而，当伊朗发现欧盟的真实目的是要阻断其核转化的合法权利后，于去年8月断然重启核转化活动，双方对话戛然而止。欧伊虽已决定重开谈判，但是，心境已经不同，信任也打了折扣。

欧、伊谈判中断后，欧盟作为调停人的地位有所下降。俄罗斯遂不显山不露水地充当起"德黑兰主要保护人"的角色：在去年9月的国际原子能机构会议上，当欧美共同起草一份措辞严厉的决议，威胁要把伊朗核问题提交安理会的时候，俄罗斯坚持要求缓和决议的措辞。去年12月21日，也是因为俄罗斯的努力，欧盟与伊朗再次坐到谈判桌前。同月，俄罗斯提出在俄领土上建立俄伊合资浓缩铀企业，本月7日，又派代表前往伊朗，对建议做详细解释。

俄、伊两国隔里海相望，是老邻居；两国长期保持着友好关系，又是老朋友，故俄罗斯作为调解人具有天然优势。俄罗斯又是仅次于美国的核大国、《不扩散核武器条约》签字国。防止核扩散、推动核裁军、促进和平利用核能是《条约》的三大宗旨。同欧盟谈判后，伊朗指望俄罗斯帮其维护"核权利"。俄罗斯帮伊朗也有利益驱动：一是经济利益，俄、伊两国在核能、军事、航空等领域有大量合作项目；二是战略利益，要在中东地区和战略通道波斯湾同美国较劲。俄罗斯的底线是伊朗不能突破《条约》的限制发展核武器。只要伊不逾越红线，俄会尽力斡旋，同美国既合作又抗争。

> 这样，伊朗核问题就出现了欧、俄两位调解人，进而可能出现多边合作的前景。这种新局面符合国际社会大多数国家的愿望。美国外交学会资深会员雷·塔基认为，"两伊战争中孤立无援的经历使伊朗政治家认为：必须拥有可靠的潜在报复能力"。他还认为，"这个历史上饱受外来干涉、接受了许多沉重的投降条约的国家，对国家的神圣主权异常敏感"。笔者赞成这样深层次的民族心理分析，并进而认为，美伊强硬的语言后面其实掩藏着各自的焦虑和不安。美国担心伊朗发展"另一枚伊斯兰核弹"，加剧地区恐怖活动。实力弱得多的伊朗，受美国20多年的制裁封锁之苦，认定其宿敌以色列又在美国的支持下秘密跨过了核门槛，不安全感更甚。但伊朗已经承受不起天灾人祸，它应该审时度势、谈判解决问题。谈判的大门没有关上，多边解决的平台可能搭建。这个平台应该创造理解对方关切的环境，营造增进互信的氛围，这是避免核争端走向极端的必要前提。
>
> ——2006年1月11日《人民日报》

■ 第一节　什么是多边谈判

到目前，本书提到的谈判大多数是指由两个主体参与的双方谈判。但是在现实生活中，有很多谈判涉及三方甚至三方以上的参与者。如在某些诉讼中的被告根本不是一个或者是两个，有时会是几十个甚至上百个。又如，在一个房地产项目中，总承包商与地产项目业主之间产生了建筑方面的纠纷，最终参与解决纠纷谈判的律师可能不仅仅包括代表总承包商的律师，而且还有代表项目业主、设计单位、供货商、分包商以及其他有关人员的律师。类似地，在公司破产重整的谈判中，更是涉及无数债权人的介入。即使某些政府机构的决策制定，比如在城市更新项目中，也经常需要与众多利益主体进行谈判。随着经济全球化的到来，各国间的经济、文化、科技交流范围越来越广泛，多边谈判越来越多。在国际外交领域，国际海洋法的谈判便是多边谈判的一个典型例子，1973年至1980年，有160个国家和地区参与了就深海采矿的金融安排进行的复杂谈判。多边谈判除了大

第十课
多边谈判

量存在于现实生活中,在理论研究中,学者也进行了很多涉及多边谈判的学术讨论。

多边谈判通常是指三个或者三个以上的谈判方,同时就一项或者多项议题进行谈判,试图解决彼此不同的利益冲突或者相互具有竞争性等问题,以创造出所有参与者都乐于接受的协议。一般来说,对谈判进程的理论分析多数情况下都可以适用于多边谈判。但是,多边谈判显然有比双边谈判更为复杂的过程、更为错综复杂的谈判条件。由于谈判参与者的增加,需要顾及的方面就更多,从而使谈判桌上存在更多的议题和不同的利益取向,相应地,要达成协议时所需解决的问题随之增加,这些都使多方利益关系的协调变得更为困难。

多边谈判具有极大的复杂性。首先,表现在谈判方数量的增加。与双方谈判最显著的不同,是在多边谈判的谈判桌上有三个或者三个以上的当事人或律师。由于谈判主体的增加,谈判议题也会相应增加,同类议题在双方谈判中只需谈一次的,在多边谈判中会增加很多,并且谈判主体越多,增加谈判的次数也就越多。如世贸组织的前身,乌拉圭关贸总协定就是一系列极其复杂的多边谈判,来自70多个国家和地区的1000多名正式代表花了8年多时间才得以完成。由此产生的挑战就是如何把握各方不同的立场,并使各方有足够的时间去表达和聆听。尤其是在多边谈判中每一方都可能扮演主角代表它自身的利益,也可能扮演代理人代表其他人的利益。其次,就是谈判所涉及的议题的增加。更多的议题意味着更多不同利益的主张。谈判方增加后最可能出现的状况是谈判结果变得混淆不清、谈判要求变得有增无减。这就使了解各方观点和各方所能接受的底线成为多边谈判最大的挑战。最后,谈判过程和策略变得更为复杂。即使在谈判的准备阶段,多边谈判的复杂性对后来的谈判进程也有非常大的影响。一方面,当事人就谈判协议的选择方案有与部分谈判参与方达成协议的可能性,但与另一部分谈判参与方却难以达成同样的协议;另一方面,其他谈判参与方拥有的对谈判协议的选择机会也将相应增加,因为他们同样也可以与另外的谈判参与方达成协议。因此,就多边谈判中谈判实力的分析,必须考虑当事人与其他部分谈判参与方达成协议并形成同盟的能力,以及其他参与方同样或类似的行为的能力。

在多边谈判中,有两种基本方法可供律师选择。第一种方法是有意识地使他的当事人与其他谈判参与方之间发展成谈判同盟或联手，然后以同盟的名义进行讨价还价。如建筑施工项目的总承包商与供货商组成同盟，共同应对开发商拖欠应付款项的谈判。第二种方法是与所有谈判参与方的代表一同以寻求能满足各方根本利益的方案为目标进行讨价还价。需要注意的是，多边谈判的参与者必须掌握大量的资讯，对不同利益作出回应；多边谈判与其说是意见的聚合，不如说是解决系列问题的过程。在多边谈判中每一个当事人都有自己的偏好和优先选择，复杂性就是多边谈判最鲜明的特色，也是导致多边谈判难以推进的最大障碍。

正如在谈判中使用进攻型策略的技巧并不必然排除在谈判的另一时机使用解决问题性策略的技巧一样，本课讲述的技巧也不互相排斥。这里有必要再一次指出，前面各课描述的各种技巧都可能在多边谈判中使用。

> **小贴士**
>
> 不要以为多边谈判就是多个双方谈判的组合，多边谈判通常会比多个双方谈判的简单相加要更为复杂，因为可能不仅仅是你的当事人以自己为中心在与其他所有谈判参与方进行谈判，其他谈判者也可能会把自己作为谈判的中心；这样，会形成N个有中心的圆圈交织在一起的局面。
>
> 在多边谈判中，你可以试试按某种标准进行分类，也许可以筛选出最重要的几个谈判同盟或对手。

■ 第二节 找到盟友

一、盟友和对手

多边谈判的主要特征在于与部分谈判参与方形成谈判同盟。所谓同盟，是指两方或者两方以上的实力的结合，是以谈判方为特定目的的有意识的结合；同盟并非一个正式的组织，而是固定的团队或者谈判小组，这种结合使他们具有更大的决定谈判协议内容的能力。谈判同盟的形成是基于谈判各方的利益而不是由组织章程规定的，因此同盟缺乏正式的组织合法性，也缺乏内部的权威性。随着同盟的持续和成长，同盟内部会产生不同的角色与领导者，同盟中的成员常常需要确认，甚至是在谈判过程中多次确认谁是我的盟友、谁又是我的对手。如甲公司、乙公司与丙公司分别与原料供应商进行原料采购的谈判，若甲公司、乙公司、丙公司联合起来形成谈判同盟，作为一个整体与原料供应商进行谈判，那么这种同盟的力量在决定谈判协议的分量上比单一一个公司大得多，这样可以更有利于采购方在价格、运输等问题上与原料供应商进行讨价还价。

按照美国学者安东尼（Anthony T. Cobb）对同盟的研究，同盟分为以下三种类型：

1. 潜在同盟，是指一个正在浮现的利益团体，有可能形成同盟采取共同的行动，但还未形成正式的同盟。这种潜在同盟又有两种形式——潜在型和蛰伏型。潜在型指正在浮现的利益团体但还未正式成为运作联盟。蛰伏型指过去已形成但现在毫无运作。支持建立同盟关系的谈判者对潜在同盟都有兴趣，如果能找出某一个成员来主导同盟，那么这个成员就能采取行动发起正式的结盟行为。

2. 现行同盟，是指现在正在运作、活动中的同盟。现行同盟也有两种表现形式：持久性同盟和暂时性同盟。持久性同盟，是指已经经过了相当长时间的稳定、积极的结盟行为。这种同盟能够持续下去是因为成员间具有非常广泛、趋于一致的利益，或是因为遭受到另一个同盟的长期对抗。暂时性同盟，是指仅仅运作了短暂的时间，并且一般只针对单一的议题。这种同盟是为了追求特定的目的而采取的集体行动，一旦目标或者利益达成，这种同盟即解散。但也有暂时性同盟因发现彼此拥有长期的共同目标而转变为持久性同盟的可能。

3. 重复性同盟，是指建立同盟时本来定位为暂时性同盟，但同盟成员认为问题仍未解决，因此每当谈判的议题浮现时，就会再次形成集体行为。

建立同盟的行为是多边谈判中最重要的现象，多边谈判的参与者可以借助建立同盟的过程试探对手的利益和行为，也在一定程度上给对手以压力，促成谈判协议的达成。

在大多数的多边法律谈判中，谈判同盟总是或早或晚地出现，当谈判参与方形成同盟时，他们就会为了达成满意的谈判协议，而就同盟内各自的需要取得一致意见。在很多多边谈判的个案中，建立同盟的结果使多边谈判的多边形式很可能抵消成只有两个当事人，即形成一个类似双边谈判的局势，即使有三个或者三个以上的同盟存在，使谈判仍然表现为多边谈判的形式，但个别主体之间的谈判也会实质性地减少。事实证明,建立同盟成为在多边谈判中为达成一致意见最常发生的现象,也是在任何多边谈判中想获取实际利益的基本谈判技巧。简单地说,多边谈判实际上是一系列双边谈判的组合。当然,当事人与谈判另一方形成同盟的过程也是一个双边谈判的过程,在这一谈判中,也会使用包括进攻型、协作型和解决问题型策略的技巧。

如前所述,简化谈判参与方数量的目的是控制多边谈判的过程,从而较易达成共同的结果。但从另一个角度来看,这却使多边谈判比双边谈判更难达成理性的协议,这是因为多边谈判在众多不同的利益取向中建立了协调和决策规则,希望统一行动,缩短或简化达成协议的过程,但这些规则却常常限制了谈判参与者拓展更有创意的解决方案的意愿和能力。因此,建立同盟可以简化多边谈判的参与者,但却会因为建立同盟的运作过程使谈判复杂化。例如,在谈判过程中对对方突发性的论点作出及时回应通常是不可能的,因为每个同盟对另一个同盟作出怎样的反应,都需要先进行内部的讨论沟通。

建立同盟需要进行特别的准备。进入多边谈判意味着提前考虑进攻和防守,即如何建立能获得胜利的同盟,或者如何组织同盟以抗击其他各方的举措。因为同盟在大多数多边谈判中会起到关键作用,因此参与谈判的人员也需要密切关注与其他未直接参与谈判的成员之间相互的影响。

当一个同盟内的各方站在各自立场上互相进行讨价还价时,这一过程包括了一般谈判过程以及咨询与商讨过程中的内容,各方都可以使用各种谈判技巧。但是,当同盟之中各方共同考虑就同盟与其他同盟或者独立谈判参与方进行谈判,应该采取何种立场以及技巧时,这一过程很类似于前文阐述的律师与当事人进行的谈判前的准备和筹划过程。显然,在多边谈判中,这两种过程相互交错在一起。在利益立场统一的情况下,同盟成员一致对外,是盟友关系;但是若利益或立场存在内部分歧,那么对于他们来说,他们相互也是谈判中的对手。因此,在多边谈判中盟友也有可能成为对手。

二、团结的力量

双边谈判和多边谈判都有一个重要的共同目标,即发现谈判中的交易空间。所谓的交易空间是指在谈判中,对立方将进攻型策略转变为解决问题型策略而拓

第十课
多边谈判

展的合作空间。交易空间中的各方在不牺牲各自利益的情况下，从主要的竞争者转而成为利益明确的合作者，尽一切可能为谈判参与各方创造更大的利益和价值。

有很多关于同盟的研究非常关注不同类型的成员实力及其对同盟所构成的影响。这种研究显示，如果当事人认为离开了互相联合起来这条路，他们就不可能拥有足够充足的谈判实力去获得理想的结果，谈判同盟便可能产生。因此，谈判同盟实际上是在实力较强的参与方付出代价的基础上建立的，很多情况下，其更有利于实力较弱的参与方。不管是实力较强的参与方还是实力较弱的参与方都有一个共同的观念，就是帮助各方满足各自利益的同时使自己更容易实现谈判目标。但是在同盟的建立和选择同盟伙伴的过程中也可能会存在一定的危险因素。让我们来看一个例子：2003年9月，世贸组织在墨西哥坎昆举行了第五次部长级会议。在会议即将开始之际，美国政府与欧盟以及其他一些发达国家的成员进行了接触。这一非正式同盟在做了大量工作后，就会议的议事日程、议事主题，如有关发达国家的农业补贴问题，达成了一个初步的协议。很显然，发展中国家同盟——22国集团被排除在这些大会前的谈判之外。然而此后的事实证明，发达国家将发展中国家列在它们的同盟之外是一次非常重大的失算。22国集团强烈要求发达国家作出承诺，减少农业补贴，但发达国家却并没有准备就此达成交易，然而发展中国家由于发达国家未能认真考虑它们的要求而感到受到了侮辱，直接导致会谈最终破裂，谈判的各方只好空手而归。

有些出人意料的是，有很多关于同盟建立情形的研究发现，在只有三方参与谈判的情况下，总是实力相对较弱的两方可以形成同盟，而不是他们之中的任何一方与实力最强的第三方联合在一起。显然，实力较弱的两方都担心受到实力最强的第三方利用，通常明白团结就是力量的道理。这说明谈判参与方就建立同盟的决定不仅受同盟在谈判中获胜的潜在前景所影响，而且也受一旦同盟赢得胜利，在同盟内部将如何进行战果分配的担忧影响。所以，一方面，盟友们应该强大到一旦组成同盟就拥有获取谈判成功所必需的实力。但是，另一方面，当事人心中所盼望的盟友的实力又应该弱小到能够使当事人足以控制同盟内的讨价还价。因此，谈判同盟在多边谈判中的胜利成果常常是按照同盟内各方事前估计的实力之比例来进行分配的。

尽管如此，谈判参与方是否有足够的吸引力被视为盟友，不仅受其谈判实力的影响，而且也将受代表他的律师的谈判能力和号召力影响。此外，他在过去谈判历史上的成功声誉，以及他过去在胜利后如何处理与谈判盟友关系的记录，常常也将起到非常重要的作用。

社会科学家们在对多边谈判中的同盟形成做了分析之后提出，通常在这样两种情况下不会产生同盟。第一种情况是，如果有一方在同盟建立之后仍然拥有压倒一切的实力优势，那么同盟的形成将毫无意义可言，也就不可能有同盟的产生。第二种情况是，在所有参与方中有较强实力的一方有能力积极采取行动来阻止其他方产生同盟，即能够挑唆其他方之间产生分歧与不满。如果这样的话，形成同盟的希望也是非常渺茫的。

三、共同的利益

以上就谈判同盟阐述了学者们的理论分析研究结果，那么这些结果如何适用于多边的法律谈判呢？下文将分别就以下两种法律谈判的情况，具体看看法律谈判中的同盟形成问题：一是诉讼中的法律谈判；二是交易中的法律谈判。

我们首先来看看下面这个假设的医疗事故案例。李某在一次手术中因对手术麻醉过敏而死亡。李某的家属向医院以及麻醉药品生产厂提出诉讼。在案情调查中，原告律师知悉麻醉机故障也是导致病人被过量注射麻醉药品而造成死亡的原因，因此，医疗设备公司也被追加为被告。

在案情调查之前，该案中的所有被告可能将自己视为与其他被告属于同一个谈判同盟，因为本案中只有原告单独向他们发起挑战。在大多数情况下，这里所有被告都具有共同的利益，即否认责任并尽可能减少付给受害人赔偿费。并且，代理所有这些医务机构的律师也许过去就曾经在一起合作共事，他们在自己的当事人受到医疗事故起诉时在一定程度上可能有同样的心理感受。这些都有助于被告之间建立同盟。

但是，随着案件审理的进展，起初设想的被告之间的同盟关系却可能发生改变。由于麻醉药品生产厂显然拥有帮助原告确认医院及医疗设备公司负有责任的知识。而原告律师在免除麻醉药品生产厂责任并就本案不承担任何实质性的赔偿

第十课
多边谈判

这一点上又享有"谈判筹码"。于是，与起初所设想的相反，麻醉药品生产厂与原告律师之间反而存在形成同盟的有利条件。如果麻醉药品生产厂以自己的合作与作证为条件，与原告律师一道共同对付医院和医疗设备公司的话，他们将从原告律师那里换来在本案诉讼中的解脱。

那么，医院和医疗设备公司的律师如何阻止这一同盟的产生呢？正如关于同盟的研究理论所建议的那样，这两位被告的律师可能试图以建立"反同盟"的形式，共同否认责任或者减小原告的损失。类似地，他们也可以努力在原告与麻醉药品生产厂之间进行煽动与挑拨，如医疗设备公司的律师可能与麻醉药品生产厂的律师联络，向对方强调原告在整个案件上其实根本站不住脚。

现在再来看看交易中的法律谈判的同盟形成问题。有这样一个案例，宇宙公司已陷入无力偿债的境地，但是，公司的经营者却试图通过与债权人达成协议，从而避免进入破产清算程序，以此方式使公司继续运行。问题在于，一方面，如果公司进入破产清算程序，公司资产以清算价值进行出售的话，公司众多的债权人以及股东都将面临巨大的损失。另一方面，如果让宇宙公司继续运行的话，所有当事人都必须放弃某些权利，比如债权人必须同意其债务延期偿还、打折，甚至可能还得向公司出借新的款项。

在宇宙公司代理律师的主持下，一场多边性的法律谈判拉开了序幕。参加的成员有：代理公司股东的律师、代理投资公司的律师、代理银行的律师以及代理300多位一般债权人的律师。其中，投资公司拥有的债权包括公司发行的以公司所有不动产、工厂设备为抵押的五年期债券，它享有就不动产的第一序列的优先受偿权，价值400万元。银行拥有的债权是，价值600万元的短期借贷并以公司所有动产作抵押。而300多位一般债权人，大多数都是近来向公司提供零部件、原材料的制造商或供应商，他们的债权总价值为275万元。此外，1名由公司经营者聘请的税务顾问也参加了谈判，他在谈判中向所有律师提出，公司因享有税收返还政策有可能将得到数百万元的退税。在这次债权人谈判中未涉及的是一位最近赢得了一份要求公司支付300万元产品责任判决的债权人，该案正在二审程序中，但根据公司律师的分析，二审案件公司仍将败诉，此外还有代表公司雇员的职工代表没有出席这次谈判。

在这种情况下，宇宙公司案件的谈判以典型的债权人之间的讨价还价方式进行。尽管宇宙公司的财务状况极差，但是由于债权人没有就谈判协议提出共同认可并具有吸引力的选择方案，因而宇宙公司仍然拥有一定的谈判实力。在债权人谈判之中，两位享有抵押权的债权人，投资公司与银行建立了同盟。作为有公司动产抵押权的银行表示，如果它能够得到公司的不动产作为第二序列抵押的话，它愿意延长受偿期并提供新的贷款。而投资公司却不愿意提供新的资金，只是同意只要银行不实际要求进入行使抵押权程序的话，它愿意接受将其享有的就动产的第一序列的抵押权降为第二序列。通过这一协议，银行提高了自己在公司不动产上的受偿优先权，因而与投资公司建立起同盟，共同应付那些并不享有公司任何抵押权的债权人。当然，那些并不享有公司任何抵押权的债权人也可能在对付宇宙公司经营者这一点上形成自己的同盟。但是在银行与投资公司之间进行的同盟内的谈判中，由于投资公司本身具有完全充分的抵押权，它无疑拥有较强的谈判实力。因此，正如同盟研究理论所预示的那样，退让并且同意提供新资金的正是银行，而非投资公司。

接下来，投资公司与银行之间形成的谈判同盟将和公司经营者就享有对公司的其他一些优先权，以及更多地介入公司管理活动进行谈判。结果，投资公司同意延期收回款项，并以此获得监察公司经营的权利，以及公司主要股东就公司债务作个人担保的承诺。显然，投资公司与银行结成的谈判同盟所拥有的谈判实力，相较他们之中的任何一个人单独行事所拥有的谈判实力要大得多，而且也能够迫使宇宙公司及其股东作出让步。最终，那些没有抵押权的债权人，由于享有较弱的谈判实力，也只能同意由投资公司与银行谈判同盟所议定的协议，以换取宇宙公司方面适当的让步。除此之外，那些未能出席债权人谈判会议的当事人，比如职工代表以及赢得了公司支付产品责任赔偿判决的债权人，虽然他们并未得到公司方面的任何让步，但是也比让公司接受清算要好得多。

> **小贴士**
> 不要相信"敌人的敌人就是朋友"这样的话，对手的对手未必就是盟友。
> 你的盟友一定是与你有某种共同利益的人，如果你们仅仅是因为都同样弱小而结盟，你要注意，这样的盟友是比较容易出卖你的。

第十课
多边谈判

■ 第三节 驾驭复杂的局面

在某种程度上，双边谈判相对来说只涉及较为简单的社会关系。但是，随着越来越多的当事人加入谈判，以及各方当事人利益及价值观的多样性，如何组织和管理谈判的问题就变得非常重要。从纯逻辑的角度看，有160个成员参与的联合国海洋法会议如何就一个协议进行谈判真有点不可思议。在日常法律实践中，如果一个"烂尾楼"案件涉及数百名购房者，另外还有20多个材料供货商、5家施工安装企业、3家对"烂尾楼"享有抵押债权的银行，所有这些债权人的目光都牢牢盯着唯一可供清偿债务的那栋"烂尾楼"，可以想象其间斗争的激烈程度，那么如何能用一个协议来解决他们之间所有的争端呢？假设所有的当事人都以一般的谈判技巧简单地运用于这样一个"特大型的谈判"，其结果往往只能在混乱或僵局中收场。当多边会谈参与者会聚一起共同讨论问题时，必须有人来负责谈判小组的工作，不然，整个过程会陷入混乱甚至出现僵局。显然，如果没有一定的组织的话，各种谈判方案、提议以及对这些方案以争辩、要挟或者让步的各种反应交杂在一起，将使得谈判协议达成共识的可能性微乎其微。

在谈判参与者非常多的情况下，多边谈判要求有意识地设计出谈判构成，而这一点对双边谈判则可能完全不必要。在某些方面，160个成员或者数百个"烂尾楼"债权人之间进行的谈判，更类似于立法机关的活动。一般来说，谈判越复杂就越会使内外部会议和谈判中所需要运用的机构和组织越多。同时，这些大型谈判要求在谈判进行之前，各方需要就谈判进行的过程确立一个程序，以及进行这一程序的主持人或者类似的执行人。

特别是在多边谈判前置时期，主持人或者执行人必须审视可能的盟友，安排谈判的议题以及了解冲突纠纷所在。在这种情况下，主持人或者执行人就是试图组织各种参与者产生符合他们利益的协议。他们在谈判进行时执行协调与控制，确保同盟的维系与稳定。

即使是参与人数较少的多边谈判，谈判的组织活动，即确立谈判的构成也是必需的。在这类谈判中，谈判参与者通常应该确定谈判日程表，并且明确达成谈判协议的进程。大多数情况下，指定一名谈判执行人也是必需的。这一执行人既可以是一个调解人——中立的第三人，也可以是谈判参与者中的当事人本人。由于调解人具有组织谈判进程的作用，在多边谈判中让具有中立的第三人身份的调解人作谈判执行人，比在双边谈判中更有益处，也更容易产生效果。此外，调解人将促使解决问题型策略的运用，而运用解决问题型策略正是多边谈判的复杂性常常必需的策略。至于调解及其对谈判进程的作用，本书第十二课将进行较全面的阐述。

当没有调解人可供选择的时候，谈判参与者之一有时也可以成为谈判的执行人。在大多数情况下，被选为执行人的谈判者应该具有较为温和的观点，能够理解各方的冲突利益之所在，并且只是在谈判中代表扮演较小角色的一方。当然，也有例外的情形。在一起"烂尾楼"财产分配案中，由于各方分歧过大经过近一年的谈判仍然无法达成一致，最终由最大的债权人以较为强势的方式介入，并扮演执行人的角色，分别与各债权人进行磋商，最后通过最大债权人的适度让利达成和解。

> **小贴士**
>
> 多边谈判中的执行人有时是推选出来的，而有时是某一方当事人主动要求扮演这个角色。对主动扮演执行者角色的人，通常有他个人的利益考虑，但也不必对他产生反感，就如同在发生交通堵塞的十字路口，比较赶时间的人总是会急着上去疏导交通，适当配合一下他的指挥，大家就都可以按时回家。
>
> 如果你不是执行人，那么你最好同执行人保持良好的沟通，这样做有助于你的当事人获得至少是平均效益的收益。

第四节 "一揽子"解决多边问题

为使在多边谈判中对所有争议的问题都能彻底讨论，使各方都能清楚其他谈判者的态度和利益所在，从而使多边问题能够得到更好、更迅速的解决，所拟定并最终达成的协议就必须全面地包含所有谈判参与者的利益，而不是仅仅达成一

第十课
多边谈判

个只对部分参与者有利的协议文本。为此，我们有必要掌握组织多边谈判的技巧时一个特别需要重视的技巧，通常被称作"一体化谈判文本"；多边谈判需要通过该文本来"一揽子"解决多个谈判议题。所谓一体化谈判文本技巧，是指在多边谈判中，由谈判的某一方或者中立的第三方起草的具有特别实用价值的谈判方案，并以此作为谈判中唯一的协议方案开始进行解决问题型谈判程序。在这一程序中，谈判参与者中的一方，或其律师，或中立的第三方，草拟出一份谈判协议方案，即一体化谈判文本后，就以此向谈判的其他参与方征询意见与建议。此时，谈判参与方并不需要立即予以接受，或者就文本的整体可行性进行评估，而仅需提出意见与建议。当这些具体的意见与建议送到文本起草方后，他再进行修改，并根据反馈的情况将谈判参与者的意见反映到修改后的文本之中。接下来，他将修改后的谈判协议文本再呈送给谈判参与各方。由此又开始新一轮的征询意见与建议的过程，这一过程可能反复3次、4次，或者甚至20次、30次……

  通常，在上述过程的每一阶段，也许没有哪一个谈判者会将一体化谈判文本视为完全满意的文件。更为可能的结果是，谈判者将发现对方案文本的每一轮修改，既可能对当事人的利益带来实质性的进步——有时这需要其他参与方付出代价，也可能让其他参与方感到满意，而给自己的当事人造成损害。尽管如此，由于所有的谈判参与方都谋求达成谈判协议，因而随着这一过程的发展，他们可能容忍那些仅仅会微弱地减小己方的满意程度的修改。最终，当文本起草者认为，经过多次修改后的现行文本就各方谈判参与者的利益都有了最大可能的考虑时，他再正式将这一文本送给各方，并要求各方加以接受。

  在确定最终的一体化文本中，比较困难的问题是，即使是同盟中的成员，他们的利益也不是完全一致的，如果一体化谈判文本不能得到所有人的认同，主持者似乎也很难采取民主投票，以少数服从多数的方式来决定是否使用一体化文本，因为这种强制通过一体化文本的方式可能会导致反对者采取破坏性的手段阻止协议的履行。但从另一方面看，如果要求全体一致表决通过某一个协议文本，那些只关心自身利益而不关注谈判总体成功的人就会趁机要挟，提出一些过分的权利要求，迫使更急于达成协议的其他方作出更大的妥协和让步，并从中获取不当利益。对于多边谈判中的这种操作困境，将主要通过三个方面去综合分析解决：首先，要对一体化谈判文本的制作质量提出很高的要求，一体化谈判文本应是在最大限度上照顾了各方利益的文本，这样才可能让谈判各方均同意签署并履行。如果一体化文本很明显地损害某一方的利益，受损害的这一方是不太可能配合完成本身就复杂万分的多边谈判的。其次，在制作一体化谈判文本之前，主持者有必要事先向参与谈判各方制定一个基本的谈判规则，以及对争议发生时如何处理预先提出要求。在有了事前的约定后，当争议真正发生时，各方会更容易按照之前定下的规则去达成共识。最后，在多边谈判时，应准备无法全部达成一致意见时的应对措施，以减少某一方不合作行为对其他方利益造成的影响和损害，如在国际公约中常常使用的保留条款，就很好地解决了部分谈判者不同意全部方案内容的冲突和矛盾，使很多大型多边谈判可以取得谈判成果。

在多边谈判中使用一体化谈判文本时，谈判各方之间需要具有一定类型的共同关注点，只有在这种情况下，使用一体化文本才是可行而又必需的选择。当然，一体化谈判文本有时也可以用于双边谈判之中，在有中间人介入时，一体化谈判文本可以"一揽子"解决双边谈判中的多个问题。

可能最著名的使用一体化谈判文本并取得成功的例子，是20世纪70年代末埃及和以色列的中东和平谈判。美国作为此次谈判中的代表，倾听了埃及和以色列代表团各自的意见后，起草了原始的一体化谈判文本。然后，这一文本在随后13天的谈判中，经过了反反复复达23次之多的重新修正。最终，当美国代表作为谈判的执行人，或者说促进者，认为经过23次修改后的文本已经没有进一步修改的可能性时，便正式向谈判双方加以推荐接受这一文本，最后无论是埃及还是以色列都同意接受这一文本，并由此达成协议。

这一例子同时也说明，在多边或双边谈判中，如果起草文本、征求意见进行文本修改的一方是一个调解人或者中立的第三方，则以一体化文本为内容进行的谈判过程便更为有效。因为在这种情况下，提出原始的一体化文本的举动将被视为调停谈判各参与方利益冲突的真诚努力，而不存在有意操纵谈判进程或控制文件制作的意图。此外，当最初文本由一个中立的调解人起草时，谈判参与各方常常更愿意真诚地发表自己的真实意见与建议。一体化文本在形成过程中会产生很

第十课
多边谈判

多不同的版本，甚至前后版本在某些方面看来可能是完全矛盾或对立的，但显然，所有谈判参与方都明白，没有任何人，包括由谈判者请来促使谈判进行并使用诸如提出一体化文本技巧的调解人，需要就最初的文本承担任何责任，也不应当对过程中的文本提出抱怨。

在一体化文本形成过程中，所有谈判参与方并不需要做任何让步，他仅仅是被要求提供意见与建议，只有到了这一程序最后阶段，当他被要求接受最后确定的文本时，才有需要就是否让步作出决定。在谈判各参与方对文本的每一次成功修改作出回应时，允许谈判者以默许的方式有效地表达当事人就特定议题的偏爱或者抵触程度。谈判者这样做时，并不会有任何形象上的损失。他就任何一体化文本的特定版本的反应或不反应，都不会让其他谈判参与方认为他的谈判实力正在削弱，或者他们的进攻型策略正在发挥作用。

即使没有中立的第三方参与而由当事人中一方起草谈判文本，一体化文本仍然是组织复杂多边谈判的有效手段。在这种情况下，谈判各方应该考虑在他们之中选择一个某种程度上既能公正行事，又能照顾他人利益的当事人担任这一角色。在进行一体化文本程序中，谈判各方应该仔细评判由自己的对手起草的文本是体现一种真诚，还是有意利用此机会占大家的便宜。

与起草一体化文本的当事人有时会利用起草的机会谋取不正当竞争利益的情形相似，其他谈判参与方也可能有意去操纵这一进程。他们可能在提出自己的意见与建议时，有意过分地表达自己的要求或者目标。因此，他们可能使用虚假开价或虚假要求的技巧，故意以艰难让步的方式对其本身毫不关心的议题作出默认，以得到其他人的同样回报。尽管如此，就像使用所有的进攻型策略的后果一样，这种有意操纵谈判的行为可能相当危险，它可能导致谈判形成僵局。

总而言之，一体化谈判文本仅仅是适用于多边谈判的解决问题型策略中的一种，之所以在多边谈判中特别强调对解决问题型策略的有效利用，是因为多边谈判的复杂性意味着使用像极端性开价、隐瞒信息等进攻型策略常常将带来谈判的不和谐以及形成僵局，特别是在那些谈判各方并未形成两个谈判同盟的多边谈判中更是如此。

> **小贴士**
>
> 一体化的谈判文本有利于解决谈判各方存在共性的问题，请记住，如果没有特别的理由，不要将某两方或某几方的个别问题放入一体化谈判文本中，那样做只会增加谈判的难度。
>
> 律师在审查一体化谈判文本时，不要图省事而只看有自己当事人名称的条款，千万不要以为其他条款与你无关。

第十一课 LESSON 11

与当事人的沟通

第十一课
与当事人的沟通

案例摘引

夕阳养老院位于 A 市，该养老院目前共住有 50 多位老年人。养老院的张院长最近考虑该养老院所在的路段太嘈杂，并且养老院房屋年久失修，打算筹集一笔资金修缮或者筹到更多的资金进行整体搬迁。前不久有位杨律师拜访夕阳养老院的张院长，称其代表远东地产公司与夕阳养老院谈判，有兴趣买下夕阳养老院的房产。张院长认为，这是个很好的时机，如果出售的价格合适，完全可以在更清净的环境另外买一幢房屋作为养老院使用。但是，由于张院长对法律和房地产买卖不甚了解，因此聘请了徐律师作为顾问专门处理夕阳养老院的房屋买卖谈判。

张院长告诉徐律师，养老院的房屋至少要卖到 1500 万元才能成交，低于这个价格就不卖。徐律师按张院长的要求与杨律师代理的远东地产公司开始进行谈判，但双方对价格始终无法达成共识，远东地产公司认为养老院的房屋市场价值只有 1200 万元，无论如何也不同意出价 1500 万元购买。在与徐律师经过多轮谈判仍不能取得进展的情况下，远东地产公司谈判代表直接约见张院长，希望与张院长直接面谈。在得知张院长坚持 1500 万元价格不愿下调的根本原因不是因为养老院现有房屋值多少钱，而是因为新购置房屋及装修需要花费这么多钱时，远东地产公司当即找到了解决办法——远东地产公司自己开发的一个楼盘中位于小区角落有一处商业用房因位置偏僻，一直未能销售，但这个的位置却恰恰适合喜欢清静的老年人使用，于是远东地产公司向张院提出房屋置换方案，并同意免费为夕阳养老院提供装修，并添置棋牌活动设施。双方对这个方案一拍即合，迅速完成了交易，而徐律师却因为没有与客户做深入交流，不了解到客户的需求，只一味追求房屋交易价款而错失了一次成功的机会。

——摘自《上海中联律师事务所案例汇编》

第一节 清楚当事人的利益所在

法律谈判与一般商务谈判的一个显著区别，就是法律谈判是一种代理谈判，它不仅涉及两个谈判律师间的关系，而且涉及每一方律师同他们各自的当事人之间的关系。为了达到尽可能好的谈判结果，作为法律顾问或代理人的律师对当事人利益判断的能力同他的谈判技巧是同等重要的。律师作为专业人士为当事人提供服务的成效，如果单纯以谈判协议实现当事人利益的大小来衡量的话，那么，律师理解并清楚当事人核心利益的能力当然也就显得至关重要。正如本课的案例摘引中，徐律师判断的夕阳养老院最大的利益就是房屋能卖个好价钱，使夕阳养老院能够买到更合适的物业作为新场所，而杨律师代表远东地产公司则是要以最低的价格购买到夕阳养老院的物业，但这只是两方当事人最表面和直接的利益所在，并不是当事人的全部利益，甚至不是其真实需求；当事人的真实利益和需求通常是复杂多样的。

律师应当通过与当事人进行商议和交流而形成的互动关系去判断当事人的真正利益；有时，还应当引导或帮助当事人自己了解其真正利益。本书第四课描述了律师和他的当事人作为共同一方在谈判之前的筹划准备程序。基于这样的原因，律师和当事人在作谈判准备时，与当事人商讨的谈判程序就出现了。在这个阶段，追求或者放弃同特定对手谈判的选择权，是同当事人商议阶段最重要的决定。比如，好莱文化传播公司或许会决定不与联城房地产公司谈判，而是同另外一家购物中心或商业公司谈判。与此相似，李申奥会在和解与其他方式之间选择，在同律师商量后，如果事实表明获得赔偿的可能性极小，那么，李申奥或许会决定放弃对好莱文化传播公司的诉讼。而如果律师分析意见认为好莱文化传播公司对李申奥负有当然的赔偿义务，那么李申奥对好莱文化传播公司可能会感到非常气愤，从而强烈反对任何和谈，并坚持尽快提起诉讼。

如本书第四课所述，在谈判前同当事人商议期间，也需作出其他决定。律师和当事人要决定最初谈判方案的内容，并就谈判期间应强调当事人的哪些更重要的利益而作出决定。最后,律师和当事人要讨论可能采用的谈判技巧,并估量这些技巧在达成协议过程中的效果以及对当事人同对方关系的影响。

在谈判过程的最后阶段,律师认为他已经取得通过谈判可能产生的最好效果时,他同当事人将进行"最后的"商谈。在这次商谈中,他们将共同决定是接受谈判达成的协议,还是追求诸如诉讼或同其他第三方谈判之类的选择。

同当事人的商谈并不因谈判开始而终止,而是在一轮讨价还价结束后又重新开始。同当事人的商议会谈应当贯穿于整个谈判过程。在谈判期间,律师应经常同其当事人进行商谈,并向后者报告对方提出方案和讨价还价期间收集到的所有新信息。这些新信息和对方的谈判行为常常使律师和当事人改变关于如何取得当事人最大利益的估算。

应该注意,同当事人的商谈并不能截然区分为谈判后的和谈判中的,很多时候,律师和当事人并不知道谈判何时才能结束。如果当事人授权律师就给定条款达成协议,而事实上对方不可能接受这些条款,并已决定终止谈判,这时误以为在谈判期间的律师与当事人间的商谈实际上可能已是最后的商谈。相反,甚至在律师与当事人当时都相信是最后的商谈之后,还可能有几轮谈判。如前所述,虽然谈判对手会宣称,他已作出谈判的最后让步,但在当事人拒绝他的最后出价之后,对方常常仍能找到重新打开谈判僵局的办法。因此,当事人决定拒绝谈判协议的商谈可能变成仅仅是一种"谈判期间"的商谈。

在这些同当事人商谈的内容中,"作出决定"是焦点。好莱文化传播公司应当同联城购物中心谈判吗?应当向对方提出什么方案?当事人的哪种利益是最重要的?应当采用哪种谈判技巧?应当拒绝还是接受谈判协议?这些问题都应归为"作出决定"的商谈。

最大限度地满足当事人利益的谈判协议,在很大程度上有赖于对当事人利益的理解和对协议是否符合这些利益的把握;当然,这也有赖于律师谈判技能和与当事人沟通技能的恰当运用。在谈判过程中同当事人商谈和交流包含不少有趣的技巧,因此与当事人的交流是作为本书的一个综合性部分提出来的。除一些附加的内容外,本课阐述的同当事人商谈与交流的基本结构及技巧均源于"当事人中心说"的商谈模式。

> **小贴士**
>
> 有些律师喜欢沉迷于纯技术性的文件、方案中，反复回味、把玩其中的技巧和精彩的文字表达，但当事人对这些文件可能连看完的兴趣都没有。究其根本原因，就是因为律师不知道当事人需要的是什么，最后落个"自娱自乐"的结果。
>
> 如果你认为你只喜欢写文件，而不喜欢和当事人交流，那么律师这个职业可能对你来说并不是一个好选择。

■ 第二节　让当事人自己作出决定

让我们先来了解一下什么是所谓的"当事人中心"说。"当事人中心"说是指不论以何种方式、何种身份、何种内容为当事人服务，当事人的利益应该永远是律师维护和捍卫的核心。律师不应是法律的注释人，也不应是法律的传声筒，更不应是法律执行的裁判。律师是在行为规则纷繁复杂的商业社会中，始终为当事人利益追寻最佳途径的专业助手。在律师参与的谈判中，有一条最基本的律师代理谈判的规则，就是接受谈判协议的决定应当由当事人自己而非由律师作出，这条规则还进一步要求律师同当事人磋商代理的手段和技巧。律师参与谈判地位的本质是代表当事人的利益。在谈判过程中，作为受雇于当事人的职业谈判者的律师，其作用的质量应当往往从协议在多大程度上较好地服务于当事人利益这一点进行衡量。

与当事人商谈从根本上说就是一个认定所有可选择的方案，考虑每一个选择的利弊，并作出使当事人利益最大化决定的过程。它是律师和当事人之间的互动过程。只有当事人才清楚他的根本利益，知道如何衡量各种问题的重要性。因此，只有他才能作出接受或者拒绝一项谈判协议的决定。另外，在当事人的决策过程中，律师应当向他提供其法律和实践方面的专门知识，律师的专门知识由通过作为谈判期间当事人代理人的职业地位所得到的信息和洞察分析结果进一步补充。在夕阳养老院与远东地产公司的房屋买卖案例中，徐律师与杨律师要做的就是对拟出售的物业和交易对方资信进行调查，并对付款时间和付款方式的安排进行分析，结合调查和分析的情况协助各自的当事人进行谈判，在是否加价或者降价上给各自当事人以说明。但最终的成交价格或者各方的最后报价并不能由他们来决定，特别是将房屋买卖变更为房屋置换这种对交易方式的重大调整，更需要当事人亲自决定。而律师需要做的，是通过与当事人的深入交流帮助当事人发现这种潜在的交易机会。显然，案例中的徐律师完成得并不好。

关于应当由当事人自己决定谈判结果的问题上，现实中常常发生的情况是，律师有时超越了他们在当事人决策过程中进行咨询服务的恰当地位，他们支配商谈的方式与律师适当的职业作用相悖，并对获得实际上符合当事人重大利益的谈判协议的机会产生危害。过去很多律师"告诉"他们的当事人接受或者拒绝和解方案，一些律师可能至今仍在这样做。这种关于律师职业作用的自大而错误的概念常常是因为他们相信律师比当事人更懂得什么是当事人的最大利益。而当事人则常常自愿地鼓励这种支配做法，因为他们不愿对自己的决定承担责任。

律师常常很微妙地挖当事人决策过程的墙脚。诉讼开始时，律师可能会描绘出一幅非常可怕的审理前景。例如，秦律师就告诉李申奥，根据他丰富的经验，庭审法官几乎肯定会发现他负有相对过失责任，因此会大大减少对他的赔偿；而对好莱文化传播公司的过失大小的判断，则是一场"真正意义上的赌博"。当好莱文化传播公司提出解决李申奥案的报价——不管报价是什么时，秦律师就处于提出一个小小奇迹般的方案地位，从而成为一个转败为胜的漂亮的律师谈判家。从律师的角度看，这种手法产生了不错的效果。他的当事人对他的代理欣喜若狂。秦律师向他的当事人提出方案的态度允许他根本上操纵其当事人接受他的方案。但从当事人的角度，局面则是悲剧性的，李申奥恐怕是在不知道他完全有机会通过诉讼得到更好结果的情况下决定接受其律师方案的。而"当事人中心说"的要求是，当事人应当获得关于每一种选择的无偏见和准确的信息。

甚至那些相信当事人应当作出最后和解决定的律师也经常体验支配当事人决策过程的冲动。律师可能会觉得，对于诉讼或交易他比当事人知道得更多，因此他在决策上处于更佳地位。对于谈判，他比当事人懂得更多，因为他知道对方可能会接受或拒绝什么，所以他相信，他在决定谈判报价应包括些什么方面处于较佳地位。

参与谈判的过程常常导致律师在心理上想抓住与当事人商谈的控制权。一方面，律师在谈判过程中同对方积极争取。对于多数律师来说，在一个自我卷入的谈判阶段之后向当事人汇报准确而详细的得失、成效，是很困难的，他们更希望让当事人直截了当地说明，当事人愿意寻求哪些不同的方案或谈判策略，而不想当事人去追究详细的谈判过程。另一方面，具有讽刺意味的是，律师对自己无力控制谈判进程中的不确定因素的焦急，迫使他在他能力所及之处建立控制，比如在当事人商谈阶段对当事人的控制。

在律师看来，不管谈判协议对当事人是不是有利，关于谈判协议的实质和谈判技巧的选择都必须是当事人自己的选择。不论谈判结果如何，秦律师会继续代理其他当事人的案件，不断重复使用其维护或者是损害当事人的谈判技巧，谈判结果并不会伤害秦律师丝毫；而李申奥却永远无法再自由行走，谈判结果将伴随他一生。如果秦律师相信有80%的机会得到超过40万元的裁决，那么基于一种功利的计算他会因此建议应该拒绝任何低于36万元的出价。李申奥接受28.5万元的出价的决定是错误的吗？是否有其他人能真正处于李申奥的地位，在确定的28.5万元和一个超过40万元的裁决的好机会（只是一个机会）之间进行选择？此外，秦律师打一场官司的欲望是否会受到一些诸如为他当事人赢得大额赔偿裁决的名声等外部因素的影响？

这里勾画的商谈模式的设计，是为了让当事人在作出他自己有关接受或者拒绝一项谈判协议和谈判过程的其他方面的决定时，获得最大可能的自主权。了解当事人中心说和律师将自己置于支配当事人地位的错误倾向的意义，对促进实际上服务于当事人利益的谈判协议来说，比去推荐一个商谈阶段的结构更重要。律师是否通过经常同当事人沟通，向当事人贡献他的专业知识和经验，寻求达成一些对其当事人最大利益的协议来最好地服务于当事人？在决定当事人服务、追求谈判中的较好协议、给予当事人明确的建议等方面怎样做到最好？什么是律师的恰当的职业作用？对这些问题的解答，都将以"当事人中心说"作为基础。

> **小贴士**
> 由于律师职业总是替人出谋划策，这让很多律师产生自己比当事人"聪明"的幻觉，误认为自己对协议作的选择肯定会比当事人做的选择更有利于当事人。
> 对于一个缺乏决定力的当事人，即使你真的认为你应该帮他做点什么，你也应学会使用"我建议""也许我们可以考虑……"这样的表达方式。

第十一课
与当事人的沟通

■ 第三节 谈判过程中与当事人的交流

不管是向当事人提出建议，还是说服其他律师在谈判时接受你的提议，提高效率的关键就是交流的能力。不管是口头的还是书面的交流，都需要律师进行充分的准备并具有大量的实践经验。有效的交流是律师具备的最基本的职业技能之一。大部分经验丰富的律师都知道，当事人经常告诉他们的律师什么是他们想让律师知道的，或者什么是他们认为律师想听到的，如果当事人有这样的认识，在当事人向律师表达时，就会有意无意地遗漏掉一些重要信息，导致的结果就是律师只是了解到了事情的一个方面就以为知道了事情的全部，从而影响判断。所以律师有必要给自己留点回旋的余地，以避免当事人所讲述的事实不是完全准确和全面的。

如果律师计划商谈一项为其当事人利益服务的协议，并推行当事人利益中心说主张，那么仅有谈判前和讨价还价结束时同当事人的商谈是远远不够的，律师应当在谈判过程中经常同当事人会谈，尤其是在每一次同对方律师接触之后。谈判期间同当事人的经常性接触有助于达成满足当事人最大利益的谈判结果和促进当事人中心说的主张。这些商谈常常是简短的。在某些情况下，一个电话或一份传真也许就够了。在律师与当事人的交流中，律师应当逐步地揭示出当事人的真实目的。一般来说，就是律师要了解当事人希望谈判的最终结果是什么以及谈判中可以接受的最差结果又是什么。

在这些谈判内部的商谈中，律师应向当事人通报谈判的进展，并就下一轮谈判应采取什么策略或步骤征求当事人的意见。律师职业操守也要求律师始终让当事人得到各种有关信息，并对当事人提供必要信息用来帮助其接受或拒绝一项和解方案作出决定。本书阐述的同当事人商谈的程序是对具体实施这一要求的一种模式，但并不是唯一模式。

在就谈判过程向当事人报告时，律师应对双方律师在谈判中提出的方案同当事人讨论。律师也应当把从对方那里获知但当事人以前不知道的信息全部告诉其当事人。特别是在交易谈判中,不断会有新的发现、出现新的问题,当事人获得的关于将要谈判的问题的多数信息来自谈判本身。律师也会知道或察觉到关于对方如何看待同其当事人间潜在的商业关系的情况,以及可能的安排是什么。在很多谈判的最初阶段,当事人对对方怎样看待当时的局面只有模糊的了解,并且对有关事实的信息把握也是不完整的,所以律师需要纠正早期对对方估计的错误,并将其同谈判中出现的新信息联系起来。

律师向其当事人通报情况之后,他就应当寻求从当事人那里获得关于以下问题的信息:

1. 当事人就某一特定问题的协议能否接受的决定;
2. 在多个谈判过的问题中,当事人的相对优先选择;
3. 对律师推荐给当事人作为谈判过程的一部分的各种方案的认可;
4. 对律师就谈判协议(这种协议是新得到的信息的结果)提出的最佳选择方案的基本倾向和评价的变化;
5. 对谈判策略及其对当事人同其他各方的现存关系的潜在影响的任何变化。

大多数谈判是多种问题的谈判,当事人很少在一次商谈中认可所有问题。对不同问题的协议更可能是在谈判过程中的不同阶段所达成的。比如,好莱文化传播公司经理正面临对是否同联城购物中心就一系列问题达成协议作出决定。这时,双方的律师都可能进入一个讨价还价的过程中,随后的谈判阶段可能就好莱文化传播公司将在何处租赁达成协议。双方律师的下一次会谈将可能对租金的基本构成——底租加营业收入的一个百分点再加上日常费用——达成协议。如果双方当事人都对租金数额和场地位置没有意见了,那么,双方律师可能将开始进行纯法律性质的谈判,包括双方的主体地位、主要权利义务、租赁房屋的装修改造、费用的支付、履约担保、违约责任等。

在谈判过程中的每一阶段,当事人应当就每一个重要的特定问题的决定向律师进行咨询确认。在这个过程中,当事人不太可能对符合他根本利益的协议作出任何让步。当这些问题在谈判中限定得比较明确的时候,律师也应该了解每一个问题对当事人的重要程度。回忆一下解决问题型策略技巧——互相让步,在某些问题上让步以换取另一方在其他问题的让步等。如果互相让步带来使当事人最大限度满意的协议,那么律师需要确切知道当事人如何评价每一个问题。比如,余律师需要知道,好莱文化传播公司是最关心降低开业初期的底租,还是餐厅位置才是最重要的考虑。在谈判前当事人往往是"什么都要",并不能准确地告诉律师他愿意在哪些问题上让步以换取对方在其他问题上的让步。这些决定常常要等到在谈判进行过程中当事人得知对方如何评价每一个问题时才能作出。换言之,当事人在某一特定问题上让步的意愿是受他能够促使对方作出的交换性让步的影响的。

律师和当事人还应当考虑,在下一轮谈判中律师应当提出哪些方案,作出哪些让步,采取哪些措施。律师在提出协议方案时如果知道,谈判对手如接受其方案则能在哪个特定问题上达成有约束力的协议,那对律师将是有利的;在律师要求获得折中授权之前,应当有个关于协议对当事人的利弊的讨论。换言之,如果律师打算提出一个可带来一项协议的方案并希望其当事人也受到该方案的约束,那么他就应当在方案提交对方之前与当事人进行透彻的商量和讨论。

如果律师在谈判期间得知与过去所得信息相比有实质性差异的事实,那么律师和当事人就应当重新考虑使用解决问题型策略的可能性;在更清楚地了解对方的特定利益的前提下,他们也许能运用"集思广益"的办法或其他产生解决问题的办法的技术来设计一系列满足双方根本利益的方案。并且,新的信息也可能揭示当事人需要使用交换性让步的补偿形式。最后,更清楚地了解对方的利益可能意味着运用减少代价技巧的额外机会,即减少对方作出必要让步时的代价的新方式。

当事人选择谈判协议的感觉和最基本倾向也可能因律师和当事人在谈判过程中所获得的信息而发生改变。如在讨价还价中,好莱文化传播公司的高律师将就李申奥一案可能的审判结果以及为好莱文化传播公司作证的证人的信誉度对秦律师提出估计和意见,他在这些问题上的辩论可能为秦律师提供新的信息,并将影响秦律师对可能的审判结果作出的判断。李申奥和秦律师可能共同认识到,他们对审判结果的希望不像他们过去想象的那样乐观,因此李申奥或许会修改他对协议和解的最低限度要求。

最后在穿插于谈判各阶段的商谈期间,律师和当事人应当讨论他们的谈判策略的潜在变化。正如本书第三课里讨论过的，谈判对手的策略是谈判者选择有效谈判技巧的主要考虑因素。例如，如果对方在谈判早期阶段采用进攻型策略，那么这也许意味着，谈判者应以进攻型策略为反应，除非他有理由相信协作型策略有更好收效。但是在谈判者以协作型策略开始的讨价还价的过程中，使其策略变得更具有竞争性的任何做法都冒有损害当事人同对方关系的风险。因此，当律师决定他的谈判策略需做实质性改变时，他的这一决定应当由律师和当事人共同衡量。

谈判时间和咨询会谈的改变可能在谈判过程中重复很多次。对律师最重要的建议是，应当在谈判过程中经常同其当事人进行商谈。这些商谈能使律师运用当事人手头的所有信息以及促进对当事人利益的准确理解，以追求达成最佳谈判协议。此外，当事人与律师间的不断接触通常能促进当事人对律师代理工作的更大程度上的满意。

> **小贴士**　谈判期间的商谈实质就是对最初方案的修正过程。经过几轮谈判后，可能会有很多问题堆积在当事人那里。有些问题看似无关，实质上却有着法律上的联系，改变一个条件，就可能会影响对其他问题的安排。
>
> 如果当事人在需要由他决定的众多问题中不知如何下手，律师就需要协助当事人对问题的重要性和复杂性作出排序，让当事人知道哪些问题是他必须要首先面对并解决的。

■ 第四节　谈判后与当事人的交流

一、为当事人的决定提供建议

谈判结束后或谈判过程的后期，律师和当事人要就在谈判协议或其他选择权间作出抉择进行商谈。实际上，这种最早的决策商谈会发生在以下几种特定情形下：

1. 律师已经达成一项初步确定的协议，当事人必须决定是否批准并接受；
2. 当事人已接到最后的报价，他必须接受或拒绝；

3. 律师已就他相信能达成的最好的协议对当事人提出建议；

4. 为努力达成一项协议，律师和当事人正在考虑一个最后方案的条款。

仅仅在第1种情况下，协议才是在实际上已经达成。而在第3种和第4种情况下，可能连能否达成协议或这一协议的确切条款是什么都还不清楚。在最后的讨价还价结束之前涉及的律师之间多种讨价还价谈判中，当事人常常需要在谈判协议和其他选择权之间作出决定性的选择；而律师通常能明确地预测一项最后协议的主要条款，从而为当事人提供以这些条款达成的协议同其他可能的代替方案之间的选择建议。需要引起注意的是，除非律师在向谈判对手提出"最后"的方案前已向他的当事人提供了上述选择，否则他容易使自己处于一种可能的尴尬境地，即他提出最后报价，谈判对手也接受了，但他自己的当事人却拒绝接受这一报价和协议。

二、商业交易还是纠纷解决

与当事人商谈的准确结构取决于律师和当事人之间所保持的关系的性质和谈判的状况，即谈判已经结束还是仅仅接近关键的时刻。与当事人商谈的计划在解决争端或诉讼案件的情况下同在商业或其他交易谈判的情况下也是截然不同的。在诉讼案件中，谈判后的商谈阶段通常涉及在两个已勾画出的方案之间的选择：一个是一项协议，其条款要么已经谈妥，要么已经达成；另一个是可能进行判决的结果。

在交易性谈判中，关键性的商谈阶段常常发生在协议条款较为不定的较早时期。例如，在所有问题解决之前的谈判阶段，联城房地产公司与好莱文化传播公司也许都已决定相互就已谈成的条款达成一项协议。好莱文化传播公司不会等到就所有问题都同联城房地产公司达成协议，才与在附近的购物中心开设自己的餐厅或建造自己的大楼之类的选择做比较，以确定接受这项商业租赁在多大程度上能满足它的利益。一旦就主要问题达成协议，或者相信信誉较好的双方最终将达成协议，绝大部分公司就会立即决定排除其他选择方案，谋求同对方达成协议。这样的谈判偶尔也会搁浅，但大多数情况下，在同对方就协议作出的最初承诺实现后，再要改变这样的承诺通常是不太现实的，除非对方对谈判期间后来所掌握的信息感到十分意外，并有充足的理由来改变最初的承诺。换句话说，多数当事人并不会从一个平等的立脚点上同所有现成的潜在伙伴进行平行的协商，然后选中一个最好的协议；他们会重视已经作出的承诺，并愿意为此暂时放弃或搁置其他潜在的交易机会。

关于交易性谈判的这一描述揭示，在多数情况下，实际上将有两个关键性的谈判商议。第一个商谈阶段通常发生在同可能的交易伙伴进行了最低限度的接触后谈判过程前期。这时，可以初步预见双方就主要问题可能达成协议条款，即使不能精确地预见，但在这一时点上，当事人仍将决定同哪一个潜在的合作伙伴进行主要的协商。这一最初的商谈将包括考虑同任何一个潜在合作伙伴的交易的有利因素，以及预测同每一个人的协议的最终条款的结果。

一旦当事人决定谋求同某一特定对方协商，谈判过程开始，其中也贯穿谈判过程内律师与当事人间的商谈。在谈判过程结束时将会有另一次同当事人的重要商谈。在这一点上，当事人应考虑已协商过的协议约定的细节，并考虑接受或拒绝它们。如果当事人发现某些条款不能接受，那么在多数情况下，他的选择不是拒绝整个协议、把它扔进废纸篓，并同另一个潜在合作伙伴开始新谈判；相反，他可能会回到对方的谈判桌前，并告诉对方哪些是不能接受的条款，要求进行修改调整。

三、与当事人交谈的技巧

在各种法律谈判中，律师与当事人的商谈内容具有本质上的共性。律师和当事人共同进行成本和收益的分析，比较当事人可以选择的各种方案，判断谈判协议在多大程度上符合当事人的利益，以及当事人接受协议带来的满意程度怎样同选择另外几个方案之一带来的满意程度相比较。在这一程序中，要求律师概括谈判协议的条款，确认当事人选择诉讼或谈判策略的思路，同当事人一起考虑每一个选择方案对当事人利益的影响，最后请当事人作出决定。

对于律师来说，在商谈开始时对当事人做预备性解释，描述一下律师希望在商谈期间要谈些什么，常常是恰当的。假如，秦律师已代表李申奥结束了同好莱文化传播公司的谈判，他已得到25万元的出价，好莱文化传播公司的高律师宣称这是"最后"出价。秦律师事实上也相信它是最后出价。那么，秦律师也许应当在开始同当事人商谈时，简略解释一下商谈的目的和他打算怎样进行这次商谈。

比如，李申奥会像很多当事人那样，希望秦律师"告诉"他什么决定最好。假如秦律师奉行"当事人中心说"，那么"预备性解释"的一个目的就是消除当事人认为是律师而不是当事人自己应当作出决定的想法。因此，秦律师或许会以如下的"预备性解释"来开始谈话。

> 秦律师：李申奥，你知道，我们计划下周二提起诉讼。我同对方高律师又谈过一次，他为了结束这个案子又报了最后一次价。我想，在讨论你下周提供证据的可能性之前，我们应先谈谈对方最后报价的事。你认为这样有意义吗？
>
> 李申奥：当然有意义。这是否意味着，我们将不再起诉？
>
> 秦律师：那是有可能的，但这取决于你。我建议这样办，我们先试着罗列你前面的选择方案：起诉、和解，也许还有其他，我们可以一起考虑，每一个方案怎样符合你的利益。然后，你需要决定我们将怎样去做。

秦律师的"预备性解释"告诉李申奥，他需要作出自己的决定，明确每一个选择方案，考虑每一个方案在多大程度上符合当事人的利益，并作出决定。

律师和当事人考虑所有选择方案，不应在谈判后商谈时进行；商谈应在谈判开始前进行。在谈判前的商谈中，律师和当事人决定谈判协议的最佳选择时，他们有必要明确当事人可以有哪些选择。从当事人在谈判准备阶段的信息反馈中，律师应当了解到，在哪一阶段究竟哪一个选择是当事人认为可行的和有吸引力的。在谈判期间，也许会出现更多的选择方案，或者自谈判开始以来，这些一开始不太确定的方案会因为其他信息来源而逐渐明朗化。

在当事人考虑如何进行选择时，律师应当列出谈判前讨论过的选择方案以及在会谈阶段他了解到的其他信息，但是，律师既不应在上述阶段特别描述某一方案的细节，也不应指出他对各种选择的个人意见。以上任何一种形式的添枝加叶都可能对当事人的决策过程加大影响。但就律师而言，对他和当事人在谈判准备阶段就潜在的选择权的可行性共同得出的结论进行总结，总是适宜的。重新讨论或建议当事人接受过去拒绝过的选择方案通常是不利的，由于律师和当事人过去决定不可行的方案不需要再重头考虑，谈判后的商谈范围才变得可控制，在这一过程中，律师应当起到正面的引导作用，否则律师与当事人的商谈将会永无休止，并会因目标的混乱而导致谈判无法推进。但是，在确定放弃一项选择之前，律师应该简略地核实，以保证当事人仍会拒绝它，保证当事人过去对它的估价没有因谈判过程发生的其他事情改变。

在李申奥诉好莱文化传播公司的案子中，两个现存而明确的选择是，接受金额为25万元的和解，或下周提起诉讼。不过也许还有其他选择，如根据秦律师过去同对方律师和法院打交道的经验，作为一种选择权，他或许可以建议，在不实际结束谈判和用稍多一点时间达成协议的前提下，寻求一种延期解决，即未必一定要在下周二提起诉讼。双方的另一种可能选择是达成协议，由好莱文化传播公司承认70%的过错，双方仅就损害的数额打官司，好莱文化传播公司赔偿法官裁决的损害数额的70%。

律师和当事人一经同意罗列多种选择方案以供考虑，他们将估量每一种选择在多大程度上符合当事人的根本利益。每一个选择的结果不仅包括选择法律和经济利益方面的效果，而且包括社会和心理方面的效果。根据经验，律师将对当事人所做选择的结果预测负主要责任。比如，秦律师会预测把李申奥一案提交法庭审理的可能结果。

准确预测审判结果是一件困难的事，它涉及了解事实、法律、证人证言的可信性、法官如何行使裁量权等。对审判结果的预测在谈判准备中描述过。审判结果的不确定意味着，律师将在下列两者之间走钢丝，即以不现实的自信程度保证审判结果和不能提供有用的预测而把审判说成是一场赌博。

律师和当事人都可以对一种选择方案的经济结果作出实质性的评估。比如，余律师与好莱文化传播公司经理共同对另行寻找租赁场地的方案作出过估价，按该方案每平方米可以比在联城购物中心租赁节省20元。但注意，这仅仅是对租金的经济结果的评估，而谈判涉及多方面的综合考虑，最优的租金方案并不一定就是最符合当事人利益的方案，因此关于对单纯经济结果的评估，律师可以在自己能力范围内提出评估意见，而并不一定要求只能当事人自己作出判断。

谈判方案的社会和心理结果通常最能被当事人感受到。例如，如果联城房地产公司向好莱文化传播公司在开业第一年里降低租金的要求让步，并且不坚持保

第十一课
与当事人的沟通

密条款,那么联城房地产公司同其他承租者的关系可能会受到影响。这就是一项选择方案的社会结果,联城房地产公司的雇员恐怕比赵律师更有资格对这一结果作出好或坏评价。选择方案的心理结果的例子是,如果李申奥选择审判,那么对于在法庭上可能受到对方律师和法官的询问他会事先感到十分不安。

尽管当事人通常能够对社会和心理因素的讨论发挥主要作用,但是,律师也能通过就其他当事人面临同样问题时有过的情形提出一些特定问题,或作出一些特别提示,以引导当事人正确认识到某一决定所带来的结果。律师还应当就每一个选择的有利或不利之处或者就当事人对和解或诉讼的感觉不拘束地向当事人提出一些问题,律师所提出的问题应该直率而清晰,否则当事人对模糊问题的反应可能并不能向律师展示他内心中最真实的考虑和感受。

律师和当事人在谈判前的任何讨论都会使谈判后商谈更易进行。在较早阶段,律师和当事人应当把当事人的利益作为谈判准备过程的一部分来谈。由于律师对较早阶段当事人的根本利益有所了解,因此通过考虑当事人过去阐明的利益,在谈判后商议中,他能干得更有效。当然,从谈判过程本身或在当时从其他来源获得的新的事实会影响对每一个选择方案在多大程度上符合当事人根本需要的估量。例如,在秦律师得知好莱文化传播公司的高律师对谈判的可能结果的估价和诉讼战略的建议后,他对是否选择诉讼就有了更准确的认识和解释。此外,即使没有新发生的事实,当事人也可能从新的和不同的方面估量其他问题。比如,比起一年前谈判开始时,李申奥可能更了解他自己对于审判的担心,以及他目前对金钱需求的迫切程度。

在估计谈判方案的结果时,律师和当事人能得到的信息量显然取决于谈判进行了多少。在双方律师就只待当事人对文件方案达成一致意见时,谈判协议的特定结果便可较有效地详知了。当同当事人的商谈尚在谈判过程的早期阶段时,律师仅仅能够描述对方提出的谈判方案和他对最终协议的条款的估计,尽管如此,关键性的决定仍常常在这个较早的关节点上作出,以便确定是否需要积极寻求同某一个商业伙伴达成谈判协议。必须明确,虽然协议条款是由他委托的律师谈好的,当事人始终能够拒绝谈判协议。但是,无论是律师还是当事人,都不会认为进行了很长一段时间的谈判后又破裂的结果是一个好的法律服务结果。像好莱文化传播公司这样的当事人,一方面,它不会为一个任何人都可能得到的协议而付钱给律师,好莱文化传播公司或许会在谈判过程的较早时期决定,在排斥其他商业楼盘经营者的情况下,同联城房地产公司谈判;这种决定在它知道所有同联城房地产公司租约条款之前就要作出。另一方面,好莱文化传播公司会要求律师去争取一份比一般承租人更好的谈判协议,但又不希望花费大量时间后却换取一个谈判破裂的结果。

在谈判过程的某个阶段,当事人在考虑了他的利益将怎样受到每一种方案的影响后,会在可能的两种方案——谈判协议或其他选择之间进行选择。当事人而非律师在作出这种选择时处于最佳地位。唯有当事人知道,当他面临即将到来的审判时,他感受到的担忧有多深,知道在他的决策过程中怎样估量这种害怕。并且,个人对风险持有不同程度态度——有的人愿意为审判可能取得的较大收获下赌;其他人则宁愿较小但较确定的数额,即使严格的功利计算表明,可能审判结果更为有利可图。这样作为自由职业律师作用的恰当理解就意味着,唯有当事人才应在谈判协议和其他方案之间作出选择。但律师能够并应该运用他的专业知识和经验,帮助当事人作出能够准确预知结果的决定。

律师和当事人一经确认了多种方案并考虑了每一个结果后,当事人就应当作出一项最终的决定。在当事人决策过程中,律师的作用是通过总结可能的选择和每一个选择的结果来协助当事人。有时,运用在纸上罗列每一种选择方案的结果的方法,律师能干得更好。当事人则可以要求额外时间,也许一个通宵,甚至一周,来思考对他自己来说十分重大的决定。

当事人经常问律师,他是否应当接受一项谈判协议或寻求其他选择权。在许多案子中,这种询问对律师并不形成道德上的两难境地。如果当事人是一个老练的商人,习惯于毫不犹豫地作出自己的决定,那么他可能是简单地在决策之前求得额外的信息输入。而在一些案子里,当事人则把整个问题都交给律师来决定。这种做法的例子包括将整个一系列索赔诉讼转交给律师的事务,或一个大的商业地产开发商,要求律师以最优价格签订一些合同。在这种情况下,对谈判协议的可行性向当事人作出建议,律师则不应犹豫不决了。

更棘手的是,当事人要求律师就是否接受或拒绝一项谈判协议提出建议,而提出这一要求的当事人又非常熟悉法律制度。很多当事人相信，因为律师应当对法律和日常事务有较丰富的经验，所以律师应当替当事人做决定。如果律师答应当事人关于提出建议的要求，那么在当事人内心价值体系和风险承受能力下，当事人将经常发现来自律师的冲突意见，这会让当事人更难判断什么最符合自己的利益。因此，在这种情形下，律师应限制自己的工作建议。

假如李申奥感到很难决定是接受还是拒绝 25 万元的和解出价，于是询问秦律师他应当做什么，考虑一下秦律师以下的回答。

> （1）秦律师：我知道，你发现这是一个困难的决定。你认为，你有权在没有审判风险的情况下，获得超过 25 万元的赔偿，因为他们毕竟有过错。
>
> （2）李申奥：你说得很对。
>
> （3）秦律师：麻烦在于，我不知道对你来说什么是正确的决定。我可以协助你作出一些关于审判时会发生什么的预测，我们可以考察提起诉讼或不提起诉讼的各种结果，但我不能替你做决定，而必须由你自己决定。这话听起来可能有点冷酷，但这是你必须面对的。提起诉讼诉诸审判是有风险的，我不知道你愿意承担多大的风险，我也不知道，如果你为少于你认为有权得到的赔偿数额而和解，你的感觉会坏到什么程度。我们再来考虑一下和解的利弊，你看这会有帮助吗？
>
> 在对话（1）中，秦律师积极听取当事人感到难以决定的反应和他有权得到更多赔偿和更明确的选择建议感受。在对话（3）中，秦律师解释了为什么是李申奥而不是他应当作出决定，他只能答应协助李申奥再次考虑各种选择及其结果。律师的这种解释或许需要重复不止一次，直到当事人真正理解应由他自己对决定负责。

当当事人接受或拒绝一项谈判协议的决定与他过去表明的利益不一致时，律师也应积极向他提出建议。例如，好莱文化传播公司经理在谈判准备阶段曾告诉余律师在餐厅开业初期公司的支付数额不超过每平方米 120 元，而现在准备接受一项谈判协议，该协议要求付每平方米 150 元的租金，以及包括物管、能源使用和其他杂支在内的每平方米 8 元的额外费用。这时，余律师就应当就这种不一致提醒好莱文化传播公司的经理注意。尽管常常存在对这种态度变化的解释，但是对律师来说，强调这种不一致并询问其原因仍然是重要的。

> **小贴士**　不要按自己的判断对谈判中发现的问题作出取舍。应尽可能全面地与当事人讨论所有问题。有时，仅仅是对方一个象征性的姿态也会改变当事人对交易的看法，并改变他的最初要求。
>
> 　　在这个阶段征求当事人意见时，不应再采用开放式的提问，引导式的提问也要谨慎使用，因为那样做会给当事人施加不必要的压力，并影响他作出决定。

第十二课 LESSON 12

调 解

第十二课
调　解

> **案例摘引**
>
> 一家俄罗斯的公司（W 公司）与一家美国公司（A 公司）在销售伏特加酒的市场争夺中发生纠纷，涉及货物买卖、销售代理、知识产权（商标权）等问题。A 公司强调 W 公司侵犯了其商标权；W 公司指责 A 公司挤入俄罗斯市场，对其造成威胁。双方共同请求德国籍的调解人主持纠纷调解，通过其出色的调解工作，引导双方当事人从大局着想，达成和解：A 公司允许 W 公司使用 Octave 商标和八边瓶；W 公司允许 A 公司在俄罗斯经营伏特加，最终实现了比发生矛盾之前还要好的结果，即双方由对立走向合作。真正达到了"以和为贵，实现双赢"。
>
> ——摘自中国仲裁网

■ 第一节　调解的作用

一、解决争端的替代形式

目前国际理论界和实务界普遍认为解决民间纠纷不只适用通过法院诉讼解决，而且还有其他替代解决方式，如调解、仲裁制度。专家认为，调解、仲裁制度能够节约成本，提高时效，更具可操作性。近些年，调解、仲裁等其他解决争端的替代形式得到广泛的运用，这在一定程度上是基于对法院受理案件数量繁多、诉讼拖延和相应代价的考虑，以及对提供一种不太正式和方便的解决争端手段的愿望推动的。这种非诉讼争端解决方法近期明显增多，特别是在劳动争议和一些民间纠纷领域中。因此，律师业务也越来越需要纠纷解决方面的专业知识。律师在使用其技能帮助当事人选择解决纠纷程序时，也会在这些程序中代表当事人扮演相应的角色。

从谈判的角度来看，运用解决争端的替代形式也不失为一种有效的谈判方式。当谈判无法再进一步走下去的时候，解决问题的唯一办法就是引入调解或仲裁等其他解决争端的替代形式。大多数解决争端的替代性技术形式背后的目的是促进迅速而有效的索赔谈判。如李申奥与好莱文化传播公司索赔案中，李申奥及他的代理律师秦律师与好莱文化传播公司就赔偿的金额经过几轮谈判都无法达成一致，那么寻求第三方以调解的方式解决，或许会更易使双方就赔偿达成一致意见。可以说调解就是在第三方协助下进行的谈判。

同为解决争端的替代形式，调解和仲裁之间有本质区别。与仲裁员相比，调解人是无权将结果强加给争议的任何一方当事人的，调解人没有权力作出任何裁决，也没有权力判断孰是孰非。身为调解人，他们的主要作用就是尽力协助谈判双方达成一致意见。尽管调解人在调解过程中缺乏相应的权力，但调解人的介入可以在一定程度上改变谈判的力度，从而影响谈判的结果。在进行调解的过程中，双方参加谈判的目的是相互达成妥协，并总是希望达成一个双方都满意的协议或者解决方案。设想一个调解程序，其间，双方当事人非正式向一个调解人提交他们的案子，尽管对当事人的主张没有做最后处理，但调解人的意见为后来的谈判起到一种找到焦点的作用。一个有丰富经验的调解人所认定的金额会与法院的审判结果相差无几，这对参加调解的当事人来说是有重大影响的，调解人的意见可使双方当事人对诉讼持更现实的看法。并且，通过强迫双方为调解做准备，减少了任何一方因对案件的仓促估价而妨碍和解的可能性。

调解这种曾经被遗忘的谈判方式，目前正在成为一种越来越受欢迎的纠纷解决方式。与提起诉讼步入法庭这种传统的纠纷解决方式相比，调解的优势变得更为明显。如通过调解的方式解决争端的效率将会大大提高，不像一个诉讼案件动辄几个月甚至几年，调解完全有可能只用几个小时就全部结束。调解在成本上也会大幅度地降低，与仲裁和诉讼相比，因调解而支付的费用远远少于仲裁受理费、诉讼费等。同时，在调解过程中争议双方不受任何压力地达成一致也将使争端能彻底解决。在李申奥与好莱文化传播公司索赔案中，首先，如李申奥通过诉讼的途径来解决，将有可能进行一审、二审，整个案件得到最终判决少则三五个月，多则甚至会达到一年以上；其次，在费用上，李申奥提起诉讼还将会支付诉讼费、鉴定费、律师费等，可能赢不了官司反而会失去更多；最后，如李申奥与好莱文化传播公司对判决都不满意，那么按照我国现有的司法现状，常常会打完一审打二审，打完二审走再审。如此下去，耗费的不仅仅是纠纷双方的时间和精力，对整个社会来说也是一种资源的浪费。再如本课开头的案例摘引中，俄罗斯 W 公司与美国 A 公司通过调解的形式解决了原本非常复杂的涉及货物买卖、销售代理、知识产权（商标权）等问题的纠纷，运用调解的形式不仅使该纠纷得以顺利解决，同时对俄罗斯 W 公司与美国 A 公司来说，取得了比发生矛盾之前还要好的结果，实现了皆大欢喜的"双赢"结果。

二、我国的人民调解制度

我国的人民调解制度是中国共产党在陕甘宁边区时期创造发展起来的具有中国特色的重要法律制度。我国《宪法》第 111 条第 2 款规定："居民委员会、村民委员会设人民调解、治安保卫、公共卫生等委员会，办理本居住地区的公共事务和公益事业，调解民间纠纷，协助维护社会治安，并且向人民政府反映群众的意见、要求和提出建议。"人民调解委员会是基层群众自治组织，是居民委员会、村民委员会下设的一个工作委员会，其专门职责是调解民间纠纷。人民调解制度的性质是一种司法辅助制度，是一种人民民主自治制度，是人民群众自己解决纠纷的法律制度。人民调解属于民间调解，它是在依法设立的人民调解委员会的主持下，以国家的法律、法规、规章、政策和社会公德为依据，对民间纠纷当事人进行说服教育，规劝疏导，促使纠纷各方互谅互让，平等协商，自愿达成协议，消除纷争的一种群众自治活动。中华人民共和国成立以来，人民调解工作从组织建设、制度建设到工作范围，都进入了健康快速发展的时期，在促进经济发展、维护社会稳定、推动社会全面进步中发挥了重要作用，赢得了国内外的广泛赞誉。实践证明，人民调解制度是人民群众自我管理、自我约束和自我服务的一项优良制度，是解纷息争、化解社会矛盾、维护社会稳定的一项有效制度，是适应当前我国经济与社会发展、符合最广大人民根本利益的一项重要制度，具有强大和旺盛的生命力。

我国的人民调解有三个基本特征，即人民性、民主性和群众司法性。人民调解委员会依法设立，人民调解人由人民群众选举产生，调解的纠纷是人民内部矛盾；调解的依据是体现全体人民共同利益和意志的国家的法律、法规、规章、政策和社会公德；调解的宗旨是为人民群众排忧解难；调解的目的是平息人民群众之间的纷争，增强人民内部团结，维护社会稳定。人民调解是人民群众自我教育、自我管理、自我服务，化解自己内部的矛盾纠纷，是社会主义国家人民当家作主、行使管理社会事务民主权利的重要体现。人民调解坚持平等自愿的原则，不强行调解，不干涉当事人的诉讼权利，调解不是诉讼的必经程序。人民调解运用说服教育、耐心疏导、民主讨论和协商的方法，在查明事实，分清是非的基础上，依法帮助当事人达成调解协议。人民调解是在依法设立的人民调解委员会的主持下进行的司法活动，不是群众自发的活动。人民调解委员会在法律规定的范围内调解民间纠纷，不得超越其职权范围。人民调解以事实为根据，以法律为准绳，判别是非，明晰权利义务，帮助当事人达成调解协议，并且接受司法行政部门和人民法院的指导与监督。

人民调解还应遵循以下两项基本原则，即平等自愿原则和合法合理原则。平等自愿原则，是指纠纷的受理必须基于当事人自愿，如果当事人不愿意接受调解，或者不愿意接受某个组织和个人调解，或者有一方当事人不愿意接受调解，均不能强行调解。调解的过程中，对当事人必须进行耐心细致的劝解、开导、说服，不允许采取歧视、强迫、偏袒和压制的办法。调解达成的协议，必须由当事人自愿接受，不得强加于人。合法合理原则，是指人民调解范围、程序步骤、工作方法必须符合有关法律、法规和规章制度的规定，调解行为规范、公正、合理。要依照国家法律、党和政府的政策以及社会主义道德对当事人进行说服教育。调解的结果和当事人权利义务的确定，不得违背法律、政策和道德的要求。

从目前我国的人民调解制度的发展来看，现阶段理论研究相对滞后，没有取得重大进展，更没有及时把群众创造的活生生的实践上升为理论。为进一步提升人民调解制度在社会生活中的作用，最高人民法院于2002年颁布了《关于审理涉及人民调解协议的民事案件的若干规定》（已失效），对经过调解而达成的协议在司法审判中的地位给予了进一步肯定。同年，司法部根据最高人民法院的上述规定颁布了《人民调解工作若干规定》，对人民调解委员会的任务、组织机构、调解程序作了明确规定。2010年，全国人大常委会审议通过《人民调解法》，规定对于经法院确认的调解协议具有强制执行力，进一步提升了调解协议在司法实践中的地位和作用。2011年，最高人民法院颁布《关于人民调解协议司法确认程序的若干规定》，对调解协议的司法确认程序作了具有可操作性的规定。

　　同时，我国还将调解制度灵活运用于司法审判活动中，最高人民法院于2004年发布（于2020年12月23日修改）了《关于人民法院民事调解工作若干问题的规定》。该规定主要是针对目前的诉讼调解而制定的。诉讼调解是我国重要的诉讼制度，是人民法院行使审判权的重要方式。诉讼调解与诉讼相比具有一定的优势，主要体现在以下四个方面：首先，调解让诉讼更加"人性化"。调解强调当事人的积极参与，通过当事人自愿协商而不是法官依法裁判来解决纠纷，整个诉讼过程当事人都非常清楚，容易理解和接受。其次，调解可以有效降低诉讼的对抗性。调解强调当事人之间的友好协商和妥协，促进当事人之间互谅互让和友好合作，大大降低和弱化了当事人之间的对抗性，有利于社会的和谐与稳定。再次，调解更符合诉讼效益的要求。调解具有简便、高效、经济的特点，调解方式灵活，能减轻当事人的诉讼负担，也能节约司法资源。最后，也是更重要的，调解结案更符合"司法公正"的实质要求。只有当事人自己最清楚纠纷的真相和他的利益所在，所以他们自愿选择的处理结果应当说是最符合他们利益需求的，也最接近当事人追求的实体公正。因此，调解的结果也更容易得到当事人的自觉履行。

> **小贴士**　很多时候当事人并不需要一场如同决斗一般的审判，而只需要一个他信任的人在中立的角度告诉他是不是已经得到了公平的结果。
>
> 　　律师本身就可以在替代性争端中扮演中间人的角色，但由于你受聘于一方当事人，因此即使你认为你保持了足够的中立，并且你享有足够高的社会信誉，但也还是需要一个可能信誉度不如你高，但却不受聘于任何一方的人来作出你本来就准备作出的判断。

■ 第二节　怎样进行调解

一、最后的努力

　　在过去几年解决争端的各种案件中，调解作为诉讼的重要替代形式已涌现，人民调解组织的作用不断得到提升和重视。调解解决了大量类似家庭关系纠纷、婚姻纠纷、邻里纠纷、轻微伤害纠纷等案件，同时，调解还逐渐用于解决部分公司和商务争端领域。

谈判中的调解可分析为一个中立的一方，促进谈判双方运用解决问题和协作型谈判策略的努力。正如谈判双方常常只有在进攻型谈判毫无成果之后才会去合作解决问题一样，双方当事人也常常不到谈判破裂的最后关头，不愿开始调解。当一方当事人在谈判的较早时期仅仅表达了调解的愿望时，另一方当事人应当将它视为合作行为的解决问题型策略，但如果另一方是一个好斗的谈判者，则会把对方提出的调解愿望视为软弱的表现。

在引入调解制度之前，双方当事人对于无法达成共识的谈判，只能选择通过终止谈判并更换交易伙伴或启动诉讼程序等方式来解决；但显然，在很多情况下，更换交易伙伴或启动诉讼程序对当事人而言并不是最佳选择，在当事人既不愿意终止谈判，又无法找到解决谈判僵局的有效办法时，调解这一特殊的谈判形式便出现了。这可以被视为当事人双方对能否达成协议作的最后一次努力，如果调解之后仍无结果，那么当事人也就会心甘情愿地接受谈判破裂的现实。

二、调解人的调解技巧

（一）调解人应是谈判高手

通常有经验的调解人会采用简单的方式去处理一些非常纷繁复杂的纠纷。调解人更多的是为发生争议的当事人双方提供一个能供他们发泄情绪，倾诉自己利益如何受到损害的平台。富有成效的调解人在调解过程中扮演多重角色并同时运用各种各样的调解技巧，但最为重要的是调解人应当是位懂得倾听的谈判高手。除此之外，公正和客观也应当是一位调解人所应具有的最基本的素质。调解人必须被谈判双方视为中立的，如果任何一方对调解人抱有怀疑，那么调解将无法有效进行下去。最后，调解人还应是涉及纠纷领域的专家或有相关专业知识的人士。在俄罗斯 W 公司与美国 A 公司的案例中，调解人是一位美国国际冲突防范与解决委员会（CPR）的调解人，同时也是国际制造业协会的会员，另外该调解人的国籍是德国人，非常适合担任本案的调解工作；事实也证明了这一点。一个称职的调解人要具备较高的综合素质。他不光是某个领域的专家，还要在某个专业上有优势，且在某类案子上有专长；既要有丰富的知识，又要有杰出的协调能力。从

第十二课
调 解

本质上来说,一个中立的第三方为促进谈判解决纠纷而运用的任何技巧都可视为调解。但是,大多数调解技巧都是为了达到以下一个或几个目标:(1)使谈判双方的交流更融洽;(2)使谈判双方当事人间的态度更友好;(3)使谈判双方当事人或其律师更准确地认识谈判过程;(4)使谈判双方能更清醒地认识自己的处境;(5)提出尚未经谈判双方当事人认同的新方案。

改善双方当事人之间交流的目标同改变双方当事人相互态度的目标是互相促进的,双方当事人相互获得信息的愿望和运用协作型和解决问题型策略的愿望,常常会受到对方态度的影响,即除非对方也报之以协作行动,否则他会担心单方的协作行为会让自己的影响力被削弱,利益受到侵犯。协作和解决问题首先要求信任,但通常面临诉讼或其他争端的双方是互不信任又互感气愤的。

(二)注意积极聆听

调解人试图创造一种指导性协作和解决问题型策略。仅仅是调解人的出现本身就会影响一些谈判者的行为;在有人出面时他们将不太可能使用相互指责或极端竞争型的策略去影响谈判结果。并且,调解者经常使用"积极聆听"的技巧,说服双方当事人,已经有人听取了他们对争端的意见,理解他们的立场。积极聆听表示了解对方,同时也听到了对方的话,或给对方反馈。调解人还应鼓励每一方当事人倾泻其主要的愤怒或害怕情绪,当然通常是在对方不在场时,以避免这些埋藏着的情绪不知不觉地削弱了对方当事人寻求对双方都最有利的协议的能力和愿望。

(三)调解过程中的灵活性

调解人还会促使双方当事人透露对"协作和解决问题"有必要的信息。他可以监督信息共享程序,以保证不出现偏颇,避免一方利用对方信息后,却隐瞒自己的信息;可以对掩盖情况的一方施加压力,使该方对对方透露信息的行为作出回应,一旦一方当事人同意接受调解,那么,他就有一个很大的压力,要回答调解人的提问。在很多情况下,调解人都是在排斥另一方当事人在场的"背对背会谈"或私人会晤时向当事人一方提出上述这些要求。调解人可以同意不把这些信息透露给对方,或者仅仅在对方也透露类似情况时才会与对方交换信息。另外,涉及争端的事项有可能是双方当事人均存在一定的过错,只不过是双方承担责任的比例不同罢了。部分的谈判破裂，可能仅仅是一方当事人为讨一个说法，出一口气，寻找心理上的平衡。例如，在处理因斗殴而导致的人身损害赔偿类纠纷时，一般是双方分担责任，很少有一方承担全部责任的案件。因此，在调解过程中，调解人还要敢于说话，尽管双方都受到批评，只要责任划分得清楚，双方当事人会心服口服的。

作为谈判过程中的参与方，调解人还应就谈判问题教育双方当事人：一方也许太富进攻性，因而存在采取报复性进攻型策略和恶念而使谈判搁浅或破裂的风险；另一方或许太富合作精神，从而使自己吃亏。在适当的时候，调解人还可以建议运用协作型或解决问题型策略。如果一方谈判者让步太快，不能给讨价还价的最后阶段留下回旋余地，调解人甚至可以力主一种缓慢让步模式。在推行解决问题型谈判技巧方面，调解人作为教育者的作用是特别有价值的。简要地再说一遍，这些技巧是：鼓励双方当事人讨论根本利益，拿出多种措施，促进运用相互让步、减少代价和补偿法等。

（四）坚持当事人自愿原则

尽量让当事人自己提方案是调解人应坚持的原则之一。俄罗斯W公司与美国A公司的案例中，调解人一开始即应向双方声明，自己既不是法官，也不是仲裁员，而调解过程中当事人随时可以退出，是绝对的自愿。调解人对整个调解过程要有总体的把握，要控制局面，但这并不等于一切程序都等待调解人的安排，特别是在提出方案时，调解人的作用应重点放在引导当事人，让他们自己拿方案，这样有利于他们日后自觉遵守调解结果。但如果当事人不提方案，或双方提出的方案相距太远，或当事人强烈要求调解人拿方案，调解人就应当仁不让地提出建设性的方案来，争取让双方都能乐于接受。通常，调解人提出的方案仅仅作为最后的解决途径，调解人更愿意双方当事人自己认同可能的解决办法。即使是调解人提出他自己的方案，但只要当谈判者一方相信，这一方案是"谈判者自己提出的"，那么调解人应当鼓励当事人产生这样的"误解"，因为这样对促成调解常常是最有效的。同样，如果一方当事人或就谈判程序，或就诉讼或其他达成谈判协议的选择有不现实的期望，那么调解人也可以提出他自己的现实方案。最后，对于缺乏经验的当事人，调解人还应在讨价还价过程中敦促当事人让步时有耐心，灌输沉着观念，偶尔通过平息被对方极端强硬态度激怒的情绪等方法来保护他。

(五) 遵守保密原则

保守商业秘密是解决商事争端应遵循的一项重要原则，因为它影响当事人的商业秘密和商业信誉。仲裁程序是这样，调解程序也是这样。一方面，它体现在调解的整个过程不得公开：调解人、当事人以及当事人的代理人、证人、调解人聘请的专家和经办案件的秘书人员等一切案件参与者都不得向外界透露该案的程序进展情况和实体上争议的内容；另一方面，一旦调解失败，当事人不得在其后的仲裁程序中或诉讼程序中，引用调解员和各方当事人在调解过程中提出过的、建议过的、承认过的和表示愿意接受的任何意见和建议，作为其起诉或答辩的依据。遵守保密原则也是取得当事人信任的一个重要前提。

(六) 只调不审

在所有这些提出自己的方案、进行关键时刻的提醒或保护较弱谈判者的作用中，调解人也承担许多参与协议的实质内容而并不仅仅是当一个推动者的风险。对一些当事人来说，调解人对他们作出决定的影响是显而易见的。如果调解人过多涉及谈判协议的实质内容，那么，他将在性质上变成一个审判者而非调解者。最后的协议也许并不能满足双方当事人的利益，任何一方都可能因这协议有强加于他的感觉而对协议不满，当然，也许在调解人看来，这个协议是一个公正的协议，即使将双方争议付诸审判，其结果也无非如此。总之，调解人要通过他们的调解技巧，为当事人之间架设一座沟通的桥梁，使双方尽量消除疑虑和对立甚至敌意，找出其利益所在，使双方靠拢、合作。

三、调解流程

首先，调解阶段开始时通常由调解人先把自己介绍给双方当事人及其律师。这一步骤不仅仅是一个形式，也是至关重要的。通过调解人的介绍，要使谈判双方当事人相信调解人是中立的，他过去同任何一方没有任何关系。对调解人的信任无疑是取得成功解决问题的重要前提。调解人简短的开场白将概括调解过程中应遵守的秩序、调解人的作用以及希望当事人做到什么。调解人应当强调，调解过程是自愿参与的，任何一方不满意可随时离开，调解人作为中立的第三方无权强加协议。其次，调解人应描述他所了解的谈判主题以及他打算进行的调解流程，包括让双方当事人作简单陈述；可能在适当的时间同当事人一方个别或私下会面。私下会面的作用在于当当事人情绪过于激动时为其提供一个冷静下来并能倾诉宣泄的机会，同时也能与一方当事人单独相处建立信任，从而了解当事人双方产生纠纷的根源所在。在调解人准备与某一方私下会面时，应尽早对私下会面的性质作出解释，以便没有参加私下会面的一方能理解，作出该种解释的目的是不至于让一方相信调解人同对方当事人在搞"密谋"，或者私下会面程序危及调解人的中立性。紧接着，调解人应当非正式地提供一个行为指南，建议双方当事人在调解过程中应当怎样相互对待。最后，随着调解的深入进行，调解人应当就已达成的事项进行归纳，以激励双方当事人达成最终和解的可能。更进一步，如果双方当事人基本能达成一致，调解人最好能帮助双方起草协议文本。用书面的形式确定调解的最终成果，可以在一定程度上避免一方当事人临时反悔，但该书面文件经当事人的律师审查提出修改意见是可以理解和执行的。如果双方当事人无法就所有的纠纷问题达成共识，调解人可以设法去挽救那些已经调解并经双方统一的积极成果，使调解工作不至于完全白费，而或多或少地取得一些成效。

  参与调解的每一方当事人都有机会提出最初陈述，包括对争端的看法和对其根本利益的阐述以及各自的观点。很明显，这种最初陈述常常起到让当事人倾泻挫折感的作用，给当事人一种有人在倾听他的不满意见的感觉。最初陈述还将减轻当事人间的误解，让每一方知道对方的实际利益，明确实际存在的分歧。在调解人主持下的陈述，另一方是不便中途打断或者插话的，如果另一方有这样的行为，调解人也应提醒他轮到自己发言时再说；这样，一方就有机会完整地听完另一方的所有陈述。也许在这个过程中，他就会发现他曾经因为情绪激动而打断谈话时没有听到过的观点。此外，谈判双方在进行旷日持久的谈判中也有可能已经维持了长达数月的冷战，在此阶段他们也可能彼此之间没有进行任何沟通，因此，当有机会再次表达各自立场的时候，他们能释放之前紧张、焦虑和愤怒的情绪。

  在最初会面中，调解人将发挥各种微妙的作用。由其提出自己相信很重要或能暗示双方利益共性的题目。其将"积极聆听"以建立密切关系，以及做到不对最初陈述所表达的事实做任何价值判断。其将重述当事人关于历史事实和他们的利益的陈述，以便明确这些内容。通常，其用较中立的术语和无价值倾向的语言

第十二课
调　解

来阐述，以便其陈述不会引起双方当事人生气或辩解，其将在面谈时防止当事人打断谈话以及对另一方的语言攻击。

接下来的步骤也许是最重要的一个调解阶段，即进一步地调和双方分歧所在。在这个调解阶段，应鼓励并促使对协作型和解决问题型谈判技巧的运用。调解人应在这一部分首先鼓励运用协作型技巧，然后再阐述调解人对解决问题型技巧的推行。

调解人运用各种方法鼓励当事人作出让步或使用其他协作型谈判技巧，这当然要取决于哪些因素会抑制这些方法的使用。在某些情况下，一方谈判者会拒绝让步，因为他相信，如果他继续使用进攻型策略，对方最终将作出很大让步，在这种情况下，调解人要扮演一个"现实代理人"的角色，就对方的"最低要求"和最后协议的内容向强硬的谈判者提供一个较现实的估计。

在其他谈判中，某个律师或其当事人担心让步会导致"形象损失"，即他的让步会被视为软弱的表现，会鼓励对方加紧实施其进攻型策略而不会报之以让步。在这种情况下，调解人可以通过一些方法，弱化这种"形象损失"。最重要的一个方法是：利用一系列同双方当事人及其律师私下会面或"背对背会谈"以避免形象损失的办法在双方当事人间相互传递让步态度。比如，在李申奥和秦律师的调解阶段，他们或许会向调解人表示以30万元和解的愿望，而这一愿望可能是在同好莱文化传播公司的高律师公开谈判时所不愿表达的。他们担心，如果在讨价还价阶段公开表示这一让步，高律师会把它视为一种软弱的表现，并会拒绝再进行让步。但是，在同高律师和好莱文化传播公司经理随后的"背对背会谈"上，调解人则会提出30万元这个数额，作为他自己认为可能同李申奥达成协议的估算。由于在好莱文化传播公司看来，这一估计数额从未交给李申奥，所以这种让步既不产生"形象损失"也不会导致在好莱文化传播公司拒绝它时，令李申奥丧失讨价还价的回旋余地。相反，在"背对背会谈"上，当调解人使人相信，一方当事人已经真诚地退到极限，无法再作出任何让步，这一信息也可以传达给对方，从而对方就会知道，如果他希望避免谈判陷入僵局或破裂，他就必须作出让步。

一些律师的当事人不愿告诉调解人他们的真实底价，这在调解过程开始时肯定是如此。但是，当调解人使当事人明白无误地认识到，他"最低要求"的表示不会被对方当事人知道时，当事人对调解人则可能比谈判中的对方持更开放和灵活的态度。并且，当调解人在谈判过程中得到律师及其当事人的信任并成功地传递了相互让步的信息和来自对方的灵活表示——特别是对方在调解人参与之前一直不愿让步时，律师和当事人改持灵活态度并披露他们的真实利益则变得更为可能了。

调解人还通过协助谈判者从他们在谈判过程中作出的"职务性保证"中解脱出来。一般来说，如果律师已经说明，他的当事人"不可能接受25万元的和解方案"，随后他又让步接受了上述金额，即使他的当事人的最大利益表明这个让步是正当的，他也将受到"形象损失"或信誉损害。在某些情况下，特别是在谈判的后期，调解人直接建议当事人从较早的职务性保证中退让，可达到先前的"保证"不再适用目前情况的理性认识。例如，好莱文化传播公司的高律师先前表达了其承担的责任绝对不能超出50%的态度，但当调解人与李申奥私下会面后，李申奥同意在好莱文化传播公司承担70%责任的前提下，重新核算损失总额；在初步估计损失总额的确会有较大降低幅度的情况下，调解人可能会建议好莱文化传播公司调整他们的责任比例，这就使好莱文化传播公司从其较早时候要求的谈判立场中解脱出来。

最后，调解人自己可以提出一项其知道能满足双方对协议要求的实体方案。当一方当事人让步到中立的调解人的方案上，就基本或完全不存在"形象损失"的问题。但是，调解人对提出自己的方案应持被动态度，并仅仅应在调解的最后阶段提出，这是因为调解人在调解的较早时期提出中立方案，极有可能导致双方当事人都拒绝这个方案，那么调解人作为公正的促进者的良好信誉和形象会受到影响。

在众多谈判之中，调解人最重要的作用是促进对解决问题型谈判技巧的运用。本书中其他部分描述的很多解决问题型技巧，如集思广益、一体化谈判文本的运用、相互让步、补偿法和减少代价法——可能并不为很多律师熟悉。有着丰富经验的调解人在教会谈判者了解这些程序并引导他们进入谈判过程方面具有特别的作用。

一个素质良好的调解人在鼓励当事人披露他们的根本利益，促使他们认同替

第十二课
调　解

代性选择（有时候在"集思广益"的过程中）和评价每一个选择方案方面富有经验。除调解人的经验外，其中立性使"集思广益"法或其他解决方法较为容易，因为在这个过程中，其领导作用对任何其他参与者都不构成威胁。调解人还可以在谈判或"背对背会谈"时建议适当地适用相互让步、减少代价、补偿等技巧。调解人对双方当事人的利益和对双方的各种问题的重要性的良好理解使其能够很好地引导相互让步的过程。

调解人作为解决问题策略的推动者，在多边谈判中特别有价值。如前所述，这些谈判的复杂性使通过相互让步（在此解决问题型技巧日益重要）达成协议很困难。并且，如之前章节所述，调解人在运用一体化谈判文本作为"解决问题"的工具方面独具优势，当调解人起草文本时，当事人更可能将他视为一个中立的文件，调解人不像谈判者那样，在准备一体化谈判文本时面临自身利益的冲突。调解人还能扮演多边谈判的主持者和推动者的角色，并为那些复杂的人际互动关系提供必要的指导和安排。

在谈判过程的结束阶段，调解人常常会复述双方达成的协议。一旦双方达成了某些共识，他们就应将其制作成书面协议。就个别问题达成协议时，调解人的总结既保证解决方案为所有各方所理解，又激励谈判者努力解决剩余问题。最后，调解人常常要同双方当事人律师一起参与书面协议的起草。

四、调解介入的适当时间

对于谈判来说，调解时机是指在整个谈判解决过程中，最适宜引入调解的阶段。什么时候律师应鼓励他的当事人和其他谈判各方邀请调解人介入谈判呢？事实上，要界定应当调解的案子的种类和规则是不可能的。总的来说，当双方当事人都有很高期望因而不愿让步，但又相信一项谈判协议应比其他选择优先考虑时，付诸调解就是适当的。通常，当事人仅仅懂得在谈判后期需要调解，只有到那个时候，他们才意识到，他们的进攻型策略并不是有效的，谈判双方的受挫程度使他们要在没有任何外部介入的情况下运用解决问题型和协作型策略是非常困难的，准确地说，当意识到谈判局面已无力再向谈判者提供满意的条件而又没有任何一方让步时，如果双方还没有放弃，则应建议采取调解手段。如果律师的当事人或对方当事人抱有不现实的期望，在调解时，这类不现实的期望常常会发生改变，调解在这方面的工作通常会是富有成效的。

通常律师负有帮助当事人选择调解人的职责。对当事人来说，没有比追求一项满意的谈判协议更重要的决定了。在争取一个满意的谈判协议时，除了关于聘请哪一位律师这一最初决定外，对调解人的选择也是极为重要的，缺乏训练和经验的调解人可能使当事人迫于压力，达成一项不符合他利益的协议，因此可能错过获得一项较好协议的机会。必须注意的是，在日益扩张的调解职业中，调解人的能力是各不相同的，甚至可以说是差异巨大的。仔细考察一个调解人的经验、信誉、受训情况和背景材料等，是律师义不容辞的责任，律师应当为他的当事人挑选一位经验丰富、睿智而中立的调解人，这一点非常重要。

> **小贴士**
>
> 调解人不是"和事佬"，调解是一门高超的技术，如果调解人不具有丰富的交易经验，或没有认真去研究争议中双方当事人的真实需求，调解是不可能成功的。
>
> 在与调解人沟通时，你需要倾注一些感情色彩，而不宜生硬地向调解人解释法律是如何如何规定的。让调解人知道你的当事人为解决这个争议已经付出了很多并受到了委屈，这很重要。

后记

谈判对于法律实践的成功来说是至关重要的。谈判源于生活，我们应该更好地将其适用于解决生活中产生的纠纷和争端。目前国内大多数的法学教育和律师培训都忽略了谈判这项最基本的法律职业技能教育。律师作为当事人的代理人，在参与谈判工作时，应该通过最简单、最直接的方式将谈判原则应用到法律实践过程中，以尽可能为当事人提供全面、专业的法律服务。

本书从微观层面开始，介绍了律师代理其当事人参与谈判的全过程，最后第十二课超出谈判论述了其他一些争端解决方法，是为了让读者知道，谈判过程是解决争端的重要形式，应当作为制度性安排，通过调解、仲裁和类似程序促进谈判。但是，你的当事人利益的最终实现在极大程度上取决于你——律师。你对谈判过程的理解，当然还有你的法律知识、准备工作和性格，都有助于你解决问题、化解争端以及为你的当事人创造机会和价值。

谈判是律师一项非常重要的工作，是律师职业生涯中不可或缺的一部分。作为以"双赢"为最终目标的谈判，对律师综合能力的要求是显而易见的。如何进行最有效的谈判、如何最好地发挥谈判技能，相信本书已经给了你一个很好的建议。